21世纪会计系列规划教材·致用型

企业内部控制与风险管理

（第二版）

Enterprise Internal Control and Risk Management

徐凤菊 赵新娥 夏喆 编著

东北财经大学出版社
Dongbei University of Finance & Economics Press
大连

图书在版编目（CIP）数据

企业内部控制与风险管理 / 徐凤菊，赵新娥，夏喆编著. —2版. —大连：东北财经大学出版社，2016.8（2018.1重印）
（21世纪会计系列规划教材·致用型）
ISBN 978-7-5654-2464-9

Ⅰ. 企… Ⅱ. ①徐… ②赵… ③夏… Ⅲ. 企业内部管理-风险管理-教材 Ⅳ. F272.3

中国版本图书馆CIP数据核字（2016）第195996号

东北财经大学出版社出版
（大连市黑石礁尖山街217号 邮政编码 116025）
网 址：http://www.dufep.cn
读者信箱：dufep@dufe.edu.cn

大连雪莲彩印有限公司印刷 东北财经大学出版社发行

幅面尺寸：185mm×260mm 字数：437千字 印张：18.5 插页：1
2016年8月第2版 2018年1月第6次印刷

责任编辑：王 莹 周 慧 责任校对：国 合
封面设计：张智波 版式设计：钟福建

定价：36.00元

教学支持 售后服务 联系电话：（0411）84710309

如有印装质量问题，请联系营销部：（0411）84710711

第二版前言

近年来，企业的内外部经营环境发生了深刻的变化。一系列企业经营失败案例引发了学术界和实务界对内部控制与风险管理的极大关注。

虽然内部控制与风险管理自产生至今至少有几千年的历史，但现代意义上的内部控制与风险管理是从20世纪初以来，伴随着市场经济的发展完善与市场竞争的加剧，基于对企业内部管理水平不断提高和企业风险防控的要求，才越来越受到重视。1936年美国注册会计师协会发布的《独立公共会计师对财务报表的审查》公告中首次对内部控制做出了定义，之后内部控制的建设与发展经历了内部牵制、内部控制制度（两要素阶段）、内部控制结构（三要素阶段）、COSO内部控制整合框架（五要素阶段）及ERM全面风险管理（八要素阶段）五个阶段。事实上，20世纪80年代以后，会计界对内部控制和风险管理的研究重点才开始从一般定义向具体内容深化。而在这一时期，全球范围内也出现了巴林银行、安然、施乐、世通等震惊世界的财务造假引发的公司破产案件，促使了内部控制与风险管理在世界范围内的研究热潮。

1992年，由美国注册会计师协会、内部审计师协会、财务经理协会、美国会计学会、管理会计协会参与的美国反虚假财务报告委员会（National Commission on Fraudulent Reporting）所属的内部控制专门研究委员会发起机构委员会（Committee of Sponsoring Organizations of the Treadway Commission，简称COSO委员会）在进行专门研究后提出专题报告——《内部控制——整合框架》（Internal Control — Integrated Framework），也称COSO报告，并于1994年进行了修改。这一报告已经成为内部控制领域最为权威的文献之一。该报告系内部控制发展历程中一个重要的里程碑。而且，除了美国COSO委员会，世界各国权威机构也就内部控制颁布了一系列指南或框架。1995年，加拿大特许会计师协会（CICA）的控制标准委员会（Criteria of Control Board）发布了《控制指南》，指出控制是一个包括资源、系统、过程、结构等多方面要素的集合体，旨在实现提高经营效率和效果、增加内外部审计报告的可靠性及遵守适用法规三个目标，同时提出目的（purpose）、承诺（commitment）、能力（capacity）、监督和学习（monitoring and learning）为控制的主体要素。1998年，巴塞尔银行监管委员会发布了名为“银行组织内部控制系统的框架”（Framework for the Internal Control Systems in Banking Organizations）的报告。这份报告是在COSO内部控制框架的基础上针对银行业进行行业性改造和完善的。英国的内部控制框架《Cadbury准则》（Cadbury Code）于1992年颁布，由数量相对较少的高级（high-level）原则和大量详细的规定组成，这些原则和规定都更为注重原则导向，以公司董事等高级管理层内部控制责任管理为侧重点，形成了较有特色的内部控制公司治理导向。

2008年6月，我国财政部等五部委联合发布了《企业内部控制基本规范》，且于2010年4月发布了《企业内部控制配套指引》，共同构成中国企业内部控制规范体系，规范要求在上市公司首先实施并鼓励非上市企业执行，以此来引导我国企业内部控制与风险管理体系的建设，推进企业风险管理活动的科学化和规范化。

全球范围内对企业内部控制的重视，绝不仅仅是为了遵守内部控制规范，更是希望借此机会真正通过内部业务流程梳理来识别关键风险、建立相应机制、发现并改善内部管理问题，从而全面提高风险管理水平，延长企业的寿命。大量理论研究和企业兴衰的实例表明，内部控制体系是否有效对于能否减少财务舞弊、提高企业经营效率、实现战略目标至关重要。构建具有可操作性的企业内部控制体系，增强企业风险抵御能力，是企业提升综合竞争力、实现可持续健康发展的必然要求。

当前，我国许多企业已经积极投身于内部控制与风险管理体系的建设与实施。然而不容乐观的是，我国企业在进行内部控制建设和改善过程中遇到了很多问题：企业整体的内部控制推进和监督机制不清晰，内控体系缺乏系统性；员工内控意识薄弱，相关人员在一定程度上缺乏内控专业知识；内控不全面或不经济，从而使企业在建立健全内部控制体系的过程中流于形式；管理工具和手段落后等诸多因素共同影响公司内部控制体系作用的发挥，使企业长期处于经营效率低下、信息沟通不畅、缺乏风险应对能力的局面，严重制约了企业的发展速度。

显然，企业内部控制与风险管理已经成为企业在复杂经济环境中竞争制胜的有效工具，对内部控制与风险管理理论和技术的掌握，已经是企业管理者和财务人员不可或缺的技能要求。

本书正是基于以上需求而编写的。本着“授之以鱼，不如授之以渔”的理念，结合作者长期参与企业内部控制与风险管理实践的经验，期望为财会类专业学生、企业内部控制与风险管理的培训和实施者提供浅显易懂、可以按图索骥式学习和操作的教材。本书也适合MBA、MPA和MPAcc等教学使用。全书共分为八章，以内部控制与风险管理的实践逻辑为主线，引进了最新的概念和法规体系，既有理论探讨，也有案例解读，更有经验总结。在本书中，您总能找到您所面临的内部控制与风险管理问题的解决之道。

本书由武汉理工大学管理学院徐凤菊教授、赵新娥副教授和湖北经济学院夏喆副教授共同编写。其中，徐凤菊教授编写第一、二、五章，赵新娥副教授编写第三、四、八章，夏喆副教授编写第六、七章。

在本书的写作过程中，我们参阅了国内外大量的文献资料，在此向相关文献资料的作者和所有致力于内部控制与风险管理研究领域的专家致以诚挚的感谢，向参与文献资料整理的研究生王礼、崔晓静、方进玄表示感谢。

由于我们的经验和水平有限，书中不妥和疏漏之处在所难免，恳请各位专家、学者和广大读者谅解并不吝赐教。您的建议将有助于我们对本书作进一步的修改和完善，在此诚致谢意！

作　者

2016年6月

目　　录

第一章　总　论　⇨1

第一节　企业内部控制与风险管理的内涵　/2

第二节　企业内部控制的历史演进　/3

第三节　我国内部控制制度的发展　/13

第四节　企业内部控制的意义、相关概念与局限性　/15

第二章　企业内部控制与风险管理目标和要素　⇨22

第一节　内部控制与风险管理的目标　/22

第二节　企业内部控制与风险管理的原则　/24

第三节　内部控制与风险管理的要素　/25

第三章　企业内部控制与风险管理的内部环境建设　⇨37

第一节　内部环境概述　/38

第二节　公司治理结构　/41

第三节　企业组织架构建设　/50

第四节　审计委员会与内部审计　/57

第五节　企业人力资源建设　/62

第六节　企业文化建设　/70

第四章　企业内部控制方法　⇨79

第一节　制度与流程控制法　/79

第二节　授权与人员控制法　/88

第三节　预算控制法　/91

第四节　会计控制法　/101

第五节　考核评价控制法　/105

第五章　内部控制与风险管理活动　⇨110

第一节　资产管理业务的内部控制与风险管理　/110

第二节　采购与付款业务内部控制与风险管理　/118

第三节　生产业务的内部控制与风险管理　/121

第四节　成本费用管理业务的内部控制与风险管理　/123

第五节　销售与收款业务内部控制与风险管理　/125

第六节　研究与开发业务内部控制与风险管理　/128

第七节　工程项目内部控制与风险管理　/130

第八节　外包业务内部控制与风险管理　/135
第九节　会计信息披露业务内部控制与风险管理　/137
第十节　预算业务内部控制与风险管理　/140
第十一节　合同管理业务内部控制与风险管理　/149
第十二节　货币资金管理业务内部控制与风险管理　/152
第六章　企业风险管理方法　⇨159
第一节　风险的概念与分类　/159
第二节　风险管理的流程　/164
第三节　风险管理的方法　/171
第七章　企业常见风险的识别与分析　⇨177
第一节　企业环境层面风险的识别与分析　/177
第二节　企业治理层面常见风险的识别与分析　/187
第三节　企业业务层面常见风险的识别与分析　/191
第八章　信息沟通与内部控制评价　⇨203
第一节　信息与沟通　/204
第二节　内部控制评价　/217
附录一　企业内部控制基本规范　⇨248
附录二　山西广和山水文化传播股份有限公司相关报告　⇨255
附录三　我国上市公司 2014 年实施企业内部控制规范体系情况分析报告　⇨273
附录四　2013 版 COSO 框架确立的 17 项原则　⇨287
主要参考文献　⇨289

第一章 总论

引子一

深交所2012年11月22日发布公告，对万福生科半年报造假行为进行公开谴责。深交所发现，万福生科2012年10月26日披露的《关于重要信息披露的补充和2012年中报更正的公告》显示，万福生科2012年半年报存在虚假记载和重大遗漏，包括虚增营业收入1.88亿元，虚增营业成本1.46亿元，虚增净利润4 023.16万元。根据相关规定，深交所决定：对万福生科给予公开谴责的处分；对相关责任人给予公开谴责的处分。

2013年3月15日，深交所对万福生科及全体董事、监事和高级管理人员予以公开谴责，这是深交所对万福生科的第二次公开谴责。

深交所公告中指出，经查明，万福生科2008—2011年期间存在财务数据虚假记载情形。2013年3月2日，万福生科发布了《关于重大事项披露及股票复牌的公告》，承认其2008—2011年期间存在财务数据虚假记载情形，累计虚增收入7.4亿元左右，虚增营业利润1.8亿元左右，虚增净利润1.6亿元左右。其中，2011年度公司虚增营业收入2.8亿元，虚增营业利润6 541.36万元，虚增归属于上市公司股东的净利润5 912.69万元，分别占公司已披露2011年财务报告中三项财务数据金额的50.63%、110.67%和98.11%。经对上述虚增数据进行调整后，公司2011年营业收入、营业利润和归属于上市公司股东的净利润数额分别为2.73亿元、-630.51万元和114.17万元，与公司先前披露的相关财务数据存在重大差异。

引子二

2013年4月12日，自称是中国南车股民的网友“习惯被你惩”在天涯社区发帖“中国南车株机公司摊上假发票大事，总经理助理康意雄3个月捞44万元”，直指康意雄在100万元招待费中使用44万元假发票“捞钱”等一系列行径，引发热议。

该网友还在网上公布了康意雄的假发票明细清单、南车株机公司的财务审计报告，以及公司领导对此事的处理态度批示。其中，有资料详细记述了对该公司假发票的调查情况：通过网上发票查询显示，“假发票明细清单”中，2012年9月份消费一栏，总共23张发票，发票收款单位为北京中奥华美达大酒店、北京世纪阳光假日酒店、北京亚洲大酒店等，实际收款单位是北京朝阳公园开发经营有限公司。网友质疑：所谓的北京朝阳公园开发经营有限公司是不是搞假发票买卖的？短短一个多月时间内，19 次提供假发票，总金额近 15 万元。

第一节 企业内部控制与风险管理的内涵

内部控制已经被公认为是企业基业长青的法宝之一。随着企业自身对规范化管理和股东掌握企业运营的准确信息的需要，以及外部审计师审计财务报表的需要，理论界和实务界对“内部控制”的关注日益密切。特别是在美国的“安然事件”和世通公司财务欺诈案之后，全球范围之内掀起了一股“内控管理”热潮。各个国家也从制度层面对企业内部控制进行了规范和要求，尤以《萨班斯-奥克斯利法案》（简称《萨班斯法案》）为代表。《萨班斯法案》是一部涉及会计职业监管、公司治理、证券市场监管等方面改革的重要法律，是美国关于会计和公司治理的一揽子改革方案。法案要求所有在美国上市的公司（包括在美国注册的上市公司和在外国注册而于美国上市的公司）都必须遵守该法案。此后，各国政府也逐渐开始积极推动内部控制领域的进程，以期减小企业的舞弊和违规行为对市场经济秩序的消极影响。

在我国，企业内部控制标准委员会于 2006 年正式成立，2006 年 6 月 6 日，国资委发布了《中央企业全面风险管理指引》，这是我国第一个全面风险管理的指导性文件，意味着中国走上了风险管理的中心舞台。2008 年 6 月 28 日，财政部、证监会、审计署、银监会、保监会五部门联合发布了《企业内部控制基本规范》，自 2009 年 7 月 1 日起先在上市公司范围内施行，鼓励非上市的其他大中型企业执行。该规范的发布，标志着我国企业内部控制规范体系建设取得重大突破，有业内人士和媒体甚至称之为中国版的“萨班斯法案”。2010 年 4 月 26 日，五部委又联合发布了《企业内部控制配套指引》。该配套指引包括 18 项《企业内部控制应用指引》、《企业内部控制评价指引》和《企业内部控制审计指引》，连同此前发布的《企业内部控制基本规范》，标志着适应我国企业实际情况、融合国际先进经验的中国企业内部控制规范体系基本建成。为确保企业内控规范体系平稳顺利实施，财政部等五部门制定了实施时间表：自 2011 年 1 月 1 日起首先在境内外同时上市的公司施行，自 2012 年 1 月 1 日起扩大到在上海证券交易所、深圳证券交易所主板上市的公司施行；在此基础上，择机在中小板和创业板上市公司施行；同时，鼓励非上市大中型企业提前执行。

那么，什么是内部控制？为什么要进行内部控制？企业如何进行内部控制？内部控制的效果如何评价？这也正是本书需要解决的几个关键问题。

一、内部控制的定义

对内部控制的内涵界定，不同的组织和学者给出了不同的答案。比较有共识的界定认为内部控制是指一个单位为了实现其经营目标，保护资产的安全完整，保证会计信息资料的正确可靠，确保经营方针的贯彻执行，保证经营活动的经济性、效率性和效果性而在单位内部采取的自我调整、约束、规划、评价和控制的一系列方法、手续与措施的总称。下面就是一些权威机构对内部控制的概念进行的不同描述：

1949 年，美国注册会计师协会（AICPA）的审计程序委员会，发布了一份题为《内部控制：一种协调组织要素及其对管理层和独立注册会计师的重要性》的报告。该报告对内部控制提出了权威性的定义："内部控制包括组织机构的设计和企业内部采取的所有相互协调的方法和措施。这些方法和措施都用于保护企业的财产，检查会计信息的准确性，提高经营效率，推动企业坚持执行既定的管理政策。"

内部控制（internal control）是指上市公司（以下简称公司）为了保证公司战略目标的实现，而对公司战略制定和经营活动中存在的风险予以管理的相关制度安排。它是由公司董事会、管理层及全体员工共同参与的一项活动。——上海证券交易所

内部控制是指上市公司（以下简称"公司"）董事会、监事会、高级管理人员及其他有关人员为实现下列目标而提供合理保证的过程。——深圳证券交易所

内部控制是由企业董事会、监事会、经理层和全体员工实施的、旨在实现控制目标的过程。内部控制的目标是合理保证企业经营管理合法合规、资产安全、财务报告及相关信息真实完整，提高经营效率和效果，促进企业实现发展战略。——我国《企业内部控制基本规范》（2008-05）

内部控制是指由企业董事会（决策、治理机构）、管理层和全体员工共同实施的，旨在合理保证企业战略实施、经营的效率和效果、财务报告及管理信息的真实可靠和完整、资产的安全完整、遵循国家法律法规和有关监管要求的一系列控制活动。——COSO报告

综上不难得出，内部控制是一个过程，是为保证组织实现特定目标的一个风险管理过程。

内部控制贯穿于企业经营活动的各个方面。有效的内部控制不仅关系到企业的各项经济目标能否达到、经济效益能否实现，也是企业建立现代企业制度的一项根本要求。

二、内部控制的分类

内部控制按照不同的标准可以分为不同的类别：

按照控制的目的分为会计控制和管理控制。会计控制是指与保护企业资产的安全性、会计信息的真实性和完整性以及财务活动的合法性有关的控制；管理控制是指与保证企业战略目标的实现和管理决策的贯彻执行，促进管理活动的经济性、效率性、效果性有关的控制。会计控制与管理控制并不是相互排斥、互不相容的，有些控制措施既可以用于会计控制，也可以用于管理控制。

按照控制的内容分为要素控制、方式控制、业务流程控制和绩效控制。

按照控制的层次分为公司治理层即所有者对决策层（董事会）的控制、董事会对管理层的控制、管理层对执行层即员工的控制，也可称为战略控制、管理控制和作业控制。

按照控制的方式分为预防性控制、发现性控制、纠正性控制。预防性控制即事前控制，通过预防性措施让错弊不要发生；发现性控制即事中控制，对已发生的错弊进行检查和发现；纠正性控制即事后控制，对已查明错弊分析原因并予以纠正。

第二节 企业内部控制的历史演进

内部控制自产生至今至少有几千年的历史，现代意义上的内部控制自20世纪初以来，伴随着市场经济的发展完善与市场竞争的加剧，基于对企业内部管理水平不断提高的要求，才越来越受到重视。自1936年美国注册会计师协会发布的《独立公共会计师对财

务报表的审查》公告中首次对内部控制做出定义以来，内部控制的建设与发展经历了内部牵制、内部控制制度（两要素阶段）、内部控制结构（三要素阶段）、COSO 内部控制整合框架（五要素阶段）及 ERM 全面风险管理（八要素阶段）五个阶段，而在这一时期，世界范围内也出现了巴林银行、安然、施乐、世通等震惊世界的财务造假引发的公司破产案件，促使了对内部控制在世界范围内的广泛关注与大量研究。

一、内部牵制阶段——20 世纪 40 年代前

内部控制，作为一个专用名词和完整概念，直到 20 世纪 30 年代才被人们提出、认识和接受。但在此前的人类社会发展史中，早已存在着内部控制的基本思想和初级形式，这就是内部牵制（internal check）。根据《柯勒会计辞典》（Kohler's Dictionary for Accountants）的解释，内部牵制是指："以提供有效的组织和经营，并防止错误和其他非法业务发生的业务流程设计。其主要特点是以任何个人或部门不能单独控制任何一项或一部分业务权力的方式进行组织上的责任分工，每项业务通过正常发挥其他个人或部门的功能进行交叉检查或交叉控制。设计有效的内部牵制以使每项业务能完整正确地经过规定的处理程序，而在规定的处理程序中，内部牵制机制永远是一个不可缺少的组成部分。"例如，在古罗马时代，对会计账簿实施的"双人记账制"，即某笔经济业务发生后，由两名记账人员同时在各自的账簿上加以登记然后定期核对双方账簿记录，以检查有无记账差错或舞弊行为，进而达到控制财物收支的目的，即是典型的内部牵制措施。

1936 年 AICPA 在《独立公共会计师对财务报表的审查》中也指出：内部牵制是指以提供有效的组织和经营，并防止错误和其他非法业务发生而采取的各种措施和方法。其目的是保证公司现金和其他资产的安全，检查账簿的准确性。

直到 20 世纪 40 年代以前，内部控制被定义为内部牵制阶段。

内部牵制基于以下假设：①两个或两个以上的人或部门无意识地犯同样错误的机会是很小的；②两个或两个以上的人或部门有意识地合伙舞弊的可能性大大低于单独一个人或部门舞弊的可能性。

内部牵制的基本内容包括：

第一，识别不相容职务，即通常不能由一个人兼任的职务，包括出纳与记账、业务经办与记账、业务经办与业务审批、业务审批与记账、财物保管与记账、业务经办与财物保管、业务操作与业务复核；

第二，合理界定不同职务的职责与权限，准确地分清责任；

第三，分离不相容职务，在进行定岗和分工时，注意将不相容职务分离开来，使其相互牵制、相互制约；

第四，必要的保障措施，如物理措施（保险柜、专用钥匙等）或技术措施（网络口令等），定期的岗位轮换等。

内部牵制按照其执行措施可分为以下四类：

（1）实物牵制。实物牵制即对核心资产实行两个或两个以上的人同时管理。例如把保险柜的钥匙交给两个以上的工作人员持有，非同时使用这两把以上的钥匙，保险柜就不能打开，可以有效防止一个人作弊。

（2）机械牵制。机械牵制即通过程序或流程机械操作，才能完成一定过程的操作，因此也称为程序牵制。它通常是将单位各项业务的处理过程，用文字说明方式或流程图的方

式表示出来，以形成制度，颁发执行。机械牵制属于典型的事前控制法，即要按牵制的原则进行程序设置，而且要求所有的业务活动都要建立切实可行的办理程序。程序控制的关键是实行以内部牵制为核心的不相容职务分离原则。例如保险柜的大门若非按正确程序操作就打不开。

(3) 体制牵制。体制牵制即通过组织分工来实现的防弊体制。为防止错误和舞弊，对于每一项经济业务的处理，都要求有两人或两人以上共同分工负责，以相互牵制、互相制约的机制。其基本要求是职责分离。它不仅要求划分职责，明确各部门或个人的职责和应有的权限，同时还要规定相互配合与制约的方法。

(4) 簿记牵制。簿记牵制即原始凭证与记账凭证、会计凭证与账簿、账簿与账簿、账簿与会计报表之间核对的牵制。在某种意义上，它也是程序牵制的一个方面。

值得注意的是，内部牵制主要是通过分工协作来实现对舞弊行为的监控的，无论是部门之间相互制约还是上下级之间相互制约，往往是从某一环节或部门出发，强调点，忽略面，局限于内部审计的原理。

二、内部控制制度（两要素阶段）——20 世纪 50 年代至 80 年代

内部控制包括组织的组成结构及该组织为保护其财产安全、检查其会计资料的准确性和可靠性，提高经营效率，保证既定的管理政策得以实施而采取的所有方法和措施（美国注册会计师协会审计程序委员会，1949)。《审计程序公告第 29 号》将内部控制分为两大类：内部会计控制与内部管理控制（美国注册会计师协会审计程序委员会，1958)。

最早提出内部会计控制系统的是 1934 年美国发布的《证券交易法》。该法规定：证券发行人应设计并维护一套能为下列目的提供合理保证的内部会计控制系统。

1949 年，美国注册会计师协会（AICPA）的审计程序委员会，发布了一份题为《内部控制：一种协调组织要素及其对管理层和独立注册会计师的重要性》的报告。该报告对内部控制提出了权威性的定义："内部控制包括组织机构的设计和企业内部采取的所有相互协调的方法和措施。这些方法和措施都用于保护企业的财产，检查会计信息的准确性，提高经营效率，推动企业坚持执行既定的管理政策。"

1958 年，美国注册会计师协会审计程序委员会又发布了《独立审计人员评价内部控制的范围》的报告，将内部控制分为内部会计控制和内部管理控制。内部会计控制包括与财产安全和财产记录的可靠性有关的所有方法和程序，如授权与批准控制，从事财物记录与审核的职务及从事经营与财产保管的职务实行分离控制，实物控制和内部审计等。

1972 年，美国审计准则委员会（ASB）在《审计准则公告第 1 号》中，重新并且更加明确地阐述了内部会计控制和内部管理控制的定义：

内部会计控制：包括（但不限于）组织规划的所有方法和程序，这些方法和程序与财产安全和财物记录可靠性有直接的联系（财务目标）。这些控制包括授权与批准制度、从事财务记录和审核与从事经营或财产保管职务分离的控制、财产的实物控制和内部审计。

内部管理控制：包括（但不限于）组织计划以及与管理部门授权办理经济业务的决策过程有关的程序及其记录。这种授权活动是管理部门的职责，它直接与管理部门执行该组织的经营目标有关，是对经济业务进行会计控制的起点。

由于推动内部控制发展的主要是审计职业界，因此就不可避免地带上了审计的烙印。所谓的两分法也成为出于审计便利需要的产物——注意力仅集中在会计控制的测试，对管

理控制鲜有涉及。两分法未能完整地反映内部控制所涵盖的内容，也没有考虑控制环境对内部控制制度设计及实施效果的影响。尽管如此，这些概念的界定和分类为内部控制的发展奠定了一定的理论基础，有着承上启下的作用。

三、内部控制结构（三要素阶段）——20 世纪 80 年代末至 90 年代初

20 世纪 80 年代后期以来，会计界研究重点逐步从一般定义向具体内容深化。1988 年美国注册会计师协会发布《审计准则公告第 55 号》，建议从 1990 年 1 月起以该公告取代 1972 年发布的《审计准则公告第 1 号》，首次将控制环境纳入内部控制结构，不再区分会计控制和管理控制。这个公告首次以“内部控制结构”代替“内部控制制度”。明确“企业的内部控制结构”，包括为提供取得企业特定目标的合理保证而建立的各种政策和程序。内部控制结构由三个要素构成：控制环境、会计系统、控制程序。

1. 控制环境

控制环境是指良好的内部控制所需要的外部和内部影响因素。外部影响因素包括国家政策、行业法规等。内部影响因素主要表现在股东、董事会、经营者及其他员工对内部控制的态度和行为。具体包括：管理理念、经营风格、组织机构、董事会及审计委员会的职能、人事政策和程序、确定职责和责任的方法以及管理者监督控制和检查工作时所采用的方法，如经营计划、利润计划、预算和预测、责任会计和内部审计等。

2. 会计系统

会计系统规定各项经济业务的确认、计量、记录、归集、分类、分析和报告的方法，即建立企业内部会计制度。一个有效的会计制度应当包括：鉴定和登记一切合法的经济业务；对各项经济业务作适当的分类，作为编制报表的依据；计量经济业务的价值以使其货币价值能在财务报表中得以体现；确定经济业务发生的时间以确保其记录在适当的会计期间内；在财务报表中恰当地表述和揭示经济业务与有关价值变化的内容。

3. 控制程序

控制程序指管理层为达到控制的目标而制定的政策和程序。其中包括：经济业务和经济活动的适当授权；明确所有员工的职责分工；账簿和凭证的设置、记录与使用，以保证经济业务活动得到正确的记载；资产及记录的限制接触；对已经登记业务的记录进行复核等。

内部控制结构阶段有两个特点：一是将内部控制环境纳入内部控制的范畴；二是不再区分会计控制和管理控制。至此，在企业管理实践中产生的内部控制活动，经过审计人员的理论总结，已经完成从实践到理论的升华。

四、内部控制整合框架（五要素阶段）——20 世纪 90 年代至 21 世纪初

1992 年，由美国注册会计师协会、内部审计师协会、财务经理协会、美国会计学会、管理会计协会参与的美国反虚假财务报告委员会（National Commission on Fraudulent Reporting）所属的内部控制专门研究委员会发起机构委员会（Committee of Sponsoring Organizations of the Treadway Commission，简称 COSO 委员会）在进行专门研究后提出专题报告——《内部控制——整合框架》（Internal Control — Integrated Framework），也称 COSO 报告，并于 1994 年进行了修改。这一报告已经成为内部控制领域最为权威的文献之一。该报告系内部控制发展历程中的一座重要里程碑，其对内部控制的发展所做出的贡献可以用三句话十二个字概括，那就是“一个定义、三项目标、五种要素”。COSO 报告

提出：内部控制是一个过程，受企业董事会、管理层和其他员工影响，旨在保证财务报告的可靠性、经营的效果和效率以及现行法规的遵循。它认为内部控制整体架构主要由控制环境（control environment）、风险评估（risk assessment）、控制活动（control activities）、信息与沟通（information and communication）、监督（monitoring）五个要素构成（如图 1-1 所示）。

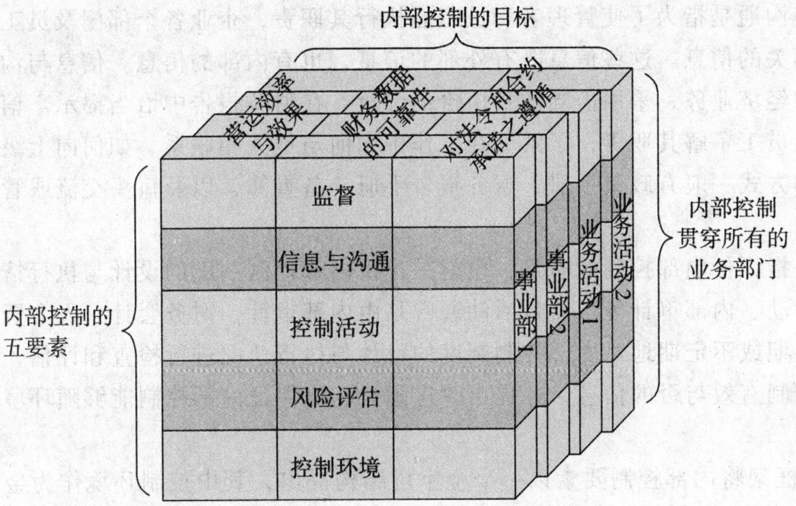

资料来源：COSO. 内部控制——整合框架［M］. 方红星，译. 大连：东北财经大学出版社，2008.

图 1-1 COSO 内部控制框架

1. 控制环境

控制环境主要指企业内部的文化、价值观、组织结构、管理理念和风格等。这些因素是企业内部控制的基础，将对企业内部控制的运行及效果产生广泛而深远的影响。

具体来说，包括员工的忠诚和职业道德、人员胜任能力、管理者的管理哲学和经营风格、董事会及审计委员会、组织机构、权责划分、人力资源政策及执行等方面。

2. 风险评估

风险评估是指识别和分析与实现目标相关的风险，并采取相应的行动措施加以控制。这一过程包括风险识别和风险分析两个部分。

通常，企业的风险主要来自于外部环境和内部条件的变化。其中，风险识别包括对外部因素（如技术发展、竞争、经济变化）和内部因素（如员工素质、公司活动性质、信息系统处理的特点）进行检查。风险分析则涉及估计风险的重大程度、风险发生的可能性、如何控制风险等。

3. 控制活动

控制活动是指企业对所确认的风险采取必要的措施，以保证企业目标得以实现的政策和程序。一般来说，与内部控制相关的控制活动包括职务分离、实物控制、信息处理控制、业绩评价等。

职务分离，是指为了防止单个雇员舞弊或隐藏不正当行为而进行的职责划分。通常应该分离的职责有业务授权与业务执行、业务执行与业务记录、业务记录与业务稽核等。

实物控制，指对企业的具体实物所进行的控制行为，如针对库存现金、存货、固定资产、有价证券等所进行的控制。

信息处理控制可分为两类：一般控制和应用控制。一般控制通常与信息系统的设计和管理有关；应用控制则与个别数据在信息系统中处理的方式有关。

业绩评价是指将实际业绩与业绩标准进行比较，以便确定业绩的完成程度和质量。

4. 信息与沟通

信息与沟通是指为了使管理者和员工能执行其职责，企业各个部门及员工之间必须沟通与交流相关的信息。这些信息既有外部的信息，也有内部的信息。信息与沟通包括确认记录有效的经济业务、采用恰当的货币价值计量、在财务报告中恰当揭示。信息沟通的目的主要是让员工了解其职责，了解其在工作中如何与他人相联系、如何向上级报告例外情况。沟通的方式一般有政策手册、财务报告手册、备查簿，以及口头交流或管理示例等。

5. 监督

监督是指评价内部控制的质量，也就是评价内部控制制度的设计与执行情况，包括日常的监督活动、内部审计等。监督活动通常是由内部审计、财务会计、人力资源等部门执行。他们定期或不定期地对内部控制制度的设计与执行情况进行检查和评估，与有关人员交流内部控制有效与否的信息，并提出改进意见，以保证内部控制能够随环境的变化而不断改进。

COSO 框架将内部控制要素以一个金字塔结构提出，其中控制环境作为金字塔的最底部，风险评估和控制活动位于上一层次，信息和沟通接近顶部，监督处于最顶端（如图 1-2 所示）。

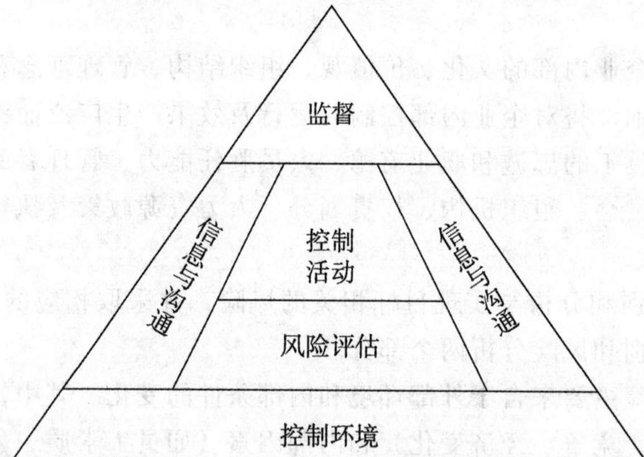

资料来源：COSO. 内部控制——整合框架［M］. 方红星，译. 大连：东北财经大学出版社，2008.

图 1-2　COSO 框架五要素图

COSO 报告的出台，引起了世界会计学界的广泛研究兴趣，加深了各界对内部控制重要性的认识，基本上统一了业界的认识，这对人们进行企业内部控制的研究极具时代意义。

五、ERM 全面风险管理（八要素阶段）——21 世纪以后

2001 年 11 月下旬，帽认最大的能源企业安然公司承认自 1997 年以来，通过非法手段虚报利润 5.86 亿美元；在与关联公司内部交易中，不断隐藏债务和损失，管理层从中非法获益。消息传出，立刻引起美国金融市场的巨大动荡。安然股价从近 90 美元跌至不

足 1 美元，许多中小投资者损失惨重。自安然公司财务欺诈行为被揭露以来，美国大公司会计丑闻频频曝光，投资者信心连遭打击，美国股市因此受到重创，主要股指一度跌至 9 · 11 恐怖袭击事件以来的最低水平。世界通信——这只技术股中闪耀的明星，也被逐出纳斯达克市场。美国魏斯评级公司在调查了 7 000 家公司发布的财务报告后认为，有多达 1/3 的美国上市公司不同程度存在捏造盈利的问题，信用危机震惊华尔街。美国布鲁金斯学会的一项研究认为，会计丑闻使 2002 年美国经济损失了 370 亿~420 亿美元。假账丑闻使投资者对美国资本市场和会计公司的职业道德失去了信心。因此，加强金融监管以恢复投资者信心已成为当时美国国会、政府和公众的一致呼声。

另外，一系列公司假账丑闻的发生，已经不是个别公司的问题，而是美国公司制度的缺陷。这个缺陷主要表现在公司治理结构的不平衡和外部监督的缺失。

20 世纪 90 年代，美国公司制度一度被认为是最能激发人的创造力，最适合新技术发展的模式。员工股票期权激励机制和首席执行官制度被誉为美国公司近年来成功的精髓。但期权制也为公司管理层提供了抬高股价的动力，90 年代的股市繁荣，只要这些熟知公司内部情况的高级管理人员适时兑现手中的期权或股票，即使公司倒闭，其利益也能得到保证，这使得公司管理者的利益和股东利益严重脱节。

在公司治理结构上，对经营管理者的监督不力是造成假账丑闻的重要原因之一。20 世纪 90 年代是首席执行官制度的巅峰时期，名义上，首席执行官由董事会任命，但事实上，由于股权过于分散，首席执行官对董事会主席的任命有着很大影响。董事会的选举受首席执行官介绍情况的影响，并且在很多情况下，董事会主席由首席执行官兼任。这种情形的后果就是股东大会对经营管理者的控制力减弱，经营管理者为了自身利益而做出的掩盖债务、虚报利润等违法违规行为得以顺利实施，严重损害了广大投资者的利益。

在公司外部监督上，外部审计对上市公司信息披露的监督功能严重缺失。审计职能因其复杂性和专业性而从公司内部分离出来成为一个独立的行业。然而，为了谋取利益，会计师一方面对上市公司进行财务审计；另一方面又为上市公司提供会计咨询服务。因此，缺乏独立的审计，无法保证公司披露信息的真实性、公正性；一些审计公司不仅丧失了职业道德，而且干起了违法勾当，在上市公司接受司法调查时，审计公司帮助其销毁大批文件。长期以来，会计行业没有统一有效的监管，导致上市公司的外部监督失效。所以，广大投资者呼吁通过立法强化对企业会计审计监管、规范企业管理层行为。

《萨班斯-奥克斯利法案》正是这一背景下的产物。所谓《萨班斯-奥克斯利法案》，是指 2002 年 6 月 18 日美国国会参议院银行委员会以 17 票赞成对 4 票反对通过由奥克斯利和参议院银行委员会主席萨班斯联合提出的会计改革法案——《2002 上市公司会计改革与投资者保护法案》。这一议案在美国国会参众两院投票表决通过后，由布什总统在 2002 年 7 月 30 日签署成为正式法律。其主要内容以维护广大投资者利益为宗旨，对惩治公司财务欺诈、规范企业行为和加强资本市场监管做出了规定。

（一）明确了公司管理层的责任

（1）明确公司管理层对真实、全面、准确披露报告负责。公司首席执行官和财务总监必须签字对财务信息的准确性负责。公司必须实时公布任何导致公司财务健康状况发生变化的事件。

（2）明确公司管理层对内部控制体系设计、建立、运行有效负责。在披露年度报告时，首席执行官和首席财务官就内部控制有效性发表声明。

（二）加强了会计监管

《萨班斯-奥克斯利法案》一方面加重对公司管理层违规行为的惩罚；另一方面加强对会计行业的监督。要求设立独立的上市公司会计监管委员会，负责监管执行上市公司审计的会计师事务所；特别加强执行审计的会计师事务所的独立性。

（1）美国证券交易委员会（SEC）设立独立的上市公司会计监管委员会来监督会计行业，该委员会制定清晰统一的职业标准和道德规范，并具有调查渎职和违规的权力。

（2）给美国证券交易委员会增加新资金用来对违规行为进行调查、提高员工待遇和升级电脑技术，同时赋予其禁止不诚实的管理者重新担负企业责任的权力。

（三）完善了公司审计制度

（1）内部审计制度的完善。法案第301条要求所有的上市公司都必须设立审计委员会，该委员会的成员必须全部是"独立董事"。法案对审计委员会的职权进行了具体的规定。

（2）外部审计监管的强化。法案明文禁止上市公司的独立审计人员同时向该上市公司提供包括保管财务数据、设计和执行财务信息制度、资产评估或估价服务等与审计无关的法律或其他专业服务在内的服务业务。

（四）强化上市公司信息披露的监控

SEC对上市公司信息披露的审查权得到了加强。SEC将要求上市公司达到所谓的"永久性"信息披露要求，即SEC必须在3年期限内对每个上市公司提交的信息披露进行审查，并做出审查结论。

（五）突出了舞弊防范

法案对欺诈和舞弊防范措施作了强制规定，要求建立"反舞弊程序和控制"，并要求每年进行评估，把发现高层管理人员任何程度上的舞弊行为判定为内部控制无效。

该法案第406条要求SEC制定相关规则，规定每个上市公司必须在其递交给SEC的定期报告的同时披露该公司是否已经制定了适用于高层财务人员的"道德法典"。"道德法典"必须包括以下内容：①诚实、道德的行为，包括私人利益与企业利益发生明显冲突时的道德准则；②在公众公司提交的报告中应包括充分、公正、准确、及时和易懂的信息披露；③要遵守政府的有关法律法规。

（六）严厉了法律制裁

《萨班斯-奥克斯利法案》针对上市公司增加了许多严厉的法律措施，成为继20世纪30年代美国经济大萧条以来，政府制定的涉及范围最广、处罚措施最严厉的公司法律。

（1）董事和高层管理人员须返还因公司虚假报表取得的激励性报酬和买卖股票收益。

（2）对于违反财务报表披露要求的行为，个人的处罚额提高到100万美元，并将可同时判处的监禁期限延长到10年，对恣意违反财务报表披露要求的公司主管处罚额高达500万美元，并可判处高达25年的监禁。

另外，按法案要求，2003年6月5日，美国证券交易委员会颁布了《财务报告内部控制系统的管理层报告书》的"最终条例"（Final Rule）作为《萨班斯-奥克斯利法案》第404条款的执行细则。2004年3月9日，美国上市公司会计监管委员会（PCAOB）最终确定了内部控制"审计标准"作为第404条款的审计细则。"最终条例""审计标准"均明确提到反虚假财务报告委员会的赞助组织委员会提出的内部控制框架可以作为企业内部控制体系建立的标准。

PCAOB 最终确定的内部控制“审计标准”要求公司管理层对内部控制的有效性实施评估，并且对所实施的评估进行记录和报告。管理层的总体责任包括：

（1）管理层必须记录与所有重要财务报表会计科目和披露事项之相关认定有关的内控设计；

（2）管理层必须测试与所有重要财务报表会计科目和披露事项之相关认定有关的内控，而且测试应当涵盖内部控制的全部要素。

（3）管理层必须执行适当程序以获得充分的证据并保留相关记录，来支持其对于公司内部控制的有效性实施的评估。

（4）管理层对内部控制实施评估是公司内部控制的一部分，它代表了公司监督内控的一个重要方面。可以使用内部审计师、公司其他人员和第三方协助其进行评估工作但不能将其对公司内部控制进行评估的责任委派给外部审计师或其他任何第三方。

（5）如果发现了一个或多个严重不合格（material weakness），管理层就不能认定公司的内部控制是有效的。

（6）404 条款管理层报告必须披露所有严重不合格（material weakness）。

而且，法案对企业建立的内部控制活动的记录作了许多详细而严格的细节上的规定。如此一来，404 条款就成为外国公司迈入美国股市的“高门槛”。条款如此严苛，惩戒又如此严厉的法案自然令大批在美上市的外国公司不寒而栗。据悉，当时在美国上市的中国企业共有 46 家，其中不乏像网通、移动、百度这样的行业巨头。但是，中国企业此前从未经历过这样严厉的“美国规则”的考验。此次中国在美国上市的 46 家公司在应对《萨班斯-奥克斯利法案》方面的直接投入总共高达 10 亿元人民币，而大型央企由于公司治理方面相对较弱，其在人力、时间、资源方面的投入更高。有报道称，国际财务执行官组织对 321 家企业的调查显示，每家遵守《萨班斯-奥克斯利法案》的美国大型企业第一年实施 404 条款总成本平均超过 460 万美元，大名鼎鼎的通用电气公司更是花费了高达 3 000 万美元的巨款，来完善内部控制系统以符合 404 条款的要求。

综上所述，《萨班斯-奥克斯利法案》要求在美上市的公司必须建立内部控制体系；建立、运行、评估、披露内控体系的责任在管理层；美国证券交易委员会和美国上市公司会计监管委员会都推荐 COSO 框架作为企业建立内部控制体系的标准。

2004 年 10 月，COSO 委员会对《内部控制——整合框架》（Internal Control—Integrated Framework）做了进一步的延伸和扩展，提出了《企业风险管理——整合框架》（Enterprise Risk Management—Integrated Framework）。企业风险管理框架是在 1992 年 COSO 报告的基础上，结合《萨班斯-奥克斯利法案》在财务报告方面的要求，进行的扩展研究。COSO 对风险管理框架的定义是：“企业风险管理是一个过程，它由一个主体的董事会、管理层和其他人员实施，应用于战略制定并贯穿于企业之中，旨在识别可能会影响主体的潜在事项，管理风险以使其在该主体的风险容量之内，并为主体目标的实现提供合理的保证。”

与 1992 年 COSO 报告提出的内部控制整体架构相比，企业风险管理框架增加了一个观念（风险组合观）、一类目标（战略目标）、两个概念（“风险偏好”和“风险容忍度”）和三个要素（“目标设定”、“事项识别”和“风险应对”），如图 1-3 所示。

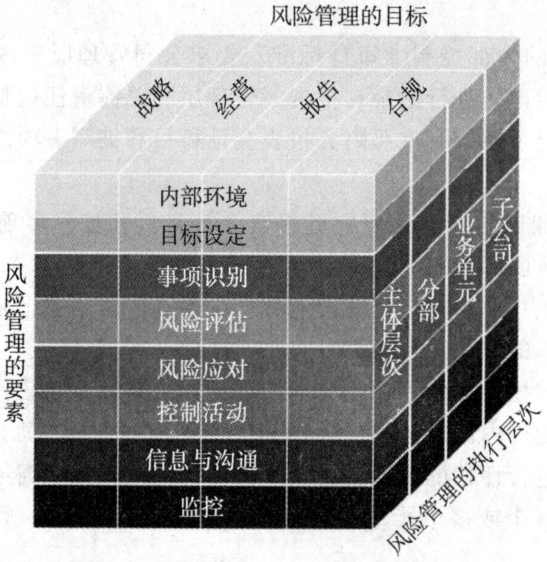

资料来源：COSO. 企业风险管理——整合框架［M］. 方红星，译 . 大连：东北财经大学出版社，2005.

图 1-3　企业风险管理框架

1. 提出了一个观念

企业风险管理框架提出了一个观念，即风险组合观，它要求企业管理者以风险组合的观点看待风险，对相关的风险进行识别并采取措施使企业所承担的风险在风险偏好的范围内。对企业内每个单位而言，其风险可能落在该单位的风险容忍度范围内；但从企业总体来看，总风险可以超过企业总体的风险偏好范围。因此，应从企业总体的风险组合的观点看待风险。

2. 增加了一类目标，并扩大了报告目标的范畴

内部控制框架将企业的目标分为经营、财务报告和合规性三类。企业风险管理框架也包含三个类似的目标，但是其中只有两个目标与内部控制框架中的定义相同，财务报告目标的界定则有所区别。内部控制框架中的财务报告目标只与公开披露的财务报表的可靠性相关，而企业风险管理框架中报告目标的范围有很大的扩展，该目标覆盖了企业编制的所有报告：既包括内部报告，也包括外部报告；既包括企业内部管理者使用的报告，也包括向外部提供的报告；既包括法定报告，也包括向其他利益相关者提供的非法定报告；既包括财务信息，也包括非财务信息。此外，企业风险管理框架比内部控制框架增加了一类新的目标——战略目标，该目标的层次比其他三个目标更高。企业的风险管理应用于实现企业其他三类目标的过程中，也应用于企业的战略制定阶段。

3. 增加了两个概念

企业风险管理框架增加了两个概念，即“风险偏好”和“风险容忍度”。从广义上看，风险偏好是指企业在实现其目标的过程中愿意接受的风险的数量。企业的风险偏好与企业的战略直接相关，企业在制定战略时，应考虑将该战略的既定收益与企业的风险偏好结合起来。风险容忍度的概念是建立在风险偏好概念基础上的，是指在企业目标实现的过程中对差异的可接受程度，是企业在风险偏好的基础上设定的对相关目标实现过程中所出

现的差异的可容忍限度。在确定各目标的风险容忍度时，企业应考虑相关目标的重要性，并将其与企业风险偏好联系起来。

4. 增加了三个风险管理要素，对其他要素的分析更加深入，范围上也有所扩大

企业风险管理框架新增了三个风险管理要素，即"目标设定"、"事项识别"和"风险对策"。此外，企业风险管理框架更加深入地阐述了其他要素的内涵，并扩大了相关要素的范围。在控制环境要素上，企业风险管理框架将"控制环境"扩展为"内部环境"，更加直接、广泛地关注风险是如何影响企业的风险文化。在风险评估方面，企业风险管理框架建议从固有风险和残存风险的角度来看待风险；还要求注意相互关联的风险，确定一件单一的事项如何为企业带来多重的风险。在信息与沟通方面，企业风险管理框架扩大了企业信息和沟通的构成内容，认为企业的信息应包括来自过去、现在和未来潜在事项的数据。

总的来讲，新的架构强调在整个企业范围内识别和管理风险的重要性。COSO 委员会强调风险管理框架必须和内部控制框架相一致，把内部控制目标和要素整合到企业全面风险管理过程中。因此，企业风险管理框架是对内部控制框架的扩展和延伸，它涵盖了内部控制，并且比内部控制更为完整有效。

2013 年 5 月 14 日，COSO 发布了修订的《内部控制——整合框架》和相关的说明性文件。COSO 还发布了《评价内部控制系统和对外财务报告内部控制（ICEFR）有效性的说明性工具：方法和范例简编》，简称 ICEFR 简编。该说明性工具将会帮助使用者评估其内部控制系统是否符合更新版框架提出的要求。ICEFR 简编特别与按照更新版框架中提出的要求编制用于外部目的财务报表的机构相关。

COSO 建议企业根据自身情况在可行的情况下尽可能快地采用修订的框架。在转换过渡期内（2013 年 5 月 14 日至 2014 年 12 月 15 日），企业可以继续采用原来的框架，但对外报告的机构应当明确披露其采用的是原来的框架还是 2013 年的框架。在此期间，COSO 也将继续在其刊物上提供《规模较小的公共公司财务报告内部控制指引》。到 2014 年 12 月 15 日之后，COSO 开始用 2013 年的框架取代原有框架。

第三节　我国内部控制制度的发展

20 世纪 80 年代以前，我国的企业内部控制基本停留在会计控制的范畴，而且主要是以账户核对和职务分工为主要内容的牵制制度上。但总的来看，这些制度比较零散、不系统，而且很多未能真正得以执行而流于形式，致使单位内部管理低效，控制弱化。

一、我国历年的内部控制法规

20 世纪 90 年代后期开始，我国政府才开始积极推进内部控制评价的规范化建设。我们可以从历年来形成的有关内部控制的法规窥见一斑：

1986 年财政部颁发《会计基础工作规范》，其中对企业（单位）内部控制制度作了明确规定。

1997 年 1 月中国注册会计师协会实施《独立审计具体准则第 9 号——企业内部控制与审计风险》，以便于会计师事务所评估审计风险，提高审计效率，保证执业质量。

1999 年 3 月全国人民代表大会通过新《会计法》，将企业（单位）内部控制制度当作保障会计信息"真实和完整"的基本手段之一。

1996年12月国家审计署实施《中华人民共和国国家审计基本准则》，其中将对企业（单位）内部控制制度的测试当作“作业准则”予以明确。

2000年11月中国证监会发布《公开发行证券公司信息披露编报规则》，要求公开发行证券的商业银行、保险公司、证券公司应建立健全企业内部控制制度。

2001年6月财政部发布《内部会计控制——基本规范（试行）》和《内部会计控制基本规范——货币资金（试行）》。

2002年2月中国注册会计师协会制定发布了《内部控制审核指导意见》。

2002年9月7日中国人民银行发布《商业银行内部控制指引》，指出企业内部控制是商业银行为实现经营目标，通过制定和实施一系列制度、程序和方法，对风险进行事前防范、事中控制、事后监督和纠正的动态过程和机制。

2002年12月19日中国证监会发布《证券投资基金管理公司企业内部制度指导意见》，首次系统地提出基金公司企业内部控制的目标和要求。

2002年12月财政部发布《内部会计控制规范——采购与付款（试行）》和《内部会计控制规范——销售与收款（试行）》。

2003年10月财政部发布《内部会计控制规范——工程项目（试行）》。

2004年8月20日中国银行业监督管理委员会通过《商业银行内部控制评价试行办法》，自2005年2月1日起施行。

2006年6月5日上海证券交易所发布《上海证券交易所上市公司内部控制指引》，内部控制是指上市公司（以下简称公司）为了保证公司战略目标的实现而对公司战略制定和经营活动中存在的风险予以管理的相关制度安排。它是由公司董事会、管理层及全体员工共同参与的一项活动。公司内部控制通常应涵盖经营活动中所有业务环节、经营活动各环节之中的各项管理制度、信息管理、专项风险等。

2006年6月6日国资委出台《中央企业全面风险管理指引》，本指引所称全面风险管理，指企业围绕总体经营目标，通过在企业管理的各个环节和经营过程中执行风险管理的基本流程，培育良好的风险管理文化，建立健全全面风险管理体系，包括风险管理策略、风险理财措施、风险管理的组织职能体系、风险管理信息系统和内部控制系统，从而为实现风险管理的总体目标提供合理保证的过程和方法。

2006年7月15日，我国企业内部控制标准委员会成立大会暨第一次全体会议在北京举行。企业内部控制标准委员会成员由财政部、证监会、国资委等来自监管部门以及实务界、理论界的专家学者组成。

2008年以前，我国发布的内部控制法律法规，具有很强的行业和部门特点，虽不乏共识之处，但更多的是各自为政，缺乏统一、规范、协调的内控框架。

2008年6月，五部委联合下发《企业内部控制基本规范》，自2009年7月1日率先在上市公司实施，鼓励非上市的大中型企业执行。

2010年4月，五部委联合下发《企业内部控制配套指引》，自2011年1月1日起在境内外同时上市的公司施行，自2012年1月1日起在上海证券交易所、深圳证券交易所主板上市公司施行；在此基础上，择机在中小板和创业板上市公司施行。鼓励非上市大中型企业提前执行。

2012年财政部财会〔2012〕21号文颁布了《行政事业单位内部控制规范（试行）》，

指导行政事业单位内部控制活动的有序进行，并于2015年12月21日财会〔2015〕24号文颁布了《关于全面推进行政事业单位内部控制建设的指导意见》。

二、目前我国的内部控制体系

我国企业现行的内部控制体系是由财政部、审计署、银监会、证监会和保监会五部委于2008年6月28日联合下发的《企业内部控制基本规范》和2010年4月联合下发的18项《企业内部控制应用指引》、《企业内部控制评价指引》和《企业内部控制审计指引》，以及于2010年7月出台的操作应用指南。

其中，内部控制标准体系主要包括基本规范、具体规范和相关应用指南。内部控制基本规范规定了内部控制的基本目标、基本要素、基本原则和总体要求，是制定具体规范和应用指南的基本依据，在内控标准体系中起统驭作用。内部控制具体规范是根据基本规范，对企业办理具体业务与事项从内部控制角度做出的具体规定。相关应用指南是根据基本规范和相关具体规范制定的详细解释和说明，主要是为某些特殊行业、特殊企业、特定内控程序提供操作性强的指引。

我国现行的内部控制体系如图1-4所示。

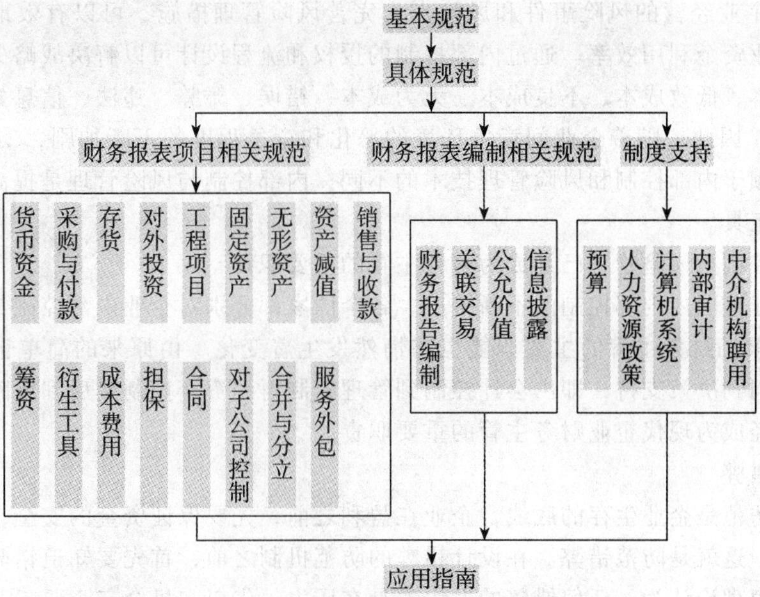

图1-4 我国现行的内部控制体系

第四节 企业内部控制的意义、相关概念与局限性

一、企业内部控制的意义

1.企业对内部控制与风险管理的认知是解决企业现实难题的独特钥匙

如何看待企业在发展过程中效率与安全的矛盾；制度有时为何成为发展的绊脚石；为什么有健全制度仍然出现问题；保证制度有效性的主要责任在谁；如何辨别企业、业务、部门的风险；部门与企业发展战略如何切实连接；怎样确保制度的有效贯彻和执行；生产、采购、销售、投资、应收账款的管理如何全面布局；基于财务的内控体系如何构建？

面对企业这些现实难题，内部控制制度体系与风险管理框架可以为其提供有效的解决方案。

2. 强化企业的内部控制已经成为发达国家治理公司的重要手段

企业必须建立有效的内部控制体系。但什么是有效的内部控制体系？谁对企业内部控制负责？如何评价和改进企业的内部控制？这已成为企业可持续发展的关键。

企业内部控制是关系到企业发展壮大乃至生存的非常重要的一个方面。虽然企业内部控制不能保证企业成功，但是在通过对企业失败案例进行分析后我们发现，如果没有内部控制，企业失败的概率会大很多。也就是说有了内部控制不是万能的，但是没有它是万万不能的。例如：企业各部门、各岗位谁最重要？相同业务，为什么不同人操作结果会有差异？怎么解决企业每一部门、每一岗位做什么的问题？怎么解决每一部门、每一岗位怎么做的问题？指令从最高层传达至最底层为什么会完全“变味”？如何解决战略失当、决策失误、无为成本、毁损价值的现象？诸如此类的问题，正是内部控制可以解决的问题。

3. 内部控制与风险管理是提高企业运营效率的基本工具

内部控制通过构建完整的企业内控制度体系，规范企业各作业流程，明确所有员工责权利，寻找企业经营的风险事件和风险点，完善风险管理措施，可以有效地整合企业资源，提高企业资金利用效率。通过内部控制的授权和流程设计可以解决战略失当、决策失误、无效成本、低效成本、不良成本、无为成本、错误、舞弊、违法、信息失真、价值链畸变等问题。因此，随着企业间竞争环境的恶化和竞争程度的不断加剧，21 世纪企业发展的基础有赖于内部控制和风险管理技术的不同，内部控制与风险管理是提高企业运营的效率的基本工具。

4. 内部控制与风险管理已经成为财务主管的重要职责

随着全球范围内内部控制的不断推广，各个国家都分别对企业内部控制与风险管理提出了新的要求。财务主管的主要职能也在悄然发生着变化，由原来的简单记账、财务评价、企业顾问到决策支持，即由会计控制到管理控制再到资金控制然后到风险控制。全面风险管理已经成为现代企业财务主管的重要职责。

5. 防范错弊

错弊的防范是企业生存的底线，企业在盈利之前，先要保证资金的安全，不要让可能的风险发生，这就是防范错弊。在设计错弊的防范机制之前，首先要知道错弊是怎么发生的。错弊三角理论认为，任何错弊的发生都是在压力、借口和机会三个要素共同作用下形成的（如图 1–5 所示）。

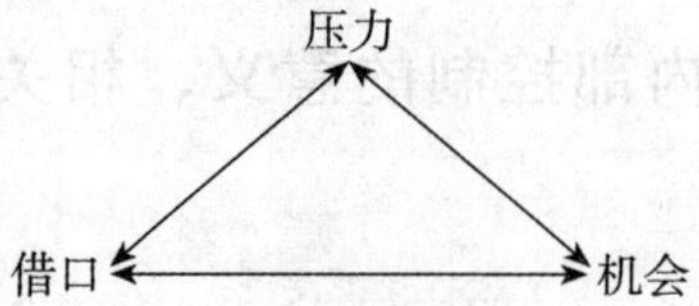

图 1–5　错弊三角动因图

有压力就有寻找借口的动机，一旦存在错弊的机会时，就可能在压力之下找到各种舞弊的借口，从而进行舞弊。因此，压力、借口和机会是错弊形成的动因，也称为错弊三要素。那么，要防范错弊，就要从三要素入手，即通过进行职业道德教育让其不愿犯错；通过法律法规让其不敢犯错；通过内部控制让其不能犯错。企业内部的舞弊行为有可能是主观因素导致的，也有可能是客观因素导致的，既有思想性的原因，也有技术性的因素，所以对这种行为的管理，要以更科学的方式去进行。所以说，依靠人的自觉性固然重要，但很多时候还是要靠强制性的手段来约束。有了法律法规还是不能解决所有的问题，还要有可靠的执行制度。企业制度是必需的，但不是万能的，还需要有另外的约束控制机制，也就是通过构建健全的企业内部控制和风险管理体系，让想犯错误者因“体制严密错不成、惩罚严厉不敢错、待遇优厚不想错”。

二、内部控制的相关概念

企业在内部控制与风险管理过程中，经常会用到一些基本概念，为了方便理解，我们对这些基本概念进行了统一界定。

1. 内部牵制

内部牵制是以账目间的相互核对为主要内容并实施岗位分离，以确保所有账目正确无误的一种控制机制。

2. 内部牵制机制

通过内部牵制机制，实现上下牵制，左右制约，相互监督，查错防弊的目的。其核心内容是不相容职务的分离与牵制。为达到有效控制的目的，任何部门或个人不能独揽业务处理的全过程，不同步骤应交由不同的部门或人员去完成。内部牵制机制主要包括：

第一，授权进行某项经济业务的职务与执行该项业务的职务要分离；

第二，执行某项经济业务的职务与批准该项业务的职务要分离；

第三，执行某项经济业务的职务与记录该项业务的职务要分离；

第四，保管某项财产的职务与记录该项财产的职务要分离；

第五，保管与记录某项资产的职务与账实核对的职务要分离等。

3. 不相容职务

不相容职务是指不能同时由一个人兼任的职务。一般而言，不相容职务包括交易的授权、执行、记录、保管以及交易执行中的各步骤。

4. 关键风险控制点

关键风险控制点是指关键的内部控制行为，即只有保证这些内部控制行为被正确采用并持续使用，才可以保证企业内部控制目标的实现。

5. 授权批准

授权批准是指企业各级人员必须经过适当的授权和批准才能执行有关经济业务，未经授权和批准，不得处理有关业务。

对一个公司而言，授权一般由股东授予董事会，然后由董事会将大部分权力授予公司的总经理和有关管理人员，公司每一层次的管理人员既是上级管理人员的授权客体，又是对下级管理人员的授权主体。

6. 常规授权

常规授权是指对办理常规经济业务的权力、条件和有关责任者的规定，这种授权时效性较长。常规授权通常是在管理部门中采用岗位责任制或管理文件的授权形式，或在经济业务中以规定其办理条件、范围和对该业务管理人员任命的形式予以反映的。

例如，作为公司权力机构的股东大会为了提高效率，往往授予公司董事会一定数额以内的对外投资决策权，股东大会的这一授权就属于一般授权。

7. 特别授权

特别授权是指经办超出常规业务的授权。与一般授权不同，特别授权只涉及特定的经济业务处理的具体条件及有关具体人员。这种授权时效较短。承上例，如果超过股东大会规定数额的对外投资，公司董事会应当向股东大会提交对外投资的可行性报告，由股东大会决定，这是对公司董事会的权力限制，即属于特殊授权。

8. 内部控制的有效性

内部控制的有效性是指各单位建立与实施内部控制、能够为控制目标的实现提供切实有效的保证。

9. 业务流程图

业务流程图是用符号和图形来表示单位经济业务和文件凭证在组织机构内部有序流动的图表。

10. 风险事件

风险事件是指能够导致组织偏离目标的事项。

11. 内部控制缺陷

内部控制缺陷是指内部控制的设计存在漏洞，不能有效防范错误与舞弊，或者内部控制的运行存在弱点和偏差，不能及时发现并纠正错误与舞弊的情形。内部控制缺陷包括设计缺陷和运行缺陷。

（1）设计缺陷。设计缺陷是指缺少为实现控制目标所必需的控制，或现存控制设计不适当，即使正常运行也难以实现控制目标。

（2）运行缺陷。运行缺陷是指现存设计完好的控制没有按设计意图运行，或执行者没有获得必要授权或缺乏胜任能力，从而不能有效地实施控制。

12. 风险规避

风险规避是企业对超出风险承受度的风险，通过放弃或者停止与该风险相关的业务活动以避免和减轻损失的策略。

13. 风险降低

风险降低是企业在权衡成本效益之后，准备采取适当的控制措施降低风险或者减轻损失，将风险控制在风险承受度之内的策略。

14. 风险分担

风险分担是企业准备借助他人的力量，采取业务分包、购买保险等方式和适当的控制措施，将风险控制在风险承受度之内的策略。

15. 风险承受

风险承受是企业对风险承受度之内的风险，在权衡成本效益之后，不准备采取控制措施降低风险或者减轻损失的策略。

三、内部控制的局限性

有效的内部控制可以帮助管理层努力实现目标，但无法合理保证目标本身是否被实现。受到管理层自身能力及内外环境等主客观因素的影响，内部控制只能为实现既定目标提供合理的保证，是风险管理的一种有效工具。但是，内部控制本身是有成本的，这包括设计内部控制的成本、员工培训、改进内部控制增加的费用以及过于繁琐的规定可能会导致经营效率的下降等。此外，如果不顾企业的实际情况，为了内控而内控，甚至进行过度的内部控制就可能抑制企业创新、引发组织成员抵触情绪，给企业造成不利影响。同样，内部控制失控可能造成的损失巨大，内部控制不足也会给企业带来成本。在企业推行内部控制时必须认识到内部控制还存在以下局限性：

1. 职能越权的可能性

内控职能各程序上的人员不能正确履行自己的职能，而是超越岗位职能，滥用职权，蓄意营私舞弊，使设计良好的内控制度不能发挥作用。

2. 串通舞弊的可能性

不相容职责的恰当分离可以为避免单独一人从事和隐瞒不合规行为提供合理的保证，但是多人合伙舞弊可能导致控制失效。单位管理部门负责人如果滥用职权，或者负有不同职责的执行人员串通舞弊、合伙造假，或者为领导出谋划策，而对单位设置的内部控制制度置之不理，会使建立的内控制度形同虚设。

3. 运行成本增加的可能性

任何企业的资源总是有限的，管理层在设计和实施某项内部控制时，必须要权衡内部控制的利弊得失。控制程序的成本不能超过风险或错误可能造成的损失和浪费。各单位部门制定内部控制制度时，需要考虑成本效益原则。

4. 制度滞后的可能性

基于内外部环境而实施的内部控制在一定时间具有相对稳定性，其作用可能因经营环境、业务性质等改变而削弱或失效。单位内部控制制度的大多数措施一般是针对经常发生的、大量的经济业务，或已经发生和可以预料到的问题，而不是针对个别的、偶然的经济业务和很难估计到的可能发生的问题。

5. 人为错误的可能性

内部控制系统发挥作用的有效程度关键是取决于执行人员的实际运作，即使很有效的内部控制也可能因执行者缺乏控制意识、错误理解或判断错误、粗心大意等因素而失控。单位管理人员的业务素质如果达不到要求，对内部控制制度理解错误，不负责任，怕得罪人和得罪领导，弄虚作假等人为因素，或内控职能各程序上的人员不能正确履行自己的职能，而超越岗位职能，滥用职权，蓄意营私舞弊就会给企业带来更大损失。

6. 非经常事项的不适应限制

内部控制一般是针对常规业务活动而设计的，对于那些非经常发生或难以预料的业务活动，内部控制就可能不适用或失效。

因此，内部控制不是万能药，不可能解决企业管理的所有问题。对内部控制与风险管理的推进需要根据企业的实际情况而定。内部控制是一个不断发展、变化、完善的过程，并随着企业经营管理的新情况、新要求适时改进调整。内部控制也是由企业中各个层级的人员共同实施，从单位负责人，到各个业务部门、职能部门的负责人，直到单位的每一个普通员工，都对实施内部控制负有责任。内部控制在形式上表现为一整套相互监督、相互制约、彼此联系的控制方法、措施和程序。这些方法、措施和程序有助于及时识别和处理风险，促进单位实现发展目标，提高经营管理水平、信息报告质量、资产管理水平和法律遵循能力。内部控制能够为单位管理层实现内控目标提供合理保证，但由于内部控制的局限性、管理层越权和串通舞弊等原因，难以保证一个企业目标的最终实现。

【案例 1-1】

因信息披露严重造假 *ST 博元被上交所终止上市

2016 年 3 月 21 日晚间，上交所发布了《关于终止珠海市博元投资股份有限公司股票上市的公告》。*ST 博元成为证券市场首家因重大信息披露违法被终止上市的公司，这也是 2016 年首只退市股票。

一年前，2015 年 3 月 26 日，珠海市博元投资股份有限公司因涉嫌违规披露、不披露重要信息罪和伪造、变造金融票证罪，被中国证监会移送公安机关。公司股票自 2015 年 5 月 28 日起暂停上市，现仍未恢复上市。此前，“中国好同学”个人投资者郑伟斌曾馈赠 8.59 亿元帮助博元投资度过财务危机。

公开资料显示，这家 1990 年就上市的公司虽然大股东发生了多次的更换，但造假和信息违规披露违法违规一直在持续上演。新近曝光的违法违规事实显示，这家公司存在大量业绩造假行为。

造假方法之一：通过银行转账虚增资产。*ST 博元 2011 年股改资金中 3.74 亿元由珠海华信泰投资有限公司通过中信银行转入，当天转给东莞市景瑞实业投资有限公司。根据公司会计更正公告，*ST 博元调减 2011 年年末、2012 年年末、2013 年年末资本公积 3.74 亿元，同时调减资产或调增负债 3.74 亿元。

造假方法之二：反复采购虚增销售收入。*ST 博元 2012 年、2013 年向同一人控制的两家单位先采购后销售。此次，*ST 博元调减销售收入 1.26 亿元，调减成本 1.22 亿元，调减费用及资产减值损失 91.32 万元，调减 2012 年、2013 年净利润 276 万元，调减 2014 年年初净资产 276 万元。

*ST 博元虚假采购和销售，大规模虚增预付款，会计差错更正后 2014 年年末预付款项减少了 2.58 亿元，只有 462 万元，也造成营业收入和营业成本虚增了将近一个亿，其中虚构的营业成本占其原数额的近一半。

虚增营业收入是比较常见的造假手段，外界也很难发现，但是这种方式造假会增加税费，如果利润增多，还会增加所得税，像万福生科上市增加营业收入和净利润后，纳税也大幅度增加。*ST 博元造假暴露之前每年净利润都很少，可以规避所得税。

造假方法之三：玩弄会计准则。*ST 博元支付给湖北天瑞酒店的股权转让款，因股权未变更为公司子公司珠海信实企业管理咨询有限公司。公司此次调整减少长期股权投资 3 558.55 万元，减少投资收益 1 427.57 万元。

资料显示，经*ST 博元 2010 年第一次临时股东大会审议通过，*ST 博元全资子公司珠海信实以现金 3 159.11 万元及债权 1 400 万元参与对天瑞酒店同比例增资扩股。按道理而言，天瑞酒店是珠海海信的子公司，不过*ST 博元将其作为参股公司，在会计处理上，成了长期股权投资。

玩弄会计准则可以粉饰报表，像有些公司可以通过调整折旧年限来增加或减少利润，还可以通过提前或者延后确认收入调节利润。

除此之外，*ST 博元 5 月 4 日收到董事金建飞、独立董事张晓丹提交的书面辞职报告。金建飞辞职原因是原推荐股东不再持有*ST 博元股份，张晓丹则因个人原因申请辞去董事职务。两人都是 2016 年 1 月份才担任该职务。绿大地造假被查时，也出现董事监事等高管频繁变动。

如今在经历了浙江凤凰、华源制药、*ST 华药、*ST 源药、S*ST 源药、ST 源药、ST 方源、ST 博元、博元投资、*ST 博元的 10 次裡变之后，这家公司已经穷途末路，终于被终止上市。

案例思考：公司走到这一步是谁之过？

第二章

企业内部控制与风险管理目标和要素

第一节　内部控制与风险管理的目标

内部控制能够帮助我们绕过途中的陷阱，到达目的地。

——MOTOROLA 总裁　加利·吐克

目标是行为的导向，一个好的目标会对行动或结果产生至关重要的影响。在现代管理活动中，管理控制的目标一般有两个：一是限制偏差的积累。我们知道，工作中出现偏差是不可避免的。但小的偏差失误在较长时间里会积累放大并最终对计划的正常实施造成威胁。因此有效的管理控制系统应当能够及时地获取偏差信息，及时采取有效矫正措施，以防不利结果的出现。二是适应环境的变化。从制定出目标到目标实现，总是需要相当长一段时间。在这段时间，组织内部的条件和外部环境可能会发生一些变化。这就需要构建有效的控制系统，帮助管理人员预测和把握内外环境的变化。并对由此带来的机会和威胁做出正确、有力的反应。内部控制作为控制活动的一种，其根本目标仍然是通过控制活动减少偏差的积累、适应环境的变化、预防风险的发生。企业内部控制的目标是决定内部控制运行方式和方向的关键，也是认识内部控制基本理论的出发点。关于内部控制目标的研究，国内外不同机构给出了不同的描述。1992 年的 COSO 框架对内部控制提出了营运效率与效果、财务数据的可靠性、对法令和合约承诺之遵循的“三目标体系”。2004 年的企业风险管理框架总结了 COSO 十年来的成果，将内部控制纳入风险管理，并视为企业管理过程的重要组成部分。与原 COSO 报告相比，它考虑了企业战略管理的重要性，为内部控制设定了“四目标体系”，即战略目标、经营目标、报告目标和遵循目标。2008 年我国以财政部牵头的五部委联合发布的《企业内部控制基本规范》将内部控制目标界定为合理保证企业经营管理合法合规、资产安全、财务报告及相关信息真实完整，提高经营效率和效果，促进企业实现发展战略“五目标体系”。下面以我国企业内部控制基本规范为基础分别对五个目标予以描述。

一、合理保证企业经营管理合法合规

合理保证企业经营管理合法合规的目标也称为合规性目标或遵循性目标，是指内部控

制体系的设计要确保企业经营管理活动的合法合规性。遵纪守法不仅是每个公民的责任和义务，也是每个单位和组织应尽的责任和义务。违法、违章经营，不仅不能给企业带来任何利益，相反会带来巨额成本。企业的经济活动只有在合法合规的前提下，才能谈及效率和效果。因此，遵守国家法律、法规，执行各项规章制度是企业健康持续发展的关键。内部控制作为一种制度安排实际上就是通过制度设计，让企业不敢违法违规，不愿违法违规，保障企业经营活动合规、合法，保证对法律法规和规章制度的遵照执行，是企业内部控制的首要目标。合理不等于合法，合法不等于合规。企业内部控制与风险管理体系就是要通过企业内部各种规章制度和业务流程、授权审批等的设计和建设，来确保企业的经营管理活动都是在遵循国家法律法规的前提下进行的，以预防违法违规风险和损失的发生。

二、合理保证资产安全

资产是企业所拥有或控制的各种可以用货币计量的经济资源，也是企业赖以生存和发展的物质基础。资产的安全完整是投资者、债权人和其他利益相关者普遍关注的重大问题。良好的内部控制，应当为资产安全提供扎实的制度保障。但是，我国大多数企业都存在资产管理不善、利用效率低下的问题。因此，保证企业资产的安全、完整、有效，确保企业资产价值和功能不受损失、权属不受侵害，是企业内部控制目标之一。

企业内部控制通过制定涉及各类资产的取得、使用、保管、报废等各环节的严格的管理制度、管理流程，明确各类资产管理过程中的风险事件和风险点，制定资产运用奖惩指标和标准，来保证各项资产的安全完整，防止各项资产发生损失或被侵吞损害，提高资产的有效利用，减少不必要的损失和浪费从而实现对资产安全性的有效控制。

三、合理保证企业财务报告及相关信息真实完整

美国的安然公司、世通公司，我国的银广夏、亚细亚等公司的“轰然倒塌”无不与财务报告及相关信息的失真或舞弊有关。财务报告及相关信息是所有利益相关者决策的直接依据，也是企业经营管理活动的直接反映。财务报告及相关信息的提供者可能出于政治动机、经济动机、个人利益动机、违法违规的掩盖动机等对财务报告及相关信息进行舞弊。财务信息不及时、不真实、不可靠，一直也是各国企业存在的具有普遍性的问题。因此，确保企业财务报告及相关信息的及时、真实、可靠，是企业内部控制的又一目标。

内部控制通过使经济业务和会计处理得以相互联系、相互制约、相互监督，从而防止错弊的发生。通过对生产经营活动中每一具体环节的业务手续和凭证流转等业务处理程序进行设计，保证业务记录的可靠性；通过对会计确认、计量、记录和报告等一系列会计处理程序及方法的规范，保证会计记录和财务报告这些财务会计信息的真实可靠，从而预防和控制信息披露环节的风险及由此而带来的损失。

四、提高经营效率和效果

《企业内部控制基本规范》要求单位结合自身所处的特定的经营、行业和经济环境，通过健全有效的内部控制，不断提高营运活动的盈利能力和管理效率。

企业的核心工作就是进行生产经营活动，一切生产经营活动都是为了获得最大的经营收益，为企业、为社会创造价值。事实上，如果企业的经营活动效率和效果不佳，经营活动产生的现金流为负数，企业就无法生存，更谈不上发展。因此，企业内部控制的另一重要目标就是保证企业生产经营活动健康有效运行，促进提高经营的效率和效益，实现企业

经营目标。企业内部控制通过健全法人治理结构，不断完善科学决策机制和组织结构，明确权责利分配标准，提高企业整体管理水平，使各项业务活动内容合理合法并符合企业整体业务目标要求和效益大于成本的原则。企业通过内部控制使各项业务风险在可预见的控制范围之内，各项业务活动效果具有可持续发展的效益性和前瞻性，各项业务活动运行程序明确、顺畅、快捷、高效，确保企业经营管理活动健康运行，以预防和控制经营管理环节中效率降低的风险和损失。

五、促进企业实现发展战略

内部控制作为企业管理活动的一个重要分支，其终极目标自然是促进企业发展战略的实现。《企业内部控制应用指引》认为：发展战略是企业在对现实状况和未来趋势进行综合分析和科学预测的基础上，制定的长远发展目标与战略规划。为了促进企业增强核心竞争力和可持续发展能力，内部控制必须促进企业发展战略的实现。企业作为市场经济的主体，要想求得长期生存和持续发展，关键在于制定并有效实施适应外部环境变化和自身实际情况的发展战略。企业缺乏明确的发展战略或发展战略实施不到位，就会导致盲目发展，难以形成竞争优势，丧失发展机遇和动力；企业发展战略过于激进，脱离企业实际能力或偏离主业，就会导致过度扩张、经营失控甚至失败；企业发展战略频繁变动，就会导致资源严重浪费，最后危及企业的生存和持续发展。内部控制通过改善内控环境，优化内控要素，强化内控手段，规范内控制度和流程，构建内控文化，实施内控活动的推进与评价，进而"查错防弊""提高效率和效果""控制风险"来保证日常经营管理活动按照企业发展战略来实现。

上述企业内部控制目标是有层次的，也是相互依赖和相互制衡的，而不是独立的。企业内部控制的出发点和归宿是控制风险、确保企业战略目标的实现。因此，资产的安全性和财务信息的真实性目标是内部控制的基本目标，合规性是内部控制的保障性目标，促进提高经营效率和效果是内部控制的阶段性目标，而促进企业发展战略的实现则是内部控制的终极目标。

另外，由于企业内部控制实践的多面性和多变性，企业内部控制应具有针对性，内部控制的目标重点在不同的企业或同一企业的不同发展阶段因主体、需要的不同而不同。

第二节 企业内部控制与风险管理的原则

原则是实现目标的保证。要保障企业内部控制目标的实现，就需要在建立和实施内部控制的过程中遵循一定的原则。

《企业内部控制基本规范》在第一章总则第四条中对内部控制的原则作了明确规定：

企业建立与实施内部控制，应当遵循下列原则：

（1）全面性原则。内部控制应当贯穿决策、执行和监督全过程，覆盖企业及其所属单位的各种业务和事项。

（2）重要性原则。内部控制应当在全面控制的基础上，关注重要业务事项和高风险领域。

（3）制衡性原则。内部控制应当在治理结构、机构设置及权责分配、业务流程等方面形成相互制约、相互监督，同时兼顾运营效率。

（4）适应性原则。内部控制应当与企业经营规模、业务范围、竞争状况和风险水平等相适应，并随着情况的变化及时加以调整。

（5）成本效益原则。内部控制应当权衡实施成本与预期效益，以适当的成本实现有效控制。

内部控制的核心是有效防范各种风险。为了使各种风险控制在许可的范围之内，建立内部控制必须以审慎经营为出发点，要充分考虑到业务过程中各个环节可能存在的风险、容易发生的问题，设立适当的操作程序和控制步骤来避免和减少风险，并且设定在风险发生时要采取一定措施来进行补救。内部控制的建立和改善要跟上业务和形势发展的需要，开设新的业务机构或开办新的业务种类时必须树立“内控先行”的思想。公司内部控制与风险管理体系应随着外部环境的变化、单位业务职能的调整和管理要求的提高不断修订和完善。首先建章立制，采取有效的控制措施，即使在金融创新的领域，也不能因为法律没有规定或监管当局没有要求而不采取必要的控制措施。要使内部控制充分发挥控制作用，在各部门和各岗位得到贯彻实施。公司内部控制的建立、维护和修订，必须遵循国家的各项方针政策，符合有关法律法规的要求，与公司的实际管理要求一致，必须具有高度的权威性，必须真正落到实处，成为所有员工严格遵守的行动指南。执行内控制度不能存在任何例外，任何人（包括董事长、总经理）不得拥有超越制度或违反规章的权力。公司制定和实施的一系列控制方法、措施和程序，必须能够正常运行并切实发挥控制作用。公司内部控制与风险管理体系要涵盖公司内部涉及会计工作的各项经济业务及相关岗位，并应针对业务处理过程中的关键风险控制点，落实到决策、执行、监督、反馈等各个环节。要保证公司内部涉及会计工作的机构、岗位的合理设置及其职责权限的合理划分，坚持不相容职务相互分离，确保不同机构和岗位之间权责分明、相互制约、相互监督。充分发挥各部门及会计机构所有员工的工作积极性，应运用科学化的经营管理方法，尽量降低运作成本，以最小的控制或管理成本获取最好的控制效果。公司内部控制与风险管理在总体性质上属于预防性控制，同时包含部分事后查处性控制。建立内部控制制度，主要是预防企业发生无效率或违法行为，既要保证单位各项业务活动有序进行，又要避免在运行中发生浪费、舞弊或混乱而带来经济损失。它是一种事前控制手段，如企业的组织控制、人事控制、程序控制等。由于有些经济业务是无法预测的，需要辅以一些事后控制措施，如内部稽核、内部审计等。因此，内部控制制度在设计中应以预防为主、查处性控制为辅，从而提高企业内部控制的效率和效益。

第三节　内部控制与风险管理的要素

一、内部控制与风险管理要素的概念及分类

要素是构成系统的基本单元。内部控制与风险管理的构成要素是内部控制与风险管理系统必要内容的构成单元。如前所述，随着内部控制的不断发展，内部控制与风险管理要素的划分也先后经历了“三要素论”、“五要素论”和“八要素论”的不同阶段。

1.“三要素论”

20 世纪 80 年代后，西方会计审计界对内部控制研究的重点逐步从一般含义向具体内容深化。1988 年 AICPA 发布了《审计准则公告第 55 号》，该公告首次以“内部控制结

构”代替“内部控制制度”，指出“企业的内部控制结构包括为提供取得企业特定目标的合理保证而建立的各种政策和程序”，并提出内部控制结构包括控制环境、会计系统和控制程序等三个要素。

2.“五要素论”

1992 年 9 月，美国 COSO 委员会发布了《内部控制——整合框架》报告，将内部控制要素划分为五个相互联系的要素：控制环境、风险评估、控制活动、信息与沟通、监督。五要素中，各个要素有其不同的功能，内部控制并非五个要素的简单相加，而是由这些相互联系、相互制约、相辅相成的要素按照一定的结构组成的完整的、能对变化的环境做出反应的系统。控制环境是整个内控系统的基石，支撑和决定着风险评估、控制活动、信息与沟通和监督，是建立所有事项的基础；实施风险评估进而管理风险是建立控制活动的重点；控制活动是内部控制的主要组成部分；信息与沟通贯穿上下，将整个内控结构凝聚在一起，是内部控制的实质；监督位于顶端的重要位置，是内控系统的特殊构成要素，它独立于各项生产经营活动之外，是对其他内部控制要素的一种再控制。

3.“八要素论”

2004 年 9 月，美国 COSO 委员会发布了《企业风险管理——整合框架》报告，用以指导企业进行全面的风险管理活动。它打破了传统内部控制的内容架构，将公司治理与内部控制结合得更加紧密。其核心理念是将企业的风险管理融入企业战略、组织结构、经营流程等各个环节，使之成为与企业日常经营紧密结合的连续动态的过程。该框架认为内部控制与风险管理应包含八个相互关联的构成要素。它们源于管理层经营企业的方式并与管理过程融合在一起，即内部环境、目标设定、事项识别、风险评估、风险对策、控制活动、信息与沟通、监控，其中风险管理应贯穿于战略目标的制定、分解和执行，从而为战略目标实现提供合理保证。目标设定、事项识别、风险评估和风险对策四个要素环环相扣，共同构成完整的风险管理过程。

（1）内部环境。管理层确立关于风险的理念，并确定风险容量。内部环境为主体中的人们如何看待风险和着手控制确立了基础。所有企业的核心都是人（他们的个人品性包括诚信、道德价值观和胜任能力）以及经营所处的环境。

（2）目标设定。必须先有目标，管理层才能识别影响它们的实现的潜在事项。企业风险管理确保管理层采取恰当的程序去设定目标，确保所选定的目标支持和切合该主体的使命，并且与它的风险容量相一致。

（3）事项识别。必须识别可能对主体产生影响的潜在事件。事项识别涉及从影响目标实现的内部或外部原因中识别潜在的事件，它包括区分代表风险的事件和代表机会的事件以及可能二者兼有的事件，机会被反馈到管理层的战略或目标制定过程中。

（4）风险评估。要对识别的风险进行分析，以便形成应该如何对它们进行管理的依据。风险与可能被影响的目标相关联。既要对固有风险进行评估，也要对剩余风险进行评估，评估要考虑到风险的可能性和影响。

（5）风险应对。识别和评价可能的风险对策，包括回避、承担、降低和分担风险。管理层选择一系列措施使风险与主体的风险容限和风险容量相协调。

（6）控制活动。制定和实施政策与程序以帮助确保管理层所选择的风险对策得以有效实施。

（7）信息与沟通。获取相关的信息以确保员工履行其职责的方式和动机予以识别、获取和沟通。主体的各个层级都需要借助信息来识别、评估和应对风险。有效沟通的含义比较广泛，包括信息在主体中的向下、平行和向上流动。员工获得有关他们的职能和责任的清晰的沟通。

（8）监控。对企业风险管理进行全面监控，必要时加以修正。监控通过持续的管理活动、对企业风险管理的个别评价或者两者相结合来完成。

全面风险管理框架认为内部环境包含组织的基调，它影响组织中人员的风险意识，是企业风险管理所有其他构成要素的基础，为其他要素提供约束和结构。环境因素包括主体的风险管理理念、风险容量、董事会的监督、主体中人员的诚信及胜任能力，以及管理层分配权力和职责等。它影响着战略和目标如何制定、经营活动如何组织以及如何识别、评估风险并采取行动。它还影响着控制活动、信息与沟通体系和监控措施的设计与运行。

二、我国内部控制要素的构成

2008 年 6 月，财政部会同证监会、审计署、银监会、保监会五部委发布《企业内部控制基本规范》，将内部控制要素划分为内部环境、风险评估、控制活动、信息与沟通、内部监督五个方面，构建了以内部环境为重要基础、以风险评估为重要环节、以控制活动为重要手段、以信息与沟通为重要条件、以内部监督为重要保证的五要素框架。

（1）内部环境。内部环境是指对建立、加强或削弱内部控制系统产生影响的各种因素的总称，是企业实施内部控制的基础。

（2）风险评估。风险评估是企业及时识别、系统分析经营活动中与实现内部控制目标相关的风险，合理确定风险应对策略。

（3）控制活动。控制活动是企业根据风险评估结果，采用相应的控制措施，将风险控制在可承受度之内。

（4）信息与沟通。信息与沟通是企业及时、准确地收集、传递与内部控制相关的信息，确保信息在企业内部、外部之间进行有效沟通。

（5）内部监督。内部监督是企业对其内部控制的健全性、合理性和有效性进行监督检查与评估，对监督检查与评估的结果形成书面检查报告并采取必要的纠正措施的过程。企业应对内部控制的建立与实施情况进行监督检查，评价内部控制的有效性，发现内部控制缺陷，应当及时加以改进。

三、我国内部控制与风险管理要素详解

下面对我国的内部控制与风险管理的五要素结合《企业内部控制基本规范》进行进一步的理解：

《企业内部控制基本规范》第二章专门就内部控制环境做了明确解释。

（一）内部环境

内部环境是指对建立、加强或削弱内部控制系统产生影响的各种因素的总称，是企业实施内部控制的基础，也是有效实施内部控制的保障，内部环境直接影响着公司内部控制的贯彻执行、公司经营目标及整体战略目标的实现。内部环境处于内部控制五大要素之首，是其他所有内部控制与风险管理要素的基础，为其他要素提供规则和结构。内部环境具体内容包括：治理结构、机构设置及权责分配、内部审计、人力资源政策、企业文化、

法律环境等。

1. 治理结构

公司治理结构指的是内部治理结构，又称法人治理结构、公司治理系统、公司治理机制等，是为实现公司战略目标，根据权力机构、决策机构、执行机构和监督机构相互独立、权责明确、相互制衡的原则实现对公司进行管理和控制的体系。

《企业内部控制基本规范》第 11 条明确了股东（大）会享有法律法规和企业章程规定的合法权利，依法行使企业经营方针、筹资、投资、利润分配等重大事项的表决权。董事会对股东（大）会负责，依法行使企业的经营决策权。监事会对股东（大）会负责，监督企业董事、经理和其他高级管理人员依法履行职责。经理层负责组织实施股东（大）会、董事会决议事项，主持企业的生产经营管理工作。治理结构是由股东大会、董事会、监事会和管理层组成的，决定公司内部决策过程和利益相关者参与公司治理的办法，主要作用在于协调公司内部不同产权主体之间的经济利益矛盾，克服或减少代理成本。

2. 机构设置及权责分配

我国相关法规反映出董事会在公司管理中居于核心地位，董事会应该对公司内部控制的建立、完善和有效运行负责。监事会对董事会建立与实施内部控制进行监督。公司管理层对内部控制制度的有效执行承担责任，其中处于不同层级的管理者掌握着不同的控制权力并承担相应的责任，同时相邻层级之间存在着控制和被控制的关系。

3. 内部审计

《企业内部控制基本规范》第 15 条规定，企业应当加强内部审计工作，保证内部审计机构设置、人员配备和工作的独立性。内部审计机构应当结合内部审计监督，对内部控制的有效性进行监督检查。内部审计机构对监督检查中发现的内部控制缺陷，应当按照企业内部审计工作程序进行报告；对监督检查中发现的内部控制重大缺陷，有权直接向董事会及其审计委员会、监事会报告。

内部审计控制是内部控制的一种特殊形式。其范围主要包括财务会计、管理会计和内部控制检查。内部审计主要具有监督、评价、控制和服务 4 种职能。其作用主要是防护性作用和建设性作用。防护性作用是通过内部审计的检查和评价企业内部的各项经济活动，发现那些不利于本企业目标实现的环节和方面，防止给企业造成不良后果。建设性作用是通过对审查活动的检查和评价，针对管理和控制中存在的问题和不足，提出富有建设性的意见和改进方案，从而协助企业改善经营管理，提高经济效益，以最好的方式实现组织的目标。

4. 人力资源政策

良好的人力资源政策对更好地贯彻和执行内部控制有很大的帮助，还能确保执行企业政策和程序的人员具有胜任能力和正直品行。《企业内部控制基本规范》第 16 条规定，企业应当制定和实施有利于企业可持续发展的人力资源政策。人力资源政策应当包括下列内容：员工的聘用、培训、辞退与辞职；员工的薪酬、考核、晋升与奖惩；关键岗位员工的强制休假制度和定期岗位轮换制度；掌握国家秘密或重要商业秘密的员工离岗的限制性规定；有关人力资源管理的其他政策。

从某种意义上说，企业内部控制的成效取决于员工素质的合格程度。因为任何内部控制制度的成效取决于其设计水平和高素质的人员的贯彻执行。因此，员工素质控制是内部控制的一个重要因素。员工素质控制包括企业在招聘、培训、考核、晋升与奖惩等方面对员工素质的控制。

《企业内部控制基本规范》第 17 条规定企业应当将职业道德修养和专业胜任能力作为选拔和聘用员工的重要标准，切实加强员工培训和继续教育，不断提升员工素质。员工素质是内部控制得以有效实施的关键所在，员工的素质控制是内部环境的重要组成部分。培训则是保证和提高员工职业素质和专业胜任能力的重要方式。培训原则主要有激励、因材施教、实践、明确目标和统筹安排、合理规划等原则。当然培训完成后，培训评估是不可缺少的环节，即依据培训目标，应用科学的评估方法来评价培训的效果，只有这样，企业才能知道培训是否达到了目的。

5. 企业文化

企业文化是企业的核心价值观，是一切从事经济活动的组织之中形成的组织文化，是企业在长期的经营实践中形成的共同思想、作风、价值观念和行为准则，是一种具有企业个性的信念和行为方式。企业文化包含四个要素：制度文化、物质文化、行为文化、精神文化。这四者相互影响、相互作用，共同构成企业文化的完整体系。因此《企业内部控制基本规范》第 18 条明确了企业应当加强文化建设，培育积极向上的价值观和社会责任感，倡导诚实守信、爱岗敬业、开拓创新和团队协作精神，树立现代管理理念，强化风险意识。

6. 法律环境

企业如果不具有较强的法律意识，不能充分认识到法律风险的存在，并对其进行有效控制，轻则给企业带来经济损失，重则会给企业带来灭顶之灾。因此《企业内部控制基本规范》第 19 条规定企业应当加强法制教育，增强董事、监事、经理及其他高级管理人员和员工的法制观念，严格依法决策、依法办事、依法监督，建立健全法律顾问制度和重大法律纠纷案件备案制度。

（二）风险评估

风险评估是组织辨认和分析与目标实现有关的风险的过程。风险评估提供了控制风险的基础。内部控制中的风险评估过程必须判明企业完成既定目标存在的外部风险与内部风险，分析各种风险的类型和程度。此处的风险评估是一个比较宽泛的概念，包括了风险管理的全过程，即设置目标、风险识别、风险分析、风险应对。

1. 设置目标

《企业内部控制基本规范》第 21 条规定企业开展风险评估，应当准确识别与实现控制目标相关的内部风险和外部风险，确定相应的风险承受度。风险承受度是企业能够承担的风险限度，包括整体风险承受能力和业务层面的可接受风险水平。所以企业只有根据设定的风险承受度，才能全面系统持续地收集相关信息，最后结合实际情况，及时进行风险评估。

2. 风险识别

风险识别实际上是收集有关损失原因、危险因素及其损失暴露等方面信息的过程。风险识别作为风险评估过程的重要环节，主要回答的问题是：存在哪些风险，哪些风险应予以考虑，引起风险的主要因素是什么，这些风险所引起的后果及严重程度如何，风险识别的方法有哪些等。而其中企业在风险评估过程中，更应当关注引起风险的主要因素，应当准确识别与实现控制目标有关的内部风险和外部风险。

企业的内部风险因素主要有：①董事、监事、经理及其他高级管理人员的职业操守、员工专业胜任能力等人力资源因素。②组织机构、经营方式、资产管理、业务流程等管理因素。③研究开发、技术投入、信息技术运用等自主创新因素。④财务状况、经营成果、现金流量等财务因素。⑤营运安全、员工健康、环境保护等安全环保因素以及其他因素。

企业的外部风险因素主要有：①经济形势、产业政策、融资环境、市场竞争、资源供给等经济因素。②法律法规、监管要求等法律因素。③安全稳定、文化传统、社会信用、教育水平、消费者行为等社会因素。④技术进步、工艺改进等科学技术因素。⑤自然灾害、环境状况等自然环境因素以及其他因素。

3. 风险分析

通过识别出的风险，我们应对其进行分析。为此《企业内部控制基本规范》第 24 条规定企业应当采用定性与定量相结合的方法，按照风险发生的可能性及其影响程度等，对识别的风险进行分析和排序，确定关注重点和优先控制的风险。企业进行风险分析，应当充分吸收专业人员，组成风险分析团队，按照严格规范的程序开展工作，确保风险分析结果的准确性。

4. 风险应对

在风险识别和风险分析的基础上，企业就应该结合具体的实际情况，选择合适的风险应对策略。企业风险应对策略有四种基本类型：风险规避、风险降低、风险分担、风险承受。因此《企业内部控制基本规范》第 26 条规定企业应当综合运用风险规避、风险降低、风险分担和风险承受等风险应对策略，实现对风险的有效控制。

风险规避是企业对超出风险承受度的风险，通过放弃或者停止与该风险相关的业务活动以避免和减轻损失的策略。这是控制风险的一种最彻底、最有力的措施，它与其他的控制风险方法不同，是在风险事故发生之前，将所有风险因素完全消除，从而彻底排除某一特定风险事故发生的可能性，同时也是一种消极的风险应对措施，因为选择这一策略也就放弃了可能从风险中获得的收益。

风险降低是企业在权衡成本效益之后，准备采取适当的控制措施降低风险或者减轻损失，将风险控制在风险承受度之内的策略。这是风险管理中最积极主动也是最常见的一种处理方法，包括两类措施：风险预防和风险抑制。

风险分担是企业准备借助他人力量，采取业务分包、购买保险等方式和适当的控制措施，将风险控制在风险承受度之内的策略。其主要措施包括业务分包、保险、出售、开脱责任合同以及合同中的转移责任条款五种。

风险承受是企业对风险承受度之内的风险，在权衡成本效益之后，不准备采取控制措施降低风险或者减轻损失的策略。这也是一种最普通、最省事的风险应对策略。

风险应对的四种策略是根据企业的风险偏好和风险承受度制定的，风险规避策略在采用其他任何风险应对措施都不能将风险降低到企业风险承受度以内的情况下适用；风险降低和风险分担策略则是通过相关措施，使企业的剩余风险与企业的风险承受度相一致；风险承受则意味着风险在企业可承受范围之内。企业应该结合具体情况及时调整风险应对策略。所以《企业内部控制基本规范》第 27 条规定了企业应当结合不同发展阶段和业务拓展情况，持续搜集与风险变化相关的信息，进行风险识别和风险分析，及时调整风险应对策略。

（三）控制活动

《企业内部控制基本规范》第28条明确了企业应当结合风险评估结果，通过手工控制与自动控制、预防性控制与发现性控制相结合的方法，运用相应的控制措施，将风险控制在可承受度之内。控制措施一般包括：不相容职务分离控制、授权审批控制、会计系统控制、财产保护控制、预算控制、运营分析控制和绩效考评控制等。

1. 不相容职务分离控制

《企业内部控制基本规范》第29条不相容职务分离控制要求企业全面系统地分析、梳理业务流程中所涉及的不相容职务，实施相应的分离措施，形成各司其职、各负其责、相互制约的工作机制。所以企业进行组织规划，首先是要对不相容职务进行分离。

如果担任不相容职务的职工之间相互串通勾结，则不相容职务分离就失去作用了。但如果企业没有适当的职务分离，则发生错误和舞弊的可能性更大。

2. 授权审批控制

《企业内部控制基本规范》第30条规定，授权审批控制要求企业根据常规授权和特别授权的规定，明确各岗位办理业务和事项的权限范围、审批程序和相应责任。企业应当编制常规授权的权限指引，规范特别授权的范围、权限、程序和责任，严格控制特别授权。企业各级管理人员应当在授权范围内行使职权和承担责任。企业对于重大的业务和事项，应当实行集体决策审批或者联签制度，任何个人不得单独进行决策或者擅自改变集体决策。

授权按照其形式可分为常规授权和特别授权。常规授权是企业在日常经营管理活动中按照既定的职责和程序进行的授权。特别授权是对非经常经济行为进行专门研究后做出的授权。与常规授权不同，特别授权的对象是某些例外的经济业务，只涉及特定的经济业务处理的具体条件及有关具体人员。

3. 会计系统控制

《企业内部控制基本规范》第31条会计系统控制要求企业严格执行国家统一的会计准则制度，加强会计基础工作，明确会计凭证、会计账簿和财务会计报告的处理程序，保证会计资料真实完整。会计系统是为确认、汇总、分析、分类、记录和报告企业发生的经济业务，并保持相关资产和负债的受托责任而建立的各种会计记录手段、会计政策、会计核算程序、会计报告制度和会计档案管理制度等的总称。所以很有必要对会计系统进行相关的控制。

4. 财产保护控制

《企业内部控制基本规范》第32条明确了企业建立财产日常管理制度和定期清查制度，采取财产记录、实物保管、定期盘点、账实核对等措施，确保财产的安全完整；严格限制未经授权的人员接触和处置财产。这里所述的财产主要包括企业的库存现金、存货以及固定资产等。它们在企业资产总额中的比重较大，是企业进行经营活动的基础，因此企业应加强实物资产的保管控制，保证实物资产的安全、完整，所以就应建立安全、科学的保管制度、限制接近控制、人员牵制控制以及定期盘点、进行账实核对、财产保险等。

5. 预算控制

《企业内部控制基本规范》第 33 条预算控制要求企业实施全面预算管理制度，明确各责任单位在预算管理中的职责权限，规范预算的编制、审定、下达和执行程序，强化预算约束。所以企业通过预算控制，使得经营目标转化为各部门、各个岗位以至个人的具体行为目标，作为各责任单位的约束条件，能够从根本上保证企业经营目标的实现。一般来说，企业全面预算体系包括经营预算、资本预算和财务预算。

6. 运营分析控制

开展运营活动分析的目的就在于把握企业经营是否向着预算规定的目标值发展，一旦发生偏差和问题就能找出问题所在，并根据新的情况解决问题或修正预算。一个企业的成功不仅仅依靠安全生产、扩大销售等手段，还依靠对运营成果进行总结分析，因此《企业内部控制基本规范》第 34 条规定，运营分析控制要求企业建立运营情况分析制度，经理层应当综合运用生产、购销、投资、筹资、财务等方面的信息，通过因素分析、对比分析、趋势分析等方法，定期开展运营情况分析，发现存在的问题，及时查明原因并加以改进。

7. 绩效考评控制

《企业内部控制基本规范》第 35 条规定，绩效考评控制要求企业建立和实施绩效考评制度，科学设置考核指标体系，对企业内部各责任单位和全体员工的业绩进行定期考核和客观评价，将考评结果作为确定员工薪酬以及职务晋升、评优、降级、调岗、辞退等的依据。所以说绩效考评是一个过程，即首先明确企业要做什么（目标和计划），然后找到衡量工作做得好坏的标准进行监测，发现做得好的，进行奖励，使其继续保持或者做得更好，能够完成更高的目标。另外对发现不好的地方，通过分析找到问题所在，进行改正，使得工作做得更好。该过程就是绩效考评过程。

（四）信息与沟通

及时、准确、完整地收集、加工、整理决策所需的信息是管理活动的重要组成部分。信息与沟通贯穿在整个过程当中。如流程的设计中，如何进行合理的安排，才能达到设计的合理。

为此，《企业内部控制基本规范》第 38 条明确了企业应当建立信息与沟通制度，明确内部控制相关信息的收集、处理和传递程序，确保信息及时沟通，促进内部控制有效运行。这里所提到的信息是影响企业内部环境、风险评估、控制活动、内部监督等方面的信息。沟通是信息系统的一部分，是组织中的信息交流。信息交流是组织结构的核心，是组织存在的基础，没有信息交流就没有组织。因此信息的沟通是组织稳定的基础，对一个组织的发展具有重要作用。

1. 信息搜集

企业在进行信息搜集时应明确搜集的内容、方式等，所以在《企业内部控制基本规范》第 39 条规定企业应当对收集的各种内部信息和外部信息进行合理筛选、核对、整合，提高信息的有用性。企业可以通过财务会计资料、经营管理资料、调研报告、专项信息、内部刊物、办公网络等渠道，获取内部信息。企业可以通过行业协会组织、社会中介机构、业务往来单位、市场调查、来信来访、网络媒体以及有关监管部门等渠道，获取外部信息。因为不同企业需要的信息存在差异，各企业对各类信息的侧重点也存在差异。因此企业应结合自身特点以及成本效益原则，选择使用适合的方式搜集有价值的信息。

2. 信息传递

《企业内部控制基本规范》第 40 条规定，企业应当将内部控制相关信息在企业内部各管理级次、责任单位、业务环节之间与外部投资者、债权人、客户、供应商、中介机构和监督部门等有关方面进行沟通和反馈。信息沟通过程中发现的问题，应当及时报告并加以解决。所以信息传递对于企业来说也是非常重要的，但是在信息传递中往往由于管理者对信息传递的认识不够或传递方式的问题，信息传递中存在一些问题，常见的有准确性问题、完整性问题、及时性问题和安全性问题等，所以针对这些问题，企业就应该加强信息传递过程的监督与复核、加强信息传递者和使用者的知识储备、加强对信息系统的改进以及信息传递与企业文化的结合，这样才能更好地为企业服务。

3. 信息共享

企业的内部控制系统实质上是一个信息系统，是一个对信息进行搜集、核对、整合、传递的过程，并且通过反馈机制改进信息的搜集、处理和传递，从而形成一个灵敏的信息沟通机制，促进内部控制目标的实现。信息系统的发展离不开信息技术的进步和人们对信息的需求的增加，在信息化社会中，信息的需求无疑会持续增加，所以企业应当提高先进信息技术的应用水平，建设和完善自身的信息系统。同时，信息系统又是由许多子系统组成的，为了使信息流、物流、资金流在企业内部各部门之间、企业与外部机构之间充分流动，企业就必须依赖信息技术搭建信息共享的平台。因此《企业内部控制基本规范》第 41 条明确了企业应当利用信息技术促进信息的集成与共享，充分发挥信息技术在信息与沟通中的作用。企业应当加强对信息系统开发与维护、访问与变更、数据输入与输出、文件储存与保管、网络安全等方面的控制，保证信息系统安全稳定运行。

4. 反舞弊机制、举报投诉制度和举报人保护制度

有效的信息交流机制可以对防范以及及时发现舞弊行为起到很好的作用。《企业内部控制基本规范》第 42 条规定，企业应当建立反舞弊机制，坚持惩防并举、重在预防的原则，明确反舞弊工作的重点领域、关键环节和有关机构在反舞弊工作中的职责权限，规范舞弊案件的举报、调查、处理、报告和补救程序。企业至少应当将下列情形作为反舞弊工作的重点：①未经授权或者采取其他不法方式侵占、挪用企业资产，牟取不当利益。②在财务会计报告和信息披露等方面存在的虚假记载、误导性陈述或者重大遗漏等。③董事、监事、经理及其他高级管理人员滥用职权。④相关机构或人员串通舞弊。

同时《企业内部控制基本规范》第 43 条规定，企业应当建立举报投诉制度和举报人保护制度，设置举报专线，明确举报投诉处理程序、办理时限和办结要求，确保举报、投诉成为企业有效掌握信息的重要途径。举报投诉制度和举报人保护制度应当及时传达至全体员工。举报投诉制度是企业内部建立的、旨在鼓励员工对企业内部涉及内部控制方面违法行为或不当行为以匿名或明示的方式进行举报、投诉，并由专门机构对举报内容进行调查处理的一系列政策、程序和方法。该制度属于内部控制框架中的信息与沟通要素，具有预防、制止和揭露组织活动中的违法违规行为，保证企业各项活动的合法性和合规性的功能。

（五）内部监督

内部监督是内部控制体系中不可或缺的一部分，是内部控制得到有效实施的有力保障，具有非常重要的地位，可以发现内控缺陷，改善内控体系，促进企业内部控制的健全

性、合理性；提高企业内部控制施行的有效性；是外部监管的有力支撑；可以减少代理成本，保障股东的利益。为此《企业内部控制基本规范》第5条第5款规定内部监督是企业对内部控制建立与实施情况进行监督检查，评价内部控制的有效性，发现内部控制缺陷，应当及时加以改进。

《企业内部控制基本规范》第44条规定，内部监督分为日常监督和专项监督。日常监督是指企业对建立与实施内部控制的情况进行常规、持续的监督检查；专项监督是指在企业发展战略、组织结构、经营活动、业务流程、关键岗位员工等发生较大调整或变化的情况下，对内部控制的某一或者某些方面进行有针对性的监督检查。专项监督的范围和频率应当根据风险评估结果以及日常监督的有效性等予以确定。所以一般来说，风险水平较高并且重要的控制，对其进行专项监督检查的频率应较高。当然，如果企业的日常监督能够有效地起到监督效果，可以降低专项监督的频率。

对内部控制进行评价，是为了强化内部控制意识，建立健全内部控制机制，严格落实各项控制措施，确保内部控制体系有效运行；提高风险管理水平，为实现企业发展战略和经营目标提供保障；增强企业业务、财务和管理信息的真实性、完整性和及时性；保障企业资产的安全和完整；确保企业各项活动的合法合规性；为企业的风险管理提供信息服务和决策支持。所以在《企业内部控制基本规范》第46条中明确企业应当结合内部监督情况，定期对内部控制的有效性进行自我评价，出具内部控制自我评价报告，以便发现和解决内部控制过程中出现的问题。《企业内部控制基本规范》要求公司的董事会要对年度内部控制情况进行自我评价，并请事务所完成审核。

四、企业内部控制与风险管理的一般框架

我国企业的内部控制大部分还停留在内部控制制度阶段，主要以会计控制为核心，重点通过建立健全规章制度，来控制活动消耗的资源、使用的资金，以及控制不当业务活动和行为的出现。而完善的内部控制框架应是内部控制与风险管理的有机整合系统，即不单纯依靠会计手段和管理制度，而是建立内部控制环境基础，以风险评估为控制的支撑点，视控制活动为主要对象，以制度、会计、信息与沟通、监控为主要手段，具有综合性、层次性、关联性的内部控制系统。

现综合考虑一般企业内部控制目标、要素与流程及三者相互关系，从控制基础环境和业务活动内部控制两个层面构建内部控制框架，并重点对企业如下业务循环进行规范，形成适用于大部分企业的内部控制与风险管理一般框架（如图2-1所示）：

（1）资产管理业务；

（2）采购与付款业务；

（3）生产管理业务；

（4）销售与收款业务；

（5）研发管理；

（6）工程项目管理；

（7）业务外包；

（8）财务报告业务；

（9）预算管理；

（10）合同管理；

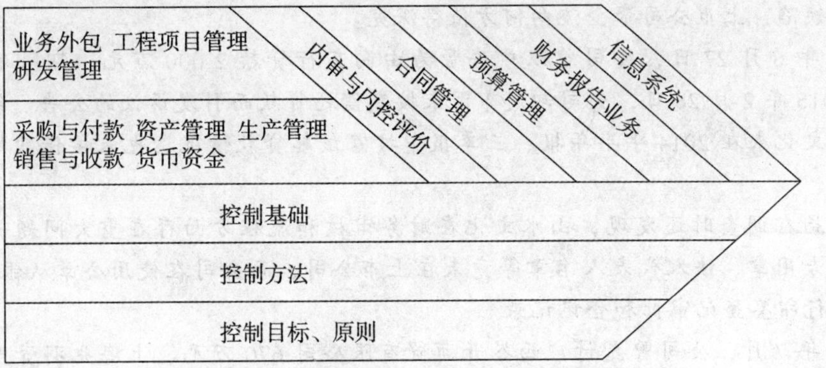

图 2-1　企业内部控制与风险管理一般框架

（11）信息系统内部控制；

（12）货币资金内部控制；

（13）内部审计与内部控制评价。

【案例 2-1】

山水文化的失控

山西广和山水文化传播股份有限公司，其前身系太原天龙商业贸易集团总公司，原名称为太原天龙集团股份有限公司，成立于 1988 年 12 月，后经山西省体改委文件批准，于 1992 年 10 月以定向募集方式整体改组设立为股份制企业，总股本 6 386 万股，每股面值 1 元，注册资本 6 386 万元。经中国证券监督管理委员会证监发字〔2000〕48 号文件批准，公司于 2000 年 5 月 8 日向社会公开发行人民币普通股（A 股）3 000 万股，2000 年 6 月 15 日在上海证券交易所挂牌交易。发行后股本总额为 9 386 万股。2007 年 1 月 25 日，该公司股权分置改革方案经 2007 年第一次临时股东大会批准并实施后，股本总额变更为 14 460.42 万股。根据公司 2010 年度股东大会决议，以 2010 年 12 月 31 日总股本 14 460.42 万股为基数，实施了每 10 股送 4 股的利润分配方案，注册资本增至人民币 20 244.588 万股。2014 年 3 月 18 日，经山西省工商行政管理局核准，公司更名为山西广和山水文化传播股份有限公司。据统计，公司上市 16 年来，经历了 7 次易主，却从未有过分红。

因公司 2014 年度、2015 年度连续两个会计年度经审计的净利润为负值，公司股票于 2016 年年度报告披露当日（4 月 29 日）停牌一天，自 5 月 3 日复牌之日起（4 月 30 日、5 月 1 日、5 月 2 日分别是法定公休日和节假日），上海证券交易所对公司股票交易实行退市风险警示，起始日为：2016 年 5 月 3 日。实施退市风险警示后股票简称为"*ST 山水"；股票代码为"600234"。

公司目前收入来源仅为经营性物业出租收入，企业经营困难缺乏发展后劲。2015 年公司拟将主营业务转型的可持续发展战略未能实现。山水文化公司当年归属于母公司的净利润为 -1 610.89 万元，累计亏损 -46 168.90 万元；逾期借款及利息为 19 045.35 万元；投资性房地产 45 684.79 万元及固定资产 1.44 万元、无形资产 616.59 万元处于被法院查封状态。

从 2015 年 1 月 31 日到 4 月 22 日，山水文化共收到三张罚单，内容主要涉及 2014 年年底重组预案和 2014 年 6 月在交行的借款纠纷。诸多细节显示，该公司在财务管控方面存在重大缺陷，上市公司资金流向何方值得深究。

2014 年 6 月 27 日，公司曾以广告费为由向交行贷款 2 000 万元，期限不超过 3 个月，但 2015 年 2 月 28 日，公司却发布因未按期偿还贷款而引发诉讼的公告。经证监局调查，山水文化未在 2014 年半年报、三季报中披露该起贷款情况，也未按借款用途使用这笔贷款。

证监局在调查时还发现，山水文化在财务审核和流程方面存在重大问题——公司公章、财务专用章、法人代表人名章等竟未在上市公司，而公司在使用公章从银行贷款时，也没有进行印鉴登记审批和登记记录。

2014 年 7 月，公司曾支付广西岑开商贸有限公司 670 万元、上海兆羽资产管理有限公司 400 万元、杭州鑫瀚实业投资有限公司 260 万元，但上述资金支付未按照公司管理制度的规定履行审批程序，亦未签署相关合同。公司还存在使用个人账户的情形。

2016 年 4 月 28 日，*ST 山水发布 2015 年年报称，公司净利润亏损−2 891.29 万元。这也是继 2014 年后，公司连续第二年净利润亏损。

2016 年 5 月 3 日，彼时的“山水文化”被退市预警，更名为*ST 山水，当日公司股价逆势下挫，开盘跌停，曾经的“晋商第一股”的辉煌不再。

第三章

企业内部控制与风险管理的内部环境建设

案例引入

由“三鹿”事件引发的企业内部控制环境思考①

三鹿事件在2008年中国十大法制事件中位列首位，美国《时代》周刊将“毒奶粉”事件列入2008年全球十大新闻。2008年12月25日，石家庄市委、市政府发布三鹿破产消息，破产裁定书已送达石家庄三鹿集团有限公司，一个曾经作为奶业龙头的企业一夜之间消失。究其原因，企业内部控制环境不佳是主要原因之一。

（1）“内部人控制”现象严重。三鹿集团的大股东是石家庄乳业有限公司，该公司96%左右的股份由900多名老职工拥有。三鹿集团的第二大股东是新西兰恒天然集团，持有三鹿集团43%的股权。董事长兼总经理田文华自1987年到2008年任职长达21年。可见，该公司股权相当分散，董事长与总经理之间的制衡关系无从谈起，“内部人控制”现象不言而喻，治理机构的制衡机制失效，这为“毒奶粉事件”埋下了治理隐患，这种不良的内部控制环境成了管理层道德缺失的温床。

（2）管理者不正确的经营理念。三鹿事件中，企业管理当局在利润的诱导下将工业用原料三聚氰胺加入奶粉，置消费者的健康于不顾，完全违背道德规范。

（3）企业文化与“责任做秀”。三鹿集团曾宣称其企业文化的灵魂是为提高大众的营养健康水平而不懈地努力。其宣传资料显示，三鹿集团多年来以履行社会责任为己任：饲养奶牛80万头，带领8万多户农民脱贫致富，吸纳5万下岗职工和80多万农村剩余劳动力；扶持农民养牛、抗洪救灾、抗击“非典”、老区扶贫、扶残助教、捐助多胞胎家庭等捐资捐物，赢得了社会各界的广泛赞誉；企业先后荣获全国“五一”劳动奖状、全国轻工业十佳企业、全国质量管理先进企业等省以上荣誉称号200余项。三鹿集团所履行的社会责任和取得的各种荣誉无可厚非。但是，企业社会责任主要是通过提供给社会优质的产品来实现。三鹿集团产品中含有大量三聚氰胺已给婴幼儿及食用者造成身心伤害，给中国奶业造成了巨大损失，尤其是发现问题后企业的处理方式造成了非常恶劣的社会影响。

---

① 池国华，樊子君．内部控制学［M］．2版．北京：北京大学出版社，2013：69-70．

（4）组织结构与盲目扩张。由于三鹿集团有品牌而缺乏奶源，一些地方小乳品厂有奶源而缺乏品牌，因此集团在内部开创“牌子和奶源”结合的发展模式。沿着这种模式，三鹿集团以产权为纽带，以品牌为旗帜，相继兼并了山东、河北、陕西、河南、甘肃等省濒临破产的30多家中小企业，使得三鹿的组织结构发生了很大变化。这种扩张导致了资金投入跟不上、机器设备及内部管理跟不上的现实，埋下了诸多安全隐患。

（5）人力资源政策与用人机制不当。不少奶农和专业人士不相信三鹿集团在三年多的时间里对原奶在收购环节中被掺入三聚氰胺毫不知情，三鹿集团奶源部的几千员工大多是农村人，来自奶源地，可见，三鹿的用人机制不当是人力资源政策制定不完善的突出表现之一。

三鹿集团为我国企业敲响了警钟：创建和谐的企业内部控制环境，关乎企业的盛衰荣辱和生死存亡。企业的内部控制环境是内部控制的关键，确定了一个企业的基调，它影响着整个企业内部所有人员的控制意识。

在三鹿集团的案例中，如果该企业具有良好的内部控制环境，就有可能降低“事件”发生的可能性。那么企业的内部控制环境包括哪些方面呢？企业又该如何优化呢？本章将深入地讲解这些问题。

第一节　内部环境概述

一、内部环境的概念

内部环境，是指企业实施内部控制的环境。近些年来，国内外的上市公司频频出事，比如我国的“银广夏”“琼民源”，美国的“安然事件”“世通事件”等等，举不胜举。如果要找原因，可以说我国公司的内部控制或者风险管理体系未建立、不健全，那么美国的大公司就不应该说制度有问题了，经过市场经济洗礼多年，美国的内部控制理论研究已有近百年历史，现在美国的公司都有一套完整的、规范的财务会计管理制度，有一整套完善的授权、审批、操作规范、监督的内部控制制度。事实表明，仅有企业内部控制制度、方法和措施，而不关注内部控制赖以生存的内部环境，内部控制制度不会收到好的效果。

企业的内部环境犹如内部控制的根基，如果根基不牢固，再漂亮的建筑物也不会长久。同理，企业的内部控制，不但要强化制度、方法、措施建设，与此同时还要进行内部控制所需要的内部环境建设。不重视内部环境建设，就失去内部控制生存发展的基础。

COSO对内部环境的描述是，控制的内部环境主要指企业的核心人员以及这些人的个别属性和所处的工作环境，包括：个人诚信正直、道德价值观与所具备的完成组织承诺的能力；董事会与稽核委员会、管理层的经营理念与营运风格；组织结构、职责划分和人力资源的政策与程序。

我国《企业内部控制基本规范》第5条规定，内部环境是企业实施内部控制的基础，一般包括治理结构、机构设置及权责分配、内部审计、人力资源政策、企业文化等。

二、内部环境的主要构成要素

COSO在《企业风险管理——整合框架》中指出：内部环境是企业风险管理所有其他构成要素的基础，为其他要素提供约束和结构。内部环境影响着企业的战略和目标如何制定、经营活动如何组织以及如何识别、评估风险并采取行动。内部环境还影响着企业的控制活动、信息与沟通体系和内部控制措施的设计与运行。

内部环境是一种氛围，包含组织的基调，塑造企业内部各成员实施控制的自觉性，决定其他控制要素作用的发挥，并受到企业的历史和文化的影响。内部环境反映了董事会、经理层以及其他人员对内部控制及风险管理的态度、认识和行动，涵盖了包括经理层在内的企业员工所形成的内部控制理念，建立全员的风险控制责任。依据我国《企业内部控制基本规范》，并结合 COSO 报告对内部控制的内部环境的界定，内部环境主要包括公司治理结构、机构设置及权责分配、审计委员会与内部审计、人力资源政策、发展战略、企业文化、社会责任等要素。

【案例 3-1】

从中航油事件看企业风险管理中的内部环境①

中国航油（新加坡）股份有限公司（以下简称“中航油”）于 1993 年在新加坡成立，是中央直属大型国有企业中国航空油料集团公司的海外控股公司。公司成立之初经营十分困难，一度濒临破产，后在总裁陈久霖的带领下，扭亏为盈，从单一的进口航油采购业务逐步扩展到国际石油贸易业务，并于 2001 年 12 月 6 日在新加坡交易所主板挂牌上市，成为中国首家利用海外自有资产在国外上市的中资企业。公司经营的成功为其赢来了一连串声誉，新加坡国立大学将其作为 MBA 的教学案例，2002 年公司被新交所评为“最具透明度的上市公司”奖，并且是唯一入选的中资公司。公司总裁陈久霖被《世界经济论坛》评选为“亚洲经济新领袖”，还曾入选“北大杰出校友”名录。

中航油自 1997 年以来，凭借对国内进口航油市场的实质性垄断，净资产由 16.8 万美元增至 2003 年 1.28 亿美元，6 年增长 762 倍，成为股市上的明星企业。然而，正是这样一家明星公司，在 2004 年 12 月 1 日，宣布向法庭申请破产保护令，原因是因为公司在之前的石油衍生品交易中出现 5.54 亿美元的巨额亏损。事件披露后，新加坡投资者称其为 1995 年巴林事件后最大的金融丑闻。

中航油是中国航油集团公司的海外控股子公司，其总裁陈久霖，兼任集团公司副总经理。经国家有关部门批准，中航油在取得中国航油集团公司授权后，自 2003 年开始做油品套期保值业务。在此期间，陈久霖擅自扩大业务范围，从事石油衍生品期权交易。2004 年第一季度，中航油在油价涨到每桶 30 美元以上开始做空。直到 2004 年 10 月中下旬，原油价格达到每桶 56 美元，投资者要求行权，从而使期权卖出方（中航油）在油价每桶 50 美元以上被迫强行平仓，产生巨额亏损约 5.54 亿美元。由于公司的期权交易大多使用银行借款，法国兴业银行等债权人上门逼债，中航油被迫宣布向法庭申请破产保护。

中航油从事的石油期权投机是我国政府明令禁止的。国务院 1998 年 8 月发布的《国务院关于进一步整顿和规范期货市场的通知》中明确规定：“取得境外期货业务许可证的企业，在境外期货市场只允许进行套期保值，不得进行投机交易。”1999 年 6 月，以国务院令发布的《期货交易管理暂行条例》第 4 条规定：“期货交易必须在期货交易所内进行。禁止不通过期货交易所的场外期货交易。”第 48 条规定：“国有企业从事期货交易，限于从事套期保值业务，期货交易总量应当与其同期现货交易总量相适应。”2001 年 10

① 杨锦之，洪渊．从中航油事件看金融衍生品交易的风险管理［J］．当代财经，2007（3）：47-51．

月，证监会发布《国有企业境外期货套期保值业务管理制度指导意见》，第2条规定："获得境外期货业务许可证的企业在境外期货市场只能从事套期保值交易，不得进行投机交易。"从中航油的情况来看，陈久霖所从事的期权投资行为，都由陈久霖一个人任意操作。由于期权导致巨额损失，会计人员通过粉饰账目达到掩盖的目的，会计记录虚假，违背了内控制度的基本原则。

国资委一位重要人士认为，"中航油内部不是没制度，而是执行不力。"中航油早在2002年就制定了《风险管理手册》。根据中航油内部控制规定，损失的最大上限也只有500万美元，这与总计达5.5亿美元的损失很不相符。千里之堤，毁于蚁穴。无数的事实一再证明，缺乏有效的内部环境控制将会使一个名噪一时的"企业帝国"崩塌于旦夕之间。

思考题：

(1) 内部环境的要素包括哪些？并加以解释。

(2) 这一案例反映了内部环境控制存在何种局限性？如何克服这一局限性？

(3) 中国航空油料集团公司作为母公司应从这一案例中吸取哪些教训？

三、内部环境与内部控制的关系

完善的内部环境是企业内部控制有效性的保障，有效的内部控制又将推进内部环境的不断完善并有助于企业目标的实现。内部环境与内部控制各方独立运作，又相互影响和相互制约，共同推进企业有效运行。离开内部环境研究内部控制不会产生具有根本变革意义的结果。现实中，内部控制的失效也并不是凭空产生的，很大程度上是由内部环境的不完善造成的，因此，应该把两者联系起来加以考察。

内部环境与内部控制是相互依存、密不可分的，内部控制作为一个系统，必然要与其环境发生相互作用。当然，企业建立内部控制并不是因为企业内部环境不佳，二者不存在因果关系。

（一）内部环境是内部控制的基础

内部环境是内部控制各要素中的一个非常关键的要素，它直接影响着内部控制的价值观念、风险偏好、组织形式和管理风格，也是企业内部控制其他要素发挥作用的基础，决定了其他控制要素能否发挥作用，对企业内部控制系统的实施以及职能的发挥产生重大、持久的影响。

（二）内部环境与内部控制相互联系又相互依存

作为环境和制度，二者相互区别，但在内容上相互联系。内部环境中一些内容如不相容职务相分离、董事会与经理层之间的职责划分和授权控制等也属于内部控制。二者处理的都是董事会、经理层和其他人员之间的关系。同时，二者也相互影响。内部环境功能作用的有效发挥，需要以健全完善的内部控制的有效运行来推动；完善的内部环境有利于内控制度的建立和执行，会促进内部控制的不断健全、完善和有效运行。

（三）内部环境与内部控制相互制衡

内部牵制既是内部控制的一个基本的原则，也是内部控制的一个基本内容，事实上，早期的内部控制概念发端于内部牵制。由于受COSO报告将处于公司治理核心地位的董事会纳入内部环境的影响，内部控制环境运行得好坏又与公司治理紧密关联，完善内部环境就需要建立董事会、监事会、经理层等之间的相互牵制、相互制衡关系。

（四）内部环境与内部控制的互动关系

企业内部环境与内部控制之间，是一种互动关系，而并非一种单向的传递或影响力的主从关系，或简单的决定与被决定、适应与不适应、选择与被选择的关系。两者在企业运作过程中形成相互依赖、相互作用、相互渗透、相互制约、相互促进的良性循环。完善的内部环境对内部控制运行至关重要；反过来，内部控制也并不只是被动适应内部环境，而是可以根据内部环境的特性及动态变化的一般规律，通过内部控制管理的深入和创新，改善和控制内部环境。

第二节　公司治理结构

一、公司治理结构的内涵

（一）公司治理结构的定义

20 世纪以前的企业规模小、人员少、业务简单，一般都是由所有者自行管理经营的，也就是所有权与经营权是统一的。20 世纪初以来，随着现代企业制度的不断发展与完善，公司的规模越来越大，这种所有权与经营权统一的古典的企业管理模式已经不再满足发展的需要，公司的所有权与经营权逐渐被分离开来。到了 20 世纪 70、80 年代，西方的学者开始研究现代企业所有权与经营权、控制权之间的关系与变化情况，并把研究总结为“公司治理”方向，并掀起了一股“公司治理”的相关理论研究。自 2008 年金融危机爆发以来，一些“巨无霸”企业相继倒闭，美国华尔街五大投行只剩下高盛和摩根斯坦利，美国最大保险公司美国国际集团（AIG）宣布计划改组企业旗下资产以融资，通用汽车宣布破产重组……这些曾经无限风光的巨星，现在都一一陨落，使人们对公司治理更加关注。

公司治理是一个多角度、多层次的概念，可以从狭义和广义两个方面去理解。狭义的公司治理，是指所有者，主要是股东对经营者的一种监督和制衡机制，即通过一种制度安排，来合理地配置所有者和经营者之间的权利与责任关系。公司治理的目标是保证股东利益的最大化，防止经营者对所有者利益的背离，其主要特点是通过股东大会、董事会、监事会及管理层所构成的公司治理结构进行内部治理。

广义的公司治理则不局限于股东对经营者的制衡，而是涉及广泛的利益相关者，包括股东、债权人、供应商、雇员、政府和社区等与公司有利益关系的集团。公司治理是通过一套包括正式或非正式的、内部的或外部的制度（机制）来协调公司与所有利益相关者之间的利益关系，以保证公司决策的科学化，从而最终维护公司各方面的利益。

公司治理结构指的是内部治理结构，又称法人治理结构，是根据权力机构、决策机构、执行机构和监督机构相互独立、权责明确、相互制衡的原则实现对公司的治理。公司治理结构是由股东大会、董事会、监事会和管理层组成的，决定公司内部决策过程和利益相关者参与公司治理的办法，主要作用在于协调公司内部不同产权主体之间的经济利益矛盾，克服或减少代理成本。

公司治理是建立公司控制权的框架机制和公司的运作机制，是动态的。而建立的这种公司控制权的框架机制就是公司治理结构，是静态的，并不足以包括公司治理的全部内涵。因而，公司治理不等于公司治理结构。

（二）公司治理结构的作用

公司治理结构要解决影响公司成败的三个基本问题。一是如何保证投资者的投资回报，即协调股东与企业的利益关系。二是企业内各利益集团的关系协调，这包括对经理层与其他员工的激励，以及对高层管理者的制约，这个问题的解决有助于处理企业各集团的利益关系，又可以避免因高层管理者决策失误给企业造成的不利影响。三是提高企业自身抗风险能力。随着企业的发展不断加速，企业规模不断扩大，企业中股东与企业的利益关系、企业内各利益集团的关系、企业与其他企业的关系以及企业与政府的关系将越来越复杂，发展风险增加，尤其是法律风险。合理的公司治理结构，能有效地缓解各利益关系的冲突，增强企业自身的抗风险能力。

总之，治理结构是通过一定的治理手段，合理配置剩余索取权和控制权，以形成科学的自我约束机制，其目的是协调利益相关者之间的责权利关系，促使他们进行长期合作，以形成效率和公平的合理统一。

二、公司治理结构框架内容

公司治理与内部控制是环境与制度的关系，合理、规范的公司治理是内部控制的有效保障，有效的内部控制将有助于公司治理目标的实现及其作用的发挥。

（一）股东和股东大会

股东是指公司的出资者，有自然人股东和企事业单位法人股东。股东按其持有的股份享有平等的权利，并承担相应的义务。股东大会是公司的最高权力机关，它由全体股东组成，对公司重大事项进行决策，有权选任和解除董事，并对公司的经营管理有广泛的决定权。股东大会既是一种定期或临时举行的由全体股东出席的会议，又是一种非常设的由全体股东所组成的公司制企业的最高权力机关。它是股东作为企业财产的所有者，对企业行使财产管理权的组织。企业一切重大的人事任免和重大的经营决策一般都是由股东大会认可和批准方才有效。

股东大会的性质主要体现在以下两个方面：一是股东大会应体现全体股东的意志。股东大会是由全体股东组成的权力机关，它是全体股东参加的大会，而不应是股东代表大会。现代企业股权分散，股东人数有上万甚至几十万，他们不可能全部出席股东大会。因此，股东不能亲自到会的，应委托他人代为出席投票，以体现全体股东的意志。二是股东大会是企业最高权力机关。股东大会是企业经营管理和股东利益的最高决策机关，不仅要选举或任免董事会和监事会成员，而且企业的重大经营决策和股东的利益分配等都要得到股东大会的批准。但股东大会并不具体和直接介入企业生产经营管理，它既不对外代表企业与任何单位发生关系，也不对内执行具体业务，本身不能成为企业法人代表。

股东大会主要行使的职权如下：①决定公司的经营方针和投资计划。②选举和更换由“非职工代表”担任的董事、监事，决定有关董事、监事的报酬事项。③审议批准董事会的报告。④审议批准监事会或监事的报告。⑤审议批准公司年度财务预算方案、决算方案。⑥审议批准公司的利润分配方案和弥补亏损方案。⑦对公司增加或减少注册资本做出决议。⑧对发行公司债券做出决议。⑨对公司合并、分立、解散、清算或者变更公司形式做出决议。⑩修改公司章程。

我国公司的股东大会具有以下特征：①股东大会是公司依法必须设置的机构，它不同于股东大会会议。②股东大会由全体股东组成。由于股东人数众多，各股东观点和意见不完全一致，所以必须组成全体股东共同参加的公司权力机构，决定重大事项。③股东大会只是公司“议事机关”，只能就有关公司的重大问题做出决议，不能对内执行公司具体事务、对外代表公司，我国的股东大会构成基本沿用国外的原有制度和做法。

（二）董事和董事会

董事是指对外代表公司、对内执行业务的公司常设机构的成员。占据董事职务的人是自然人，也可以是法人。股份有限公司的董事由股东大会选举产生，可以由股东或非股东担任。董事的任期一般都是公司内部细则中给予规定，有定期和不定期两种：定期是把董事的任期限制在一定的时间内，一般为 3 年左右；不定期是指从任期那天算起，满 3 年改选，但可连选连任。

董事会是依照有关法律、行政法规和政策规定，按公司章程设立并由全体董事组成的业务执行机关，具有以下特征：董事会是股东大会这一权力机关的业务执行机关，负责公司或业务经营活动的指挥与管理，对股东大会负责并报告工作。上市公司董事会可以按照股东大会的有关决议，设立战略、审计、提名、薪酬与考核等专门委员会。专门委员会成员全部由董事组成，其中审计委员会、提名委员会、薪酬与考核委员会中独立董事应占多数并担任召集人，审计委员会中至少有一名独立董事是会计专业人士。

战略委员会的主要职责是对公司长期发展战略和重大投资决策进行研究并提出建议。《企业内部控制应用指引第 2 号——发展战略》规定，企业应当在董事会下设立战略委员会，或者指定相关机构负责发展战略管理工作，履行相应职责。企业应当明确战略委员会的职责和议事规则，对战略委员会会议的召开程序、表决方式、提案审议、保密要求和会议记录等做出规定，确保议事过程规范透明、决策程序科学民主。战略委员会应当组织有关部门对发展目标与战略规划进行可行性研究和科学论证，形成发展战略建议方案；必要时，可借助中介机构和外部专家的力量为其履行职责提供专业咨询意见。战略委员会成员应当具有较强的综合素质和实践经验，其任职资格和选任程序应当符合有关法律法规和企业章程的规定。

审计委员会的主要职责：①提议聘请或更换外部审计机构。②监督公司的内部审计制度及其实施。③负责内部审计与外部审计之间的沟通。④审核公司的财务信息及其披露。⑤审查公司的内部控制制度。

提名委员会的主要职责：①研究董事、经理人员的选择标准和程序并提出建议。②广泛搜寻合格的董事和经理人员的人选。③对董事候选人和经理人进行审查并提出建议。

薪酬与考核委员会的主要职责：①研究董事与经理人员考核的标准，进行考核并提出建议。②研究和审查董事、高级管理人员的薪酬政策与方案。

根据《公司法》的规定，董事会行使下列职权：①召集股东会会议，并向股东会报告工作。②执行股东会的决议。③决定公司的经营计划和投资方案。④制订公司的年度财务预算方案、决算方案。⑤制订公司的利润分配方案和弥补亏损方案。⑥制订公司增加或者减少注册资本以及发行公司债券的方案。⑦制订公司合并、分立、解散或者变更公司形式的方案。⑧决定公司内部管理机构的设置。⑨决定聘任或者解聘公司经理及其报酬事项，并根据经理的提名决定聘任或者解聘公司副经理、财务负责人及其报酬事项。⑩制定公司的基本管理制度。

董事会作为执行机关，具有极大的经营权和管理权。权力重心的下移对董事会制度的运行提出了相应的挑战，如何平衡董事会的权力，并发挥其高效的工作机能成为公司治理结构中必须解决的难题。

（三）经理

经理是公司业务的执行机关，是公司日常经营管理活动的组织者。经理机关与股东大会、董事会、监事会等机关不同的是，后三者都是会议体机关，经理机关是由经理个人来担任的。

董事会与经理之间是典型的委托代理关系，经理对董事会负责。经理受董事会之委托，承担公司日常经营管理工作，必须拥有一定的职权，同时也应承担相应的责任。根据《公司法》的规定，经理行使的职权包括：①主持公司的生产经营管理工作，组织实施董事会决议。②组织实施公司年度经营计划和投资方案。③拟定公司内部管理机构设置方案。④拟定公司的基本管理制度。⑤制定公司的具体规章。⑥提请聘任和解聘公司副总经理、财务负责人。⑦决定聘任或者解聘除应当由董事会决定聘任和解聘以外的负责管理人员。⑧董事会授予的其他职权。公司章程对经理职权另有规定的，从其规定。经理列席董事会会议。

经理受董事会之委托从事具体的公司经营活动，在享有一定职权的同时，也要承担相应的责任：①经理应当遵守公司章程，忠实履行职务，维护公司利益，不得利用在公司的地位和职权为自己谋取私利，不得利用职权收受贿赂或者其他非法收入，不得侵占公司的财产。②不得挪用公司资金或者将公司资金借贷给他人，不得将公司资产以个人名义或者以其他个人名义开立账户存储，不得以公司资产为本公司的股东或者其他个人债务提供担保。③不得自营或者为他人经营与其所任职公司同类的活动或者从事损害本公司利益的活动。④除依照法律规定或经股东大会同意以外，不得泄露公司秘密。⑤经理在执行职务时违反法律法规或者公司章程的规定，给公司造成损害的，应当承担赔偿责任。

（四）监事和监事会

监事是股份公司中常设的检查机关的成员，亦称“监察人”。监事会是公司的常设机构，负责监督公司的日常经营活动，以及对董事、经理等人员违反法律、章程的行为予以指正。监事会的设立目的是由于公司股东分散，专业知识和能力差别很大，为了防止董事会、经理滥用职权，损害公司和股东利益，需要在股东大会上选出这种专门监督机关，代表股东大会行使监督职能。

监事会是对董事和经理行使监督职能的机构。监事会的权力来源于股东大会，监事会的监督权是由出资者所有权决定的，是出资者所有权的延伸。作为出资者监督权主体，监事会具有以下特点：①监事会具有完全的独立性。监事会一经授权，就完全独立地行使出资者监督权，监事在履行职责时不受其他公司机构的干预。董事、经理和财务负责人不得兼任监事，保持监事的独立性，这是监事会有效行使出资者监督权的前提。②监事行使监督权的平等性。所有监事对公司的业务和会计账册均有平等的、无差别的监督权，监事会主席和其他人不得阻挠或者妨碍监事个人行使职权。监事个人行使职权的平等性有利于其充分掌握公司经营信息，为有效监督提供条件。这一点与董事会有很大差别，董事会是一个决策机构，它采取的是一种集体议事、少数服从多数的原则。③监事会构成的复合型。从理论上说，监事会是代表出资者进行监督的，理应由股东组成监事会机构，但实践中，监事会的组成是复合型的，职工、社会专家都可以被选为监事。作为出资者监督权主体，监事会一般情况下不参与公司具体业务，也不干预董事会正常行使职权。

依照《公司法》的规定，监事会、不设监事会的公司的监事主要行使以下职权：①检查公司财务。②对董事、高级管理人员执行公司职务的行为进行监督，对违反法律、行政法规、公司章程或者股东大会决议的董事、高级管理人员提出罢免的建议。③当董事、高级管理人员的行为损害公司的利益时，要求董事、高级管理人员予以纠正。④提议召开临时股东会会议，在董事会不履行本法规定的召集和主持股东会会议职责时召集和主持股东会会议。⑤向股东会会议提出提案。⑥依照《公司法》第一百五十一条的规定，对董事、高级管理人员提起诉讼。⑦公司章程规定的其他职权。

三、公司治理结构的主要风险

公司治理结构集中的风险点主要存在于以下十种情况：

（1）股东大会是否规范而有效地召开，股东是否可以通过股东大会行使自己的权力；

（2）企业与控股股东是否在资产、财务、人员方面实现相互独立，企业与控股股东的关联交易是否贯彻平等、公开、自愿的原则；

（3）对与控股股东相关的信息是否根据规定及时、完整地披露；

（4）企业是否对中小股东权益采取了必要的保护措施，使中小股东能够和大股东同等条件参加股东大会，获得与大股东一致的信息，并行使相应的权力；

（5）董事会是否独立于经理层和大股东，董事会及其审计委员会中是否有适当数量的独立董事存在且能有效发挥作用；

（6）董事对于自身的权力和责任是否有明确的认知，并且有足够的知识、经验和时间来勤勉、诚信、尽责地履行职责；

（7）董事会是否能够保证企业建立并实施有效的内部控制，审批企业发展战略和重大决策并定期检查、评价其执行情况，明确设立企业可接受的风险承受度，并督促经理层对内部控制有效性进行监督和评价；

（8）监事会的构成是否能够保证其独立性，监事能力是否与相关领域相匹配；

（9）监事会是否能够规范而有效地运行，监督董事会、经理层正确地履行职责并纠正损害企业利益的行为；

（10）对经理层的权力是否存在必要的监督和约束机制。

【案例 3-2】

国美控制权之争①

一、陈黄股权之争简介

国美的最大股东兼董事会主席黄光裕，一手经营的国美业绩斐然，但黄光裕因非法经营罪、内幕交易罪、单位行贿罪被判有期徒刑 14 年。黄光裕突然入狱使国美陷入混乱之中。临危受命的陈晓迅速带领国美走出困境，并引进贝恩资本。由此稀释了黄光裕的股权，引发了陈黄股权之争。

二、具体过程

2006 年 7 月，国美收购陈晓的“永乐”，家电业“老大”和“老三”的结合，让陈晓和黄光裕走到一起，陈晓担任“新国美”总裁。黄光裕曾公开说，再也找不到更合适的总裁人选。

---

① 佚名. 国美控制权之争［EB/OL］.［2012-02-08］，http：//www.doc88.com/p-7724492655052.html.

2008年年底至2009年年初，黄光裕因经济犯罪被调查，陈晓被推至前台，才开始有了实权。但由于黄光裕案的不明朗，陈晓本人及国美管理团队，依然保持着对黄光裕的敬畏。不过，黄光裕被羁押之后，多次给国美管理层发出指令，通过强调其个人在国美的地位，要求国美采取有利于其个人和减轻其罪责判罚的措施，但方案没有被采纳。2009年6月，陈晓成功引入贝恩资本，救了国美却伤了黄光裕。

2009年7月，包括陈晓在内，105位国美管理人员获得总计3.83亿股的股票期权。黄光裕得知后对董事会很不满，并要求取消激励机制，但没有被采纳。

2010年5月，在国美股东大会上，黄光裕连投五项否决票，否决委任贝恩投资董事总经理竺稼等三人为非执行董事的议案，但遭到董事会否决，矛盾至此公开化。

2010年8月4日，黄光裕一封要求召开股东大会罢免陈晓等职位的函件，正式拉开国美控制权之争的大幕。

2010年8月，黄光裕独资拥有的Shinning Crown向国美电器发函要求召开股东大会并撤销陈晓、孙一丁的职务。时隔一日，国美董事局就驳回了黄光裕这一要求，并且向中国香港特别行政区高等法院提起诉讼，控告黄光裕在2008年1月和2月前后的违规行为。事情发展至此，“陈黄”两人已正式决裂，再无挽回余地可言。

2010年9月28日，国美特别股东大会在中国香港铜锣湾富豪香港酒店举行。国美大股东黄光裕罢免陈晓董事会主席的动议未获通过，陈晓将继续掌舵国美。

三、原因分析

（1）成立超级特权董事会，埋下隐患

在国美公司的管理方面，黄光裕先后提出了五项动议，其重点归纳起来，即：重组董事会以及撤销增发的一般授权。黄光裕此前为了自己在资本市场的操作便利，不断修改国美的公司章程，并将董事会凌驾于股东大会之上，这样的超级特权董事会，可以各种方式增发、回购股份，包括供股、发行可转债、实施对管理层的股权激励。陈晓充分利用了黄光裕提出的各项动议，利用各项方式增发股份、边缘化大股东。尽管作为国美的最高领导人黄光裕在心里有这个担心，但这种隐患最终还是让黄光裕自己葬送了自己，正如某知名学者指出的“黄光裕打败了黄光裕”。

（2）舍不得股权，留不住高层管理者

在国美股权之争的过程中，我们发现，和黄氏家族打拼了多年的国美高层管理者，始终都以“对方”的身份出现在黄光裕眼前，其中最主要的原因就是黄光裕对待股权激励的态度。虽然在国美的官方表态中，黄氏家族强调，大股东一直在推进管理层的股权激励计划，但同时指出陈晓的改革方案有些草率，在股东大会之前曾透露，如果在国美股权争议中黄氏家族仍然赢得支持，将建议董事会优化以及延展股权激励的具体方案，并分期适当地扩大股权激励的规模。但是，在行动上黄光裕曾暗示将实行的这些内容都只停留在口头上，没有得到任何的落实。曾任职国美的某高层管理人员表示，在黄光裕时代，高层管理者想要获得股权激励几乎不可能。黄光裕在管理理念上信奉权威至上，在管理国美的经营管理团队时缺乏人本主义关怀，也未对高层管理者实行有效的激励。

四、启示

（1）完善公司管理制度

制度是一整套的规则、应遵循的要求和合乎伦理的道德行为规范。它为机构或者组织提供一个框架，人们得以在这个框架里相互影响，并确立了合作和竞争的关系，这些关系构成了一个微型社会。而公司的管理制度是公司进行管理的基准，其作用犹如一国的法律规章制度一样，不应该经常有大的改动。在国美股权之争的原因分析中，黄光裕擅自修改公司管理制度，成为这次公司股权之争的根源，如果尊重了公司管理制度的严肃性，这次股权之争也许就会另有转机。因此，完善公司的管理制度，并严格按照既定制度执行，是企业在管理上避免之后的重大隐患的重要举措。

（2）完善公司股权激励制度，建立薪酬管理委员会

公司的薪酬制度不仅是每个员工都非常关注的要素，也是公司对员工进行激励的核心要素。对于公司的高层管理人员来说，实施股权激励有利于提高公司的管理决策水平。因此，完善公司的股权激励制度非常重要。鉴于国美股权激励制度胎死腹中的前车之鉴，为了防止股权激励的失效，强化董事会运作机制，在完善公司股权激励制度时，可以建立薪酬管理委员会。公司的股权激励薪酬管理委员会，要发挥实效，需要两个条件：一是真正的独立；二是真正拥有制定和监督薪酬的权力。组成薪酬管理委员会的成员需要是完全独立的董事，这样才能确保其能独立于公司高级管理人员做出理性的、公平公正的判断。薪酬管理委员会在权利和职责上有所侧重，应该全权负责高级管理人员的薪酬事务，高级管理人员所有的薪酬包括股权激励等事项，都应由薪酬管理委员会来决定，并负责制定公司的薪酬稳定人才战略以及薪酬激励员工战略。

（3）改革公司的董事制度

公司的独立董事是由股东大会选举产生的。在国美的股权之争中可以看出，“一股独大”或者几股共同控制的情况比较严重，这在我国并非是个别现象，也许是由于我国国情和发展等多方面的因素，这样的现象在国内的许多公司里都存在。有时候股东大会仅有一个或者少数的控股股东参加，这样的股东大会失去了原本股东大会的意义，成为大股东的“一言堂”。因此，独立董事的选派和罢免由在董事会中没有派遣董事的股东进行投票，这样选出的独立董事则在董事会中更多地代表他们的利益。这样的董事组成的薪酬管理委员会在制定董事和高级管理人员的激励标准时，独立董事能够更多地考虑到中小股东的利益。所以，改革公司的董事制度同样具有重要意义。

（4）正确使用股权激励制度

对股权激励制度的使用要有充分的认识，应该把股权激励机制作为引导企业高层管理者行为的重要手段，并根据公司的不同情况来设计相应的激励组合，提高激励效率，同时不可忽略约束的作用，不能把激励手段作为约束手段来使用。由于不同股权激励模式对所需要的基础及制度环境的要求不同，股权激励的效率同时受到资本市场、高级管理人员选择市场和其他经营环境的影响，所以，正确使用股权激励制度应综合考虑不同的环境因素。

四、上市公司治理结构设计及评价设计

（一）上市公司治理结构设计

公司治理结构包括股东大会、董事会、监事会和经理层。企业应当根据国家有关法律、法规的规定，按照决策机构、执行机构和监督机构相互独立、权责明确、相互制衡的原则，明确董事会、监事会和经理层的职责权限、任职条件、议事规则和工作程序等。

上市公司是公众公司，具有重大的公众利益，因而必须对投资者和社会公众负责。上市公司治理结构的设计，应当充分反映“公众性”特点。具体而言，上市公司治理结构设计重点包括几个方面：

1. 设立独立董事制度

上市公司董事会应当设立独立董事。独立董事不得在上市公司担任除独立董事外的其他任何职务。独立董事对上市公司及全体股东负有诚信与勤勉等义务。

2. 设置董事会专业委员会

上市公司董事会应当根据治理需要，按照股东大会的有关决议设立战略决策、审计、提名、薪酬与考核等专门委员会。审计委员会、薪酬与考核委员会中独立董事应当占多数并担任负责人。审计委员会中至少还应有一名独立董事是会计专业人士。董事会专业委员会中的审计委员会，对内部控制的建立健全和有效实施发挥着尤其重要的作用。审计委员会对经理层提供的财务报告和内部控制评价报告进行监督。审计委员会成员应当具备独立性、专业性、道德性。

3. 设立董事会秘书

董事会秘书为上市公司的高级管理人员，直接对董事会负责，并由董事长提名，董事会负责任免。董事会秘书是一个重要的角色，负责上市公司股东大会和董事会会议的筹备、文件保管以及公司股东资料的管理，办理信息披露事务等事宜。

（二）上市公司治理结构评价设计

上市公司治理结构评价指标体系构建基于公司治理结构的概念和相关理论，并结合中国上市公司的现状，至少应包括如下内容：

1. 股权结构评价

股权结构是公司治理的基础，它决定了股东结构，影响公司治理模式的形成、运作及绩效。对于公司股权结构的评价从三个层面进行：

（1）股权集中度。股权集中度是指全部股东因持股比例的不同所表现出来的股权集中还是分散的数量化指标。股权集中度作为衡量公司的股权分布状态的一个重要的量化指标，不仅反映了股东对企业资产的所有权，对企业剩余收益的索取权，而且在一定程度上也决定着股东对企业经营的控制程度和监督能力，因而对公司治理产生影响，进而影响公司绩效。对股权集中度的评价主要包括：第一大股东的持股比例；公司第一大股东与第二大股东持股比例的比值；第二至第四大股东的持股比例之和是否超过第一大股东，并与第一大股东形成制衡关系；前五大股东的持股比例；前十大股东的持股比例。

（2）股权构成。股权构成是指不同背景的股东分别持有股份的多少。我国上市公司的股本有国家股、法人股、A 股、B 股、H 股、内部职工股和转配股之分。其中，国家股、法人股、内部职工股和转配股不能在市场上自由流通，A 股、B 股和 H 股为流通股，流通股又可区分机构投资者所持股份和中小投资者所持股份。

（3）股权结构清晰度。股权结构不清晰使投资者很难准确判断公司的投资价值及投资风险，控股股东可能回避必要的信息披露，从而损害中小投资者的利益。对股权结构清晰度的考察主要有：股权结构是否存在争议或纠纷；国有股的地位和作用；前几大股东之间名义上与实际上的关联关系；控股股东本身的控制权与所有权结构等。

2. 董事会评价

董事会是公司治理的核心组成部分，公司治理结构是否规范，关键是看董事会是否发挥作用。对董事会的评价主要是对董事会的人员构成、运作等方面的评价，包括董事会成员的人数、胜任能力、参与程度，构成董事会的议事规则；股东大会对董事会的授权；董事会的决策程序、决策方式；董事会决策的民主性等。

3. 监事会评价

我国《公司法》规定，监事会是公司的监督机构。监事会成员由股东大会（职工监事由公司职工）选举产生，依法行使监督权。对监事会评价主要是对监事会的人员构成和运作等方面的评价，包括监事会成员的人数、胜任能力、参与程度，监事会的议事规则，股东大会对监事会的授权，监事会的监督程序、监督方式、监督内容、监督效果等。

4. 经理层评价

国内外研究机构对经理人员的评价大多集中于激励与约束两个方面，评价的范围过窄，主要是从薪酬和股权激励与约束方面进行评价。我国上市公司治理的实践表明，对经理人员的评价不仅要从薪酬、股权激励与约束方面（包括经理层薪酬总量、总经理薪酬、经理人员的薪酬与公司业绩相挂钩的程度、经理层持股数量、总经理持股比例、在任期内股份的可转让性等）评价，还应从任免激励与约束、业绩激励与约束方面（包括总经理任免程序的透明性、经理人员的来源渠道、控股股东是否干预经理人员的任免、上市公司是否公开披露对经理人员的选拔及考核结果、经理人员的任免程序是否符合规定、业绩评价是否公开和透明、业绩评价是否公正、业绩是否与经理人员的经济利益挂钩、业绩评价结果是否对外披露等）进行评价。

5. 股东评价

股东权利应得到充分的保护，否则，公司的正当利益也难以得到有效的保障。股东评价包括两个方面：一是中小股东权利的评价；二是控股股东的行为的评价。

6. 信息披露与上市公司的独立性评价

真实、准确、完整、及时地披露信息是上市公司应该履行的法律义务，也是投资者判断公司价值的主要依据。对信息披露的判断，主要从真实性、完整性与及时性三个方面来判断；上市公司的独立性则主要包括人员独立、业务独立、资产和财务独立等。

【案例 3-3】

华谊兄弟内部治理机制[①]

华谊兄弟传媒集团（Huayi Brothers Media Group），是中国大陆一家知名综合性娱乐集团，由王中军、王中磊兄弟在 1994 年创立，开始时是由投资冯小刚的影片《没完没了》、姜文导演的影片《鬼子来了》而进入电影行业的，尤其是每年投资冯小刚的贺岁片而声名鹊起，随后全面投入传媒产业，投资及运营电影、电视剧、艺人经纪、唱片、娱乐营销等领域，在这些领域都取得了不错的成绩。

华谊兄弟传媒集团旗下有华谊兄弟时代文化经纪有限公司、华谊兄弟影业投资有限公司、华谊兄弟电视节目事业有限公司、华谊兄弟音乐有限公司、环球热力兄弟影音文化传播有限公司、华谊兄弟广告有限公司、华谊兄弟国际发行有限公司等。

---

① 根据百度百科“华谊兄弟传媒集团”相关资料整理。

2009 年 10 月 30 日，华谊兄弟传媒股份有限公司（Huayi Brothers Media Corporation，以下简称“华谊兄弟”，股票代码 300027）成为首批在创业板上市的企业，拟发行 4 200 万股 A 股，发行后总股本约为 16 800 万股；发行前每股净资产为 2.22 元。公司主要从事电影的制作、发行及衍生业务；电视剧的制作、发行及衍生业务；艺人经纪服务及相关服务业务。华谊兄弟收入主要来自于影视娱乐、互联网娱乐和其他收入。截至 2015 年 12 月 31 日，华谊兄弟总收入达 39 亿元，其中：影视娱乐收入达到 28.3 亿元，占公司总收入的 73.12%；互联网娱乐收入达到 8.61 亿元，占公司总收入的 22.23%。华谊兄弟 2015 年实现净利润近 10 亿元，继续作为影视娱乐行业的领跑者。

在公司的股权结构方面，华谊兄弟控股股东及实际控制人为王中军、王中磊兄弟。截至 2015 年 12 月 31 日，王中军持有公司 20.78%的股权，王中磊持有公司 6.04%的股权，两人合计持有公司 26.82%的股权。除王中军外，公司无其他持股比例 10%以上的股东。由于华谊兄弟的民营性质，其股权相对集中，截至 2015 年 12 月 31 日，前十大股东持股比例达 48.29%。公司的事务基本是由大股东决定，董事会、监事会的大部分成员也由大股东委派。

华谊兄弟的董事会由 9 名董事组成，其中独立董事 3 名。监事会由 3 人组成。董事、监事的任期都为 3 年。华谊兄弟的董事和监事人员相关管理工作经验丰富，他们对自己的职责义务和相互之间的监督责任较为熟悉，有利于董事会与监事会之间的相互制约。

在公司内部激励机制方面，华谊兄弟经纪公司拥有诸多签约艺人。众所周知，艺人的流动性很高。2005 年，华谊兄弟就曾经经历过一次艺人跳槽，华谊兄弟旗下的一线明星如陈道明、夏雨、胡军、佟大为等都跟随原华谊兄弟经纪公司总裁王京花转投橙天，华谊兄弟回购了王京花的股权。如果公司上市后，核心艺人抛售股票跳槽，那么对公司未来的盈利将造成影响。令人瞠目的是截至 2014 年 11 月 14 日华谊兄弟官网上的艺人仅剩 54 位，一线艺人只有李冰冰、冯绍峰两位。华谊兄弟曾表示，华谊兄弟上市之后，旗下冯小刚、张纪中、黄晓明、李冰冰等众多明星都握有华谊兄弟股份，上市之后，作为股东的他们也将真正变成“为自己打工”，这将有利于降低艺人流动的风险。但在华谊兄弟，艺人购买股票有限量，这是根据当时艺人和华谊兄弟签约时所谈的情况决定的。后来进入的艺人并非每个人都能购买股票。而购买股票者，离开的时候必须退股。范冰冰也曾和黄晓明、李冰冰一样拥有华谊兄弟的股份。但是在范冰冰离开后，她所持有的股票都退出了。不过上市后，艺人离开公司，既可以继续持股，也可以逢高出售。换言之，华谊兄弟其实没有有效措施预防艺人的离开。华谊兄弟的内部激励与约束措施并没有起到实质性的作用。

思考题：试评述华谊兄弟的公司治理结构及治理机制。

第三节 企业组织架构建设

一、组织架构的定义

根据《企业内部控制应用指引第 1 号——组织架构》的定义，组织架构是指企业按照国家有关法律、法规、股东大会决议、企业章程，结合本企业的实际情况，明确董事会、监事会、经理层和企业内部各层级机构设置、职责权限、人员编制、工作程序和相关要求的制度安排。一个企业的组织架构存在缺失或缺陷，其他一切生产、经营、管理活动都会受到影响。

二、组织架构的内容

企业组织架构包含三个方面的内容：

1. 单位、部门和岗位的设置

企业组织单位、部门和岗位的设置，不是把一个企业组织分成几个部分，而是企业作为一个服务于特定目标的组织，必须由几个相应的部分构成。它不是由整体到部分进行分割，而是整体为了达到特定目标，必须有不同的部分。

2. 各个单位、部门和岗位的职责、权力的界定

这是对各个部分的目标功能作用的界定。如果一定的构成部分，没有不可或缺的目标功能作用，就像人的尾巴一样会萎缩消失。这种界定就是一种分工，但却是一种有机体内部的分工。

3. 单位、部门和岗位角色相互之间关系的界定

这是界定各个部分在发挥作用时，彼此如何协调、配合、补充、替代的关系。

企业组织架构的三方面存在一种彼此承接的关系。对企业组织架构的规范分析，其重点是单位、部门和岗位的设置，而各个单位、部门和岗位的职责、权力、角色相互之间关系的界定是对单位、部门和岗位设置的进一步展开。

三、组织架构体系

组织架构实质上是一种职权职责关系结构。一个现代化的、健全的组织机构一般包括如下关系子系统：

1. 决策子系统

组织的领导体系和各级决策机构及其决策者组成决策子系统。各级决策机构和决策者是组织决策的核心。

2. 指挥子系统

指挥子系统是组织活动的指令中心，在各职能单位或部门，其负责人或行政首脑与其成员组成垂直形态的系统。行政首脑的主要任务是实施决策机构的决定，负责指挥组织的各项活动，保证各项活动顺利而有效地进行。指挥子系统的设计应从组织的实际出发，合理确定管理层次，并根据授权原则，把指挥权逐级下授，建立多层次、有权威的指挥系统，来行使对组织各项活动的统一指挥。

3. 参谋或职能子系统

参谋或职能子系统是参谋或职能部门组成的水平形态的系统。各参谋或职能部门，是行政首脑的参谋和助手，分别负责某一方面的业务活动。设计参谋或职能子系统，要根据实际需要，按照专业分工原则，设置必要的参谋或职能机构，并规定其职责范围和工作要求，以保证有效地开展各方面的管理工作。

4. 执行子系统、监督子系统和反馈子系统

决策中心决定组织的大政方针，指挥中心是实施计划的起点，而执行子系统、监督子系统和反馈子系统是使计划得以正确无误地推行的机构。

指挥中心发出指令，这个指令一方面通向执行机构，同时又发向监督机构，让其监督执行的情况。反馈机构通过对信息的处理，比较效果与指令的差距后，返回指挥中

心。这样，指挥中心便可以根据情况发出新的指令。

执行机构必须确切无误地贯彻执行指挥中心的指令。为了保证这一点，就应有监督机构监督执行情况，而反馈子系统是反映执行的效果。执行子系统、监督子系统和反馈子系统必须互相独立，不能合而为一。

四、组织架构的设计原则

在长期的企业组织变革的实践活动中，西方管理学家曾提出过一些组织设计基本原则，如管理学家厄威克曾比较系统地归纳了古典管理学派泰罗、法约尔、马克斯·韦伯等人的观点，提出了8条指导原则：目标原则、相符原则、职责原则、组织阶层原则、管理幅度原则、专业化原则、协调原则和明确性原则；美国管理学家孔茨等人，在继承古典管理学派的基础上，提出了健全组织工作的15条基本原则：目标一致原则、效率原则、管理幅度原则、分级原则、授权原则、职责的绝对性原则、职权和职责对等原则、统一指挥原则、职权等级原则、分工原则、职能明确性原则、检查职务与业务部门分设原则、平衡原则、灵活性原则和便于领导原则。

我国企业在组织变革中积累了丰富的经验，企业在设计组织架构时，必须考虑内部控制的要求，合理确定各层级各部门之间的权力和责任并建立恰当的报告关系。具体而言，至少要遵循以下原则：

1. 任务目标原则

企业组织架构设计的根本目的，是为实现企业的战略任务和经营目标服务的。这是一条最基本的原则。组织架构的全部设计工作必须以此作为出发点和归宿点，即企业任务、目标同组织架构之间是目的同手段的关系；衡量组织架构设计的优劣，要以是否有利于实现企业任务、目标作为最终的标准。从这一原则出发，当企业的任务、目标发生重大变化时，例如，从单纯生产型向生产经营型、从内向型向外向型转变时，组织架构必须作相应的调整和变革，以适应任务、目标变化的需要。又如，进行企业机构改革，必须明确要从任务和目标的要求出发，该增则增，该减则减，避免单纯地把精简机构作为改革的目的。

2. 符合管理控制要求

组织架构的设计应当考虑各层级之间可以相互监督、相互制约。为达到控制的效果，在组织架构设计时，必须找出各种限制组织层级和管理跨度的因素，主要包括：员工的经验和受训程度；工作任务的相似性和复杂性；工作地点的空间距离；使用标准化管理的程度；企业信息系统管理的先进程度；企业文化的凝聚力以及管理层的管理风格等。

3. 专业分工和协作的原则

现代企业的管理，工作量大，专业性强，分别设置不同的专业部门，有利于提高管理工作的质量与效率。在合理分工的基础上，各专业部门只有加强协作与配合，才能保证各项专业管理的顺利开展，达到组织的整体目标。贯彻这一原则，在组织架构设计中要十分重视横向协调问题。主要措施有：

（1）实行系统管理，把职能性质相近或工作关系密切的部门归类，成立各个管理子系统，分别由各副总经理（副厂长、部长等）负责管辖。

（2）设立一些必要的委员会及会议来实现协调。

（3）创造协调的环境，加强管理人员的全局观念，增加相互间的共同语言符合内外环境要求。

组织架构设计应当与企业的市场环境、行业特征、经营规模等相适应。此外，企业还应当根据内外部环境的不断变化，迅速做出反应，及时进行组织架构的优化调整。

4. 符合权责对等、精简高效、运转协调的原则

综合考虑企业性质、发展战略、文化理念、行业特点、经营业务、管理定位、效益情况和员工总量等因素予以确定。企业组织架构应当有利于促进决策科学化和运行规范化。

5. 有效管理幅度原则

由于受个人精力、知识、经验条件的限制，一名领导人能够有效领导的直属下级人数是有一定限度的。有效管理幅度不是一个固定值，它受职务的性质、人员的素质、职能机构健全与否等条件的影响。这一原则要求在进行组织架构设计时，领导人的管理幅度应控制在一定水平，以保证管理工作的有效性。由于管理幅度的大小同管理层次的多少呈反比例关系，这一原则要求在确定企业的管理层次时，必须考虑到有效管理幅度的制约。因此，有效管理幅度也是决定企业管理层次的一个基本因素。

6. 集权与分权相结合的原则

企业进行组织架构设计时，既要有必要的权力集中，又要有必要的权力分散，两者不可偏废。集权是大生产的客观要求，它有利于保证企业的统一领导和指挥，有利于人力、物力、财力的合理分配和使用，而分权是调动下级积极性、主动性的必要组织条件。合理分权有利于基层根据实际情况迅速而正确地做出决策，也有利于上层领导摆脱日常事务，集中精力抓重大问题。因此，集权与分权是相辅相成的，是矛盾的统一。没有绝对的集权，也没有绝对的分权。企业在确定内部上下级管理权力分工时，主要应考虑的因素有：企业规模的大小，企业生产技术特点，各项专业工作的性质，各单位的管理水平和人员素质的要求等。

7. 稳定性和适应性相结合的原则

稳定性和适应性相结合原则要求进行组织架构设计时，既要保证组织在外部环境和企业任务发生变化时，能够继续有序地正常运转；同时又要保证组织在运转过程中，能够根据变化了的情况做出相应的变更，组织应具有一定的弹性和适应性。为此，需要在组织中建立明确的指挥系统、责权关系及规章制度；同时又要求选用一些具有较好适应性的组织形式和措施，使组织在变动的环境中，具有一种内在的自动调节机制。

8. 平衡原则

原则的应用都必须根据组织结构是否符合企业目标的整体效果来全面权衡。管理幅度大的缺点必须同信息沟通线路长的缺点加以权衡比较。多头指挥的所失要同把职能职权授予参谋或服务部门的所得加以权衡比较。在部门划分中按照企业的职能而实行职能专业化的好处同建立“利润责任”的、半自治的产品或地区部门的好处加以权衡比较。

五、组织架构的设计

（一）组织架构的设计要求

组织架构的设计应满足以下四个要求：

（1）企业应当按照科学、精简、高效的原则，合理地设置企业内部经理层以下职能部门，明确各部门的职责权限和相互之间的责权利关系，形成各司其职、各负其责、相互协调、相互制约的工作机制。企业应当避免设置业务重复或职能重叠的机构，将企业管理层次保持在合理水平。

（2）企业应当对各部门的职能进行科学合理的分解，确定各具体职位的名称、职责、岗位要求和工作内容等，编制岗（职）位说明书，明确各个岗位的职责范围、主要权限、任职条件和沟通关系。企业在确定职权和岗位分工过程中，应当体现不相容职务相互分离的制衡要求。不相容职务通常包括：可行性研究与决策审批、决策审批与执行、执行与监督检查。

（3）企业应当制定并公布组织架构图、员工手册、业务流程图、岗（职）位说明书和权限指引等内部管理制度或相关文件，使企业员工了解和掌握组织架构设计及权责分配情况，促进企业各层级员工明确职责分工，正确行使职权。

（4）企业应当按照国家法律法规要求和法定程序，加强对子公司组织架构设计相关重大事项的监督指导和管理控制，防范企业集团系统风险，优化资源配置，促进资源共享。

（二）组织架构设计的内容

1. 职能设计

职能设计是指企业的经营职能和管理职能的设计。企业作为一个经营单位，要根据其战略任务设计经营、管理职能。如果企业的有些职能不合理，那就需要进行调整，对其弱化或取消。

2. 框架设计

框架设计是企业组织架构设计的主要部分，运用较多。其内容简单来说就是纵向的分层次、横向的分部门。

3. 协调设计

协调设计是指协调方式的设计。框架设计主要研究分工，有分工就必须要有协作。协调方式的设计就是研究分工的各个层次、各个部门之间如何进行合理的协调、联系，以保证其高效率的配合，发挥管理系统的整体效应。

4. 规范设计

规范设计就是管理规范的设计。管理规范就是企业的规章制度，它是管理的规范和准则。结构本身设计最后要落实、体现为规章制度。管理规范保证了各个层次、部门和岗位，按照统一的要求和标准进行配合和行动。

5. 人员设计

人员设计就是管理人员的设计。企业结构本身设计和规范设计，都要以管理者为依托，并由管理者来执行。因此，按照组织架构设计的要求，必须进行人员设计，配备相应数量和质量的人员。

6. 激励设计

激励设计就是设计激励制度，对管理人员进行激励，其中包括正激励和负激励。正激励包括工资、福利等，负激励包括各种约束机制，也就是所谓的奖惩制度。激励制度既有利于调动管理人员的积极性，也有利于防止一些不正当和不规范的行为。

（三）组织架构的设计程序

企业组织结构的设计就是对企业内的层次、部门和职权进行合理的划分。首先是对组织的层次、部门、职权进行划分，形成组织结构图，其次对划分出的每一职位进行分析和说明，形成岗位说明书，最后将组织结构图和岗位说明书编制成册，形成组织手册。这样，组织中的每一职位都有其职责范围，其上下左右的关系都已明了。其具体程序如下：

（1）分析组织架构的影响因素，选择最佳的组织架构模式。

①企业环境。企业面临的环境特点，对组织架构中职权的划分和组织架构的稳定有较大的影响。如果企业面临的环境复杂多变，有较大的不确定性，就要求在划分权力时给中下层管理人员较多的经营决策权和随机处理权，以增强企业对环境变动的适应能力。如果企业面临的环境是稳定的、可把握的，对生产经营的影响不太显著，则可以把管理权较多地集中在企业领导手里，设计比较稳定的组织架构，实行程序化、规模化管理。

②企业规模。一般而言，企业规模小，管理工作量小，为管理服务的组织架构也相应简单；企业规模大，管理工作量大，需要设置的管理机构多，各机构间的关系也相对复杂。可以说，组织架构的规模和复杂性是随着企业规模的扩大而相应增长的。

③企业战略目标。企业战略目标与组织架构之间是作用力与反作用力的关系，有什么样的企业战略目标就有什么样的组织架构，同时企业的组织架构又在很大程度上，对企业的战略目标和政策产生很大的影响。企业在进行组织架构设计和调整时，只有对本企业的战略目标及其特点，进行深入的了解和分析，才能正确选择企业组织架构的类型和特征。

④信息沟通。信息沟通贯穿于管理活动的全过程，组织架构功能的大小，在很大程度上取决于它能否获得信息、能否获得足够的信息以及能否及时地利用信息。

总之，组织架构设计必须认真研究上述四个方面的影响因素，并与之保持相互衔接和相互协调的关系，究竟主要应考虑哪个因素，应根据企业具体情况而定。一个较大的企业，其整体性的结构模式和局部性的结构模式可以是不同的。例如，在整体上是事业部制的结构，在某个事业部内则可以采用职能制的结构。因此，不应该把不同的结构模式截然对立起来。

（2）根据所选的组织架构模式，将企业划分为不同的、相对独立的部门。

（3）为各个部门选择合适的部门结构，进行组织机构设置。

（4）将各个部门组合起来，形成特定的组织架构。

（5）根据环境的变化不断调整组织架构。

六、组织架构的运行

企业应当按照法律法规要求、内部管理权限和工作程序，核定、审批组织架构设计、部门设置和人员编制，并采取有效措施监督、检查组织架构运行情况。

企业应当根据发展战略和经营计划，制订阶段性工作计划，落实工作任务、责任人、协助人和完成时间等，通过考核计划执行情况验证组织架构运行效果和效率。

企业应当建立业绩考评制度，明确董事、监事和高级管理人员的绩效评价标准与程序，并通过目标任务书等形式将业绩指标层层分解到企业内部各部门和各岗位，促进企业组织架构中各层级员工责、权、利的有效实行。

企业应当重视对子公司的监控，通过合法有效的形式履行出资人职责、维护出资人权益，强化对子公司高级管理人员的业绩考核，特别关注异地、境外子公司发展战略、重大决策、重大投融资、重要人事任免、大额资金使用、年度财务预算等重要风险领域。

企业组织架构设计与运行应当坚持动态调整的原则，根据发展战略、业务重点、市场环境、监管要求等因素的变化不断进行优化调整。

企业应当在对现行组织架构及其运行状况进行综合分析的基础上，结合企业内外部环境变化和企业不同发展阶段的要求调整组织架构。企业组织架构调整应当充分听取董事、监事、高级管理人员和企业员工的意见，并按程序进行决策和审批。

【案例 3-4】

我国建筑企业组织结构建设[①]

我国自20世纪80年代开始引入工程项目管理和工程总承包，经过30多年的发展已逐渐形成了一些经济技术能力强、业务范围广的大型建筑企业，不但能承揽国内项目，而且逐步参与国际竞争。但是这些大型建筑企业往往只是设计单位、施工单位、咨询单位的简单联合，单靠简单拼凑实现总公司产值的增加，企业的核心竞争力难以提高。其主要原因就是大型建筑企业组织结构的构建存在严重问题。

1.我国大型建筑企业组织结构设置现状分析

（1）总部组织结构分析

通过对我国主要大型建筑企业的调查可以发现，我国大型建筑企业总部的组织结构大致有两种形式：事业部组织形式，我国的大型建筑企业事业部组织形式采用的是母子公司结构形式；事业部与项目管理结合的组织形式。

到目前为止，我国的大型建筑企业大都采用母子公司结构形式，对国内市场和国际市场分别看待，没有将二者有机地结合起来，并没有以整体市场为核心，在全球范围内统一组织，统一安排。而国外巨型建筑企业总部的组织形式大都采取了全球结构式的事业部形式，这些大型建筑企业将国内、国际市场结合起来，作为一个整体考虑。

（2）分公司组织结构分析

通过对国内一些大型建筑企业的职能部门的调查研究和资料收集可以看出，我国大型建筑企业职能部门的设置不完全、不合理。我国大型建筑企业其分公司的组织形式大都采用了“直线+参谋”的组织形式，这种模式基本上适应了子公司的发展，国际上大型工程公司的分公司大部分也采用了这种组织形式。

（3）项目的组织结构分析

我国的大型建筑企业项目管理组织主要有以下四种组织方式：工作队式组织形式、部门控制式项目组织形式、矩阵式项目组织形式和事业部式项目组织形式。这四种项目管理的组织形式基本上适应了项目一次性的特点，可以对项目的资源配置进行动态的优化组合，能够连续、均衡地运作，基本满足大型建筑企业项目管理的需要。

①工作队式组织形式。工作队式项目管理组织形式的优点是项目人员组成工作队，独立性强，项目部成员在工程建设期间与原所在部门脱离了被领导与领导的关系，原单位的负责人只负责业务指导及考察。企业的职能部门处于服从地位，只提供一些服务。这种组织形式适用于大型的工程项目、工期要求紧的项目、要求多工种多部门密切配合的项目。

②部门控制式项目组织形式。部门控制式项目组织形式是按职能原则建立的项目组织，把项目委托给企业某一专业部门，由部门领导，在本单位选人组合负责实施，一般适用于小型的专业性强、不需涉及众多部门的施工项目。其优点是：由熟人组合办熟悉的事，人事关系易协调，从接受任务到组织的运转启动，时间短，职责明确，职能专一。其缺点是：不能适应大型项目管理需要，不利于精简机构。

③矩阵式项目组织形式。矩阵式项目组织形式的特征是：项目组织机构与职能部门的

① 刘伟. 大型建筑企业的三层次组织模式分析［J］. 基建管理优化，2010（4）：3-6.

结合部同职能部门数相同；各个项目与职能部门的结合部呈矩阵状，既能发挥职能部门的纵向优势，又能发挥项目组织的横向优势；职能部门负责人对参与项目组织的人员有组织调配、业务指导和管理考察的责任，项目经理将参与项目组织的职能人员在横向上有效地组织起来，为实现项目目标协同工作；矩阵中成员接受项目经理和部门负责人的双重领导，但部门的控制力大于项目的控制力，部门负责人根据不同的需求和忙闲程度，在项目之间调配本部门人员，一个专业人员可能同时为几个项目服务，大大提高了人才的利用率。

④事业部式项目组织形式。大型建筑企业事业部的设置可以按地区设置，也可以按工程类型或经营内容设置，能迅速适应环境变化，在事业部下面设经理部，项目经理由事业部选派。这种形式适用于大型经营性企业的工程承包，特别是适用于远离公司本土的工程承包，适于一个地区内有长期市场或一个企业有多种专一施工力量时采用，事业部与地区市场同寿命。其优点是：有利于延伸企业的经营职能，扩大企业的经营业务，便于开拓企业的业务领域。其缺点是：企业对项目经理部的约束力减弱，协调指导的机会减少，故有时会造成企业结构松散，必须加强制度约束，加强企业的综合协调能力。

2. 建筑企业组织结构变化的趋势

从经济大环境看，在经济转型的过程中，企业所处环境由相对稳定向变化多、变化快转变。从行业看，实行《招投标法》后，市场将逐渐规范、开放，交易成本也有所下降。建筑企业的竞争将着眼于实力和成本竞争等方面。基于以上对环境的认识，可以预见，未来的国有建筑企业的组织结构将是：

（1）组织结构扁平化，人员规模缩小。由于所处环境不确定性增大，快速变化，企业决策工作量激增，直线型组织结构易使企业领导的决策工作量过重，易造成决策失误或决策不及时不果断。因此，内部层级减少的扁平结构如事业部、地域分公司等组织结构将被广泛采用。另外，随着交易成本的下降，企业人员规模将大为缩小。

（2）企业核心更加明确，企业边界趋于合理。基于降低成本的考虑，企业将缩小企业边界，核心业务以外的业务将考虑分包，“大而全、小而全”将成为历史。

（3）企业各个层级的职责分工将更加合理。公司总部和执行层将各司其职，总部和分公司的部门设置将互为补充，而不是重叠雷同。目前的多法人状况将得到改变，将逐渐过渡到企业内部只有1个法人。

（4）结构更具柔性。管理人员的比例会高一些，从事一般劳动的工人数量比例将降低。

（5）规范化、标准化程度将有所提高。

第四节　审计委员会与内部审计

一、审计委员会在内部控制中的作用

（一）审计委员会与内部控制

审计委员会是公司治理结构中一项重要的制度安排，全球资本市场的监管机构与投资者越来越重视审计委员会的角色与问责性，公司治理制度完善的企业通常具有高效的审计委员会。

2002年，证监会、国家经贸委联合发布实施《上市公司治理准则》中明确规定审计委员会的职责为：①提议聘请或更换审计机构。②监督内部审计制度设计与实施。③沟通协调内部审计与外部审计。④审核财务信息与披露。⑤审查公司内部控制制度。2013年，上海证券交易所制定的《上海证券交易所上市公司董事会审计委员会运作指引》中规定审计委员会的职责包括：①监督及评估外部审计机构工作。②指导内部审计工作。③审阅上市公司的财务报告并对其发表意见。④评估内部控制的有效性。⑤协调管理层、内部审计部门及相关部门与外部审计机构的沟通。⑥公司董事会授权的其他事宜及相关法律法规中涉及的其他事项。2008年，我国《企业内部控制基本规范》第十三条要求企业应当在董事会下设立审计委员会。审计委员会负责审查企业内部控制，监督内部控制的有效实施和内部控制的自我评价情况，协调内部控制审计及其他相关事宜等。审计委员会负责人应当具备相应的独立性、良好的职业操守和专业胜任能力。因此，从理论上讲，有效的审计委员会能够提高企业内部控制的质量。

一般来说，审计委员会应当全部由独立、非行政董事组成。审计委员会中至少应当有一名独立董事为会计专业人士，具有财务知识的专业人员能够更有效地发挥监督作用。然而，审计委员会被嵌入于公司治理体系之中，其专业性能否发挥监控效率还依赖于公司治理环境。

审计委员会是董事会下辖的专门委员会，其职能是监督、评估和复核企业内的其他部门和系统。董事会关于内部控制的主要目标会授权给审计委员会负责。在一般情况下，审计委员会负责整个风险管理过程，包括确保内部控制系统是充分且有效的。

就内部控制而言，审计委员会应复核企业的内部财务控制以及企业的所有内部控制和风险管理系统，除非这项任务由另外的独立风险委员会或董事会承担。审计委员会还应批准年报中有关内部控制和风险管理的陈述。

（二）审计委员会的履责方式

审计委员会应每年至少举行三次会议，并于审计周期的主要日期举行。审计委员会应每年至少与外聘及内部审计师会面一次，讨论与审计相关的事宜，但无需管理层出席。此外，审计委员会应每年对其权限及其有效性进行复核，并就必要的人员变更向董事会报告。

（三）审计委员会与合规

审计委员会应核查对外报告规定的遵守情况。审计委员会一般有责任确保公司履行了对外报告义务。审计委员会应结合企业财务报表的编制情况，对重大的财务报告事项和判断进行复核。管理层的责任是编制财务报表，审计师的责任是编制审计计划并执行审计。

（四）审计委员会与内部审计

确保充分且有效的内部控制是审计委员会的义务，其中包括负责监督内部审计部门的工作。审计委员会应监察和评估内部审计职能在企业整体风险管理系统中的角色和有效性，并批准对内部审计主管的任命和解聘，它将在四个主要方面对内部审计进行复核，即组织中的地位、职能范围、技术才能和专业应尽义务。

为了保持独立性，负责复核特定职能部门的雇员应独立于该职能部门之外，并应直接将相关发现向董事会下属的审计委员会报告。内部审计师或内部审计的管理者或董事应直接且定期向董事会报告。在某些企业，主管审计师向高级管理者（而非董事会）报告日常行政事务。在这种情况下，董事会必须采取额外的措施，确保这种报告关系不会损害审计师的独立性或对其独立性产生不当的影响。

内部审计师应具备必要的知识、技巧以及训练，以熟练、专业地实施审计工作。内部审计师应该善于口头沟通及书面通信，能够理解会计及审计准则、原则及技术，认识及评估与完善的商业实务的偏离之重要性和重大程度。此外，他们能确认现有或潜在的问题，并在适当的情况下，对程序进行补充。很重要的一点是，内部审计人员（包括审计经理或总监）要参与继续教育和培训。

企业应当加强内部审计工作，保证内部审计机构设置、人员配备和工作的独立性。内部审计机构应当结合内部审计监督，对内部控制的有效性进行监督检查。

内部审计机构对监督检查中发现的内部控制缺陷，应当按照企业内部审计工作程序进行报告；对监督检查中发现的内部控制重大缺陷，有权直接向董事会及其审计委员会、监事会报告。

（五）审计委员会与外聘审计师

审计委员会应承担就任命、重新任命或解聘外聘审计师向董事会提出建议的主要责任。审计委员会应监督新审计师的选择过程。

审计委员会应批准外聘审计师的业务条款及审计服务的报酬。审计委员会复核审计师的审计工作范畴，并确信该审计范畴是充分的。审计委员会应确保于每次年审开始之时已为审计制订了适当的计划。审计委员会执行完工后的复核。审计委员会还应为企业制定关于由外聘审计师提供非审计服务的政策，并向董事会提出相关建议。外聘审计师提供非审计服务时，不得损害外聘审计师的独立性或客观性。

（六）向股东报告内部控制

董事会如要为股东提供其所需的保证，则应对企业内部控制系统的有效性展开复核，并至少每年向股东汇报一次。审计委员会为了向股东汇报而执行的复核应涉及所有重大控制，包括财务、运营和合规控制以及风险管理系统。此外，年报亦应为股东提供有关审计委员会的工作信息。审计委员会主席应出席年度股东大会，并回答股东提出的关于审计委员会工作方面的问题。

二、内部审计

（一）内部审计的职能

《企业内部控制基本规范》第十五条明确指出，企业应当加强内部审计工作，保证内部审计机构设置、人员配备和工作的独立性。那么什么是内部审计呢？2003 年中国内部审计协会发布的《内部审计基本准则》第二条对内部审计的定义是：内部审计，是一种独立、客观的确认和咨询活动，它通过运用系统、规范的方法，审查和评价组织的业务活动、内部控制和风险管理的适当性和有效性，以促进组织完善治理、增加价值和实现目标。《内部审计基本准则》赋予内部审计特有的独立性和对监督评价的客观性，决定了内部审计部门不同于企业的其他职能部门，是企业内部控制监督评价的执行主体。因此，内部审计是企业内部控制的重要组成部分。良好的内部审计职能主要有以下几个方面：

（1）独立。独立职能是指内部审计独立于管理和运营单位，能做出客观的分析和判断。

（2）权力。权力职能是指内部审计能够得到高级管理层的有效支持，有效推动内部审计的策划与实行。

（3）审计。审计职能是指内部审计具备审计知识和经验来准确地判断审计结果。

（4）行业知识。行业知识职能是指内部审计具备行业知识来有效地执行审计程序。

（二）内部审计机构

企业内部审计机构的组织领导体制，应依照法律规定和企业章程确定。设立专门的内部审计机构的企业，应当配备一定数量具有执业资格的内部审计人员和与履行内部审计职能相适应的工作条件。未设立内部审计机构的企业，应当由董事会授权或者企业章程规定的有关机构承担内部审计职责。内部审计机构的设置应考虑组织的性质、规模，内部治理结构及相关规定，应建立有效的质量控制制度，并积极了解、参与组织的内部控制建设。内部审计机构不得置于财会机构的领导之下或者与财会机构合署办公。

内部审计人员除应当具备内审人员从业资格外，还应当拥有与工作职责相匹配的道德操守，并遵循职业道德规范。

内部审计机构应当依照法律规定和企业授权，结合内部审计监督，对内部控制的有效性开展审计监督，进行监督检查。内部审计机构的工作范围不应受到人为限制。内部审计机构对监督检查中发现的内部控制缺陷，应当按照企业内部审计工作程序进行报告；对监督检查中发现的内部控制重大缺陷或重大问题，有权视具体情况直接向董事会及其审计委员会、监事会报告，并在日常工作中与董事会或最高管理层就其关注的重要事项保持有效沟通。

（三）管理层与内部审计师的责任

管理层在 CEO 的领导下，对内部控制适当的设计及有效的运行负最终责任。管理层要为减轻风险的整体及具体业务流程控制的适当设计及有效运行负责。需要明确的是，这些是管理层的责任，而不是内部审计师的责任。

中国内部审计协会指出，内部审计部门的职责是评估组织的控制（内部控制系统的要素或者是整体），在评估组织控制程序的总体效果时，首席审计执行官应该考虑以下因素：①是否存在重大差异或缺陷；②发现后是否进行了纠正和改进；③是否从这一发现及其潜在的后果中得出一个结论，即无法接受的风险水平（或运行效率）普遍存在。

【案例 3-5】

向辛西娅·库柏致敬①

曾是美国第二大电话服务和数据传输公司的世通公司（WorldCom）因财务造假、欺诈投资者而倒闭，但名声却依然“显赫”，不仅被世界各名牌大学商学院作为经典教学案例，在中国各类企业管理培训班上，也同样被频频提起。

那么，这起美国有史以来最大的财务造假诈骗案是如何暴露的呢?

2002 年 2 月，公司审计委员会与“安达信”讨论 2001 年会计报表时，双方并不存在任何分歧，公司所采用的会计政策也得到“安达信”的认可。出乎意料的是，此案是由不起眼的公司内部审计人员发现的。

① 佚名．向辛西娅·库柏致敬［EB/OL］．［2012-03-01］．http：//wenku.baidu.com/link?url=UYvIz0oaoPQ9CphA-piRI8MtLDt2GF3-YEz8mg5LrmwLBXbt6OD7DCDo1DYXylMRcUDOPLIubNH0AsxBX99QkdFa6boVeDpu9izFQUyms-P3．

世通公司内部审计部副总经理辛西娅·库柏在履行审计公务中发现，2002年一季度及2001年资本账户有几笔可疑费用转入，这些转入的成本在公司以前财务报表中是作为当期费用列支的。经核实，公司共少计了费用39亿美元，辛西娅·库柏直接向董事会审计委员会主席进行了报告，案件由此牵出。

内部审计人员以公正无私的职业操守，揭开了震惊全球的欺诈案件的盖子。

2002年6月，美国证券交易委员会正式起诉世通公司欺诈投资者，随后世通公司申请破产保护。

2005年7月13日案件尘埃落定，前CEO伯尼·艾伯斯（Bernard Ebbers）以诈骗罪被判25年徒刑；前CFO斯科特·沙利文（Scott Sullivan）以同罪被判5年徒刑。而公司10名外部董事（包括独立董事）与原告股东达成协议，赔偿原告1 800万美元，占其除住房和养老金以外资产的20%。

世通公司案件在三个方面对现代公司治理给予了反思和启迪：

1. 防止内部人控制

这是公司治理的现实缺陷与瓶颈，董事会的本质是独立性，但在公司治理中一方面内部董事居多数的董事会，内部人控制现象严重，因为内部人只对他（她）的老板负责，他们不会冒着被解雇的风险向董事会及股东反映公司问题。

另一方面，外部董事人数较多的董事会，也不同程度存在着此类问题，由于外部董事获取信息有限、对公司业务及风险管理缺乏足够的了解，难以制约内部人控制问题，所以承担着较大的决策风险。世通公司外部董事们可能对财务造假问题并不知情，但并未因此而免责，同样受到严重的处罚。

而在一股独大的情况下，控股股东控制了董事选聘权，往往存在聘用关系人、自己人或朋友等不良现象，选聘的董事自然难以保持独立性。在现实情况下，监管部门加大对董事的培训、监管与违规处罚力度尤为必要。监管的严格有利于增强董事责任心和促进其综合素质的提高。

2. 内部审计在公司内部治理中的作用不容忽视

内部审计是公司内部治理的重要机制和手段，高效的内部审计在实现公司治理目标方面发挥着不可取代的重要作用，同时良好的公司治理也为内部审计效能发挥，提供了制度支撑和保障，随着全球风险管理的加强，这种关系更为密切。

实践证明，内部审计工作的强弱取决于董事会治理公司的能力。强势的董事会不仅高度重视内部审计工作，而且应着力在内部审计体制上保障其独立性，比如内部审计直接由董事会、审计委员会领导或董事会与经营层双向管理，将内部审计作为了解公司经营层执行董事会战略规划和重大决策以及风险管理情况的重要渠道和依靠力量。

世通案件警示我们，在两权分离的公司制下，对代理人追求自身利益最大化的经济人本性必须从外部审计与内部审计两个方面进行全方位监督，尤其要注意强化内部审计作用，这一点非常重要。内部审计对公司的经营管理情况更为了解，因此，董事会应高度重视如何充分发挥内部审计的作用，为其提供必要的履职条件和机制保障。

3. 强化制衡和监督机制

制衡是公司治理机制的重要组成部分，也是公司治理结构设定的基本原则。中国公司治理模式与英美公司治理模式不同点之一就是实施了监事会制度，从有利于加强制衡、监督方面看，这无疑是中国治理模式的优势，因为董事会与监事会都具有财务监督职能，这样的治理结构有利于扩大监督范围，如果能够在两会之间建立起良好的互动协作机制，共同对公司的会计报表质量把关，肯定是必要的。

但监事会的职能不仅仅是财务监督，对董事会及公司高级管理人员履职监督的职责更为重要，但目前在这方面的监督力度是不够的，这里并不否定有现行体制不顺的原因，但只要发扬辛西娅·库柏的执业精神，情况自然会得到较大改观。

此外，中国的公司治理结构除《公司法》规定的股东大会、董事会、监事会外还包括党委，党委会对思想、政治、方向等重大问题上的领导和监督作用是毋庸置疑的，这与《公司法》并不冲突，市场经济是法治经济，职责、权限清晰是公司治理有效运行的基本前提，不宜人为地复杂化，去探索创新形式，董事会在公司治理中的核心作用是法定的。

辛西娅·库柏是内部审计人员的一面旗帜，是恪守职业道德的典范，是公正与法治的捍卫者。辛西亚·库柏不仅是内部审计人员的楷模，更是董事们学习的榜样。提高董事会治理质量，需要更多具有辛西娅·库柏道德水准的高素质人才充实董事会团队。只有拥有富有责任心、独立、高效的董事会，中国企业的公司治理才具有积极应对全球化竞争挑战的能力。

第五节　企业人力资源建设

一、人力资源

（一）人力资源的定义

根据《企业内部控制应用指引第 3 号——人力资源》定义，人力资源是指企业组织生产经营活动而录（任）用的各种人员，包括董事、监事、高级管理人员和一般员工，其本质是企业组织中各种人员所具有的脑力和体力的总和。

（二）人力资源的组成

1. 高级管理人员

高级管理人员包括决策层和执行层。企业董事会成员和董事长构成企业的决策层，是决定企业发展战略的关键管理人员。决策层团队应具有战略眼光，具备国内、国际形势和宏观政策的分析判断能力，对同行业、本企业的优势具有很强的认知度。执行层通常又被称为经理层，应当树立“执行力”这一重要概念。

2. 专业技术人员

核心技术是企业赖以生存和发展的关键所在。专业技术人员是企业核心技术的创造者和维护者。

3. 一般员工

一般员工是企业人力资源的主体。

人员素质的高低对企业内部控制的执行有重要的影响。内部控制制度作为规范的标准或者条例，具有既定性质，而企业经济活动环境经常处于变动之中，决定了制度执行者在执行制度过程中有选择性。不同的选择将有不同的执行结果，完善制度执行的选择控制从实质上讲也是企业员工素质控制的内容之一。若员工素质良好，有信用，有正义感，即使某些控制措施缺失，企业也能行为规范、信用可靠；若员工素质较低、无原则、无正义感，则即使有控制制度，企业也可能因此蒙受损失或者名誉扫地。因此，人员控制也是内部控制的关键内容之一。

（三）人力资源主要风险

（1）人力资源缺乏、结构不合理、开发机制不健全，可能导致企业发展战略难以实现。

（2）人力资源激励约束制度不合理，关键岗位人员管理不善，优胜劣汰机制不完善，可能导致人才流失、经营效率低下或者关键技术、商业秘密和国家机密泄露。

（3）人力资源退出机制不当，可能导致法律诉讼或使企业声誉受损。企业应当重视人力资源建设，建立科学的人力资源管理制度，对人力资源规划与实施、激励与约束、离职等做出明确规定，充分调动整体团队的积极性、主动性和创造性，全面提升企业的核心竞争力。

二、人力资源的引进与开发

企业应当根据发展战略，结合人力资源现状和未来需求预测，制定人力资源总体规划，优化企业人力资源整体布局，确保人力资源供给和需求达到动态平衡，实现人力资源合理配置。企业应当根据人力资源总体规划，结合生产经营实际需要，制订年度人力资源计划，按照规定的权限和程序审批后实施。

根据人力资源能力框架要求，明确各岗位的职责权限、任职条件和工作要求，遵循德才兼备、以德为先和公开、公平、公正的原则，通过公开招聘、竞争上岗等多种方式选聘优秀人才，重点关注选聘对象的价值取向和责任意识。企业选拔高级管理人员和聘用中层及以下员工，应当切实做到因事设岗、以岗选人，避免因人设事或设岗，确保选聘人员能够胜任岗位职责要求。

企业应当建立选聘人员试用期和岗前培训制度，对试用人员进行严格考察和岗前培训，促进选聘员工全面了解岗位职责，掌握岗位基本技能，适应工作要求。试用期满考核合格者，方可正式上岗；试用期满考核不合格者，应当及时解除劳动关系。

员工素质是内部控制得以有效实施的关键所在，员工的素质控制是内部环境的重要组成部分。而员工培训则是保证和提高员工职业素质和专业胜任能力的重要途径。因此，企业应当重视人力资源开发工作，通过多种形式促进高级管理人员和中层以下员工的知识更新，不断提升整体团队的服务效能。

【案例 3-6】

隐藏在招聘启事中的玄机①

洞察玄机的能力恰恰是招聘岗位所要的。某地有份报纸曾刊登出这样一份招聘启事：某高新技术有限公司招聘市场部公关经理 3 名。工作职责要求如下：（1）组织实施公司的公关活动。（2）建立并维护与新闻媒体的良好关系。（3）组织有利于公司品牌及产品形象的相关报道及传播。（4）对公关活动进行监控。（5）参与处理事件公关、危机公关等。（6）组织实施内部沟通等项目和其他相关工作。应聘要求如下：（1）中文、广告或相关专业本科以上学历。（2）有 3 年以上公关公司或信息类公司从业经验。（3）有良好媒介关系者优先。（4）形象好，善沟通，文字表达能力强。（5）具有良好的媒体合作关系。（6）有

① 徐剑．隐藏在招聘启事中的玄机［EB/OL］．［2013-07-29］．http：//www.docin.com/p-683440686.html．

较强的客户沟通能力及亲和力。(7) 有各种新闻稿件的媒体发放及传播监控工作能力。(8) 具有吃苦耐劳、认真细致、优秀的人际沟通能力。应聘人员一经录用，月薪 4 000 元以上，具体面议。有意者请将简历于 6 月 30 日之前寄给本公司，公司将对应聘人员统一进行初试和复试。

招聘启事登出后，立刻引起众多人员的关注。但是，他们最终发现，在这则启事中，尽管应聘条件、岗位职责、工资待遇等内容俱全，就是没有招聘单位的联系方式。多数人认为这是招聘单位疏忽或是报社排版错误，于是，便耐心等待报社刊登更正或补充说明。但有 3 位应聘者见招聘的岗位适合自己，便马上开始行动。甲通过互联网，找到公司详细信息，将简历发送过去；乙则通过 114 查询台，也很快与该公司取得了联系；丙则通过在某商业区的广告牌，取得了该公司的地址和邮编，并将简历邮寄了出去。不久，该公司人力资源主管与他们三人相约面试，并当即决定办理录用手续。三人为此颇感蹊跷，招聘启事中不是说要进行考试吗？带着这一疑问，他们向总经理请教。总经理告诉他们：我们的试题其实就藏在招聘启事中，作为一个现代公关人员，思路开阔，不循规蹈矩是首先应具备的素质，你们三人机智灵活，短时间内迅速找到公司的联系方式并与公司联系，这就说明你们已经非常出色地完成了这份答卷。

（一）高级管理人员引进与开发控制制度设计

1. 高级管理人员聘任

企业要拟定高级管理人员引进计划，并提交董事会；对拟定人员要进行任前考察，对其价值观、战略思维、企业家精神、综合素质和能力进行全局性评估，判断其创新、决策、管理和承担风险的能力；董事会要对高级管理人员的引进进行审议，关注高级管理人员的引进是否符合企业发展战略，是否符合企业当前和长远需要，是否有明确的岗位设定和能力要求，是否设定了公平、公正、公开的引进方案；推行任前公示制度，广泛听取意见。

2. 高级管理人员任用

实行高级管理人员任职试用期制度；实行高级管理人员任职亲属回避制度；实行高级管理人员系统培训制度。企业对高级管理人员的开发要注重激励和约束相结合，创造良好的干事业的环境，让高级管理人员的聪明才智充分显现，真正成为企业的核心领导者。

（二）专业技术人员的引进和开发控制制度设计

专业技术人员的引进和开发控制制度设计应注重的措施有：注重专业技能和综合素质，建立选聘专业技术人员试用期和岗前培训制度，对试用人员进行严格考察，促进选聘人员全面了解岗位职责，掌握岗位基本技能，适应工作要求，试用期满考核合格以后，方可正式上岗，试用期满考核不合格者，应当及时解除劳动关系；树立尊重知识，尊重人才的企业文化；建立合理的人才团队，形成人才队伍梯队；建立良好的专业人才激励约束机制等。

（三）一般员工引进和开发控制制度设计

一般人员的流动性大，招聘的一般人员数量较多，所处岗位的物质待遇相对较低。因此在企业内部要弘扬和确立尊重知识、尊重人才的文化氛围；重视岗位练兵和现场管理工作，鼓励基层员工钻研业务，开展现场管理和挖掘活动，树立“工人专家”的典型，客观开展岗位评价工作，最重要的是，打通不同级别岗位之间的晋升通道，在员工和岗位之间形成科学有序的良性流动机制。

三、人力资源的激励、约束和退出

企业应当建立人力资源的激励、约束与退出机制，确保整体团队持续处于优化状态。

（一）绩效考核

企业应当设置科学的业绩考核指标体系，对高级管理人员和中层以下员工的业绩进行考核与评价，以此作为确定员工薪酬、晋升、降级、辞退等的重要依据，切实做到严格考核，有奖有惩，强化对整体团队的激励与约束。

首先，绩效考核可以建立员工认同的标准，解决管理上的问题：谁应该晋升，谁应该得到奖金，谁应该进行调动。

其次，绩效考核可帮助先进持续发展，鼓励落后者前进，根据员工的职业路线、能力特点，确定谁适合做什么工作，谁需要补充基础知识，谁需要学习新的知识。

最后，绩效考核可以使员工的目标和企业保持一致，提高员工的责任感、企业的凝聚力和工作效率。

（二）定期轮岗

企业应当制定各级管理人员和关键岗位员工定期轮岗制度，明确轮岗范围、轮岗周期、轮岗方式等，形成相关岗位的有序持续流动。在实行职务轮换制度时，原则上是同一专业领域内对换，不跨专业。在每一次职务轮换过程中，应重点办好相互交接工作，划清各自责任。

（三）激励和约束

约束是控制员工素质的一个重要途径，可以促使员工自觉提高其自身素质。约束主要包括对员工确立责任、考勤和处罚方面的内容。激励同样是控制员工素质的一个重要方面，可以激发员工内在的工作动力、激发他们努力工作，更好地去实现企业既定的目标和任务，更好地履行其工作职责。激励的方式有物质激励和精神激励。企业应当制定与业绩考核挂钩的薪酬制度，切实做到薪酬安排与员工贡献相协调，体现效率优先，兼顾公平。

（四）退出机制

企业员工退出（辞职、解除劳动合同、退休等），应当符合国家有关法律法规的规定，退出的条件和程序应当予以明确。企业应当根据绩效考核的结果，对不能胜任岗位要求的员工，应当及时暂停其工作，安排再培训，或调整工作岗位，安排转岗培训；仍不能满足岗位职责要求的，应当按照规定的权限和程序解除劳动合同。董事、经理及其他高级管理人员离职应当进行工作交接或离任审计。

企业应当定期对年度人力资源计划执行情况进行评估，查找人力资源管理中存在的主要缺陷和不足，采取有效措施，及时加以改进，确保企业整体团队充满生机和活力。

1. 高级管理人员的激励、约束和退出

企业高级管理人员，除了人性的弱点所引发的道德风险外，还有企业制度本身存在缺陷的原因，对企业高级管理人员缺乏有效的激励和约束，使得他们有机会利用手中掌握的权力，谋求个人利益，做出危害企业的事情。

在个人要素方面，主要防范的是高级管理人员的道德风险和能力风险。在制度方面，主要考察企业制度方面的缺陷，评估企业在产权制度、治理结构、组织结构、管理制度等方面是否科学，是否能够有效地调动企业高级管理者的工作热情，有效监督约束他们的行为，避免因缺乏有效激励和监督约束而导致高级管理人员心态失衡、有机可乘，产生风险。

2. 技术人员的激励、约束和退出

对于掌握或涉及产品技术、市场、管理等方面关键技术、知识产权、商业秘密或国家机密的工作岗位上的员工，企业要按照国家有关法律、法规并结合企业实际情况，建立健全相关规章制度，加强日常管理，并与退出的技术人员约定相关保密责任和竞业限制期限，防止其泄露企业的核心技术、商业机密和国家机密等。

3. 一般员工的激励、约束和退出

对于一般员工，首先，要建立符合企业发展战略的薪酬制度与激励制度，激发劳动者的工作积极性。其次，要建立科学合理的人才晋升机制，对于具备足够忠诚度和业务能力的员工，向其提供走向管理层的机会。最后，一般员工退出企业时，企业要向其支付与其劳动价值匹配的薪酬，尤其是对于需要辞退的员工，还要给予充分的理由，避免不必要的法律诉讼风险。

【案例 3-7】

别具一格的杜邦培训①

作为化工界老大的杜邦公司在很多方面都独具特色。其中，公司为每一位员工提供独特的培训尤为突出。因而杜邦的“人员流动率”一直保持在很低的水平，在杜邦总部连续工作 30 年以上的员工随处可见，这在“人才流动成灾”的美国是十分难得的。

杜邦公司拥有一套系统的培训体系。虽然公司的培训协调员只有几个人，但他们却把培训工作开展得有声有色。每年，他们会根据杜邦公司员工的素质、各部门的业务发展需求等拟出一份培训大纲。上面清楚地列出该年度培训课程的题目、培训内容、培训教员、授课时间及地点等。并在年底前将大纲分发给杜邦各业务主管。根据员工的工作范围，结合员工的需求，参照培训大纲为每个员工制订一份培训计划，员工会按此计划参加培训。

杜邦公司还给员工提供平等的、多元化的培训机会。每位员工都有机会接受像公司概况、商务英语写作、有效的办公室工作等内容的基本培训。公司还一直很重视对员工的潜能开发，会根据员工不同的教育背景、工作经验、职位需求提供不同的培训。培训范围从前台接待员的“电话英语”到高级管理人员的“危机处理”。此外，如果员工认为社会上的某些课程会对自己的工作有所帮助，就可以向主管提出，公司就会合理地安排人员进行培训。

为了保证员工的整体素质，提高员工参加培训的积极性，杜邦公司实行了特殊教员制。公司的培训教员一部分是公司从社会上聘请的专业培训公司的教师或大学的教授、技术专家等，而更多的则是杜邦公司内部的资深员工。在杜邦公司，任何一位有业务或技术专长的员工，小到普通职员，大到资深经理都可作为教师给员工们讲授相关的专业和知识。

---

① 佚名. 人力资源管理经典案例研究分析：别具一格的杜邦培训［EB/OL］.［2016-02-11］. http: //www.chinatat.com/renliziyuanguanlishi/251/ma1508289378.shtml.

【案例 3-8】

海尔的立体人才培训体系①

1. 全方位的人才培训

海尔把教育和培训作为人力资源开发的主要手段，对员工进行全过程性、全员性的教育培训：

（1）全过程性。海尔专设培训学校，根据需要进行各种形式的培训，如岗前培训、岗位培训、转岗培训以及多技能培训、专业培训等。在岗前培训中，海尔非常重视企业文化培训，高质量地开发员工的主体积极性和创造意识，激发培养员工的个人责任心和企业荣辱感、价值追求、品格、信誉、效益观、质量意识、协作精神、自主管理能力、参与需要等，并通过管理的整体力量加以激化，将其释放到企业生产经营活动中去，从而实现对资源的高效运用。

（2）全员性。全员培训是对海尔内部各职能部门、各生产经营单位的全部员工进行有计划的培训，以提高员工队伍的整体素质。培训的重点是各方面的骨干人才——骨干员工、骨干技术人才、骨干管理人才。海尔有计划地安排中高层管理人员参加工商管理硕士（MBA）学位班或出国考察培训；工程技术人员则以半脱产形式就近到大学对口专业进修，或请专家教授来海尔讲学，或派有关人员外出参加专题研讨会、专题学术会议，出国进修考察。

海尔正是通过全过程性、全员性的教育培训，促进了人力资源开发，做到了使用人才和培养人才的统一。

2. 多种培训形式

（1）岗前培训。对所有新人进行业务知识、企业文化、经营哲学、组织目标、价值观的培训。不确定岗位先轮流工作一定时间，再定岗建立员工组织归属感、集体主义、合作精神，为以后的高效管理奠定基础，此项工作由集团中心做。

（2）岗位培训。半年到一年之后，岗位培训主要是业务能力培训。对工作中容易出现的问题、解决方法及应尽的责任进行培训，此项工作由事业部做。

（3）个人职业生涯规划培训。海尔所有的管理干部都有责任为下一级的干部及员工，设计个性化的培训计划。

①A 是对管理人员的培训计划；

②B 是对专业人员的培训计划；

③C 是对员工的培训计划。

根据自己的情况每人定出一个升迁、发展的个人规划，要有目标地工作。

（4）转岗培训。为培养复合型人才，海尔采用转岗培训使员工适应新的工作需要。

（5）半脱产培训。对于骨干员工和管理人员，有计划安排人才以半脱产的方式，参加各种培训班。

①培训班；

②高校进修；

① 田娜. 海尔的培训体系［EB/OL］.［2014-11-08］. http：//wenku.baidu.com/link?url=T10Brb5ZT40FJsP0X_4SjYHNePWE17h7SATKKu_b7nCmGiaJNEqK0GKk6pl02AWQZ57-dXCT9AQwt3GKKQ7kCoGyogiIAaKZxl7WIn1EybS.

③参加委培，学历教育。

(6) 出国考察培训。为了掌握国际高科技发展的新动向，利用各种机会，派出有关人员到国内外，参加各种专业研讨会、学术会议、科技博览会，出国进修。

3. 立体的人才培训体系

与互动的多种培训形式相适应，海尔建立了立体的人才培训体系，它由多层次的培训机构构成，主要包括：

首先是它的事业部，从基层事业部到班组都有一套培训体系。各事业部都有培训部门，同时在培训部门里还有一个培训实践中心，并且有严格的一套考试程序。不管是什么样的培训，最后都要经过严格的考试发出不同级别的结业证书。

其次是集团的总部，海尔集团也设立一系列的培训机构。这些培训机构里包括海尔大学、海尔文化中心。海尔所有的中层干部，都要定期到海尔大学里去接受培训；海尔所有新进员工也要到海尔大学里去进行培训，在培训的过程中，去认识海尔，去了解海尔，去熟悉海尔。另外海尔还有一个人力资源的培训中心——海尔文化中心。在海尔文化中心设有《海尔人》报，针对一些具体问题，对集团有影响的问题，通过报纸发动全集团的人对问题公开地进行讨论，用这样的方式达成一种培训的效果。在集团总部的培训机构里同样设有严格的考试程序。任何一种形式的培训最终都是通过考试来论证是否能够通过，达到结业。

海尔还有一套培训体系，就是利用外部的一些高等院校、国外的大公司，还有科研机构进行培训。海尔常年和 25 所高校有联系，对部分领导干部可以送到学校里去参加短期培训，还有半脱产的培训。多家国外公司也与海尔长期签订人才交流、学习和培训项目。海尔的教师主要是海尔内部的领导干部和能够胜任教师的人，他们是定期在海尔集团内部通过演讲，通过考试后选拔出来的，选拔出来之后给予其兼职教师的资格证。海尔的领导干部必须要经过培训，并且参加过多少场培训，讲过多少场课也作为他的一个考核指标。另外有一些外聘教师，还有海尔的一些高层管理干部。这些教师资源在海尔的各层培训机构中是共享的，某一个阶段，某一个项目的培训，可以在海尔的机构中去选择任何一名教师。

4. 注重德才两方面教育

海尔十分注意对员工两方面的教育：德、才。在海尔案例教学法的应用中有这样一个案例：C 某，原某厂厂长，在海尔集团初期发展中有股冲劲，为企业出了力，企业也赋予其相应的职务，先后出任总经理助理、开发部长、进出口公司经理等职务，C 某也尽职尽责。1991 年在集团兼并某大型企业时，C 某又被委以重任，担任列为集团发展后劲潜力最大的 X 厂厂长。随着权力的增加，C 某私欲膨胀，法律意识淡漠，不明白自己的责权有哪些，不能正确地行使自己手中的权力，个人弱点逐渐暴露，企业经营毫无起色，而隐患却时有增加。后来，C 某干脆无视集团的规定，凭借自己手中掌握的权力，擅自拆借 200 万元的资金给朋友从事营利活动，最终受到了法律的制裁。这个案例被员工们讨论了一遍又一遍，海尔人由此都明白了德才兼备对自身及企业的重要性。

海尔对德才兼备有自己的理解，认为衡量德才兼备的标准是由自己承诺的能力决定的：

①才——能正确履行本岗位的职责，正确行使自己权力来实现责任，达到效果；

②德——与集团同心同德，按集团思路要求工作。

5. 海豚式升迁

“海豚式升迁”是海尔的一大特色。海豚是海洋中最聪明、最有智慧的动物，它下潜得越深，则跳得越高。比如从一个员工到班组长再到分厂厂长干起来的人，从前主要面对着生产系统。如果现在让他干一个事业部的部长，那么他对市场系统的经验可能就非常缺乏，就需要先到市场上去锻炼，到下边从事最基层的工作，然后从这个最基层岗位再一步步干上来。如果能干上来，就提拔，干不上来，则回原岗任职。还有的人各方面经验都有了，但处事综合协调的能力较低，也要派到各个部门锻炼。这样对一个干部来说压力可能很大，但也培养锻炼了干部。

6. 特色培训

（1）价值观念培训。海尔培训工作的原则是“干什么学什么，缺什么补什么，急用先学，立竿见影”。在此前提下首先是价值观的培训，“什么是对的，什么是错的，什么该干，什么不该干”，这是每个员工在工作中必须首先明确的内容，这也是企业文化的内容。对于企业文化的培训，集团除了以《海尔人》报和《海尔新闻》、《海尔企业文化手册》为载体，进行大力宣传以及通过上下疏通、上级发挥表率作用之外，重要的是由员工进行互动培训。目前海尔在员工文化培训方面进行了丰富多彩的、形式多样的文化氛围建设，如组织员工通过灯谜、文艺表演、体育竞赛等用自己易于接受的方式来诠释海尔理念。

（2）实战技能培训。技能培训是海尔培训工作的重点。海尔在进行技能培训时重点是通过案例——“即时培训”模式来进行。具体说，是抓住实际工作中随时出现的案例（最优事迹或最劣事迹），当日利用班后的时间立即在现场进行案例剖析，针对案例中反映出的问题或模式，来统一人员的动作、观念、技能，然后利用现场看板的形式在区域进行培训学习，并通过提炼在集团内部的报纸《海尔人》上进行公开发表、讨论，达成共识。具体过程包括两个阶段：一是培训阶段，针对某个特定的问题，向接受培训的员工展示真实背景，提供大量背景材料，由参加者依据背景材料来分析问题，提出解决问题的方法，然后公布实际采用的方法，通过对比、讲解来提高员工分析、解决问题的能力；二是后续跟踪考察阶段，对接受培训的员工，企业都设有跟踪考查记录，以确认员工是否真正掌握了要领。对没有达到要求的员工，企业会对他们进行再培训。员工能从案例中学到分析问题、解决问题的思路及观念，提高员工的技能，这种培训方式已在集团内全面实施。对于管理人员除进行案例培训外，还借每月8日的例会、每日的日清会、专业例会等机会进行培训。

（3）漫画教学。海尔在不断地创新中首先想到的是海尔文化需要员工的认同。对于业务流程再造、市场链机制等一批付诸实践的新事物，海尔想到的是如何能让那些深奥抽象的理论、理念深入到员工的心里。

于是，海尔创办了“来自员工的画和话”活动，就是鼓励员工在业余时间里以漫画的形式，来诠释海尔的创新理念。无论是在海尔工业园内，还是在生产线上，大家都会被一幅幅制作精美的管理看板和体现员工创新理念的漫画所吸引。每当员工们在生产和经营中有所发现和有所觉悟时，就会自觉地总结起来，并通过“画与话”与大家共勉。如：三个人分别扛了三节长短不等的木桩，而扛最长木桩同时流汗最多的那个人，最后站在自己扛的木桩上，所以站得也最高。这名作画的员工在画上的解释是：“干好工作，是为企业，也是为自己。”在海尔就是这样，你付出的越多，你努力去干，就会获得成功的反馈，得到应得的荣誉，这是海尔的规则。

由海尔员工创作的诠释海尔文化理念的一幅幅漫画，展示了企业一种强大的凝聚力。在这一幅幅作品面前，海尔员工找到了对企业价值观的认同。作为企业文化的一部分，这种创作既陶冶了员工的性情，也使他们的思想境界得到了一次新的提升。一位海尔员工说：“一些好的漫画简直成了我的老师。它不仅仅给了我警示，也给了我鼓励。”

第六节　企业文化建设

一、企业文化

（一）企业文化的定义

对于企业文化，不同的学者有着不同的理解。

中国学者魏杰认为企业文化是一种企业的经营理念、经营制度依存于企业而存在的共同价值观念的组合。企业文化是将企业员工的思想观念、思维方式、行为方式进行的统一和融合，使员工自身价值的体现和企业发展目标的实现达到有机的结合，根据经验得知，各项制度都失效的时候，企业经营靠的就是企业文化。

美国学者约翰·科特和詹姆斯·赫斯克特认为，企业文化是指一个企业中各个部门，至少是企业高层管理者们所共同拥有的那些企业价值观念和经营实践，是指企业中一个分部的各个职能部门或处于不同地理环境的部门所拥有的那种共同的文化现象。

企业文化是处于一定社会经济文化背景下的企业，在长期的发展过程中逐步形成和发展起来的日趋稳定的、独特的价值观，以及以此为核心而形成的行为规范、道德准则、群体意识、风俗习惯及外化的企业形象的集合，即企业文化是由价值理念、行为准则、企业形象三部分所构成的一个整体。企业文化根植于组织之中，对组织成员的行为和企业的发展有重大的影响：当企业文化形成并得到加强时，它会到处蔓延并通过左右组织成员的知觉、思想和感觉影响组织成员的行为，并进而影响企业的行为和发展。

按照《企业内部控制应用指引第 5 号——企业文化》的定义，企业文化是指企业在生产经营实践中逐步形成的、为整体团队所认同并遵守的价值观、经营理念和企业精神，以及在此基础上形成的行为规范的总称。

1. 企业价值观

企业价值观是指企业在追求经营成功过程中所推崇的基本信念和奉行的目标。对于任何一个企业而言，只有当企业内绝大部分员工的个人价值观趋同时，整个企业的价值观才可能形成。与个人价值观主导个人的行为一样，企业所信奉和推崇的价值观是企业的日常经营与管理行为的内在依据。价值观是企业文化的核心。企业文化是以价值观为核心的，价值观是把所有员工联系到一起的精神纽带，价值观是企业生存、发展的内在动力，价值观是企业行为规范制度的基础。

2. 经营理念

经营理念是管理者追求企业绩效的根据，是顾客、竞争者以及职工价值观与正确经营行为的确认，然后在此基础上形成企业基本设想与科技优势、发展方向、共同信念和企业追求的经营目标。经营理念是企业的经营哲学、经营观念和行为规范。如闻名全球的麦当劳，它的经营理念是“Q、S、C、V”，即“质量、周到的服务、清洁的环境、为顾客提供更有价值的食品”。

3. 企业精神

企业精神是指企业员工所具有的共同内心态度、思想境界和理想追求，它表达着企业的精神风貌和企业的风气。企业精神包括三方面内容：①员工对企业的特征、地位、形象和风气的理解和认同；②由企业优良传统、时代精神和企业个性融合的传统信念、作风和行为准则；③员工对企业的生产、发展、命运和未来抱有的理想和希望。企业可以根据自己的情况提炼出能够充分显示自己企业特色的企业精神。企业精神一旦形成，就会产生巨大的有形力量，就能对企业成员的思想和行为起到潜移默化的作用。

（二）企业文化与内部控制

《企业内部控制基本规范》第 18 条第 1 款规定：“企业应当加强文化建设，培育积极向上的价值观和社会责任感，倡导诚实守信，爱岗敬业，开拓创新和团队协作精神，树立现代管理理念，强化风险意识。”企业文化属于内部控制环节中一个重要的组成部分：一方面，企业文化为内部控制的设计和执行提供了一个良好的氛围；另一方面，在内部控制制度执行过程中不断丰富企业文化的内涵，为加强企业文化建设做出贡献。内部控制与企业文化同为现代企业制度，二者在各自制度建设中互为前提，相互支撑，齐头并进，共同完善。

内部控制保持其有效性依赖于企业文化的支持，良好的企业文化氛围保证内部控制制度贯彻执行。总之，企业文化是一种无形的力量，能够增强企业的凝聚力，提高企业内部控制的有效性。企业文化的缺失将直接导致内部控制的运行偏离其目标。重视内部控制的企业文化，不仅有利于科学、合理地制定和执行内部控制制度，还可以弥补内部控制制度的不足，使企业内部控制始终处于有效状态。在良好的企业文化基础上建立的内部控制制度，必然成为人们的行为规范，会得到很好的贯彻执行。

企业应当采取切实有效的措施，积极培育具有特色的企业文化，引导和规范员工行为，打造以主业为核心的企业品牌，培育体现企业特色的发展愿景、积极向上的价值观、诚实守信的经营理念、履行社会责任和开拓创新的企业精神，以及团队协作和风险防范意识，形成整体团队的向心力，促进企业长远发展。

二、企业文化存在的主要风险

（1）缺乏积极向上的价值观、诚实守信的经营理念、为社会创造财富并积极履行社会责任的企业精神，可能导致员工丧失对企业的认同感，人心涣散，企业缺乏竞争力。

（2）忽视企业并购重组中的文化差异和理念冲突，可能导致并购重组失败。

（3）缺乏开拓创新、团队协作和风险意识，可能导致企业发展目标难以实现，影响可持续发展。

（4）缺乏诚实守信的经营理念，可能导致舞弊事件的发生，导致企业损失，影响企业信誉。

三、企业文化的培育

企业应当重视文化建设在实现发展战略中不可或缺的作用，加大投入力度，健全保障机制，防止和避免形式主义。企业应当根据发展战略和自身特点，总结优良传统，挖掘文化底蕴，提炼核心价值，确定文化建设的目标和内容。

企业主要负责人应当在文化建设中发挥主导作用，以自身的优秀品格和脚踏实地的工作作风带动影响整体团队，共同营造积极向上的文化环境。企业员工应当遵守员工行为守则，忠于职守，勤勉尽责。

企业文化建设应当融入生产经营过程，确实做到文化建设与发展战略的有机结合，增强员工的责任感和使命感，促使员工自身价值在企业发展中得到充分体现。企业应当加强对员工的文化教育和熏陶，全面提升员工的文化修养和内在素质。

四、企业文化建设

（一）企业文化建设的特点

企业文化是共性与个性的统一，中国企业文化必然带有中国本土文化、企业特点以及市场经济等各种因素的特征。

1. 企业文化具有鲜明的个性特色

企业文化因企业的类型、所处行业性质、规模、人员结构、发展阶段等方面的差异而各不相同。不同的社会、不同的民族、不同地区的不同企业，其文化风格各不相同。即使两个企业在环境、设施设备、管理组织、制度手段上可能相近甚至一致，在文化上也会呈现出不同的特点。这是由企业生存的社会、地理、经济等外部环境，以及企业所处行业的特殊性、自身经营管理特点、企业家素养风范和员工的整体素质等内在因素决定的。企业文化是企业基本特点的体现，是一个企业独特的理念和风格的具体反映。当然，由于企业作为市场经济和文明社会的产物，其文化中体现着市场经济的一般规律，渗透着人类文明的共同意识，不同企业的文化也具有很多共性。企业文化的共性是时代特征和社会特征的综合体，反映了社会环境对企业文化的影响。

2. 企业文化建设具有很强的实践性

企业文化建设要针对企业实际，解决实际问题，将企业文化落到实处。企业文化纲领的起草过程，重在使企业的文化生根落地，而不仅仅是追求拿出一个时髦的文本。它是要把企业文化渗透到企业的制度建设、流程建设以及员工的行为规范的过程中去，并把制度建立在心理契约的基础之上，使员工行为从他律走向自律，使企业进入组织管理的最高境界——文化管理。

3. 企业文化建设是一个长期的过程

企业文化的定义和性质决定了企业文化建设不可能一蹴而就。一是提炼凝固成企业文化并逐步形成企业独特的氛围是长期的过程；二是企业文化建设虽然有终极目标，但是在企业发展过程中不断地提高、改进、修正也是长期的过程。将一种意志统一为群体的意志，再将这种意志转化为持久的行动，一定需要长期的、艰苦的努力。没有速成的企业文化建设。有完整的企业文化手册、规范的制度文化和形象识别系统，甚至包括大规模的文化理念导入，仅仅是企业文化建设的开始。企业文化里包含着企业的终极目标，但是企业文化建设却不是企业的终极目标，而是企业明晰自己的终极目标的过程，找到实现这一终极目标的路径的过程，推动实现这一终极目标的运动过程。企业文化要在过程中推进，在过程中调整，在过程中实现其自身的价值。

4. 企业文化建设是全员参与的系统工程

企业文化纲领的起草过程是全体员工共同参与的一个过程，也是一个组织变革与文化创新的过程，更是员工自我超越的过程，因此它需要全体员工为企业文化纲领的起草、贯彻、执行贡献心智。要实现企业高层与中层、基层之间的有效沟通就必须建立一个共同语言系统，即企业文化的传递系统。起草企业文化纲领实际上也是寻找一个传递系统、一个共同语言系统，使上下对企业未来可持续发展的基本问题彼此达成共识，从而形成面向未来的内聚力。企业文化这些纲领性文件的起草过程本身就是一个文化建设的过程，让全体员工共同参与起草企业文化纲领，使企业上下对企业的使命、追求、核心价值观达成共识。

（二）企业文化建设的重要性

1. 企业文化建设是促进企业发展和提高企业经济效益的重要途径

经济文化一体化已成为知识经济时代的显著特征，构建优秀的企业文化已成为国内外许多知名企业发展战略的重要内容。优秀的企业文化，是企业在长期生产经营、改革发展中倡导、积累、经过筛选提炼形成的，是企业生存和发展的内在动力，是规范企业和员工行为的软约束，是提升企业形象、增加企业价值的无形资产，是企业核心竞争力的形成要素和重要组成部分，也是促进企业发展、提高经济效益、使企业立于不败之地的重要途径。

2. 企业文化建设是留住人才的根本途径

人才与文化是企业竞争力的源泉，是企业可持续发展的基本驱动力。先进的企业文化是企业的灵魂、竞争的源头、国际交往的基础和桥梁。先进的企业文化可使企业由小变大、由弱变强，它可给员工以安全感，给优秀人才提供施展才华和智慧的平台。企业要靠待遇留人，更重要的还要靠企业的发展留“心”、靠企业文化留“心”，留住了“心”，自然也就留住了人。因此文化管理是现代企业管理的最高境界。

3. 企业文化建设是提升企业形象的有效途径

企业形象是企业文化的外化，是企业文化在传播媒介和对外交往中的映射，企业文化则是企业形象的核心和灵魂。每一个企业都要注重塑造良好的企业形象，以使企业能够更好地获得消费者认知，让广大消费者能够在众多的商品和服务中认识本企业和本企业所提供的产品或服务，并且进一步产生认同感和良好的印象，只有这样才能提升自己的市场占有率。

（三）企业文化建设的重点

按照《企业内部控制应用指引第 5 号——企业文化》的要求，企业应关注以下方面：

1. 塑造企业核心价值观

核心价值观是企业在经营过程中坚持不懈、努力使全体员工都必须信奉的信条，体现了企业核心团队的精神，往往也是企业家身体力行并坚守的理念。

核心价值观是企业的灵魂，会渗透到企业行为的各个方面。核心价值观的作用机制为：核心价值观—企业的理念、原则—企业制度—员工的行为。企业文化建设应该以塑造企业核心价值观为主导。企业应当根据发展战略和实际情况，总结优良传统，挖掘文化底蕴，提炼核心价值，确定文化建设的目标和内容，形成企业文化规范，使其构成员工行为守则的重要组成部分。企业的管理者和员工应该始终重视核心价值观的培育、维护、延续和创新。

2. 打造以主业为核心的品牌

打造以主业为核心的品牌，是企业文化建设的重要内容。品牌通常是指能够给企业带来溢价、产生增值的一种无形的资产，其载体是用来和其他竞争者的产品或服务相区分的名称、术语、象征、记号或者设计及其组合。品牌之所以能够增值，主要来自于消费者心智中形成的关于其载体的印象。品牌价值的核心是信誉，品牌管理的核心是对企业信誉的管理。

3. 充分体现以人为本的理念

"以人为本"是企业文化建设应当信守的重要原则。什么是企业？企业的"企"字，是上"人"下"止"，就是告诉人们，企业无人则止，企业无人则不足以兴业。一个企业经营得好坏关键是看企业能不能聚人，能不能人尽其才，能不能才尽其用。有灵魂的企业，可以通过核心价值观、企业文化，使每个人充分发挥自己的才能，实现自己的价值。

4. 强化企业文化建设中的领导责任

《企业内部控制应用指引第 5 号——企业文化》第七条指出："董事、监事、经理和其他高级管理人员应当在企业文化建设中发挥主导和垂范作用，以自身的优秀品格和脚踏实地的工作作风，带动影响整个团队，共同营造积极向上的企业文化环境。"同时，企业应当促进文化建设在内部各层级的有效沟通，加强企业文化的宣传贯彻，确保全体员工共同遵守。

5. 高度重视并购重组中的文化整合

企业并购，应当特别注重文化整合。一要在组织架构设计环节考虑文化整合因素。如果企业并购采用的是吸收合并方式，则必然会遇到各种参与并购企业员工"合并"工作的情况。为防止文化冲突，既要在治理结构层面上强调融合，又要在内部机构设置层级上体现"一家人"的思想，务必防止出现吸收合并方员工与被吸收合并方员工"分拨"的现象。

6. 推进文化创新

没有创新，企业文化建设就没有活力，就无法结出有生命力的硕果。企业文化建设不是静止和一成不变的，必须与时俱进，适应形势变化。为此，企业应当建立企业文化评估制度，明确评估的内容、程序和方法，落实评估责任制，避免企业文化建设流于形式。

五、企业文化评估

企业应当建立文化评估制度，分析总结文化在企业发展中的积极作用，研究发现不利于企业发展的文化因素，及时采取措施加以改进。

企业文化评估，应当重点关注企业核心价值的员工认同感、企业品牌的社会认可度、参与企业并购重组各方文化的融合，以及员工对企业未来发展的信心。

企业应当建立文化评估制度，促进文化建设效果在内部各层级的有效沟通，为改进企业文化提供依据。

（一）企业文化评估矩阵的定义

企业文化评估矩阵又称为企业文化诊断与评估系统（corporate-culture measurement and assessment system，CMAS），企业文化评估矩阵包含 12 个维度（dimensionality），33 个要素（factor）。中国大部分企业文化研究者和企业文化咨询师在企业文化的诊断与评估上一般只是直接应用国外现有的企业文化测量工具。

（二）企业文化评估矩阵的内容

企业文化评估矩阵包括问卷调查（含问卷和量表）、深度访谈、历史资料回顾以及公司文件研究、产业发展研究与行业研究、现场调查等，通过对关键文化特性的分解，把文化特性与企业经营管理的核心要素、企业管理行为及员工的行为联系起来，从多个角度诠释企业文化的特征与影响，为我们全方位考察企业文化与企业经营管理之间的关系，提供了有效的测量、评估的方法和工具。

企业文化评估矩阵包含12个维度，33个要素。利用CMAS系统所测定的企业文化的12个维度包括工作环境、组织制度、管理方式、内部沟通、员工激励、领导和决策、培训与员工发展、员工工作动机、员工满意度、员工忠诚度、文化建设以及理念与价值观，这12个维度涵盖了企业文化的理念层、制度层和行为层三个层次的内容，同时与现代企业管理的主要职能和要素有着很好的对接，该评估结果将比较全面和准确地反映我国企业文化的综合竞争力状况。

（三）企业文化评估矩阵的运用

企业文化评估矩阵可以广泛运用于各种企业、团队，以及个人。一般的企业运用企业文化评估矩阵模型可以达到以下目的：

（1）了解并熟悉企业当前的组织氛围、员工态度与企业文化现状，对目前企业文化优势和不足做出基本评价。

（2）与行业平均企业文化水平或者其他经营业绩好的企业文化进行比较分析，根据企业所期望的业绩确定文化变革的目标。

（3）明确企业文化变革的短期、中期和长期目标和任务。

（4）提高领导者个人对企业文化的认识，进一步引导他们积极发挥企业文化的作用。

（5）提供个人和企业双方都可以使用的企业文化诊断评估报告，形成共同认可的企业文化建设思路，建设科学的、合理的企业文化体系。

【案例3-9】

IBM：电脑帝国的企业文化①

IBM（国际商用机器公司）是有明确原则和坚定信念的公司。这些原则和信念似乎很简单，很平常，但正是这些简单、平常的原则和信念构成IBM特有的企业文化。

IBM拥有40多万名员工，年营业额超过500亿美元，几乎在全球各国都有分公司，其分布之广，莫不让人惊叹不已，其成就莫不令人向往。若要了解此企业，你必须要了解它的经营观念。许多人不理解，为何像IBM这么庞大的公司会具有人性化的性格，但正是这些人性化的性格，才造成IBM不可思议的成就。

老托马斯·沃森在1914年创办IBM公司时设立过“行为准则”。正如每一位有野心的企业家一样，他希望他的公司财源滚滚，同时也希望能借此反映出他个人的价值观。因此，他把这些价值观标准写出来，作为公司的基石，任何为他工作的人，都明白公司要求的是什么。

老沃森的信条在其儿子时代更加发扬光大，小托马斯·沃森在1956年任IBM公司的总裁，老沃森所规定的“行为准则”，由总裁至收发室，没有一个人不知晓，如：

1. 必须尊重个人。

2. 为顾客服务。

3. 优异的工作表现。

---

① 马译．IBM：电脑帝国的企业文化［J］．新晋商，2012（12）：70-71．

这些准则一直牢记在公司每位人员的心中，任何一个行动及政策都直接受到这三条准则的影响，“沃森哲学”对公司的成功所贡献的力量，比技术革新、市场销售技巧，或庞大财力所贡献的力量更大。IBM 公司对公司的“规章”、“原则”或“哲学”并无专利权。“原则”可能很快地变成了空洞的口号。正像肌肉若无正规的运动将会萎缩一样。在企业运营中，任何处于主管职位的人必须彻底明白“公司原则”。他们必须向下属说明，而且要一再重复，使员工知道，“原则”是多么重要。IBM 公司在会议中、内部刊物中、备忘录中、集会中所规定的事项，或在私人谈话中都可以发现“公司哲学”贯彻在其中。如果 IBM 公司的主管人员不能身体力行，那么这一堆信念都成了空口说白话。主管人员需要身体力行，才能有所成效。全体员工都知道，不仅是公司的成功，即使是个人的成功，也一样都是取决于员工对沃森原则的遵循。若要全体员工一致对你产生信任，是需要很长的时间才能做到的，但是一旦你能做到这一点，你所经营的企业在任何一方面都将受益无穷。

第一条准则：必须尊重个人

任何人都不能违反这一准则，至少，没有人会承认他不尊重个人。毕竟在历史上许多文化与宗教戒律，也一再呼吁尊重个人的权利与尊严。虽然几乎每个人都同意这个观念，但列入公司信条中的却很少见，更难说遵循。当然 IBM 并不是唯一呼吁尊重个人权利与尊严的公司，但却没有几家公司能做得彻底。

沃森家族都知道，公司最重要的资产不是金钱或其他东西，而是员工，自从 IBM 公司创立以来，就一直推行此行动。每一个人都可以使公司变成不同的样子，所以每位员工都认为自己是公司的一分子，公司也试着去创造小型企业的气氛。分公司永保小型编制，公司一直很成功地把握一个主管管辖十二个员工的效率。每位经理人员都了解工作成绩的尺度，也了解要不断地激励员工士气。有优异成绩的员工就获得表扬、晋升、奖金。在 IBM 公司里没有自动晋升与调薪这回事。晋升调薪靠工作成绩而定。一位新进入公司的市场代表有可能拿的薪水比一位在公司工作多年的员工要高。每位员工以他对公司所贡献的成绩来核定薪水，绝非以资历而论。有特殊表现的员工，也将得到特别的报酬。

自从 IBM 公司创业以来，公司就有一套完备的人事运用传统，直到今天依然不变。拥有 40 多万名员工的今日与只有数百名员工的昔日，完全一样。任何一位有能力的员工都有一份有意义的工作。在将近 50 年的时间里，没有任何一位正规聘用的员工因为裁员而失去 1 小时的工作。IBM 公司如同其他公司一样也有遭受不景气的时候，但 IBM 都能很好地计划并安排所有员工不致失业。也许 IBM 成功的安排方式是再培训，而后调整新工作。例如在 1969 年到 1972 年经济大萧条时，有 1.2 万名 IBM 的员工，由萧条的生产工厂、实验室、总部调整到需要他们的地方。有 5 000 名员工接受再培训后从事销售工作、设备维修、外勤行政工作与企划工作。大部分人反而因此调到了一个较满意的岗位。

应该给予有能力的员工具有挑战性的工作。好让他们回到家中，回想一下他们做了哪些有价值的事。当他们工作时能够体会到公司对他们的关怀，他们就都愿意为公司的成长贡献一技之长。IBM 公司晋升时永远在自己公司员工中挑选。如果一有空缺就由外界找人来担任，那么对那些有干劲的员工是一种打击，而且深受挫折、意志消沉。IBM 公司有许多方法让员工知道，每一个人都可使公司变成不同的样子，在纽约州阿蒙克的 IBM 公司里，每间办公室，每张桌子上都没有任何头衔字样，洗手间也没有写着什么长官使用，停车场也没有为长官预留位置，没有主管专用餐厅，总而言之，那是一个非常民主的环境，每个人都同样受人尊敬。

IBM公司的管理人员对公司里任何员工都必须尊重，同时也希望每一位员工尊重顾客，即使对待同行竞争对手也应同等对待，公司的行为准则规定，任何一位IBM的员工都不可诽谤或贬抑竞争对手。销售是靠产品的品质、服务的态度，推销自己产品的长处，不可攻击他人产品的弱点。

第二条准则：为顾客服务

老托马斯·沃森所谓要使IBM的服务成为全球第一，不仅是在他自己的公司，而且要使每一个销售IBM产品的公司也遵循这一原则。他特别训令IBM将是一个“顾客至上”的公司，也就是IBM的一举一动都以顾客需要为前提，因此，IBM公司对员工所做的“工作说明”中特别提到对顾客、未来可能的顾客都要提供最佳的服务。

为了让顾客感觉自己是多么重要，无论顾客有任何问题，一定在24小时之内解决，如果不能立即解决，也会给予一个圆满的答复，如果顾客打电话要求服务，通常都会在一个小时之内派人去服务。此外，IBM的专家们随时在电话旁等着提供服务或解决软件方面的问题，而且电话是由公司付账。此外还有邮寄或专人送零件等服务，来扩大服务范围。IBM公司还要求任何一个IBM新零件，一定要比原先换下来的好，而且也要比市场上同级产品好。服务的品质取决于公司训练及教育，在这方面，IBM已经在全球所属公司投下了大量的钱财，所提供的训练与教育是任何公司无法比拟的。相信在IBM公司受训所花费的时间超过任何一所大学的授课时间。每年，每一位IBM的经理要接受40个小时的训练课程，而后回到公司内教导员工。有时甚至定期邀请顾客前来一同上课。经营任何企业，一定要有老顾客的反复惠顾才能使企业成长，一定要设法抓住每一位顾客。最优异的顾客服务是能使他再来惠顾，这才算成功。

第三条准则：优异的工作表现

对任何事物都以追求最理想的观念去做，无论是产品或服务都要永远保持完美无缺，当然完美无缺是永远不可能达到的，但是目标不能放低，否则整个计划都受到影响。公司设立一些满足工作要求的指数，定期抽样检查市场以检验服务的品质。从公司挑选员工计划开始就注重优异的准则，IBM公司认为从全国最好的大学挑选最优秀的学生，让他们接受公司的密集训练课程，必定可以收到良好的教育效果，日后定有优异的工作表现。为了达到优异的水准，他们必须接受优异的训练，使他们有一种使命感，一定要达到成功。IBM是一个具有高度竞争环境的公司，它所创造出来的气氛，可以培养出优异的人才。在IBM公司里，同辈竞相争取工作成绩，又不断地强调教育的重要，因此每个人都不可以自满，都力争上游。每个人都认为任何有可能做到的事，都能做得到。这种态度令人振奋。

小托马斯·沃森说：“对任何一个公司而言，若要生存并获得成功的话，必须有一套健全的原则，可供全体员工遵循，但最重要的是大家要对此原则产生信心。”在企业经营中，公司的任何运营都有可能改变。有时地址变更，有时人事变更，有时产品变更，有时公司的名称也变更。世界上的事就是这样不断变迁，在任何公司里，一个人若要生存，一定要有应变的能力。在科技高度进步的今日，社会形态与环境变化很快，倘若营销计划不能随机应变，可能会毁灭整个公司。你不是往前进，就是往后退，不可能在原处不动。在任何一个发达的公司里，唯一不能改变的就是“原则”。不论此“原则”的内容是什么，它永远是指引公司航行的明灯。当然公司在许多方面要保持弹性，随机应变，但对“原则”的信念不可变更，由于IBM有这三条基本原则做为基石，业务的成功是必然的。

公司内部必须不断地向员工灌输其信念，在IBM的新进入人员训练课程中，就包含了如下课程：公司经营哲学、公司历史及传统。谈公司的信念与价值观不能仅是空谈而已，至于能否让其在公司里发生作用，那是另外一回事。在公司里空谈无益，最重要的是：运用策略、采取行动、切实执行；衡量效果，重视奖赏，以示决心。

IBM的新进销售学员无论在办公室或外出接洽业务，都能遵守公司的准则。他们知道，IBM准则“必须尊重个人”的真谛如何。他们从进公司开始就感到别人对待他们的方式是基于尊重原则，只要他们一有问题，别人再忙也来帮助他们。他们也看到，公司人员是怎样对待顾客的，也亲耳听到顾客对市场代表、系统工程师及服务人员的赞美。他们周围环境的人都在那里努力寻求优异的成绩。有关IBM公司的信念，常在所属公司中定期刊载，有关IBM优异服务之实例亦常在公司训练课程中讲授，在分公司会议中特别提出来，在邀请顾客参加的讨论会中亦提出介绍，主要目的是对公司的理想一再重复，以确保理想生存。

第四章

企业内部控制方法

第一节　制度与流程控制法

一、内部控制制度的作用

内部控制制度，即将内部控制的内容和方法用文字或流程图的形式做出具体规定，并付诸实施，连续执行的制度化形式。内部控制制度是企业管理制度的重要组成部分，其内容、种类、方式是由内部控制决定的。每个企业的内部控制制度都是为了满足该企业的组织、业务和管理目标的需要而设计的，主要任务是控制企业内部的一切经济业务活动，使之都能严格按照计划规定的预期目标运行，以保证完成计划任务，提高经营效率。

总体来讲，内部控制制度具有以下共同的作用，即在可接受参数范围内执行管理部门的计划和程序。一个企业机构的发展，可能达到其行政部门本身不再可能连续地检查和评估所属各级部门业务活动的程度，如此，行政管理部门就必须制定指导下属单位开展业务的控制制度，旨在检查和评估现时情况，并做出适合实际环境，需要采取改进措施的决定。

内部控制制度最直接的目标是防止差错和舞弊行为，具体地说，有效的内部控制制度应该具备以下几个方面的作用：

（1）保证单位一切业务活动都按其计划目标进行，及时发现和纠正偏离目标的行为。

（2）保证会计资料和其他业务资料真实可靠。通过授权控制，对经营企业的业务处理是否合理，凭证是否有效，记录是否完整、正确等，根据内部控制制度，可进行必要的稽核检查。

（3）保证财产安全完整，堵塞漏洞，防止和减少损失浪费，防止和查明贪污盗窃行为，通过不相容职务分离及职务轮换制、定期盘点制等制度予以保证。

（4）保证各种核算质量，提供有用的会计信息和管理信息。现代企业经营管理的成功与否很大程度上取决于有关信息交流的数量、质量和频率，各种核算通过有关人员处理、复核、核对以及检查，可以提供可靠和有效的信息。

（5）保证工作效率的提高。实行内部控制制度，可以使各种工作符合程序化、规范化要求，避免出现混乱现象。

二、内部控制制度设计的主体

从事制度设计的具体人员不外乎两种：一是单位内部专业人员；二是单位外部聘请的专家。两种设计人员所从事的设计工作各有优劣。

（一）内部控制制度设计人员的要求

由于制度设计是一项专业性、技术性和实用性极强的工作，设计人员必须具备以下条件才能胜任：

（1）能全面了解被设计单位的经营政策和全部业务活动。

（2）十分清楚管理者的管理思想、管理方式、管理目标与管理需要。

（3）熟悉内部控制理论和方法，能应用内部控制设计技术。

（4）不仅受过管理专业训练，而且具有广泛的管理知识和丰富的工作经验，懂得与单位经营有关的政府法令与各项经济法规。

（5）有一定的预见性和逻辑思维能力，能接受、认识和应用管理方面的新观点、新方法和新技术。

（6）有较强的综合、归纳、分析能力和较高的文字表达水平。

作为设计个体来说，均能具备以上条件很难办到，作为设计整体来说，理应具备以上条件。

（二）单位内部人员自行设计

单位内部人员自行设计应在单位主要负责人领导之下，由总经济师、总工程师及有关职能部门负责人组成设计小组（或委员会）。设计组织在主要负责人（厂长或经理）统一指挥与协调下进行一些必要的分工，比如技术管理制度可以由总工程师负责领导设计；生产经营制度可以由总经济师负责领导设计；涉及全面经济核算和财务管理方面的问题，均应征求总会计师的意见。如果会计控制制度和内部审计制度同管理控制制度一道设计，总会计师则主要负责后面两项制度的设计；由于总经济师是厂长的合法代表，管理控制制度的总则部分，即单位概况、经营思想、方针政策及组织功能等部分，也可以由其负责设计，但要征询主要负责人、总工程师和总会计师的意见，要注意整个制度的协调性与统一性，总则部分当然也可以由主要负责人直接领导设计，或由三总师共同设计。

由单位内部人员自行设计，其主要优点在于：了解单位经营活动的一切背景；熟悉单位各种业务情况；能节约设计时间和费用；容易获得单位有关部门或个人的协作，便于制度实施与修改。

其主要缺点表现在：如果单位没有高级专业人才，可能会在学识、经验及设计技巧上受到限制；可能会受到传统经营思想和传统经营方式的制约，而故步自封，难于革弊改进；难于吸取各家所长和新思想、新方法，不容易做到大胆构想，往往只会修修补补，很难创新等。

（三）聘请外界专家设计

长期以来，我国均未注重单位制度建设工作，社会上也没有专门的设计机构和人员，大多数单位的管理制度都是内部自行设计，至多请一两名同行专家或主管部门的专业人员进行指导。在国外则有职业会计师、管理顾问公司、制度专家和事务所等从事会计制度和管理制度的设计与咨询工作。

聘请外界专家设计内控制度，其优缺点恰好与内部人员设计相反。由于外界专家大多数受过专业训练，知识广泛，经验丰富，又可以站在客观的立场上，以新的构想去进行不受传统拘束的设计，这样更能适合管理的需要和发挥内控制度的功能；由于外界人士对被设计单位情况不熟悉，要设计出可行的制度，必须要进行较长时间的了解，因而要付出较高的设计费用。

最理想的设计方式，应当是以单位内部人员为主，聘请外部专家为辅组织设计。这样有利于扬长避短，使理论与实务相配合，设计出更能适合单位管理需要的制度。

三、内部控制制度的设计步骤

内部控制制度的设计，不论是全部设计还是部分设计，也不论是外部设计还是内部设计，都要遵循一定的设计程序，比如要了解企业内外状况，深入调查各种业务作业情况，在分析研究的基础上提出建议，拟定初稿进行试验，修改后颁布等。

（一）了解企业背景

制度设计本身并不难，难的是了解情况、掌握资料、深入研究分析问题并得出结论、提出建议。了解企业背景，是设计内部控制制度前的第一项工作，其目的在于取得一般性资料，掌握基本素材。了解企业背景一般需要了解以下几个方面的事项：

1. 企业历史概况

应了解企业成立时间、成立情形及演变过程；企业成立时所属单位设立情况以及历年来变化情况；企业成立时资金状况及历年来增减情况；企业历任主要负责人变动情况；企业成立时经营业务项目及主要产品历年来变动情况；企业成立时的设备状况及历年变动情况；企业成立以来重大财务变动情况；企业成立以来所有制性质及隶属关系变动情况等。企业历史概况资料可通过口头询问取得，也可以通过查阅企业章程、会议记录、发行的书刊文章等方式获取。

2. 企业经营业务

了解企业目前经营的业务项目、产品种类、产销数量以及营业收支情况等。企业经营业务资料除了采取直接询问方式外，还可以通过本企业、主管与所属单位及其他往来单位所留存的各种报告、报表等资料取得。

3. 企业组织状况

了解企业组织系统图、职位、分类及职责说明、主要职位工作说明书、主要工作人员情况等。企业组织状况资料可以通过有关文件资料取得，也可以通过观察询问取得。

4. 资产设备状况

了解企业总机构与所属单位分布情况、企业拥有的土地面积及使用情形、厂房及建筑物数量、机器设备及生产能力、运输设备及运输能力及其他重要资产设备情况等。资产设备状况资料可以通过资产清册、有关报表和机构分布图取得。

5. 产品及销售状况

了解企业现有产品种类、名称及未来可能开发的新产品，产品生产方式及计量单位、产品销售方式、销售地区和有无专利等。产品及销售状况资料可以经由直接询问或请求销售部门提供取得，若有必要，可以从有关报表、报告、广告等资料中取得。

6. 财务情况与会计事务

进行管理控制设计，也有必要掌握一般财务状况和会计事务处理过程，以利于业务处理更加切合于实际需要。比如，了解目前盈利状况、资金周转状况、债权债务状况、职工福利待遇状况、预算控制状况等。财务情况与会计事务资料主要通过会计报表及其分析资料取得，也可以查阅有关统计报表及有关业务资料取得。

7. 办公手段情况

了解目前办公所采取的手段，比如，一些先进、科学的办公机械器具尚未采用，将来是否采用？有无已决定的计划？办公手段情况主要通过观察法进行掌握。

8. 重要契约与其他资料

了解企业与外界签订的重要契约及其他资料。比如，生产协作合同、技术协作合同、长期债务合同及供销合同，以及各种纳税、上缴利润资料等。重要契约与其他资料可以请求有关职能部门提供。

（二）主要业务调查

了解一般性情况以后，就应该深入调查现行主要业务的作业程序与方法。调查过程通常是，先调查一般问题，然后深入调查专门问题。既可请企业各业务部门主管人介绍情况，亦可询问从事具体工作的人员。所有的调查结果均要形成文字记录，包括提供情况人的姓名、职位及提供的时间和重要内容等，以便作为以后采用的依据。

进行业务作业调查工作，最好是采用问卷调查法，即事先将应了解的事项编制成问卷，请有关部门或个人，按题如实回答，设计人之后进行归纳整理。这种方法既可以避免重复，又可以避免遗漏。有关业务调查的问题说明如下：

1. 销售作业应调查的问题

（1）有没有进行市场调查？是委托调查还是自行调查？

（2）采取何种销售方式？是直接销售还是间接销售？

（3）采取何种销售结算方式？是现销还是到货交款？有无分期付款销货？

（4）采取何种交货方式？是送货上门还是到厂取货？

（5）有没有委托代销产品或接受他人委托代销其产品？

（6）单位内部自用产品如何作价？单位员工购买本单位产品有无优惠？

（7）销售部门所属机构名称及人员数，并附销售部门组织系统图。

（8）商品销售有无核定量值？其限额及核准程序如何？

（9）销售是否有正式合同契约？保存是否完整？

（10）每年是否编制销售计划或预算？有无考核计划执行及分析差异的规定？

（11）有没有进行客户信用调查？其调查组织与程序如何？

（12）如何跟踪控制客户订购单或契约？

（13）销售中有无回扣规定？如何处理回扣支付？

（14）单位是否常备有产品价目表？是否及时进行修订？

（15）销售产品有无可退回的包装容器？如何处理？

（16）检附一份销售作业各种表单，供参考。

2. 生产作业应调查的问题

（1）生产部门的组织形态及工作人数，并附组织系统图及其说明。

（2）有无生产技术和方法研究发展部门？其组织状况如何？

（3）产品是季节性生产还是常年性生产？其计划是根据订货制度制定，还是根据单位生产能力制定？

（4）生产过程有没有绘制流程图或线路表？如有，请附一份。

（5）生产过程有没有分设作业和成本控制中心？并列举名称及编号。

（6）生产过程有无生产记录单，随产品生产进程而连续记录？

（7）有无机器运转计划及实际运转记录？因故停工有无报告制度？

（8）有无独立的派工部门？其职责如何？

（9）有无生产预算及报告预算执行结果制度？

（10）有没有制定作业标准、标准成本制度及材料消耗定额、工时定额？

（11）有无专设的供应部门和服务部门？其设置与服务效益如何？

（12）机器设备新旧程度及维护修理状况如何？

（13）有无低值易耗品和重要原材料领用的专门制度？

（14）检附一份生产作业所用表单及规定办法。

3. 采购作业应调查的问题

（1）有无独立的采购部门？其职责如何？

（2）有无采购计划和合同契约？采购事项办理，有没有依金额大小分层核定？

（3）采购部门有无供应单位名单？有没有根据实际情况进行增减？

（4）是集中采购还是分散采购？有无招标制度？

（5）有无非采购人员进行采购的现象？其程序如何？

（6）有无定额存量标准？其执行情况如何？

（7）供应单位有无延期交货现象？有无追查及记录制度？

（8）有没有对入库材料进行品质、成分、性能及数量验收鉴定手续？

（9）采购部门有无专人审查供应单位开具发票及有关文件？

（10）有无完备的采购费用预算，其预算执行情况如何？

（11）有无退货及折让事件，其处理方式如何？有无退回的包装容器，有无规定处理办法？

（12）检附一份采购业务所用的表单。

4. 存货控制应调查的问题

（1）材料与产品是分开经营还是统一经营？经营材料部门的组织及职责如何？并附组织系统图。

（2）有无用料预算？是否根据用料预算编造购料预算？

（3）请购单由什么部门提出？用料部门是否经营材料？请购单是根据用料预算编制，还是根据库存情形确定？

（4）用料预算数和实际数有没有经常比较，并分析其差异原因。

（5）材料由单位集中采购，还是由用料部门自行采购？

（6）有没有制定每种材料最高和最低存量标准？其执行情况如何？

（7）领用材料是使用限额领料单还是用料表？领料单或用料表由生产控制部门统一编制，还是由用料部门自行填制？

（8）发料有没有通过被授权人核准，再由管料人员发放？

（9）有无凭证领料规定？有无先领后补证的情况？对于应付紧急需用有无特殊规定？

（10）有无规定退料手续？退料价格及列账科目如何规定？

（11）用料单位有无小仓库？有无统一管理规定？

（12）采用何种方法计算用料价格？各所属单位是否执行统一单价？材料差异是否及时处理？

（13）有无安全保管和科学保管规定？

（14）材料账由会计部门经管，还是由材料部门自行登记？

（15）有无定期盘存规定？盈亏情况如何处理？

（16）呆废料有无及时处理和追究责任的规定？

（17）检附一份存货管理办法及所用表单。

5. 人事业务应调查的问题

（1）有无独立的人事管理部门？其内部组织分工如何？并附组织系统图。

（2）单位人员变动是否由人事部门统一办理？

（3）有无专门负责时间研究、动作研究，以及制定工作标准的部门？若无，这些工作是否由各业务部门自行办理？

（4）有无统一派遣工作的单位？有无严格的考勤手续和绩效考核规定？

（5）有无办理退休、病休、辞退及病故等离职的程序？有无休假、轮调办法？

（6）有无健全的人事档案？是否及时更正？

（7）有无工资费用预算？其执行情况如何？

（8）有无工资计算方法及工资表编制部门？情况如何？

（9）有无制定发放奖金及提供福利的办法？

（10）检附一份人事及工资作业所用的表单。

6. 固定资产管理应调查的问题

（1）有没有设置独立的固定资产管理部门？如有，其组织如何？如无，由何部门分管？

（2）有无固定资产添置计划和预算？有无购建和其他添置的程序规定？

（3）有无出售、出租固定资产的程序规定？

（4）在何种情况下可以办理固定资产报废？如何办理报废？

（5）固定资产采取何种折旧方法，是否通过有关部门批准？有无随意调整折旧率和应提折旧原价的现象？

（6）固定资产有无维修计划和预算？是否提取大修理折旧基金？其使用状况如何？

（7）有无固定资产定期盘点制度？如何处理盈亏？

（8）有无固定资产明细核算规定？是否经常进行账实核对？

（9）有无办理过固定资产重估价值？用什么方法进行重估？

（10）有无固定资产投资、更新计划？

（11）检附一份固定资产管理办法及所用表单。

控制制度设计应调查的具体作业很多，不再逐一列举。

（三）分析研究问题

通过了解与调查，将一般情况和作业程序资料搜集齐全以后，就有必要对有关问题做进一步分析研究，以确定哪些工作可以简化，哪些程序应予以改进，并确定所有管理事务的处理程序和应履行的手续凭证。

分析研究问题的许多分析工作可采用图式分析方法。图式分析方法可以将复杂的程序简单化，使人一目了然；图式分析方法可以清楚表明现行作业情形，显示作业中的缺陷；图式分析方法有利于将现行情况与理想模式进行比较，以利于改进等。

分析研究问题的研究方法，主要利用组织系统图、业务流程图、工作分配图及表单分送图等进行工作。

（四）提出结论与建议

在了解、调查、分析之后，对于如何改进现有工作和如何设计新的制度就有了基本构想，此时应提出研究结论，并对新制度应采取的方法与规定提出可行的建议。

设计制度的目的，有的在于改进现行部分程序，有的在于新订或修改全部制度。不论持有何种目的，单位管理人员最关心的是新制度实施后的效果，比如是否能消除重复现象，使工作简化；是否能促进工作有秩序进行；能否提供正确记录，不再发生错误；能否明确有关人员权责；能否防止串通舞弊；能否切实加强控制，确保单位资产安全等。

为了提高单位管理者的认识和信心，制度设计人员应将新制度实施后给单位带来的利益清楚明确地写进报告。因为提出结论和建议的报告主要是交给单位最高管理层，它是决定新建议能否被采纳的关键，因此要注意撰写技巧，比如报告内容要明确易懂，具有可读性，能引起人的兴趣；不要直接批评现行制度，以客观立场陈述其缺点，使人乐于接受；建议须符合管理者愿望，详细陈述新制度优点，并强调实施后能满足管理者的愿望，可以促进单位发展；报告应用肯定的字句说明新制度实施后的效果，避免空洞的赞扬。

报告中的建议内容，应视设计目的不同而定，如为部分设计，则主要应针对修改部分提出建议。若系全部制度的修改或新订，则应对全部内容提出建议。不论建议内容多少，都要阐述实施建议后的效果，以有助于领导决策。

（五）拟定制度并进行试验

当结论与建议报告得到领导认可或批准后，设计人员应根据其报告的内容逐一修改或设计新的制度，制度内容应视企业规模大小及业务繁简程度而定，主要以文字或图形表示。

控制制度一般以条文方式表达，在文字方面力求做到完备、明确、一致。制度的规定必须完备无缺，所有可能发生的事务及其处理方法，均应规定在内；制度规定所用文句及文字要清楚明白，一看就懂，避免含混不清；整个制度的章节、文体、用字以及编号、数字等，应前后一致，层次、段落清楚；组织系统图、各种业务流程图均应列入制度，以帮助了解和应用。

制度拟定后应组织试行，并根据试行情况，修改制度。修订后的制度，由最高管理层批准后颁布实行。

四、业务流程图设计

（一）业务流程图的作用

所谓流程，是指企业经营过程的一个阶段，由若干项作业组成，而作业由若干项任务组成。在典型的制造企业中，其经营过程包括研究开发、设计、制造、营销、配送和售后服务等流程。每项流程都包括若干项作业，如制造流程，包括材料入库，材料存储，材料搬运、加工，半成品搬运、加工，成品入库存储，成品包装发运等项作业；每项作业都包括若干项任务，如材料入库，包括卸载、验收、盘点、移动、摆放、记录等任务；任务还可以细分为若干步骤。在流程设计中，就是要遵循这种相对的“流程—作业—任务—步骤”四个因素的顺序进行。

业务流程图是利用图解形式描述各经营环节业务处理程序的一种图示，它显示了凭证和记录资料的产生、传递、处理、保存及其相互关系，从而直观地表达了内部控制制度的实际情况。也就是说，把各种业务凭证、资料所通过的部门，各部门应处理的作业和信息流向等在一张图上表示出来，对于无法在图中表示的问题，可用简要文字进行说明，作为流程图附件。

用特定符号编制的流程图表示业务处理的标准化程序，可以直观地反映某项业务处理的全过程，它是实现管理现代化的一项基础工作，对于控制可发挥以下作用：

(1) 用符号和线条表示的流程图，比文字说明的处理程序，易于被人理解和掌握，既可以避免文字叙述的不清或遗漏，又可以便于对有关业务活动的控制。

(2) 良好的系统流程图还能够显示出各项业务的职责分工、授权、批准和复核验证等控制措施和功能，并有利于根据经营业务或内部控制变化而加以及时更新，而且只要增减线条或符号即可。

(3) 流程图表示法有利于建立科学的管理程序，实行规范化管理与提高工作效率。

(4) 有利于各部门明确自己的职责，使有关人员了解自己的工作范围及在某项业务处理中的地位，并可据以拟订岗位责任制，并为编制电算化程序提供有利条件。

(5) 有利于审计人员据以评价管理工作的水平，进行控制测试，以确定其实质性检查的范围和方法。

流程图虽有很多优点，但也还有以下不足之处：

(1) 编制时需要较熟练的技术和花费很多时间，对业务应有透彻的了解，否则编制不当，反而难以理解或引起误解。

(2) 流程图只能反映出内部控制的静态，不能像文字概述那样能直接揭示有关内部控制功能的实际执行情况及其薄弱环节。

(二) 业务流程图编制的技术要点

业务流程图一般是根据主要经济业务的经营环节编制的，其编制的技术要点如下：

1. 充分了解业务处理程序

绘图前应做好详细的调查，熟悉每一个经营环节或业务的内容与处理程序及其与前后环节的相互联系，有关文件凭单的填制、传递和处理，对此应反复核实。

2. 运用特定的符号和线条

流程图最大特点是用特定符号和线条来描绘整个过程。所以在设计图例说明时，一定要预先规定每一个符号、每一条线条所代表的意义。一般地说，图例说明要尽量标准化，以便在一个系统内统一掌握和方便检查控制。目前，世界很多国家都规定了一定符号。

3. 标明不同环节或业务流程线

流程图绘制，一般是以每个业务环节为一单元。在图内划分为若干栏，分别代表经办业务的部门或人员。如每栏上端标明涉及的部门或人员，以明确岗位职责；流程线始于左上角，从上至下，从左到右。线条、符号之间的关系要尽量表述清楚，尽量少用交叉线，交叉时要尽量保持线条含意清楚。

4. 列示职责分工及相关控制措施

在流程图中必须标明各项业务处理的分工，以便测试分析业务的授权、批准、执行、记录等控制措施是否合理有效，既要注意流程图的合理性，又要注意简便易行与适当的控制。

5. 注明每张文件凭单的出处与去向

各业务环节的文件通常来自或流向三个方面：企业外部、不同业务环节以及本环节有关部门。这些都要在流程图中加以描绘，如果有关文件已归档或正常销毁，均应做出说明。

6. 说明会计记录编制

利用特定符号标出会计记录的有关凭证、账册及其填制人员，而且要说明它们的保管与存放地点，便于查阅。

7. 附加图解注释

流程图内的符号或线条往往可代表不同的文件、凭证、账册或报表，或者某些控制措施也难以用图例显示，因此，均要附上注释或文字说明，以便于理解。

8. 实验、修改与颁布

流程图绘出后，要组织有关人员进行认真讨论，并进行局部实验和修改，经过实践证明流程是畅通的，切实可行的，流程图方可确定为某项业务的标准化程序，再由单位负责人颁布执行，作为控制业务活动的标准。

类似业务流程图的还有工作进程图，它是利用简单图形及符号，表示工作过程的一种图式。工作进程图简单明了，特别有助于对工作过程的分析与改进。

【案例 4-1】

某国有大型集团公司内部控制建设和实施①

某国有大型集团公司为提高管理水平和风险的防范能力，于 2015 年 11 月 16 日，召开了由集团领导班子成员参加的内部控制高层会议，讨论通过了关于集团内部控制建设和实施的协议，有关人员的发言要点如下：

总经理刘某：我先讲两点意见，(1) 加强内部控制建设十分重要，可以杜绝财务欺诈、串通舞弊、违法违纪等现象的发生，这是关系到集团可持续发展的重要举措。(2) 集团公司内部控制建设应当抓住重点，尤其要注重加强对控制环境、风险评估、控制活动等内部控制要素方面的建设，企业文化方面对内部控制影响较小，可不必投入太多人力、物力。

常务副总经理张某：企业生产经营过程中面临着各种各样的风险，这些风险能否被准确识别并得以有效控制，是衡量内部控制质量和效果的重要标准。建议重点关注集团内部各种风险的识别，找出风险控制点，据此设计相应的控制措施，来自集团外部的风险不是内部控制所要解决的问题，可不必过多关注。在内部控制建设与实施过程中，对于那些可能给企业带来重大经济损失的风险事项，应采取一切措施予以回避。

总会计师李某：由于集团公司是基于行政划转的原因而组建的，母、子公司内部连接纽带脆弱，子公司各行其是的现象比较严重。建议集团公司加强对子公司重大决策权的控制，包括筹资权、对外投资权、对外担保权、重大资本性支出决策权等，对子公司重大决

---

① 东奥会计在线. 2013 年高级会计师考试每日一练 (9.22) [EB/OL]. [2013-09-22]. http: //www.dongao.com/gaoji/gjkjsw/meiriyilian/201309/119728.shtml.

策应当实行集团公司总经理审批制。

协管人事的副总经理周某：集团公司可以从完善人事选聘和培训政策入手，健全内部控制。(1) 建议子公司的总经理和总会计师由集团统一任命，直接对集团公司董事会负责。(2) 注重加强内部控制知识的教育培训。中层以上干部每年必须完成一定学时的内部控制培训任务；其他基层员工仍应以岗位技能培训为主，没有必要专门组织内部控制培训。

董事长吴某：以上各位的发言我都赞同，最后提三点意见：(1) 思想要统一。对集团公司而言，追求的是利润最大化。一切制度安排都要将利润最大化作为唯一目标，包括内部控制。(2) 组织要严密。我建议由总会计师李某全权负责建立健全和有效实施集团内部控制，我和总经理全力支持和配合。(3) 监督要到位。应当成立履行内部控制监督检查职能的专门机构，直接对集团公司总经理负责，定期或不定期对内部控制执行情况进行检查评价，不断完善集团公司内部控制。

要求：从企业内部控制制度设计与控制的角度，指出总经理刘某、常务副总经理张某、总会计师李某、协管人事的副总经理周某以及董事长吴某在会议发言中的观点有何不当之处。并分别简要说明理由。

第二节 授权与人员控制法

一、授权控制

(一) 授权控制的含义与方式

1. 授权控制的含义

内部控制要求进行交易和经营活动时，要有授权批准制度，以确立完善的工作程序。授权控制要求企业根据职责分工，明确各岗位办理业务和事项的权限范围、审批程序和相应责任。企业内部各级管理人员必须在授权范围内行使职权和承担责任，业务经办人员必须在授权控制范围内办理业务。授权控制在授权的同时明确了相应人员的责任，可以保证企业委托代理关系中权力和责任的落实，保证企业控制目标的实现。

2. 授权控制的方式

授权控制的方式一般包括常规授权和特别授权。常规授权是指企业在日常经营管理活动中按照既定的职责和程序进行的授权，这种授权的有效时间较长，没有特殊情况，被授权人可长期行使该权力，企业可以根据常规授权编制权限指引并以适当形式公布，提高权限透明度，加强对权限行使的监督和管理。特别授权是指企业在特殊情况、特殊条件下进行的应急性授权，这种授权是一种临时性的，通常是一次有效的，比如重大的筹资行为、投资决策、资本支出和股票发行等。企业应当加强对特别授权的管理，规范特别授权的范围、权限、程序、责任和相关的记录措施，有条件的企业可以采用远程办公等方式逐步减少特别授权。

需要注意的是，企业对于金额重大、重要性高、技术性强、影响范围广的经济业务与事项，应当实行集体决策审批或者联签制度，任何个人不得单独进行决策或者擅自改变集体决策意见。未经授权的部门和人员，不得办理企业各类经济业务与事项。

(二) 授权批准体系

授权批准体系包括以下几个方面：

1. 确定授权批准的范围

企业所有的经营活动都应纳入其范围。

2. 划分授权批准的层次

企业应根据经济活动的重要性和金额大小确定不同的授权批准层次，从而保证各管理层有权亦有责。

3. 明确授权批准的责任

应当明确被授权者在履行权力时应对哪些方面负责，应避免责任不清，一旦出现问题又难辞其咎的情况发生。

4. 规范授权批准的程序

应规定每一类经济业务的审批程序，以便按程序办理审批，以避免越级审批、规避审批的情况发生，企业内部各级管理层必须在授权范围内行使相应的职权，经办人员也必须在授权范围内办理各项经济业务。

【案例 4-2】

中信泰富事件与不当授权①

2008 年 10 月 20 日下午，中信集团（Citic Group）旗下香港上市子公司——中信泰富（Citic Pacific）召开新闻发布会，荣智健以董事局主席的身份向股东们表示抱歉，并称 2008 财年公司可能因此出现净亏损。

据中信泰富公告称，集团为了减低西澳洲铁矿项目面对的货币风险，签订了若干杠杆式外汇买卖合约以对冲风险。由于目前澳大利亚元汇率为 0.70 美元，而欧元汇率为 1.35 美元，所以两种合约都面临亏损。按目前市值计价，中信泰富面临 18.8 亿美元的亏损。荣智健称，这些合约是在没有适当授权的情况下签订的，而且其潜在的最大风险是没有得到正确评估。中信泰富集团财务董事张立宪（Leslie Chang）未遵守对冲风险政策来进行有关外汇交易，集团财务总监周志贤没有尽到监督职责，两人都已引咎辞职，与事件相关的其他人员将受到纪律处分。

中信泰富事件是一个很典型的授权审批案例，正如荣智健所说，中信泰富巨亏的问题在于公司的财务董事张立宪未遵守公司政策，在未经授权批准的情况下，私自决定进行数额如此巨大的交易，且没有将此交易提请董事局主席关注。此外，该数额巨大、风险巨大的交易本应由集体决策审批或联签制度来进行决议，任何个人不得单独进行决策或者擅自改变集体决策，而中信泰富仅仅是集团财务董事张立宪私自决定。作为董事局主席的荣智健竟然对此全然不知情，公司设立的双重审批制度也形同虚设，未能发挥自己的作用，失败也就不足为奇了。

二、人员控制的含义及内容

人员控制的本质在于内部牵制，内部牵制将行政监督渗透于业务制度之中，主要与企业组织职责的分配及处理程序有关。内部牵制是企业内部控制的一部分，注重于对每一交易或业务处理的核对，其主要特征是将组织上的责任进行分配，使单独的一个人或一个部门对任何一个或一组会计事项或业务事项没有完全的处理权，必须经由另外的人进行配合并核对，以证实其工作内容，其目的在于防止或及早发现错误或舞弊。

① 关莉莉. 中信泰富“警报”[J]. 首席财务官，2008（11）：22-24.

落实到实践中，企业应实行不相容职务分离制度，即企业应全面系统分析、梳理业务流程中所涉及的不相容职务，实施相应的分离措施，形成各司其职、各负其责、相互制约的工作机制。不相容职务是指某些如果由一名员工担任，既可以弄虚作假，又能够自己掩饰作弊行为的职务。例如，若一名员工既负责签发支票、记录支票登记簿，又负责企业银行账的对账工作，那么该员工若伪造签名，贪污企业的款项，他就有可能隐瞒对贪污款项的支票记录，而且又因其掌握对账工作，使得舞弊行为被隐瞒而不被发现。可见，签发支票、记录支票登记簿与银行对账两项职务就成为不相容职务，所以这两项职务必须由两个员工分别担任以便进行控制。

不相容职务通常包括：授权批准、业务经办、会计记录、财产保管、审核监督等。企业应当根据各项经济业务与事项的流程和特点，系统完整地分析、梳理执行该经济业务与事项涉及的不相容职务，并结合岗位职责分工采取分离措施。有条件的企业可以借助计算机信息技术系统，通过权限设定等方式自动实现不相容职务的相互分离。

根据大部分企业的经营管理特点和一般业务性质，需要分离的不相容职务主要有以下五种（如图 4-1 所示）：

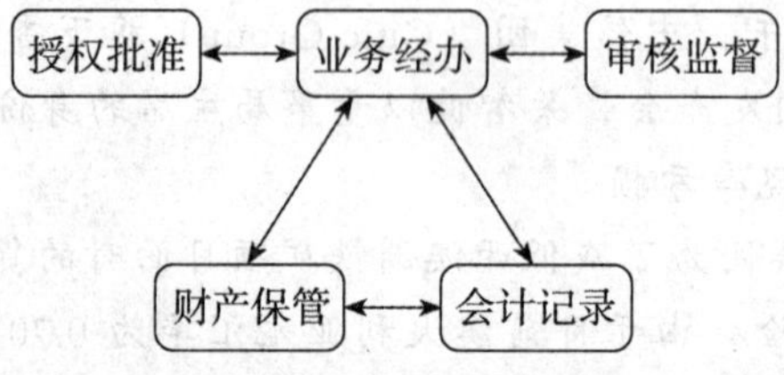

图 4-1　不相容职务图解

（1）授权批准职务与业务经办职务相分离；

（2）业务经办职务与审核监督职务相分离；

（3）业务经办职务与会计记录职务相分离；

（4）业务经办职务与财产保管职务相分离；

（5）财产保管职务与会计记录职务相分离。

【案例 4-3】

中航油新加坡公司内部控制[①]

中国航油（新加坡）股份有限公司（以下简称“中航油新加坡公司”）在高风险的石油衍生品期权交易中蒙受高达 5.5 亿美元的巨额亏损，成为继巴林银行破产以来最大的投机丑闻。利用内部控制概念的最新发展——企业风险管理框架中的内部环境、目标设定、事项识别、风险评估、风险对策、控制活动、信息与沟通、监控八要素分析法，可以发现中航油新加坡公司事件的根源是内部控制的严重缺陷。

中航油新加坡公司成立于 1993 年，是中央直属大型国企中国航空油料控股集团公司（以下简称“集团公司”）的海外子公司，2001 年在新加坡交易所主板上市，成为中国首家利用海外自有资产在国外上市的中资企业。在总裁陈久霖的带领下，中航油新加坡公司从一个濒临破产的贸易型企业发展成工贸结合的实体企业，业务从单一进口航油采购扩展到国际石油贸易，净资产也由 1997 年起步时的 21.9 万美元增长为 2003 年的 1 亿多美

① 刘华．中航油新加坡公司内部控制案例分析［J］．上海市经济管理干部学院学报，2008（5）：16-20．

元，总资产近30亿美元，可谓“买来个石油帝国”，一时成为资本市场的明星。中航油新加坡公司被新加坡国立大学选为MBA的教学案例，陈久霖被《世界经济论坛》评选为“亚洲经济新领袖”，并入选“北大杰出校友”名录。但2004年以来风云突变，中航油新加坡公司在高风险的石油衍生品期权交易中蒙受巨额亏损而破产，成为继巴林银行破产以来最大的投机丑闻。

2004年一季度油价攀升，公司潜亏580万美元，陈久霖期望油价能回跌，决定延期交割合同，交易量也随之增加。二季度随着油价持续升高，公司账面亏损额增加到3 000万美元左右，陈久霖决定再延后到2005年和2006年交割，交易量再次增加。10月份油价再创新高，而公司的交易盘口已达5 200万桶。为了补加交易商追加的保证金，公司耗尽2 600万美元的营运资本、1.2亿美元的银团贷款和6 800万美元的应收账款资金，账面亏损高达1.8亿美元，另需支付8 000万美元的额外保证金，资金周转出现严重问题。10月10日，向集团公司首次呈报交易和账面亏损。10月20日，获得集团公司提前配售15%的股票所得的1.08亿美元资金贷款。10月26日和28日，因无法补加合同保证金而遭平仓，公司蒙受1.32亿美元的实际亏损。11月8日至25日，公司的衍生商品合同继续遭平仓，实际亏损达3.81亿美元。12月1日，亏损达5.5亿美元，为此公司向新加坡证券交易所申请停牌，并向当地法院申请破产保护。

中航油新加坡公司曾聘请国际“四大”之一的安永会计师事务所为其编制《风险管理手册》，设有专门的七人风险管理委员会及软件监控系统。实施交易员、风险控制委员会、审计部、总裁、董事会层层上报、交叉控制的制度，规定每名交易员损失20万美元时要向风险控制委员会报告和征求意见；当损失达到35万美元时要向总裁报告和征求意见，在得到总裁同意后才能继续交易；任何导致损失50万美元以上的交易将自动平仓。中航油新加坡公司总共有10位交易员，如果严格按照《风险管理手册》执行，损失的最大限额应是500万美元，但中航油新加坡公司却在衍生品交易市场不断失利，最终亏损额高达5.5亿美元，以至申请破产保护。

在风险控制机制中，中航油新加坡公司总裁陈久霖实际上处于中枢地位，对风险的控制和传导起着决定性的作用。陈久霖在获悉2004年第一季度出现580万美元的账面亏损后，决定不按照内部风险控制的规则进行斩仓止损，也不对市场做任何信息的披露，而是继续扩大仓位，孤注一掷，赌油价回落。直到2004年10月，亏损累计达到18 000万美元，流动资产耗尽，陈久霖才向集团公司汇报亏损并请求救助。集团公司竟没有阻止其违规行为，也不对风险进行评估，相反选择以私募方式卖出部分股份来“挽救”中航油新加坡公司。

在越权从事石油金融衍生产品投机过程中，陈久霖作为一个管理人员，竟然同时具有授权、执行、检查与监督职能，没有遇到任何阻拦与障碍，事后还能一手遮天，隐瞒真实信息，足见中航油新加坡公司在职能分工方面存在严重问题。

第三节　预算控制法

一、预算控制的含义和作用

（一）预算控制的含义

预算是针对企业而言的，是企业对资源在一定时期为达到一定目的进行配置的计划。

预算控制是指通过预算的形式规范组织的目标和经济行为过程，调整与修正管理行为与目标偏差，保证各级目标、策略、政策和规划的实现。预算控制作为管理控制的一种模式，是确保战略有效执行、战略目标最终实现的一种机制，其基本特征是强调过程控制，注重及时纠正偏差。

预算控制要求企业加强预算编制、执行、分析、考核等各环节的管理，明确预算项目，建立预算标准，规范预算的编制、审定、下达和执行程序，及时分析和控制预算差异，采取改进措施，确保预算的执行。

（二）预算控制的作用

预算控制是企业内部控制的重要组成部分。预算管理是企业管理的核心原则，有效的预算控制和管理可以提高经济效益，是检验现代化企业财务管理科学化、规范化的主要标志之一。

（1）预算控制是解决现代企业制度下，出资者、经营者与各部门及职工之间委托-代理问题的有效途径，是规范三者关系的制约手段。

（2）预算控制在保护财产的安全完整方面是高效的。企业要确保资产安全完整，仅仅依靠单一的资产管理法规和制度显然不够，必须辅之以预算手段。

（3）预算控制有利于优胜劣汰机制、激励约束机制的运行。任何一个预算管理松懈的企业必然难寻降本增效之源，难以摆脱低效率、高成本的困扰。

二、预算的具体内容

企业预算通常包括销售预算、生产预算、采购预算、成本费用预算、利润预算及预计资产负债表、现金流量表等。

（1）销售预算。销售预算是企业预算的起点，根据企业的目标利润规划和市场情况编制，具体可分为业务类别、产品类别，采用销售收入、销售成本、销售利润等指标反映。

（2）生产预算。根据销售预算确定销售量，考虑期初、期末存货水平，按单位或总量生产要素消耗量计算，包括直接材料消耗、直接人工和制造费用等预算。

（3）期间费用预算。根据经营规模、销售水平和负债状况编制，包括管理费用、销售费用、财务费用。

（4）营运资金预算。它主要反映与企业正常运营有关的短期收入和支出。其中，收入主要包括现销收入和赊销收入、短期需要筹措的资金。支出主要包括购买材料的现付款、应付账款、接受劳务的工资、福利费及销售业务所需费用等。

（5）资本预算。它反映企业负债、权益的预算变动和增加资本的投向，按筹资及投资的项目进行可行性分析，并详细反映投入资本和预计收益。

（6）利润分配预算。它反映企业在预算期的利润总额及其分配的情况，依据企业销售收入、成本、费用、投资以及营业外收支情况，结合企业收益分配办法编制。

（7）财务状况预算。它反映在预算期末，企业各有关资产、负债及权益项目的预算执行结果及变化情况，所以预算覆盖销售、成本、费用、损益、现金流量、长期投资等财务经营领域。

三、预算控制体系

完整的预算控制体系包括预算编制、预算执行及预算考评三个环节在内的控制系统。具体如图 4-2 所示。

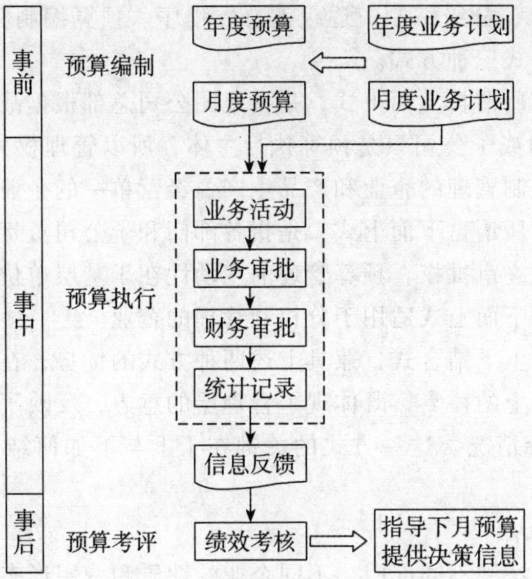

图4 2　全面预算控制体系

（一）预算编制控制

企业应当建立和完善预算编制工作制度，明确编制依据、编制程序、编制方法等内容，确保预算编制依据合理、程序适当、方法科学，避免预算指标过高或过低。

1. 选择预算管理模式

作为实现企业战略目标的手段，预算管理的重点必然要体现战略的要求。不同的战略规划决定企业选择不同的预算管理模式，并进一步决定企业选择不同的预算编制切入点、程序和方法。主要的预算管理模式有以下几种：

（1）以资本为核心的预算管理模式。该预算管理模式适用于处于初创期的企业，其预算管理重点为：谨慎进行投资概算；利用财务决策技术进行资本支出的项目评价；项目投资总额预算和各期现金流出总额预算；融资预算；以预算为标准对实际购建过程进行监控与管理；对照资本预算，评价资本支出项目的时间支出效果。

（2）以销售预算为核心的预算管理模式。该预算管理模式适用于步入成长期的企业，预算管理重点是借助预算机制与管理形式来促进营销战略的全面落实，以取得企业可持续的竞争优势。以销售预算为核心的预算管理模式能够为企业营销战略实施提供全方位的管理支持。

（3）以成本预算为核心的预算管理模式。该预算管理模式适用于处于市场成熟期的企业和大型企业集团的成本中心。以成本预算为核心的预算编制的核心思想为：以期望收益为依据、以市场价格为已知变量来规划企业总预算成本；以总预算成本为基础，分解到涉及成本发生的所有责任单位，形成约束各责任主体的分预算成本。

（4）以现金流量为核心的预算管理模式。该预算管理模式适用于处于衰退期的企业，其预算管理重点总是关注：企业及各部门、子公司现金的来源；企业现金支出的途径；现金流入、流出的具体时点；控制不合理的现金支出，防止自由现金流量的滥用。

2. 明确预算编制程序

企业应当根据发展战略和年度生产经营计划，综合考虑预算期内经济政策、市场环境等因素，按照上下结合、分级编制、逐级汇总的程序。预算编制程序主要有自上而下式、自下而上式和上下结合式三种方式。

（1）自上而下式。所谓自上而下式，是指集团公司总部根据战略管理需要，编制全面而详细的预算，各部门或子公司只是预算执行主体，所以管理权力集中在集团公司总部。自上而下式适用于集权制管理的企业和产品生产、经营单一的企业。

（2）自下而上式。所谓自下而上式，是指各部门和子公司负责编制、上报预算，集团公司总部对预算负有最终审批权，预算管理的主动性在于基层单位，集团公司总部主要起到管理中心的作用。自下而上式适用于分权制管理的企业。

（3）上下结合式。上下结合式，兼具上述两种方式的优势，在预算编制的过程中，经历了自上而下和自下而上的往复，既体现了管理层的意志，反映了企业战略发展需求，又考虑了基层单位的实际情况。这一方式的关键在于上与下如何结合、对接点如何确定的问题。

3. 选择预算编制方法

预算编制的具体方法视不同部门、不同企业的性质和费用形态而定。通常企业可以选择或综合运用传统预算法、弹性预算法、零基预算法等方法编制预算。

（1）传统预算法。即在上年度的预算基础上，考虑本年度预计变动因素而编制的预算。这种方法简单、便于理解，但缺乏灵活性，适用于业务量平稳、变动幅度不大的企业。

（2）弹性预算法。以正常情况为基准，考虑相关范围内几个变化水平的预算方案。这种方法灵活，例如销售量在某月变化时可以根据变化幅度选择预算体系。

（3）零基预算法。这种编制方法不考虑上期情况，而根据现状分析，每次编制预算都从零开始。这种方法合理、效益高，但编制过程烦琐耗时，适合研发部门使用。

【案例 4-4】

神华集团预算管理建设历程①

神华集团有限责任公司（以下简称“神华集团”）是中央直管的国有企业，于 1995 年正式组建，目前总资产规模已超 6 000 亿元，共有全资和控股二级子公司 21 家（其中包括上市公司 1 家），是我国规模最大、现代化程度最高的煤炭企业和世界上最大的煤炭经销商，位列 2013 年《财富》全球 500 强企业中的第 178 位。

神华集团业务的特点是集团内各板块公司相互关联，形成了纵向一体化的产业链模式。从煤炭开采、铁路运输、下水、装船、海运、直至发电和进一步深加工，企业资源在内部层层流转，构成一条超长且几乎完整的价值链条。随着企业的发展壮大，预算管理扮演的角色越来越重要。

神华集团最早引入预算管理是在 1998 年。从 1998 年至 2014 年，神华集团的预算管理系统建设历经了 16 年，可划分成四个发展阶段。

1. 第一阶段：预算管理植入阶段（1998—2003 年）

1997 年，美国经济萧条影响了神华集团的海外市场业务；同时，集团成立后，规模急剧扩大，内部管理控制受到了严峻的挑战。1998 年 7 月，国家成立了“中共中央大型

① 刘凌冰，韩向东，杨飞. 企业集团预算管理的演进与意义构建［J］. 会计研究，2015（7）：42-48.

企业工作委员会”，加强了对央企的管理。内外部环境的激烈变化，促使集团公司高层开始谋求引进新的管理手段。通过偶然的机会，公司高层领导获悉某些企业采用了通过编报计划统计报告对企业经营活动进行计划和管理的方法，于是决定引进这种管理手段，还在雏形阶段的预算管理在企业中开始启动实施，具体工作被指定由财务部负责。

在此阶段，集团预算几乎是在全手工状态下编制，用单机电脑 Office 系统中的 EXCEL 开发成预算表格，财务部指派人员负责整理、汇总基层报上来的报表，然后填写集团层面的汇总报表。至于对预算管理的理解，仍将预算工作完全当作是财务部门的事，认为预算管理实施好坏，取决于负责预算编制的人员的工作能力。

由于管理层对预算管理并没有正确的认知，将工作全权交给预算部门（财务部）；预算部门从自身的工作角度来诠释预算管理，在具体的实施中唱“独角戏”，没有管理层的足够支持，也没有业务部门的积极参与。

2. 第二阶段：预算管理与管理控制系统融合阶段（2004—2008 年）

2004 年，受美国经济强劲复苏的影响，国内以工业结构升级为特征的高速增长周期启动。2004 年 11 月，中国神华能源股份有限公司注册成立，并于 2005 年 6 月上市。此时，实施全面预算管理再次被提到集团领导层的工作日程上来。根据集团领导的要求，集团财务部多次召集各基层单位预算骨干开会讨论如何改进和在集团内部推行全面预算管理。在集团财务部的努力下，集团的预算管理体系建设得到一次较大的改进，形成了全面预算管理组织体系，制定相关的制度文档，并且利用 EXCEL 自行开发了小型的预算报表系统。但预算标准做得还很粗略，主要目的是对成本费用做一些控制，没有具体到每个生产业务，预算差异很大，考核基本上不会考虑预算完成情况。此外，业务部门参与预算的意愿依然很低。

3. 第三阶段：预算管理向业务纵深层次扎根阶段（2009—2011 年）

进入 2009 年，面对低迷的国际市场、饱和的能源需求、庞大的资产规模、主力矿井和设备的逐年老化等问题，神华集团最大的二级公司——神东煤炭公司的管理者感觉到企业经营面临着空前的压力和挑战。为了加强企业管控以提高抵御风险的能力，2009 年在神东煤炭财务部门负责人的积极建议下，神东煤炭公司领导决定，停止使用原来基于 EXCEL 开发的预算系统，自行引进专业预算软件——海波龙预算系统，并聘请专业咨询公司协助企业改进预算管理体系。在咨询师的帮助下，神东煤炭公司预算管理的精细程度以及与业务流程的联系程度大幅度提升，各生产部门的成本费用得到有效控制。同时，神东煤炭实行了预算指标与部门考核挂钩，基层业务部门人员参与预算的积极性大大提高，预算管理在企业上下受到前所未有的关注。

4. 第四阶段：预算管理成为战略支持工具阶段（2012 年至今）

2012 年，后金融危机下的宏观经济形势的不确定性和企业规模急剧增长过程中形成的集团管控矛盾，已经对神华集团的发展构成了巨大阻碍。为了能够更好地落实企业战略，神华集团重新制定了企业信息化战略规划，同时，在集团范围内全面引进新的预算系统软件也被列入集团信息系统战略规划中。与此同时，公司收到国资委连续下发的有关文件，对企业实施预算管理提出了更高要求。

2012 年，专业咨询公司入驻神华集团总部。集团成立全面预算管理优化项目组，由集团副总经理和财务分管领导亲自挂帅，组织、抽调了预算部门和各业务部门主管及骨干人员专职参与。根据集团副总的要求，所有预算管理优化项目组成员集中在一起，由咨询师团队带领和组织，封闭讨论两个月，将集团所有业务单元的作业活动进行全面而细致的梳理。此外，咨询师下基层调研、访谈和搜集数据，对业务部门负责人和基层预算人员进行多次培训，采用各种形式进行交流，灌输全面预算思想，指导其完成预算系统实施和使用。同时，集团还将预算实施较好的二级公司的实践经验进行总结并作为学习标杆，实现全集团的预算系统标准化、规范化。

除了定期召开预算分析会和预算质询会，企业高管还经常不定期地召集预算部门和各二级单位预算负责人，通报和讨论预算执行中发现的各种问题，及时纠正重大的预算偏差。随着预算系统部署的完成和精准化预算管理的实施，以及大量的培训学习和交流活动，集团下属二级公司及基层业务部门的负责人逐渐开始认识到，预算管理并不是预算部门专门用来限制他们"自由"的工具，而是发挥集体协调功能的机制。通过细化作业活动成本，生产管理人员也对每项生产作业的收益和成本信息有了更多的了解。很多基层业务部门的负责人表达了"希望通过合理的预算评价和考核，实现整体资源的公平分配，真正实现奖勤罚懒"的愿望。

（二）预算执行控制

1. 预算控制主体

企业应建立严密的预算监控机构，即预算控制主体，以保证全方位的预算控制。但预算系统具有全面性和系统性的特点，并且受到成本、能力等因素的制约，使得企业难以通过设置一个专门的预算监控机构来承担预算控制的重任。因此，有效的控制方式应该是自我控制和管理控制相结合。这就决定了预算组织机构即为预算的控制主体。与预算组织机构相对应，预算控制也是分三个层次展开的：

第一层次是预算管理决策机构——预算管理委员会。预算管理委员会是专职履行全面预算管理职责的决策机构，自然应作为最高级别的控制主体承担预算管理职责。预算管理委员会成员由企业负责人及内部相关部门负责人组成，总会计师或分管会计工作的负责人协助企业负责人负责企业全面预算管理工作的组织领导。预算管理委员会主要负责拟定预算目标和预算政策，制定预算管理的具体措施和办法，组织编制、平衡预算草案，下达经批准的预算，协调解决预算编制和执行中的问题，考核预算执行情况，督促完成预算目标。

第二层次是预算管理工作机构。预算管理工作机构对企业预算执行情况履行日常管理职责，收集预算执行信息，形成分析报告。预算管理工作机构一般设在财会部门，其主任一般由总会计师（或财务总监、分管财会工作的副总经理）兼任，工作人员除了财务部门人员外，还应有计划、人力资源、生产、销售、研发等业务部门人员参加。也就是说，财务部门的地位决定其理应成为预算管理工作监控中心和预算信息反馈中心。

第三层次是预算的执行单位——各责任中心。各责任中心既是预算的执行者，又是预算执行的监控者。各责任中心包括所有基层预算人员在各自职权范围内以预算指标作为生产经营行为的标准，如果超出预算，要向上级责任中心申请报批。各责任中心的专职预算员记录任务实际完成情况，同预算指标比较，进行自我分析，上报上级管理人员采取相应措施。

2. 预算控制流程

（1）预算指标的分解与下达。年度预算经过董事会批准后，需要分解为季度、月度预算，有条件的企业，还可以分解到人，以保证预算的有效执行。企业将分解后的预算指标下达给各责任中心，以此作为对责任主体的硬约束。

（2）业务执行。各预算责任部门以预算指标作为业务活动的标准，本月无法完成的预算可以留转下月执行，但要单独列示。各预算责任部门应指定专职或兼职预算管理员，登记预算台账，形成预算执行统计记录，并定期与财务部门核对。

（3）业务审批。业务审批要素包括审批权限、审批依据和审批责任。对于预算业务申请，首先要划分预算内和预算外支出。如果属于预算内支出，则限额内实行责任人审批制，限额外由主管业务副总经理及以上人员审批。预算外支出需要提交预算管理委员会审议。

（4）财务审核。财务部门对各级业务部门的日常业务进行财务监督和审核。财务审核的重点是财务支出，尤其是成本支出和资本性支出。对于预算限额外支出，业务副总审批通过后，财务总监还要检查审批程序是否合规、合法，并签署意见。

预算控制流程图具体如图 4-3 所示。

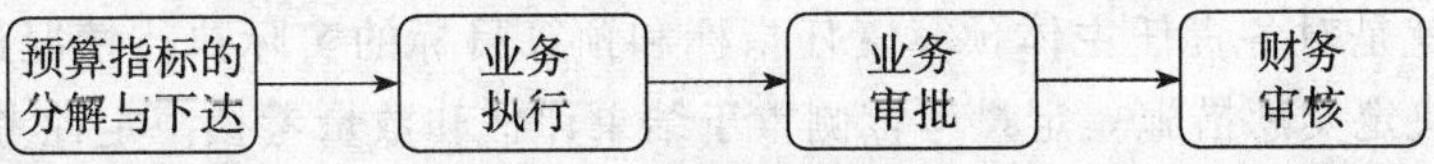

图 4-3　预算控制流程图

3. 预算信息反馈

预算信息反馈是指预算指标执行情况的报告制度，包括预算责任报告制度和预算报告例会制度。

（1）预算责任报告制度。预算责任报告是对预算执行情况进行汇总和比较分析的正式报告，是预算控制的有机组成部分。预算责任报告坚持“谁执行，谁编制”的原则，各预算责任部门负责编制责任报告，财务部门将其汇总后，上报预算管理委员会。不同责任中心的责任范围不同，预算报告的具体项目也有所差别，但一般都包含以下四项内容，即预算数、实际数、差异额和预算完成率或差异率。

（2）预算报告例会制度。预算报告例会制度是指企业应定期召开预算例会，汇报预算的完成情况，以及执行过程中需要解决的问题。例会召开的时间根据企业的实际状况和需求而定。通常企业会在月末、季末和年末召开预算例会。为了提高效率，预算例会可以结合业务例会进行。

（三）预算考评控制

预算考评以责任中心为考评对象，以预算指标为依据，定期比较预算执行结果与预算指标的差异，分析差异形成的原因，据以评价各责任中心的工作业绩，并按照奖惩制度对各预算责任人进行考核与激励。

预算考评是对企业各级责任主体预算执行情况的考核和评价。从预算考评的方式看，可分为动态考评和综合考评；从预算考评的内容和性质看，又可分为过程监控和结果评价。预算考评一般分为两个阶段进行，即预算执行过程中的动态考评和预算期末的综合考评。

1. 预算执行过程中的动态考评

在预算执行过程中开展预算考评，能够及时提供各级责任主体预算执行情况的信息，通过差异分析，及时纠正行为偏差，督促其落实预算任务。预算差异分析包括四个步骤：

（1）确定差异分析对象和差异分析方法，一般针对金额较大、性质特殊的差异进行分析，具体分析项目的确定视企业情况而定。

（2）收集企业内部和外部资料，计算差异数额。

（3）进行差异分析。确定差异原因是差异分析的重点。在此，关键是确定责任的“可控”与否。

（4）根据差异分析结果，考虑可能采取的应对措施。

2. 预算期末的综合考评

在预算期末，对全面预算管理的运行情况进行总结和综合评价，为下一次准确地编制和有效地运行预算积累经验。预算期末的综合考评应与企业的绩效考核和激励机制结合起来，分为高级经理、责任中心和基层员工等多个考核层次，并据此进行相应的奖惩。

预算考评通常采用定量与定性相结合、财务指标与非财务指标相结合的方式。既然预算考评是对预算目标实现和预算责任履行情况的考核，自然考核指标应与预算目标和责任指标相对应。

定量考核就是对各责任主体预算责任指标和预算目标的实际执行情况进行差异分析，根据分析结果决定奖惩措施。定量考核侧重于结果评估和数量考核。定性考核则是对在全面预算管理实施过程中表现优异和突出的部门和个人进行奖励，偏重于行为评估。

财务指标在预算考核中占据主导地位，但是财务指标的局限性也是显而易见的，它过多关注企业过去的经营业绩而忽视未来的发展，注重企业内部而忽视外部市场竞争。因此，在预算考评中很有必要引入非财务指标，它更加注重企业的未来成长、战略发展和外部市场，促使经营者加强内部管理和员工的培训，加大市场开拓力度。

【案例 4-5】

潍坊亚星全面预算管理的评析[①]

一、案例简介

潍坊亚星集团有限公司（以下简称“潍坊亚星”）目前拥有两个控股子公司、三个全资子公司和十几个分支机构。近年来，潍坊亚星逐步建立和完善了一套切合本企业实际的以财务管理为中心的企业经济运行新机制，把企业全面预算控制制度作为贯彻落实以财务管理为中心的基本制度。在内容上，全面预算体系具体包括 8 个预算：资本性支出预算、销售预算、产量预算、采购预算、成本预算、各项费用预算、现金预算和总预算。

潍坊亚星全面预算的编制按时间分为年度预算编制和月度预算编制。月度预算是为确保年度预算的实现，经过科学地计划组织与分析，结合本企业不同时期动态的生产经营情况进行编制的。具体明确 6 个要点：（1）预算编制原则：先急后缓、统筹兼顾、量入为出；（2）预算编制程序：自上而下、自下而上、上下结合；（3）预算编制基础：集团年度预测目标；（4）预算编制重点：销售预算；（5）预算前提：企业方针、目标、利润；（6）预算指标的确定：年度预算股东大会审议批准，月度预算董事会审议批准。

全面预算编制紧紧围绕资金收支两条线，涉及企业生产经营活动的方方面面，将产供销、人财物全部纳入预算范围，每个环节疏而不漏。预算编制过程中，每一收支项目的数

---

① 汤谷良；孙亮. 大力推进预算管理，细化财务控制——潍坊亚星全面预算管理的评析［J］. 财务与会计，2000（10）：16-18.

字指标必须依据充分确实的材料，并总结出规律，进行严密的计算，不能随意编造。全面预算确定后，层层分解到各分厂、车间、部门、处室，各部门再落实到每个人，从而使每个人都紧紧围绕预算目标各负其责、各司其职。

潍坊亚星年度、月度全面预算下达后，就成为企业生产经营所遵循的基本准则，在执行过程中要做到：

①有效控制。权限由总经理掌握，控制月度各预算项目实际发生值与预算控制计划值差额比例在5%之内；年度各预算项目实际发生值与预算控制计划值差额比例在4%～5%之内；如遇特殊突发事件，超出年度预算、月度预算差额控制比例的开支项目则由开支部门提出书面申请，按程序逐级申报并经原批准机构审议通过后实施。

②信息及时反馈。建立信息反馈系统，对各公司、部门执行预算的情况进行跟踪监控，不断调整执行偏差，确保预算目标的实现。

在销售环节，财务部门通过计算机统一开票的方式实施监控，对每个客户建立应收账款业务结算卡，应收账款超过一定限额，则停止开票，避免坏账。同时，财务部门依据每天的销售和回款情况，编制销售日报和收款日报，及时向有关部门和领导反馈收入预算的执行情况，确保销售预算目标的实现。

在物资采购环节，财务部门严格审核每笔业务有无计划处签发的“采购计划通知单”、有无审计处审签并盖章的经济合同和“价格审核通知单”、有无财务预算、专用发票是否规范等。财务部门对每个供应商建立应付账款业务结算卡，根据欠款及供应商的信誉等情况来调节付款节奏，争取最优惠的付款方式。各部门从仓库领料及到财务部门报销时必须有财务部门的会计派驻员、成本核算员或预算计划处的签章，各种领料月末统一由预算计划处结算，从而有效地控制成本及相关费用的开支。财务部门根据每天的资金支出日报，及时向各部门和领导反馈预算的执行情况，控制资金支出。

全面预算实现了财务部门对整个生产经营活动的动态监控，加强了财务部门与其他部门之间的联系，尤其是财务部门与购销业务部门的沟通。

全面预算控制制度的正常运行必须建立在规范的分析和考核的基础上，财务部门根据某个时期（月度、年度）企业静态的会计资料的反映和各部门会计派驻员掌握的动态经济信息，全面、系统分析各部门预算项目的完成情况和存在的问题，并提出纠偏的建议和措施，报经总经理批准后协同职能部门按程序对各部门的预算执行情况进行全面考核，经被考核部门、责任人确认后兑现奖惩。

全面预算控制制度的实施规范了企业生产经营活动的行为，将企业各项经济行为都纳入了科学的管理轨道，基本上在物资和货币资金及经营等方面实现了企业资金流、信息流、实物流的同步控制，为企业进入市场、以市场为导向打下了基础。

二、点评

潍坊亚星在预算管理上的种种做法为企业预算管理的实际运作提供了有益的启示。

启示一：全面、科学把握全面预算的完整内涵

潍坊亚星把全面预算归纳为“所有以货币及其他数量形式反映的有关企业未来一段时间内全部经营活动各项目标的行动计划与相应措施的数量说明。全面预算在企业管理中的功能和作用包括：①用来规划企业在某个计划期间的经济活动及其成果；②财务部门实施经济业务监控的依据；③评定考核各公司、部门工作实绩的标准；④利于各公司、部门确

定工作目标、方向；⑤利于集团总体目标的实现。”看到这些，我们不难理解西方一些跨国集团为什么给预算下的定义是：预算不是会计师为会计目的准备的会计工具，而是为确保集团战略目标实现的组织手段。而我们的一些企业认为：预算主要是财务指标，预算编制主要是财务部门的事，与业务部门和其他职能部门关系不大；更有甚者认为预算管理的方针、做法不利于调动职工的创造性。这些认识都是对全面预算的误解和歪曲。在一个没有预算或者预算不起作用的企业，企业管理就没有规范可言。

启示二：预算编制有哪些技巧或策略

全面预算控制制度是一套系统管理制度，需要统筹规划、细心组织，其中预算编制工作也是如此。潍坊亚星在编制预算时遵循的六项原则性的要点是有创新性和操作性的。其中“先急后缓、统筹兼顾、量入为出原则”“自上而下、自下而上、上下结合的程序”“预算编制的前提是企业的方针、目标和利润”等要点具有广泛的适用性，首次推行全面预算管理的企业如不分重点与一般，不加区别地实施“全方位、全过程和全员工”的全面预算管理，可能事倍功半。预算编制必须有重点，但每个企业或同一企业的不同时期的预算重点是不同的，比如在“现金至尊”财务理念下，可能重点应该是“现金流量预算”。另外，按《公司法》规定，企业预算的审批权归属于股东会或董事会。潍坊亚星对预算审批权的规定完全符合法律要求，当然也只能这样规定。有些企业把预算审批权归属为经理层(如总经理)，这是违法的“内部人控制行为”，必须杜绝。但潍坊亚星要求编制月度预算并规定把月度预算的审批权归为总经理所有，这仅仅从细化、深化预算管理的角度是必要的，换言之，这样做会加大预算编制过程中的组织成本。预算编制和实施实际上是对预期的财务经营状况的一个全面的估计，但这样的一种预期毕竟是一种静态的过程。在实际经营过程中，会发生各种各样的情况。为了能够达到控制的目的，则需要对预算执行实际状况同原预算不断地进行比较，分析差异，监督预算执行状况。为了达到此项目的，企业可以依靠电脑联网的先进的软件系统，通过专门的财务预算执行分析，定期地提供各类分析报告，内容包括公司所有的经营信息。例如，每天的报告有产品销售分析、资金状况报告；每月的报告有利润分析、费用分析、存货分析、应收账款分析报告等。及时、准确、详尽的分析报告为公司高层人员管理、决策提供必要的信息。

启示三：如何监控全面预算方案的实施

没有规矩，不成方圆。有了规矩，还必须认真地去画方画圆。全面预算控制针对的是预算的实际执行与操作阶段，也是全面预算管理的核心阶段，这一阶段连接着编制和考核，是向评价和考核提供依据的阶段。潍坊亚星在这一阶段牢牢掌握了两条原则：有效控制和信息反馈。控制权牢牢掌握在总经理手中，使年度和月度的实际发生值与预算值的差距保持在4%~5%以内，如遇突发事件超出预算控制比例，要通过申请按程序逐级申报并经股东大会、董事会批准后实施。财务部门及时和生产、销售、采购、供应等部门保持实时的信息沟通，对各部门完成预算情况进行动态跟踪监控，不断调整偏差，确保预算目标的实现。

预算实施过程中，不可避免地存在这样一个问题：预算因种种原因需要调整、修正。对此，本案例的启示是：①预算调整是一种客观需要。不能因此而低估预算管理的功能，也不能因此否定预算管理，也许正是因为干扰企业生产经营、财务运作的内外因素十分复杂，企业才迫切需要通过预算指标进行财务策划和安排。②预算调整必须经过规定的程序或法定的授权，否则前功尽弃。预算的确定程序是刚性的，调整程序也是刚性的，只有这样才能保持预算管理高度的权威性。③在预算的调整批准之前，应该按原预算行事。

启示四：推行和实施全面预算控制制度的前提条件如何把握

从本案例介绍的情况分析，我们认为这个前提条件应从以下几个方面把握：①完善的现代企业制度和清晰的法人治理结构。只有这样才能具体明确企业内部的权力机构（股东大会）、董事会（决策机构）、经理层（执行机构）和监督机构（监事会）的权责关系和运行机制。企业预算是这种关系和机制的纽带。但也不能低估全面预算管理对完善现代企业制度和法人治理结构的作用，它们是相得益彰的。②规范、严密的财务管理包括企业管理基础工作和体系。基础工作薄弱、组织机构臃肿、业务流程混乱是推进预算管理的最大障碍。③企业高层对推行预算管理的决心大、思想统一。④坚持综合考评和动态考评。动态考评是在生产经营活动的现场进行的，能对预算的实际执行结果和预算指标之间的差异进行及时确认和处理，其基本组织过程仍然包括实际结果与预算的比较差异、责任分析和差异处理三个环节。差异确认和处理越及时，对于预算执行行为的调控越主动，也就越有利于保证预算目标的实现。动态考评强调及时反馈、及时处理，实行的是即时考评，具体考评期间的确定依信息系统的反馈速度而定。对于每天都有关于实际完成情况的统计资料的预算指标，可以按天考评，如有关的消耗指标等；对于非规律性出现的项目可以在发生时考评，如有关质量、安全指标的考评。综合考评是预算期末对于各责任单位预算完成情况的分析评价，其考评对象包括企业内部各个责任层次，而考评内容以成本、利润等财务指标为主。对于充分发挥预算机制的作用来说，动态考评与综合考评是相辅相成、缺一不可的。综合考评在整个预算循环中处于承上启下的地位，其差异分析的正确与否、利益分配的公平与否都直接影响到预算目标的完成。动态考评不仅为实现对于生产经营活动的过程控制提供了手段，而且其关于差异的分析和评价是期末综合考评的基础和依据，两者的有机结合才能使预算作用得以充分发挥。预算控制只有过程与结果并重才能真正发挥其系统控制的作用，而动态考评作为过程控制的重要手段，与期末的综合考评相得益彰，使预算管理的作用得以充分发挥，其意义和作用应引起企业的高度重视。

第四节　会计控制法

一、会计控制的含义和功能

（一）会计控制的含义

会计作为一个信息系统，对内能够向管理层提供经营管理的诸多信息，对外可以向投资者、债权人等提供用于投资等决策的信息。会计控制要求企业依据《中华人民共和国会计法》、国家统一的会计制度，制定适合本企业的会计制度，明确会计凭证、会计账簿和财务报告以及相关信息披露的处理程序，规范会计政策的选用标准和审批程序，建立、完善会计档案保管和会计工作交接办法，实行会计人员岗位责任制，充分发挥会计的监督职能，确保企业财务报告真实、可靠和完整。

（二）会计控制的功能

（1）会计控制通过不相容职务的分离可以查错防弊，保护企业资产的安全、完整。

（2）会计控制通过每项业务的处理程序、各环节的职责分工、审批稽核手续、业务处理手续等过程，做到证证、账证、账表、账实相符，促使各业务部门和人员建立有机的协作关系和制约关系，提高责任感和工作效率，从而确保会计信息质量。会计控制可为财务管理、会计管理和企业管理提供真实、完整的会计信息。

【案例 4-6】

万福生科问题重重，财务造假[①]

万福生科股份有限公司（股票代码：300268，简称“万福生科”）成为继云南绿大地生物科技股份有限公司（股票代码：002200，简称“绿大地”）之后又一因财务造假事件引发市场漩涡的上市公司。2012 年 9 月 15 日，万福生科称收到中国证券监督管理委员会湖南监管局的《立案稽查通知书》，因公司涉嫌违反有关证券法律法规，湖南监管局决定对公司进行立案稽查。2012 年 9 月 18 日晚间，万福生科再次公告被证监会稽查总队立案调查的情况。相隔两个交易日被证监会与证监局分别立案调查，现又被曝财务造假和信息披露违规等事项，万福生科创造了多项创业板上市公司的负面记录。

一、业绩造假很夸张，虚增利润 4 023 万元

2012 年 8 月 23 日，万福生科发布 2012 年半年报，报告期内，公司实现营收 2.70 亿元，同比增长 16.18%；净利润 2 655.32 万元，同比减少 14.84%。

万福生科从 2012 年 9 月 19 日起停牌。一个月之后，公司表示，经公司初步自查，2012 年中报存在虚假记载和重大遗漏。公告指出，万福生科 2012 年半年报中虚增营业收入 1.88 亿元、虚增利润 4 023.16 万元。按其最新修改的中报，2012 年上半年万福生科亏损了 1 367.84 万元，同比下降 143.87%。万福生科最新发布的三季报显示，公司业绩继续下降。前三个季度实现营业收入 1.81 亿元，同比减少 54.23%；前三季亏损 93.41 万元，同比减少 101.55%。万福生科还预计 2012 年度业绩至少比 2011 年同期下滑 75%以上，甚至有可能出现亏损。

万福生科的公告显示，其收入前五大客户存在重大变动，存在着虚拟合同以及随意造假的行为。同时，万福生科公告称，募投项目循环经济型稻米精深加工生产线项目 2012 年上半年因技改停产，其中普米生产线于 2012 年 1 月 12 日至 6 月 30 日累计停产 123 天；精米生产线于 2012 年 1 月 1 日至 2012 年 6 月 30 日累计停产 81 天；淀粉糖生产线于 2012 年 3 月 17 日至 2012 年 5 月 23 日累计停产 68 天。

“这个湖南公司胆子也太大了吧！”2012 年 10 月 28 日，一家创业板公司高管感慨，“A 股市场上已经很久没有见过财务造假这么猖狂的公司，目前来看这个事性质很严重。”

二、内控问题，财务总监形同虚设

2012 年半年报显示，公司负责人龚永福、主管会计工作负责人覃学军及会计机构负责人（会计主管人员）鲁小清声明：保证半年度报告中财务报告的真实、完整。如今，需要对这份存在“虚假记载和重大遗漏”的报告直接负责的，无疑亦是这几个人。

“这个财务总监是不是想做完这次就跑了？董事长为何能这么控制财务总监？”这是一家创业板公司高管听到万福生科事件的第一反应。实际上，覃学军在公司创立之初便负责财务，与龚永福关系匪浅。上市前，万福生科就因其远高于同行的高增长率而备受质疑。招股书显示，2010 年、2009 年、2008 年连续三年，主要业务为淀粉糖类产品和食用类米

① 启中. 万福生科财务造假剖析［EB/OL］.［2012-11-07］. http: //stock.jrj.com.cn/focus/wanfsk/.

产品的万福生科的整体毛利率均约23%。

三、管理问题，独裁董事长“土办法”管理公司

“万福生科这家公司，基本就是董事长龚永福一个人说了算。”一位曾到万福生科考察过的投资人士对记者说。龚永福与其妻子杨荣华并列公司第一大股东，为公司实际控制人，两人合计持有公司59.98%的股份。

据其透露，龚永福曾在一次商务餐会上表示，上市时决定不给管理层授予股权，是觉得不应该给，要等到公司发展好了，利润到一定程度了再考虑施行股权激励。“龚永福说话很直，他认为，像他们那样的企业还是土办法更管用，搞不了现代企业制度那套东西。他担心的是，这批高管突然拥有那么多钱，就不知道该干什么了，可能会不思进取。”前述投资人士称。

另一位跟万福生科谈过生意的人表示，万福生科上市的时候，原本按规定设立了会计事务室、证券事务室等，但后来有的合并了，有的还改成了洗手间。“这家公司根本就不是公司所宣称的高科技概念公司该有的样子。”该人士称。

思考题：

（1）万福生科在财务上是如何造假的，其财务造假的动机有哪些？

（2）为应对在万福生科中出现的舞弊，审计应从哪些方面着手？

（3）在内部控制方面，万福生科存在哪些深层次的问题？

二、会计控制的内容

会计系统规定企业各项管理活动和经济业务的确认、归集、分析、分类、记录和编报的方法。健全、正确的文件与会计记录既是组织规划控制、授权批准控制的手段，又是企业保持工作效率、贯彻企业经营方针的基础。企业应对重要决策、重大交易和内部控制制度进行文件记录。会计控制的主要内容有：

1. 选择适用的会计准则和相关的会计制度

企业管理层应当依据企业具体情况选择适用的会计准则和相关的会计制度。就会计主体而言，事业单位通常适用《事业单位会计制度》；民间非营利组织适用《民间非营利组织会计制度》；而企业根据规模和行业性质，分别适合采用《企业会计准则》《企业会计制度》《金融企业会计制度》《小企业会计制度》等。

2. 选择和运用恰当的会计政策

企业的会计政策是指企业在会计确认、计量和报告中采用的原则、基础和会计处理方法。《企业会计准则》给企业会计处理留下了足够大的会计政策选择空间，这并不是说企业可以随便选择和变更会计政策，企业管理层应当以能否真实、公允反映企业状况为标准选择适当的会计政策，变更会计政策时要说明合理变更的原因。

3. 确定合理的会计估计

会计估计是指企业对其结果不确定的交易和事项以最近可利用的信息为基础所做出的判断。企业管理层一定要依据最能反映真实情况的信息，做出合理的会计估计。例如，固定资产折旧方法的选择，管理者要考察该固定资产在企业的用途、使用环境、使用频率等因素，最终合理确定是采用直线法或是加速折旧法计提折旧。

4. 采用业务流程图的方式编制业务流程手册

业务流程图是由特定的符号组成，反映业务处理程序及部门之间相互关系的图表。业

务流程图既是企业管理的有效工具，也是评价内部控制的重要手段，相关人员应当充分理解企业的业务流程，清楚自己在整个业务流程中的地位，采用适当的工作方式达成自己的岗位责任。

5. 文件和凭证连续编号

企业对业务处理的文件记录和凭证应连续编制相应的号码，凡有条件的均应事先编号。文件和凭证编号便于业务查询，也可避免业务记录的重复或遗漏，并在一定程度上可以防范舞弊行为的发生。例如，企业对物品出入库单预先编号，这样可以有效控制企业物品的流动，不会出现物品的无故短缺。

6. 建立和完善会计档案保管工作

会计档案是指会计凭证、会计账簿和财务报表等会计核算专业材料，是记录和反映经济业务的重要资料和证据。《会计法》规定，企业每年形成的会计档案，都应当由财务会计部门按照归档要求，整理立卷或装订成册。当年形成的会计档案，在会计年度终了后，可暂由本单位的财务会计部门保管一年；期满之后，原则上应由财务会计部门编造清册，移交本单位的档案部门保管。财务会计部门和经办人员必须按期将应当归档的会计档案全部移交档案部门，不得自行封包保存。

7. 依法设置会计机构，配备会计从业人员

企业应当依法设置会计机构，配备会计从业人员。从事会计工作的人员必须取得会计从业资格证书；会计机构负责人应当具备会计师以上专业技术职务资格。大中型企业应当设置总会计师；设置总会计师的企业，不得设置与其职权重叠的副职。

8. 建立会计岗位制度

一个企业通常可以根据实际需要设置会计主管、出纳、流动资产核算、固定资产核算、投资核算、存货核算、工资核算、成本核算、利润核算、往来核算、总账报表、稽核、综合分析等岗位。这些岗位可以一人一岗、一人多岗，也可以一岗多人，但出纳人员不得兼任稽核、会计档案保管和收入、费用、债权债务账目的登记工作。企业单位在建立会计人员岗位责任制时，应当注意以下几个原则：

（1）要从实际出发，坚持精简的原则，切实做到事事有人管，人人有专责，办事有要求，工作有检查，保证会计工作有秩序地进行。

（2）要同本单位的经济（经营）责任制相联系，以责定权，责权明确，严格考核，有奖有惩。

（3）要从整体出发，发扬互助协作精神，紧密配合，共同做好工作。

【案例 4-7】

授权与人员控制缺陷

甲公司的会计为外聘的兼职会计，平时不在公司上班，日常会计事务均由出纳李恬办理，所有票据和印章也均由李恬保管。一日，有客户持金额为 2 万元的购货发票要求退货，正与李恬争执时，被经理张怡亚碰到，经查该款系 2 个月前的销货款，并未入账。

思考题：试分析甲公司在授权与人员控制方面存在的缺陷。

【案例 4-8】

会计工作分配

某公司财会科有三名会计人员，他们要完成以下十项工作：

（1）登记总账，处理账务管理日常工作；（2）登记应收账款明细账；（3）登记库存现金日记账；（4）登记银行存款日记账；（5）开具退货拒付通知书；（6）调节银行对账单；（7）处理并送存所收入的现金；（8）登记应付账款明细账；（9）登记库存商品明细账；（10）编制会计报表。

思考题：现已知三人均有相当的会计工作能力。请问如何将以上几项工作分配给三名会计人员，使会计工作起到较好的内控作用，并使三人的工作量基本相等。

【案例 4-9】

不相容职务分离控制

根据内部控制的控制原理，指出下列职务哪些是不相容的？

（1）授权进行某项经济业务；（2）审查某项经济业务；（3）保管某项财物；（4）记录明细账；（5）登记日记账；（6）登记总账；（7）进行账实核对；（8）执行某项经济业务；（9）记录某项经济业务；（10）记录某项财物。

第五节　考核评价控制法

一、考核评价控制的含义

考核评价控制是指组织通过考评的方式规范组织中各级管理者及员工的经济目标和经济行为。考核评价控制要求企业科学设置业绩考核指标体系，对照预算指标、盈利水平、投资回报率、安全生产目标等方面的业绩指标，对各部门和员工当期业绩进行考核与评价，兑现奖惩，强化对各部门和员工的激励与约束。

考核评价控制制度是解决企业内部公平的必要条件。激励中的一个重要因素是个人对报酬结构是否觉得公平。亚当斯（Adams）的公平理论认为，个人会主观地将其投入（包括诸如努力、经济、教育等许多因素）同别人相比，以此来评价是否得到公平或公正的报酬。企业要解决公平问题，依赖的是考核评价制度。完善的考核评价制度，可以有效地甄别出雇员对企业的贡献并予以相应的激励，从根源上解决不公正，使得雇员能够积极、充分地发挥主人翁的作用，履行自己的义务和责任。在其通过努力获得自身效用最大化的同时，也使得企业获得了效用最大化，这是双赢的局面——雇员与企业之间的双赢，上司与下属之间的双赢。

二、考核评价控制的构成

考核评价控制作为管理控制系统的一个子系统，本质上属于一个由各个要素组成的具有整体目的性和内在联系性的综合体。一个典型的考核评价系统应该由评价主体、评价客体、评价目标、评价指标、评价标准、评价方法、评价报告等基本要素构成。管理控制系统中的业绩考核评价，其评价主体和评价客体基本明确：评价主体主要是董事会和各级管理者；评价客体是各级管理者，当然也涉及对部门的业绩评价。以下主要讨论评价主体和评价客体之外的其他基本要素：

1. 评价目标

评价目标是指通过业绩考核评价所要达到的目标，是考核评价控制系统的起点，同时评价目标是整个系统运行的指南和目的，决定了评价指标的选择、评价标准的设置和评价方法的确定。考核评价控制系统通过分析战略目标和战略规划对于经营活动各方面的基本要求，制订战略计划和明确关键驱动因素，使企业战略规划和战略目标转化为各个层次管理者的评价目标。管理者通过这些评价目标的确立，明确自身和本部门的工作效果与上级以及同级的关系，对下级进行管理，并以目标完成情况来衡量每个人的贡献大小。对于企业而言，只有这样才能促进企业内部决策目标的一致，保证企业整体目标的实现；对于企业经营者而言，只有这样才能使各个层次管理者更好地理解企业的战略目标，充分调动起主观能动性，挖掘其内在潜能，规范其经济行为，为自身目标和企业战略目标的实现而努力。对于基于价值管理的现代企业而言，其平均目标也趋于多元化，既包括财务目标，又包括非财务目标；既要追求股东价值最大化，又要考虑关键利益相关者的要求。

2. 评价指标

评价指标是指对评价客体的某些方面进行评价，评价指标的确立不仅是企业评价目标的具体落实，而且是将企业关键成功因素分解为具体责任目标并下达给战略计划执行者的过程。

一个完善的考核评价系统在评价指标的选择方面应当遵循以下原则：

（1）结果指标与动因指标相结合；

（2）财务指标和非财务指标相结合；

（3）内部指标和外部指标相结合；

（4）不同计算基础指标相结合。

总之，对于现代企业而言，评价指标的表现形式已经从过去单一指标逐渐过渡到多元的指标体系，从而能够更全面合理地对评价客体进行评价。

3. 评价标准

评价标准是判断评价客体业绩优劣的基准。评价指标最初是以实际的业绩水平为准来评判，也就是采取绝对基础作为评判标准。随着组织背景的逐渐变化，采用绝对基础评价标准的做法也逐渐被以相对基础（选择其他的参照物为基础）作为评价标准的做法替代；而后相对基础的评价标准，又由最开始的历史标准扩展到预算标准和行业标准。因此，就目前而言，考核评价系统最为常用的三种标准是预算标准、历史标准和行业标准（包括竞争对手的标准）。

4. 评价方法

评价方法解决的是如何评价的问题，即采用一定的方法运用评价指标和评价标准，从而获得评价结果。没有科学合理的评价方法，评价指标和评价标准就成了孤立的评价要素，也就失去了本身存在的意义。目前在实践中应用比较广泛的评价方法主要有三类：单一评价方法、综合评价方法、多角度平衡评价方法。单一评价方法就是应用一个最综合的指标评价经营业绩，以控制评价客体评价目标的实现，以 EVA 方法为典型代表；综合评价方法就是运用一系列指标从不同角度或侧面评价经营业绩；多角度平衡评价方法本质上也属于综合评价方法，但是由于这一类型的方法与传统的评价方法相比，更多的是注重不同类型之间的平衡关系，并在评价指标设计、评价程序确立等方面具有一定的创新，因此单独列为一类方法，其中又以平衡计分卡为典型。

5. 评价报告

评价报告是考核评价控制系统的输出信息，也是考核评价控制系统的总结性和结论性文件。评价主体以评价客体为对象，通过管理控制信息系统，获取与评价客体有关的信息，通过加工和整理计算评价指标，将评价指标实际数值与预先设置的评价标准相对比，分析差异产生的原因、责任及影响，从而得出评价结论，最终形成评价报告。

无论何种类型的评价报告，其主要内容都应包括评价目标、评价指标、评价标准、实际业绩、差异计量、差异分析、评价结论、奖惩建议等。评价报告的编制应按评价指标计算、差异计量与分析、评价结论形成、奖惩建议等几个步骤进行，但其关键步骤在于评价指标计算和差异分析。

在设计、编制、传递和应用评价报告的过程中应遵循以下原则：

(1) 与组织结构相适应，正确划分责任中心；

(2) 区分重要性和非重要性项目，注意例外情况；

(3) 划分可控制与不可控制差异，明确控制重点；

(4) 形成制度化和流程化，规定报告的频率和时效。

考核评价系统各要素及其关系如图 4-4 所示。

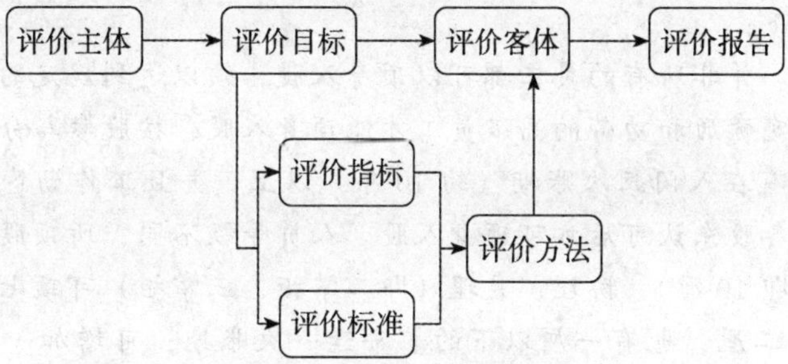

图 4-4　考核评价系统各个要素及其关系示意图

【案例 4-10】

股权激励的雏形——“身股制”①

票号，亦称票庄、汇票庄或汇兑庄，源于汇兑，是一种专门经营汇兑业务的金融机构。它是中国封建社会金融业的重要组成部分。以清朝道光三年（公元 1823年）“日昇昌”票号的诞生为标志，山西商人实现了由商业资本向金融资本的转变。此后 100 多年，被西方叹为观止的“山西票号（ShanSi Bank）”执中国金融之牛耳，“票号汇通天下”，在中国的金融史上写下了辉煌的一笔。除日昇昌票号外，比较著名的山西票号还有大德通、大盛魁、蔚字五联号、合盛元、协成乾等票号，其分号遍布国内北京、天津、承德、厦门、汕头、中国香港等 124 地，总、分号共达 647 家。此外，从 1906 年我国首家海外金融机构——合盛元在日本的东京、横滨、神户、大阪等处开设分号起，山西各票号还在莫斯科、朝鲜新义州、韩国仁川、印度加尔各答以及新加坡等地设立分号。他们除专门经营汇兑业务外，还积极开展存、放款业务，以及发行与代办捐项业务（指票号为清朝候补官吏汇兑捐纳银两的业务）等。1886 年（光绪十二年），日昇昌票号在全国各地设立的分号已达 23 处。1902 年（光绪二十八年），各地票号汇款统计已达 20 468 366 两白银。山西票号有力地带动了我国对外贸易的增长，极大地繁荣了我国当时的经济。

值得一提的是，这些被称为“汇通天下”的金融组织却并非由财东（即所有者）自己经营，而是由雇佣的掌柜（相当于经理）和员工们管理经营，财东只需“坐享其成”。正

① 李勇. 山西票号激励制度解读［J］. 会计研究，2002（3）：31-35.

是山西票号科学合理的激励制度的有效运行，使得并非票号所有者的掌柜和员工们心甘情愿地全力以赴、尽其所能为财东工作，造就出一个又一个“ShanSi Bank”的世界奇迹。

山西票号激励制度的核心就是身股制，其特点是身股与银股并重。票号财东一般不过问票号的事，实行掌柜负责制：财东出资设立票号，委托一个自己信赖的、精明能干的人做掌柜，财东把资金运用权、人员调配权、业务经营权等全部交给掌柜，让其独立自主地从事经营活动，只是定期结账（三到五年一次），由掌柜向财东汇报经营成果，就一些重大决策请示财东，同时分取应得的红利，由财东视其业绩决定去留。这种所有权与经营权分离、掌柜负责制的方式，为票号实行身股制提供了良好的制度环境。

在创立票号之前，晋中一带商人在长期商业竞争中为增强企业凝聚力、提高经济效益首创了人力顶身股制度，简称“身股制”。票号作为晋中商人鼎盛时期的特种行业，普遍采用了这种劳资并重的激励制度。它将工作年限和工作业绩作为条件，以人力顶身股，与资本股同样分红，身股与银股并重，使企业员工与财东利益有机结合，收到了良好的激励效果。具体阐述如下：

1. 身股的确定。并非所有的员工都可以顶身入股，须以达到规定的工作年限和工作业绩为条件，具有一定资历和功劳的高级员工才能顶身入股，按股参与分配企业的红利。一般来说，小伙计只有在入门三次账期（约 10 年）以上，并且工作勤恳、没有过失，由掌柜向财东推荐，经各股东认可后方可顶身入股。人员等级不同，所顶股数也不同：大掌柜一般可顶到一股（即 10 厘），协理、襄理（即二掌柜、三掌柜）可顶七八厘不等，一般职员可顶三四厘、一二厘，也有一厘以下的。每逢一次账期，可增加一二厘，增至一股为限。大掌柜身股多少由财东确定；各职能部门负责人、分号掌柜、伙计是否顶股、顶多少，由大掌柜确定。身股的多少按照每个人的工作业绩来确定。如上所述，一定的工作年限和工作业绩是享有身股的前提，而股份的多少则主要取决于工作业绩。山西票号这种劳资并重的身股制，通过劳力入股，密切了员工与企业的利益关系。员工顶的身股越多，与企业的利益关系就越强，其积极性自然也就越高，他的潜能也得到更大的发挥。同时，只要是顶身入股的正式员工，就一定是已经在企业经过大约 10 年考验的员工，这对于稳定企业人员起到了有力的保障作用。达到一定年限即可顶身入股，并按股分红，对于员工而言也是名利一体的褒奖，它激励着人们全心全意地为自己的企业工作；而一旦能够顶身入股，通过利益共享的机制，把员工个人利益与企业利益、财东利益捆绑在一起，稳定性就更为显著了。

这里还体现了一个重要的激励原则，就是将对员工的业绩评价和激励措施结合起来，将企业的目标巧妙地转化为员工追求自身利益最大化的目标，促使员工增强责任感，积极参与企业经营管理并不断提高绩效。下层伙计和学徒为了提升、多顶股份，就努力为企业工作，创造更多的财富。在员工个人绩效提高、实现自身利益最大化的同时保证了企业目标的实现和财东利益的最大化。遗憾的是，现在有的地方却将业绩评价和激励割裂开来，忽视二者之间的密切关系。山西票号的身股制通过构建股权激励体系实现对员工的业绩评价与激励结合的成功做法值得总结研究。

2. 身股的增长。通常，在财东出资创立票号、设立银股的同时，就设立人力股（俗称“顶身股”“身股”），顶身入股。此后，随着票号规模的逐步壮大，顶身股越来越多，身股与银股的比例达到二比八、三比七，也有四比六的；到 20 世纪初期，各票号的身股数普遍超过了银股数。如协成乾票号初期银股为 13.25 股，身股 3.9 股；到 1906 年，银股依然是 13.25 股，身股则增至 17.5 股。大德通票号，1888 年银股为 20 股，身股 9.7 股；而到 1908 年，银股仍为 20 股，身股却增至 23.95 股，几乎达到 20 年前的 2.5 倍。

随着身股比例的增长，顶身股的员工越来越多，同时每个员工所顶的股份也越来越多，员工与企业的关系愈加密切，员工个人利益与企业整体利益的矛盾冲突也就越小。如此，把企业的经营状况同财东的利益、掌柜的名望和职工的前途有机地结合起来，很好地协调了劳资关系，充分调动了所有人员的工作积极性。

3. 身股与银股同样分红。员工的身股与财东的银股可一起参与分红，企业的经营利润要按股份平分，身股与银股并重；但企业的经营亏损却完全由财东承担，顶身股者不承担亏赔责任。这种类似于“有限合伙制”的分红制度，在把职工的利益和企业的利益结合在一起的同时，大大降低了顶身股人员的风险，从而极大地调动了员工的积极性，促进了管理人才的出现，提高了票号的经营水平，增强了山西票号的竞争力。这在中国企业史上有着非常重要的意义。

与此同时，财东的利益也得到显著增加。以大德通票号为例，从表面看，1888 年到 1908 年 20 年间，银股的比例变小了，但由于整个蛋糕做大——分红总额增大了，财东最终所分得的银子不是少了，而是大大增加了。1888 年大德通票号盈利总额约 25 000 两白银，每股分红约 850 两白银，财东分得 17 000 两白银；而到 1908 年盈利总额达 740 000 两白银，每股分红约 17 000 两白银，大德通此时的资本银为 220 000 两白银，虽然其红利的一半以上分给了员工，但财东却分得了 340 000 两白银，相当于 20 年前的 20 倍。

上述“身股制”可以说是我国最早的管理层和员工持股的股权激励案例。它告诉我们，在充分实行两权分离的基础上，经营者和所有者、企业与员工的利益并不是完全分离或对立的，我们完全可以通过某种手段把它们结合起来，使其达到同步最优。虽然目前在我国推行股票期权面临着诸如企业内部治理结构不健全、证券市场有效性欠佳、缺乏用于股权激励的股份来源以及与相关法规冲突等诸多困扰因素；但是，在经济和制度环境远不如现在的 100 多年前，山西票号就已经成功地运用了原理基本相同的股权激励方式为企业提高效益做出卓越贡献，今天我们更应当潜心研究、认真分析，充分发挥主观能动性去为股票期权等股权激励方式的应用创造有利条件。山西票号的做法还提示我们，企业的激励制度要有灵活性，不能一成不变，要“施无法之赏，悬无政之令”。

当然，身股制也存在一些明显的弊端：企业内部存在严重的论资排辈现象，限制甚至扼杀了人才的发展；员工能否顶身入股以及顶多少，大掌柜主观因素所起的作用太大；已经顶身入股的人在企业中能上不能下，对企业人才的更新不利等。唯物辩证法告诉我们，看待任何事物都要一分为二辩证地分析，对于身股制也应遵循这个原则。既要肯定它在协调劳资关系、调动员工积极性和稳定企业人员队伍等方面的有效作用，也要防止其可能导致的各种负面效应。

第五章

内部控制与风险管理活动

不同的企业组织形式不同，经济业务不同，面临的内部控制与风险管理的环境和基础不同，因此其内部控制与风险管理活动也千差万别。本章以某大型制造企业为例介绍企业内部控制与风险管理活动。

第一节　资产管理业务的内部控制与风险管理

一、资产管理业务的概念与作业流程

1. 概念界定

资产管理业务是指企业对拥有或控制的存货、固定资产和无形资产进行管理的活动。其中，存货是指企业在日常活动中持有以备出售的产成品或商品、处在生产过程中的在产品、在生产过程或提供劳务过程中耗用的材料、物料等；固定资产，是指为生产商品、提供劳务、出租或经营管理而持有的、使用寿命超过一个会计年度的有形资产；无形资产，是指企业拥有或者控制的没有实物形态的可辨认非货币性资产。资产管理业务是企业生产经营的直接表现，也是企业内部控制与风险管理的关键环节。

2. 资产管理业务作业流程

资产管理业务是企业日常经营活动中最容易发生风险且最复杂的控制活动，为便于管理和控制，各个企业都设计了适用于自己的作业流程。通过流程控制、制度控制等来保障组织目标的实现。一般企业的资产管理业务作业流程如图 5-1 所示。

二、资产管理业务的主要风险事件

（1）涉及企业存货、固定资产、无形资产业务未经适当审批或超越授权审批，可能造成重大差错、舞弊而导致资产流失。

（2）资产购买决策不充分，可能造成企业资源的浪费。

（3）验收程序不规范，可能导致资产账实不符和资产损失。

（4）资产的使用、维护、管理不善可能造成企业资产使用效率低下或资产损失。例如，存货保管不善，可能导致存货损坏、变质、浪费、被盗和流失等；无形资产、固定资

产的处置决策和执行不当，可能导致企业权益受损。

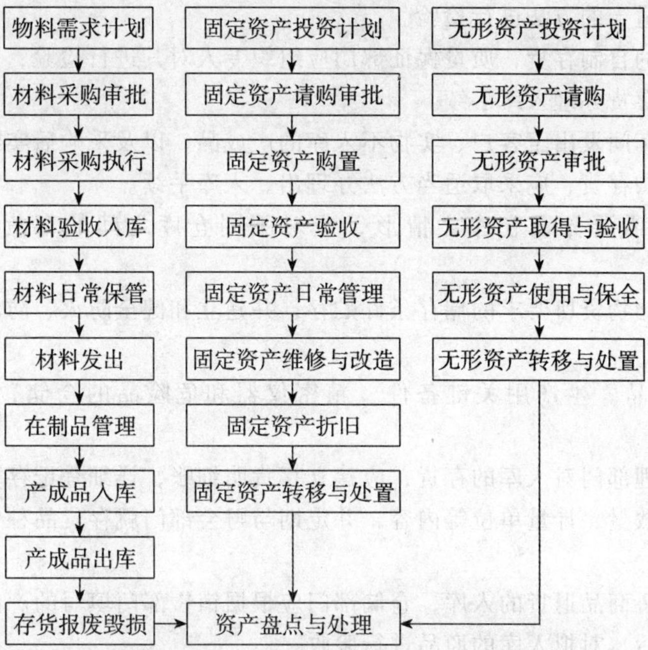

图 5-1 资产管理业务作业流程图

（5）资产盘点工作不规范，可能由于未能及时查清资产状况并做出处理而导致财务信息不准确。

（6）涉及资产的会计处理不适当，可能导致企业资产账实不符或资产损失。

三、资产管理业务的关键风险控制点

（一）存货关键风险控制点

1. 岗位分工及授权批准

（1）存货的请购、审批与执行的不相容岗位应分离；存货的采购、验收与付款的不相容岗位应分离；存货的保管与相关记录的不相容岗位应分离；存货发出的申请、审批与记录的不相容岗位应分离；存货处置的申请、审批与记录的不相容岗位应分离。

（2）企业应对存货业务建立严格的授权批准制度，明确审批人对存货业务的授权批准方式、权限、程序、责任和相关控制措施，规定经办人办理存货业务的职责范围和工作要求。

（3）内部除存货管理部门及仓储人员外，其他部门和人员接触存货时，应由相关部门特别授权；对于属于贵重物品、危险品或需保密物品的存货，应规定更严格的接触限制条件。

2. 请购与采购控制

（1）企业应根据仓储计划、资金筹措计划、生产计划、销售计划等制订采购计划。

（2）应对存货的采购实行预算管理，合理确定材料、在产品、产成品等存货的比例。

3. 验收与保管控制

（1）应检查订货合同协议，入库通知单，供货企业提供的材质证明、合格证、运单、提货通知单等原始单据与待入库货物是否相符。

（2）应按照采购合同要求对待验货物进行质量检验，对不经仓储直接投入生产或使用的存货，应采取适当的方法进行检验。

（3）拟入库的自制存货，质量保证部门应组织专人对其进行检验，只有检验合格的产成品才可以作为存货办理入库手续。

（4）由生产车间发出至客户、实物不入库的产成品，以及采购后实物不入库而直接发至使用现场的外购存货，应采取适当方法办理出、入库手续。

（5）因业务需要分设仓库之情形，应对不同仓库之间的存货流动办理出入库手续。

（6）应按仓储物资所要求的储存条件贮存，并建立和健全防火、防潮、防鼠、防盗和防变质等措施。

（7）贵重物品、生产用关键备件、精密仪器和危险品的仓储，应实行严格审批制度。

（8）存货管理部门对入库的存货，应建立存货明细账，详细登记存货类别、编号、名称、规格型号、数量、计量单位等内容，并定期与财会部门就存货品种、数量、金额等进行核对。

（9）对于已售商品退货的入库，仓储部门应根据销售部门填写的产品退货凭证办理入库手续，经批准后，对拟入库的商品进行验收。

（10）入库存货应及时记入收发存登记簿或存货卡片，并详细标明存放地点。

4. 领用与发出控制

（1）企业生产部门、基建部门领用材料，应持有生产管理部门及其他相关部门核准的领料单；超出存货领料限额的，应经过特别授权。

（2）存货的发出需要经过相关部门批准，大批商品、贵重商品或危险品的发出应得到特别授权。

（3）仓库应根据经审批的销售通知单发出货物，并定期将发货记录同销售部门和财会部门核对。

（4）存货发出的责任人应及时核对有关票据凭证，确保其与存货品名、规格、型号、数量、价格一致。

（5）企业财会部门应与仓储部门进行经常性的账实核对工作，避免出现已入库存货不入账或已发出存货不出账的情形。

5. 盘点与处置控制

（1）企业应制定并选择适当的存货盘点制度，明确盘点范围、方法、人员、频率、时间等。

（2）存货盘点应及时编制盘点表，盘盈、盘亏情况要分析原因，提出处理意见，经相关部门批准后在期末结账前处理完毕。

（3）仓储部门与财会部门应结合盘点结果对存货进行库龄分析，确定需要计提存货跌价准备，经相关部门审批后，进行会计处理，并附有关书面记录材料。

（二）固定资产关键风险控制点

1. 职责分工与授权批准

（1）固定资产投资预算的编制与审批的不相容岗位应分离；固定资产投资预算的

审批与执行的不相容岗位应分离；固定资产采购、验收与款项支付的不相容岗位应分离；固定资产投保的申请与审批的不相容岗位应分离；固定资产处置的审批与执行的不相容岗位应分离；固定资产取得与处置业务的执行与相关会计记录的不相容岗位应分离。

（2）固定资产业务应建立严格的授权批准制度，明确授权批准的方式、权限、程序、责任和相关控制措施，规定经办人的职责范围和工作要求。

（3）审批人应根据固定资产业务授权批准制度的规定，在授权范围内进行审批。

（4）应制定固定资产业务流程，明确固定资产投资预算编制、取得与验收、使用与维护、处置等环节的控制要求。

（5）企业应设置相应的记录或凭证，如实记载各环节业务开展情况，及时传递相关信息，确保固定资产业务全过程得到有效控制。

2. 取得与验收控制

（1）重大固定资产投资应根据生产经营发展目标等因素拟定，应就可行性进行研究、分析，编制固定资产投资预算，并按规定程序审批。

（2）对于重大的固定资产投资项目，应考虑聘请独立的中介机构或专业人士进行可行性研究与评价，并由企业实行集体决策和审批，防止出现决策失误而造成严重损失。

（3）对经营租赁、借用、代管的固定资产，应设立登记簿记录备查，避免与本企业固定资产混淆，并应及时归还。

（4）企业对投资者投入、接受捐赠、债务重组、企业合并、非货币性资产交换、外企业无偿划拨转入以及其他方式取得的固定资产，应办理相应的验收手续。

（5）财会部门应按照会计准则的规定，及时确认固定资产的购买或建造成本。

3. 使用与维护控制

（1）应授权具体部门或人员负责固定资产的日常使用与维修管理，保证固定资产的安全与完整。

（2）应根据经营管理的需要，确定固定资产分类标准和管理要求，并制定和实施固定资产目录制度。

（3）企业应依据国家有关规定，结合企业实际，确定计提折旧的固定资产范围、折旧方法、折旧年限、净残值率等折旧政策；需变更的，应按照规定程序审批。

（4）企业应定期对固定资产进行盘点。

（5）发生盘盈、盘亏的，应由固定资产使用部门和管理部门逐笔查明原因，共同编制盘盈、盘亏处理意见，并经企业授权部门或人员批准后由财会部门及时调整有关账簿记录。

（6）固定资产存在可能发生减值迹象的，应计算其可收回金额；可收回金额低于账面价值的，应按照相应的会计准则的规定计提减值准备、确认减值损失。

（7）对于未使用、不需用或使用不当的固定资产，固定资产管理部门和使用部门应及时提出处理措施，报企业授权部门或人员批准后实施。

4. 处置与转移控制

（1）应建立固定资产处置的相关制度，确定固定资产处置的范围、标准、程序和审批权限。

（2）固定资产的处置应由独立于固定资产管理部门和使用部门的其他部门或人员办理。

（3）固定资产处置价格应报经企业授权部门或人员审批后确定。

（4）对于重大的固定资产处置，应考虑聘请具有资质的中介机构进行资产评估；应采取集体合议审批制度，并建立集体审批记录机制。

（5）企业出租、出借固定资产，应由固定资产管理部门会同财会部门按规定报经批准后予以办理，并签订合同协议，对固定资产出租、出借期间所发生的维护保养、税负责任、租金、归还期限等相关事项予以约定。

（6）对固定资产处置及出租、出借收入和发生的相关费用，应及时入账。

（7）对于固定资产的内部调拨，应填制固定资产内部调拨单，明确固定资产调拨时间、调拨地点、编号、名称、规格、型号等，经有关负责人审批通过后，及时办理调拨手续。

（三）无形资产关键风险控制点

1. 职责分工与授权批准

（1）无形资产投资预算的编制与审批的不相容岗位应分离；无形资产投资预算的审批与执行的不相容岗位应分离；无形资产取得、验收与款项支付的不相容岗位应分离；无形资产处置的审批与执行的不相容岗位应分离；无形资产取得与处置业务的执行与相关会计记录的不相容岗位应分离；无形资产的使用、保管与会计处理的不相容岗位应分离。

（2）企业应对无形资产业务建立严格的授权批准制度，明确授权批准的方式、权限、程序、责任和相关控制措施，规定经办人的职责范围和工作要求。

（3）审批人应根据无形资产业务授权批准制度的规定，在授权范围内进行审批。

（4）企业应制定无形资产业务流程，明确无形资产投资预算编制、自行开发无形资产预算编制、取得与验收、使用与保全、处置和转移等环节的控制要求。

（5）企业应设置相应的记录或凭证，如实记载各环节业务开展情况，及时传递相关信息，确保无形资产业务全过程得到有效控制。

2. 取得与验收控制

（1）重大无形资产投资（购入或开发）应根据生产经营发展目标等因素拟定，应就可行性进行研究、分析，编制无形资产投资预算，并按规定程序审批。

（2）对于重大的无形资产投资项目，应考虑聘请独立的中介机构或专业人士进行可行性研究与评价，并由企业实行集体决策和审批，防止出现决策失误而造成严重损失。

（3）对于超预算或预算外无形资产投资项目，应由无形资产相关责任部门提出申请，经审批后再办理相关手续。

（4）对于外购的无形资产，应建立请购与审批制度，明确请购部门或人员和审批部门或人员的职责权限及相应的请购与审批程序。

（5）对于重大的无形资产采购，应采取招标方式进行。

（6）对于非专有技术等具有非公开性的无形资产，应注意采购过程中的保密保全措施。

（7）无形资产采购合同协议的签订应遵循企业合同协议管理内部控制的相关规定。

（8）企业应建立严格的无形资产交付使用验收制度，确保无形资产符合使用要求。

（9）企业外购无形资产，应取得无形资产所有权的有效证明文件，审核有关合同协议等法律文件。

（10）企业购入或者以支付土地出让金方式取得的土地使用权，应取得土地使用权的有效证明文件。

（11）企业对投资者投入、接受捐赠、债务重组、政府补助、企业合并、非货币性资产交换、外企业无偿划拨转入以及其他方式取得的无形资产，应办理相应的验收手续。

3. 使用与保全控制

（1）应授权具体部门或人员负责无形资产的日常使用与保全管理，保证无形资产的安全与完整。

（2）企业应根据经营管理的需要，确定无形资产分类标准和管理要求，并制定和实施无形资产目录制度。

（3）企业应依据国家有关规定，结合企业实际，确定无形资产摊销范围、摊销年限、摊销方法、残值等；确需变更的，应按照规定程序审批。

（4）企业应限制未经授权人员直接接触技术资料等无形资产。

（5）对技术资料等无形资产的保管及接触应保有记录。

（6）对重要的无形资产应及时申请法律保护。

（7）无形资产存在可能发生减值迹象的，应当计算其可收回金额；可收回金额低于账面价值的，应按照相应的会计准则的规定计提减值准备、确认减值损失。

4. 处置与转移控制

（1）企业应建立无形资产处置的相关制度，确定无形资产处置的范围、标准、程序和审批权限等。

（2）无形资产的处置应由独立于无形资产管理部门和使用部门的其他部门或人员办理。

（3）无形资产处置价格应选择合理的方式，报经企业授权部门或人员审批后确定。

（4）对于重大的无形资产处置，无形资产处置价格应委托具有资质的中介机构进行资产评估；对于重大无形资产的处置，应采取集体合议审批制度，并建立集体审批记录机制。

（5）企业出租、出借无形资产，应由无形资产管理部门会同财会部门按规定报经批准后予以办理，并签订合同协议，对无形资产出租、出借期间所发生的维护保全、税负责任、租金、归还期限等相关事项予以约定。

（6）对无形资产处置及出租、出借收入和发生的相关费用，应及时入账。

（7）企业对于无形资产的内部调拨，应填制无形资产内部调拨单，明确无形资产名称、编号、调拨时间等，经有关负责人审批通过后，及时办理调拨手续。

四、资产管理业务的内部控制与风险管理岗位职责分工（见表5-1）

表5-1 资产管理业务的内部控制与风险管理岗位职责分工

控制岗位设置	存货管理主要职责	固定资产管理主要职责	无形资产管理主要职责	不相容职责
总经理/分管该项业务的副总经理	• 审批存货的采购、保管、使用、处分等政策和制度 • 审查存货管理相关内部管理报表 • 审批存货盘亏、盘盈的处理办法	• 审核固定资产投资预算并报送公司财务会计总部资产部进行审批 • 审批固定资产管理的各项规章制度 • 组织进行重大投资项目的可行性分析 • 审批固定资产维修、保养、盘点、报废、投保计划	• 审批无形资产购置计划、方案 • 审批内部开发形成的无形资产预算 • 审批无形资产减值报告和处置报告	• 编制相关制度、方案 • 参与执行相关方案
经营规划部部长		• 组织编写固定资产投资计划 • 审核固定资产购置申请 • 审核固定资产维修、处置、转移、投保申请	• 审核相关报告	• 权限外项目审批 • 固定资产投资预算的编制
经营规划部		• 汇总各部门固定资产投资预算 • 负责设备、工程项目的招投标工作 • 负责固定资产的验收管理	• 企业名称、徽标、土地使用权、商标使用权的管理部门 • 与之相关的合同管理	• 投资预算的执行 • 资产的采购
研发中心		• 提出研发、检测设备需求计划	• 技术类无形资产管理归口管理部门 • 负责技术类无形资产项目论证 • 负责技术类无形资产合同的管理 • 组织技术类无形资产的价值评估和减值测试 • 技术类无形资产的保密工作	
资源保障部部长	• 负责存货采购的审核 • 负责存货采购制度的审核 • 负责B点供应商开发的审核 • 负责合同的审核确认 • 审核仓库物资台账 • 审核月存货收发存汇总表 • 审核并确认存货盘点报告 • 对存货的存在性、完整性负责			• 权限外资产采购的审批 • 资产的处置

续表

控制岗位设置	存货管理主要职责	固定资产管理主要职责	无形资产管理主要职责	不相容职责
资源保障部	• 编制存货采购制度、采购预算 • 组织实施市场调研、询价、合同谈判、合同签署 • 提出采购付款申请 • 办理存货的验收和出入库手续 • 填写更新存货台账 • 参与公司季度、年度盘点 • 编制存货盘点表 • 提出不良存货的处理意见	• 负责设备的采购 • 提出采购付款申请		• 权限外资产采购的审批 • 资产的处置的审批
品质保障部部长	• 审批相关报表 • 负责废品损失资金的控制	• 审核质检设备需求计划		
品质保障部	• 负责存货的出入库检验 • 负责返工返修品、废品的统计以及三包赔偿品的检验	• 提出质检设备需求计划		
制造管理部部长	• 审批常规生产计划大纲 • 审核物料需求计划或采购计划	• 审核机器设备需求计划		• 资产的处置
制造管理部	• 负责在制品的控制 • 审核生产车间原材料、外购半成品领用单 • 审核产成品入库单据 • 审核确认由质量部门签发的废品通知单、返工返修单 • 负责产成品、在制品、委外加工物资等存货的控制	• 提出机器设备需求计划 • 安全环保设备归口管理		• 资产的处置
生产车间	• 负责按指定的工艺规程和生产指令生产，并在指定期间存入指定仓库 • 负责对现场实物的管理 • 负责该车间产成品、在制品、废品、返工返修品统计	• 提出本部门固定资产购置、维修、转移、处置、调拨等申请 • 参与固定资产可行性论证 • 参与固定资产的验收 • 负责本车间的资产管理 • 提出不良固定资产处置建议		• 资产的处置
销售管理部	• 异地库存的管理			
装备技术部部长		• 审核相关文件		• 资产处置的审批

续表

控制岗位设置	存货管理主要职责	固定资产管理主要职责	无形资产管理主要职责	不相容职责
装备技术部	• 编制备品备件、低值易耗品的需求计划	• 提出生产设备需求计划 • 负责生产设备的日常维修和投保计划 • 组织固定资产报废的技术鉴定，提出处理意见 • 参与固定资产采购 • 负责固定资产增加、减少、内部调拨台账的维护 • 参与固定资产的盘点 • 组织固定资产的验收		• 资产处置的审批
财务部部长	• 审核存货业务形成的账务处理和报表 • 审核存货收发存核算办法 • 监督存货收发存过程中的异常动向，及时向上级报告 • 审核季度、年度存货盘点表 • 审核采购价款支付申请	• 参与固定资产投资可行性报告会 • 审核固定资产折旧预算等各项报表 • 审核固定资产折旧政策与会计处理规范 • 负责对固定资产购建、出售、清理、报废和内部转移活动引起的价值增减变动进行控制和管理 • 审核采购价款支付申请	• 在权限范围内审批采购价款支付申请 • 审核无形资产会计处理规范	
财务部	• 负责存货收发存业务的账务处理 • 有权拒绝不合法、不完整、异常的存货出库、入库、调拨单据，并要求相关单位进行改正，同时报告给财务部部长 • 参与存货的盘点	• 参与设备的招投标 • 制定固定资产核算规范 • 负责日常固定资产增加、转移、处置的原始单据的审核以及向公司申报 • 提出基于价值管理的不良资产处理意见 • 参与固定资产的盘点	• 负责登记无形资产明细账 • 负责对无形资产的会计核算 • 参与无形资产的验收、检查、处置工作 • 支付购买价款	• 资产的入账与款项支付 • 资产的处置与款项收取
安保员	• 检查进出企业大门的货物	• 检查进出企业大门的固定资产		

第二节　采购与付款业务内部控制与风险管理

一、采购与付款业务概念与作业流程

（一）采购与付款业务概念

采购与付款业务主要是指企业购买材料、协配件、辅料、备件工装、设备等生产经营

所需物资或资产，并支付价款的行为。采购物资按其来源可以分为关联方采购和非关联方采购。采购活动划分为生产性物资采购和非生产性物资采购。

（二）采购与付款业务作业流程

采购与付款业务活动涉及需求计划、采购预算编制、请购作业、供应商选择、签订合同、督促供应商发货、验收入库、账务处理、款项支付、采购业务监督检查等环节，如图 5-2 所示。

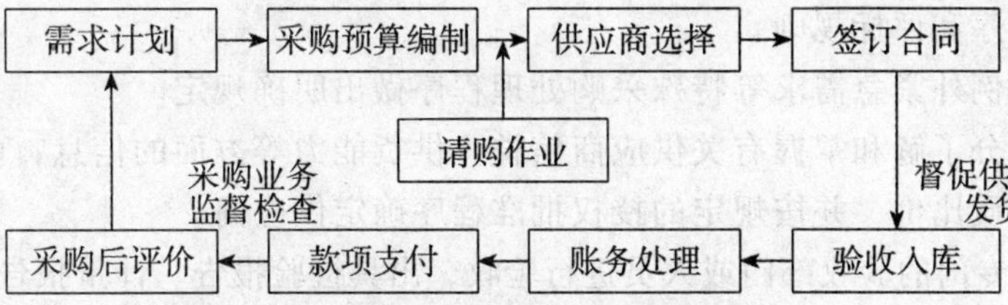

图 5-2 采购与付款业务作业流程图

二、采购与付款业务的主要风险事件

采购与付款业务管理中应关注以下几种风险事件：

（1）采购行为违反国家法律法规，可能遭受外部处罚、经济损失和信誉损失。

（2）采购未经适当审批或超越授权审批，可能因重大差错、舞弊、欺诈而导致损失。

（3）请购依据不充分、不合理，相关审批程序不规范、不正确，可能导致企业资产损失、资源浪费或发生舞弊。

（4）采购计划程序失控、依据不当、分解不到位与其他计划不协调，可能造成资源浪费。

（5）验收程序不规范，可能造成账实不符或资产损失。

（6）付款方式不恰当、执行有偏差，可能导致企业资金损失或信用受损。

三、采购与付款业务关键风险控制点

1. 职责分工与授权批准关键风险控制点

（1）请购与审批的不相容岗位应分离。

（2）供应商的选择与审批的不相容岗位应分离。

（3）采购合同协议的拟订、审核与审批的不相容岗位应分离。

（4）采购、验收与相关记录的不相容岗位应分离。

（5）付款的申请、审批与执行的不相容岗位应分离。

（6）企业应根据具体情况对办理采购业务的人员定期进行岗位轮换，以防范采购人员利用职权和工作便利收受商业贿赂、损害企业利益。

（7）企业应按照请购、审批、采购、验收、付款等规定的程序办理采购业务。

2. 请购与审批关键风险控制点

（1）企业应建立采购申请制度，依据购置商品或服务的类型，确定归口管理部门，授予相应的请购权，并明确相关部门或人员的职责权限及相应的请购程序。

（2）需求部门提出采购需求时，应该明确采购类别、质量等级、规格、数量、相关要求和标准、到货时间等。

（3）企业应明确审批权限，由审批人根据其职责、权限对请购申请进行审批。

3. 采购与验收关键风险控制点

（1）企业应建立采购与验收环节的管理制度，并对采购方式确定、供应商选择、验收程序及计量方法等做出明确规定。

（2）企业应建立供应商评价制度，并由企业的采购部门、请购部门、生产部门、财会部门、仓储部门等相关部门共同对供应商进行评价。

（3）大宗商品或劳务采购等，应该采用招投标方式确定采购价格，并明确招投标的范围、标准、实施程序和评标规则。

（4）企业应对例外紧急需求等特殊采购处理程序做出明确规定。

（5）企业应充分了解和掌握有关供应商信誉、供货能力等方面的信息，由采购、使用等部门共同参与比质比价，并按规定的授权批准程序确定供应商。

（6）存货应由专门的验收部门或人员进行验收，出具检验报告、计量报告和验收证明。

（7）对验收过程中发现的异常情况，负责验收的部门或人员，应立即向有关部门报告，有关部门应该及时查明原因，及时处理。

4. 付款业务关键风险控制点

（1）财会部门应参与商定对供应商付款的条件。

（2）采购部门办理付款业务时，应对采购合同协议约定的付款条件以及采购发票、结算凭证、检验报告、计量报告和验收证明等相关凭证的真实性、完整性、合法性及合规性进行审核，再提交付款申请。

（3）财务部门应依据合同协议、发票等对付款申请进行复核后再提交企业相关权限的机构或人员进行审批。

（4）企业应对大额预付账款进行监控，定期对其进行追踪核查，并对预付账款的期限、占用款项的合理性、不可收回风险等进行综合判断。

（5）企业应建立退货管理制度，对退货条件、退货手续、货物出库、退货货款回收等做出明确规定，以及时收回退货货款。

四、采购与付款业务内部控制与风险管理岗位职责分工（见表 5-2）

表 5-2 采购与付款业务内部控制与风险管理岗位职责分工

采购管理控制岗位	主要职责	不相容职责
资源保障部部长	• 制定资源保障部规章制度和工作流程 • 编制年度采购预算 • 审核采购合同与采购订单 • 在授权的范围内签订采购合同 • 办理大宗物资及重要物资的采购 • 组织进行合格供应商的选择和评审	• 审批采购计划及预算 • 批准预算外采购项目 • 填写采购订单
采购员	• 进行市场调查，填写询价比价单 • 负责起草购货合同和填制采购订单 • 提出付款申请 • 实施采购和办理退换货业务 • 建立、更新与维护供应商档案 • 参与对供应商质量、交货情况等的评价	• 制定资源保障部门规章制度 • 审批购货合同和付款申请

续表

采购管理控制岗位	主要职责	不相容职责
财务部部长/预算专员	• 平衡物资需求计划，确定资金使用额度 • 审核购销合同及付款申请 • 审批会计提交的付款凭证 • 参与供应商评审 • 参与商定对供应商的付款条件	• 实施采购 • 编制采购预算和采购计划
应付账款会计	• 核对原始单据并入账 • 开具付款凭证	• 批准付款
出纳	• 支付货款	• 编制付款凭证
物资使用部	• 编制本部门年度采购预算和采购计划 • 参与供应商评审和推荐供应商名单 • 提交请购单 • 参与检验采购物资质量 • 对不合格及报废物资提出处理建议	• 实施采购 • 审批采购单 • 决定供应商名单
品质保证部	• 负责编制原材料、外协件、油漆化工的“供需质量保证协议” • 负责材料物资产品检验	• 实施询价、比价 • 物资在库管理
研发中心	• 编制《采购产品质量重要度明细表》	• 采购物资的询价、比价
制造管理部	• 负责产品卡箍、工序硫化、工序铣宽、钻孔等的外委管理及成品外委管理 • 负责编制外委外购管理规定	• 审批相关规定
采购后评价小组	• 负责采购活动的分析，从中发现薄弱环节，改善流程	

第三节　生产业务的内部控制与风险管理

一、生产业务的概念及控制目标

1. 生产业务的概念

生产业务是从原材料开始到生产出产成品为止的过程。也即生产部根据市场部的订单进行生产排单计划，根据市场正常走货的情况，安排一周生产计划，然后根据订单情况查看核实仓库的材料实际在库情况，如发现缺料情况及时向供应部汇报，最后由生产部根据市场订单进行生产，并对生产实行统一调度，综合协调，确保生产活动安全稳定运行，完成产品完工入库。对于生产业务，企业应结合实际，制定《企业生产管理组织办法》《生产作业管理办法》《安全生产管理办法》《生产计划管理制度》《生产技术管理制度》《生产质量控制制度》等制度，以保障生产管理业务的有序进行。

2. 生产业务的内部控制与风险管理目标

（1）正确划分产品制造费用与期间费用的界限。

（2）正确划分本期产品与下期产品应负担的费用界限。

（3）保证成本费用开支合理、合法。

（4）规范成本核算方法，真实反映生产过程中的各种消耗，按照权责发生制的原则准确核算产品成本。

（5）保证生产过程的不间断和生产目标的顺利达成。

二、生产业务活动的主要风险事件

（1）未考虑生产能力而盲目接单，可能导致生产车间超负荷运作，影响产品质量和交货期。

（2）急单、小单、零单的插入以及不同订单之间的调货可能打乱生产计划，影响企业的生产效率。

（3）生产部门与其他部门之间的信息沟通不畅可能导致公司生产计划偏差，引发盲目生产，无法按期交货。

（4）生产工人对生产工艺流程的不熟练可能导致生产效率低下，增加企业生产成本。

（5）新产品车间工人偏少可能导致无法按期交货。

（6）生产设备陈旧、缺乏保养可能导致生产中出现故障的概率偏高，影响生产效率和产品交货期。

（7）缺乏完善的现场作业指导书，可能导致生产出不符合质量要求的产品。

三、生产业务活动风险评估矩阵

按照生产业务活动风险事件发生的可能性和风险事件发生后对企业经营目标的影响程度两个维度，将各个生产业务活动风险事件绘制在风险坐标图上，如图 5-3 所示。

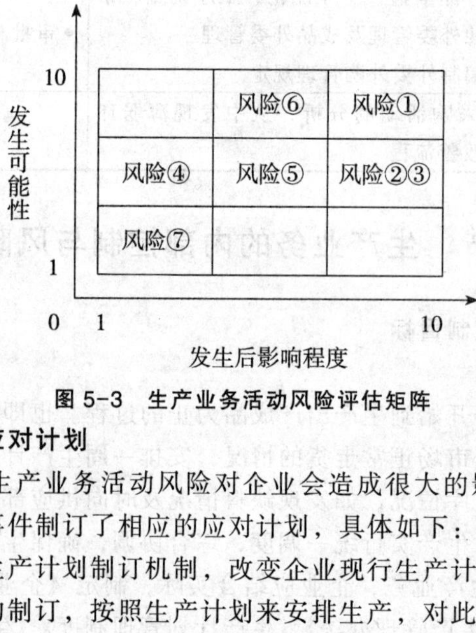

图 5-3　生产业务活动风险评估矩阵

四、生产业务活动风险应对计划

从图 5-3 可以看出生产业务活动风险对企业会造成很大的影响，因此我们针对生产业务活动中发生的风险事件制订了相应的应对计划，具体如下：

对于风险①，建立生产计划制订机制，改变企业现行生产计划随意的现象，生产部部长应严格实行生产计划的制订，按照生产计划来安排生产，对此公司应该不惜成本帮助生产部部长来制订生产计划。

对于风险②，建立订单筛选机制，对企业不盈利的订单不接受。公司可以利用富余资源，成立应急小组，适当调配生产任务。

对于风险③，建立生产管理信息系统，确保生产业务信息的准确及时；建立有效的部门沟通机制，力争改变企业碰头会流于形式的局面，公司现行的碰头会应严格落实，以此来调度生产，解决生产中遇到的实际问题。

对于风险④，建立员工培训机制，定期进行员工培训，补充和巩固员工的专业知识。

对于风险⑤，由于车间工人不是很充足，企业可以根据各个车间的实际需要招聘工人，满足企业生产的需要。

对于风险⑥，对于确实有必要的，公司可以利用资金来购置新设备，同时公司设备部应该加强对设备的维修以及保养，确保设备运行时状况良好。

对于风险⑦，努力完善公司现场作业指导书，确保指导书能够指导员工工作。

五、生产业务岗位分工

各单位要建立生产业务的岗位责任制，明确内部相关部门和岗位的职责、权限，确保办理生产业务的不相容岗位相互分离、制约和监督，不得由同一部门或个人办理有关生产业务的全过程。

（1）生产指令的下达与批准分别由不同的人员担任。

（2）领料单的批准与物资的实际发出、记账分别由不同的人员担任。

（3）工资计划的批准、记工单与工资的发放分别由不同的人员担任。

（4）燃料动能的消耗记录与结算分别由不同的人员担任。

（5）废品损失的确认、统计与结算分别由不同的人员担任。

（6）成本费用定额、预算的编制与审批分别由不同的人员担任。

（7）成本费用的审批、执行、会计记录分别由不同的人员担任。

（8）严禁任何未经授权的部门或个人办理有关生产业务。

第四节　成本费用管理业务的内部控制与风险管理

一、成本费用管理业务的概念与作业流程

1. 成本费用的概念

成本，是指可以对象化的资源耗费，是指可归属于产品成本、劳务成本的直接材料、直接人工和其他直接费用，不包括为第三方或客户垫付的款项。

费用，是指企业在日常活动中发生的、会导致所有者权益减少的、与所有者分配利润无关的、除成本之外的其他经济利益的总流出。企业应当合理划分期间费用和成本的界限。期间费用应当直接计入当期损益，成本应当计入所生产产品、提供劳务的成本。

企业成本费用核算是对企业日常生产活动中生产的产品成本与费用进行核算，主要包括：直接材料、直接人工、制造费用、销售费用、管理费用、财务费用。前三者计入产品成本，后三者作为期间费用直接计入当期损益。

2. 成本费用管理业务的作业流程

成本费用管理业务的作业流程如图 5-4 所示。

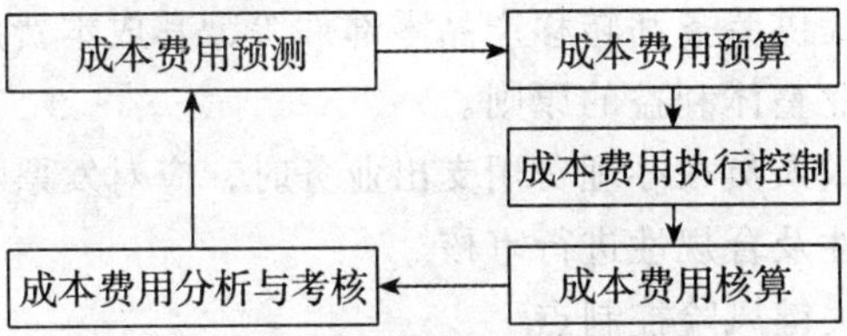

图 5-4　成本费用管理业务作业流程图

二、成本费用管理业务的主要风险事件

成本费用与收入利润存在此消彼长的关系，而且成本费用的支出涉及企业各个职能部门及各个方面。因此，成本费用的管理与控制的难度大、问题多，主要的风险事件有：

（1）成本费用支出未经适当审批或超越授权审批，可能因重大差错、舞弊、欺诈而导致损失。

（2）成本费用预算不科学、不合理，审核不严或不规范，影响成本控制效果。

（3）人为舞弊导致成本统计资料不真实，导致成本核算信息错误。

（4）盲目降低生产成本，导致产品质量下降或产品结构不合理。

（5）缺失对定额、实际成本、生产成本差异的合理性控制和分析。

（6）日常费用超预算使用，未建立例外审批。

（7）存在舞弊、欺诈和报销虚假费用的行为，导致企业费用支出加大。

三、成本费用管理业务的关键风险控制点

1. 岗位分工与授权审批的关键风险控制点

（1）成本费用定额、成本费用预算的编制与审批的不相容岗位应分离。

（2）成本费用支出与审批的不相容岗位应分离。

（3）企业应对成本费用业务建立严格的授权批准制度，明确审批人对成本费用业务的授权批准方式、权限、程序、责任和相关控制措施，规定经办人办理成本费用业务的职责范围和工作要求。

（4）审批人应根据成本费用授权批准制度的规定，在授权范围内进行审批。禁止存在超越权限的审批。

（5）经办人应在职责范围内，按照审批人的批准意见办理成本费用业务，禁止存在利用审批人的审批意见进行违规、舞弊的行为。

2. 成本费用预算的关键风险控制点

（1）企业应根据本单位历史成本费用数据、料工费价格变动趋势，以及产品销售情况等，对企业未来的成本费用水平进行预测，制定本企业的成本费用管理目标。

（2）企业应根据成本费用预测形成的成本目标，建立成本费用预算制度。

3. 成本费用执行的关键风险控制点

（1）企业应建立成本费用支出审批制度，根据费用预算和支出标准的性质，按照授权批准制度所规定的权限，对费用支出申请进行审批。

（2）企业应规范成本费用开支项目、标准和支付程序。

（3）对未列入预算的成本费用项目，如确需支出，应按照规定程序申请追加预算。

（4）对已列入预算但超过开支标准的成本费用项目，应由相关部门提出申请，报上级授权部门审批。

（5）企业内部相互提供劳务和转移产品零部件等，其成本费用确认方法，应本着有利于转出、转入双方和企业整体利益的原则。

（6）企业会计机构或人员在办理费用支出业务时，应对发票、结算凭证等相关凭据的真实性、完整性、合法性及合规性进行审核。

4. 成本费用核算的关键风险控制点

（1）企业应建立成本费用核算制度，制定必要的消耗定额，建立和健全材料物资的

收、发、存以及在产品的管理制度，制定内部结算价格和结算方法，明确与成本费用核算有关的原始记录及凭证的传递流程和管理制度等。

（2）成本的确认和计量，应符合相应的会计准则的规定。

（3）成本费用的核算方法应前后一致。

（4）成本费用核算方法应切合本企业的生产特点、工艺流程和管理要求。

（5）对生产经营中的材料、人工、间接费用等进行合理的归集和分配，不应存在虚列、多列、不列或者少列成本费用的情况。

（6）成本计算方法在各期应保持一致；变更成本计算方法应经过有效审批。

5. 成本费用分析与考核的关键风险控制点

（1）企业应建立成本费用分析制度和内部报告制度，实时监控成本费用的支出情况，发现问题应及时上报有关部门或领导。

（2）企业应建立成本费用考核制度，对相应的成本费用责任主体进行考核。

四、成本费用管理业务控制岗位职责分工（见表 5-3）

表 5-3　　成本费用管理业务控制岗位职责分工

管理控制岗位	主要职责	不相容职责
总经理	• 审批成本费用相关制度 • 审批预算外成本费用支出 • 审批成本费用重要报表	• 制定相关制度与方案
财务部	• 组织制定成本费用相关制度与流程 • 审核成本费用支出申请 • 定期对成本费用进行分析 • 编制成本费用报表 • 成本费用的会计处理	• 审批相关业务 • 成本费用支出与会计记录
各部门负责人	• 编制本部门成本费用预测 • 执行本部门费用预算 • 控制本部门的成本费用开支	• 审批相关业务 • 审核成本费用支出

第五节　销售与收款业务内部控制与风险管理

一、销售与收款业务的概念及控制目标

1. 销售与收款业务的概念

销售与收款业务是指销售商品、提供劳务并取得货款的行为，主要包括确定客户、签订销售合同、客户信用审核、发货、销售发票的开具、销售货物以及应收账款控制等环节的业务。

销售与收款作业流程如图 5-5 所示。

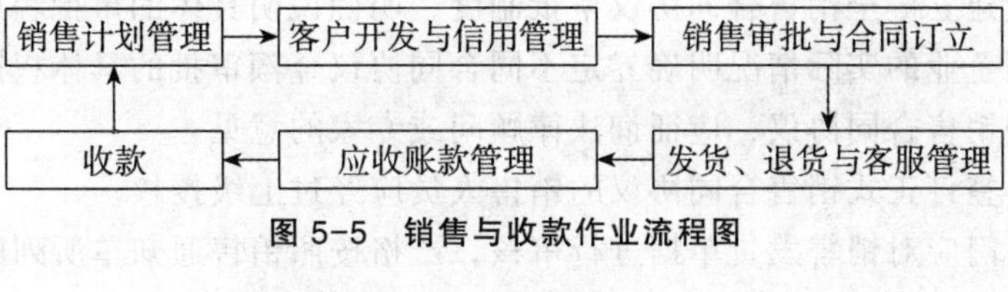

图 5-5　销售与收款作业流程图

2. 销售与收款业务内部控制与风险管理目标

（1）规范销售行为，防止销售过程中的差错与舞弊。

（2）建立健全客户信用评价管理体系，规避及减少信用风险。

（3）加强销售合同管理，规范经营行为，防范经营风险。

（4）规范销售发票开具行为，准确确认收入，确保收入的真实、完整。

（5）加强应收账款管理，降低坏账风险。

二、销售与收款业务的主要风险事件

企业应加强对销售业务的内部控制，并至少应关注以下风险事件：

（1）销售未经适当审批或超越授权审批，可能因重大差错、舞弊、欺诈而导致损失。

（2）销售政策和信用政策管理不规范、不科学，可能导致资产损失或资产运营效率低下。

（3）合同协议签订未经正确授权，可能导致资产损失、舞弊和法律诉讼。

（4）应收账款和应收票据管理不善，账龄分析不准确，可能由于未能收回或未能及时收回欠款而导致收入流失和法律诉讼。

（5）销售发票开具差错，引起涉税风险。

三、销售与收款业务的关键风险控制点

1. 职责分工与授权批准的关键风险控制点

（1）客户信用管理与销售合同协议的审批、签订的不相容岗位应该分离。

（2）销售合同协议的审批、签订与办理发货的不相容岗位应该分离。

（3）销售货款的确认、回收与相关会计记录的不相容岗位应该分离。

（4）销售退回货品的验收、处置与相关会计记录的不相容岗位应该分离。

（5）销售业务经办与发票开具、管理的不相容岗位应该分离。

（6）坏账准备的计提与审批、坏账的核销与审批的不相容岗位应该分离。

（7）应由多部门参与制定信用政策。

（8）信用政策应明确规定定期（或至少每年）对客户资信情况进行评估，并就不同的客户明确信用额度、回款期限、折扣标准以及违约情况下应采取的应对措施等。

（9）应建立销售业务授权制度和审核批准制度，并按照规定的权限和程序办理销售业务。

（10）应该根据具体情况对办理销售业务的人员进行岗位轮换或者管区、管户调整。

2. 销售与发货的关键风险控制点

（1）企业应建立销售定价控制制度，制定价目表、折扣政策、收款政策，定期审阅并严格执行。

（2）在销售合同协议订立前，企业应指定专门人员就销售价格、信用政策、发货及收款方式等具体事项与客户进行谈判。

（3）企业应建立健全销售合同协议审批制度，明确说明具体的审批程序及所涉及的部门人员，并根据企业的实际情况明确界定不同合同协议金额审批的具体权限分配等。

（4）重要的销售合同协议，应征询法律顾问或专家的意见。

（5）与客户签订正式销售合同协议的销售人员应经过上级授权。

（6）发货部门应对销售发货单据进行审核，严格按照销售通知单所列的发货品种和规

格、发货数量、发货时间、发货方式、接货地点组织发货，并建立货物出库、发运等环节的岗位责任制，确保货物的安全发运。

（7）企业应建立销售退回管理制度。企业的销售退回必须经销售主管审批后方可执行。

（8）销售退回的货物应由质检部门检验和仓储部门清点后入库。企业应对退货原因进行分析并明确有关部门和人员的责任。

（9）销售部门应设置销售台账，及时反映各种商品、劳务等销售的开单、发货、收款情况，并由相关人员对销售合同协议执行情况进行定期跟踪审阅。

3. 收款的关键风险控制点

（1）销售收入应及时入账。

（2）销售人员应避免直接接触销售现款。

（3）应建立应收账款账龄分析制度和逾期应收账款催收制度。

（4）对催收无效的逾期应收账款应及时通过法律程序等途径予以解决。

（5）对于可能成为坏账的应收账款，应按照相应的会计准则规定计提坏账准备，并按照权限范围和审批程序进行审批。

（6）对确定发生的各项坏账，应及时查明原因，明确责任，并在履行规定的审批程序后做出会计处理。

（7）企业核销的坏账应进行备查登记，做到账销案存。已核销的坏账又收回时应及时入账，防止形成账外款。

（8）应明确应收票据的受理范围和管理措施。

（9）已贴现但仍承担收款风险的票据应在备查簿中登记，以便日后追踪管理。

（10）应定期抽查、核对销售业务记录、销售收款会计记录、商品出库记录和库存商品实物记录，及时发现并处理销售与收款中存在的问题。

（11）应定期与往来客户通过函证等方式，核对应收账款、应收票据、预收账款等往来款项；如有不符，应及时查明原因并处理。

四、销售与收款业务控制岗位职责分工（见表 5-4）

表 5-4　　销售与收款业务控制岗位职责分工

控制岗位设置	主要职责	不相容岗位
分管销售的副总	• 负责销售政策、信用政策的审批 • 负责坏账准备计提、坏账核销的审批	
销售部	• 负责处理订单、签订合同 • 执行销售政策和信用政策 • 负责票据的传递和核对及催收货款 • 负责客户的开发 • 负责销售信用政策的执行 • 负责销售合同的签订	• 审批销售政策 • 销售合同的审批
仓储部	• 负责办理发货业务 • 根据销售退货通知办理相关实物验收入库事宜	

续表

控制岗位设置	主要职责	不相容岗位
经营规划部	• 负责对客户进行信用评级、制定信用政策，建立客户信用档案 • 监督销售部门信用政策的执行情况 • 参与销售合同的签订 • 负责对销售合同中涉及法律条款的事项进行审核确认	
品质保证部	• 负责对销售退回的产品进行质量鉴定，出具质量鉴定报告	
财务部	• 参与销售合同的制定 • 负责销售发票的开具、确认收入、销售款项的结算与记录 • 监督、管理货款回收的审核与账务处理 • 负责坏账准备计提、坏账核销的执行工作	
门卫	• 依据财务会计部门盖章的出门证，在查验出门实物与出门证内容一致后方可放行	

第六节　研究与开发业务内部控制与风险管理

一、研究与开发业务的概念及控制目标

1. 定义与流程

研究是指为获取并理解新的科学或技术知识而进行的独创性的有计划调查；开发是指在进行商业性生产或使用前，将研究成果或其他知识应用于某项计划或设计，以生产出新的或具有实质性改进的材料、装置、产品等。研究与开发的最终目的是使企业获取新产品、新技术、新工艺，提高企业的竞争能力。

研究与开发业务作业流程如图 5-6 所示。

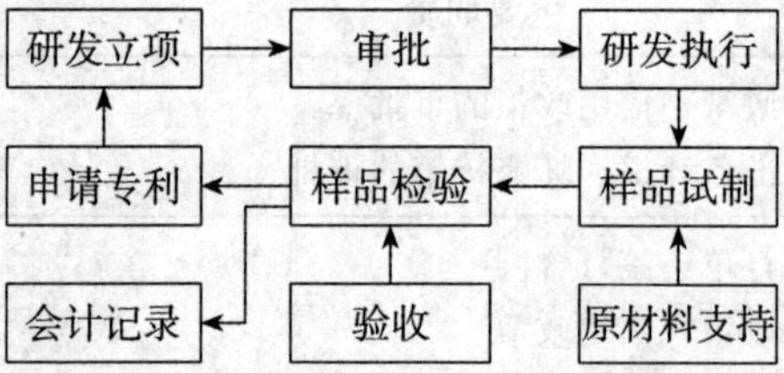

图 5-6　研究与开发业务作业流程图

2. 研发业务内部控制与风险管理目标

（1）规范研发流程，防范研发过程中的盲目性和浪费性损失或风险。

（2）加强研发过程管理，防范研发成本的过高、舞弊或研发失败的风险。

（3）保证研发效率的提升，降低无效研发事项，减少研发环节的费用支出，实现投入产出效益的最大化。

（4）对研发的资金支出进行及时、准确的记录，确保研发费用的真实性及会计处理的正确性、时效性和合法性。

（5）保证研发产品或技术的质量，使整个研发过程处于可控状态。

二、研究与开发业务的主要风险事件

（1）企业研发项目立项制度不健全，对研发项目评审和审批环节把关不严，容易出现研发决策失误风险。

（2）研发立项调查未经科学论证或论证不充分，可能导致创新不足或资源浪费，甚至出现研发失败的风险。

（3）研发人员配备不合理或研发过程管理不善，可能导致研发成本过高、舞弊或研发失败。

（4）研发过程管理不善，费用失控或科技收入形成账外资产，影响研发效率，提高研发成本甚至造成资产流失，导致企业遭受损失。

（5）研究过程中未能及时发现错误，导致修正成本风险。

（6）测试与鉴定投入不足，导致测试与鉴定的不充分，不能有效地降低技术失败的风险。

（7）核心研究人员缺乏管理激励制度，导致形成新的竞争对手或技术秘密外泄。

（8）研发人员培养体系不健全，导致研发人才缺失，容易产生人才风险。

（9）未能有效识别和保护知识产权，权属未能得到明确规范，开发出的新技术或产品被限制使用，导致产权风险。

（10）研究成果转化应用不足、保护措施不力，可能导致企业利益受损的风险。

三、研究与开发业务的关键风险控制点

1. 授权审批的关键风险控制点

企业应建立完善的授权审批体系，对研发项目应当按照规定的权限和程序进行审批。

2. 立项与研究的关键风险控制点

（1）企业应当根据实际需要，提出研究项目立项申请，进行项目调研，开展可行性研究，编制可行性研究报告，必要时借助外部专家的力量。

（2）企业应配备合格的研发人员，并对核心员工进行有效管理，减少研发失败及机密泄露的风险。

（3）企业委托外单位或其他单位合作进行研究的，明确双方投资、分工、权利义务、研究成果产权归属等。

3. 开发与保护的关键风险控制点

（1）企业应在充分试生产、验证其产品性能的基础上进行批量生产。

（2）企业应当建立研究成果保护制度，加强对专利权、非专利技术、商业秘密的保护。

（3）企业应建立研究开发活动评估机制，认真总结研发管理经验，提高研发水平。

四、研究与开发业务的控制岗位职责分工（见表 5-5）

表 5-5 研究与开发业务的控制岗位职责分工

控制岗位	岗位职责	不相容职责
董事会	• 审议重大研发项目	• 制订研发计划
总经理	• 审批预算内研发项目 • 审批技术保密与知识产权保护制度	• 制订研发计划
研发中心	• 制定研发管理制度 • 负责研发项目立项与论证、开发、试制、投产 • 负责研发后评价工作	• 审批权限范围外事项
经营规划部	• 委外研发合同的管理 • 负责组织专门人员进行技术鉴定	
人力资源部	• 负责核心员工的管理	
财务部	• 研发资金的专项管理与拨付	
其他部门	• 配合研发中心	

第七节 工程项目内部控制与风险管理

一、工程项目概念及控制目标

1. 定义与范围

工程业务是指正在施工中固定资产的新建、改建、扩建和大修建设，或技术改造、设备更新和大修理等未完工程活动。工程业务活动主要包括施工前的准备，以及正在施工中的建筑工程、安装工程、技术改造工程、大修理工程等尚未完工的工程支出。工程业务的内部控制与风险管理是对工程项目的概预算、招标、工程材料采购、工程价款结算、工程竣工结算、工程竣工决算及验收等环节的内部控制与风险管理（如图 5-7 所示）。

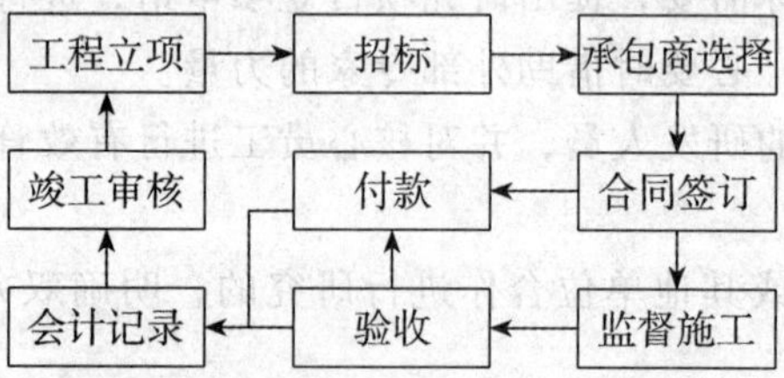

图 5-7 工程业务活动内部作业流程图

2. 工程业务内部控制目标

（1）保证工程业务符合国家及公众利益，符合国家的相关法律法规，避免违法违规风险。

（2）工程项目的发生在年度投资预算范围之内，降低预算差异风险。

（3）工程价款、材料设备款及其他费用的支付符合合同的要求，价款支付及时、正确，确保工程资金的安全。

（4）保证在建工程的安全及相关会计记录的完整、准确，规避工程业务信息的舞弊风险。

(5) 确保在建工程的质量、进度及人员安全，降低经营风险。

二、工程业务的主要风险事件

(1) 工程立项缺乏可行性研究，或可行性研究流于形式，导致决策不当，难以实现预期效益，甚至可能导致项目失败。

(2) 可行性研究的深度达不到质量标准和实际要求，无法为项目决策提供充分、可靠的依据。

(3) 工程项目评审流于形式，误导项目决策。

(4) 权限配置不合理，或者决策程序不规范，导致决策失误，给企业带来巨大经济损失。

(5) 对工程设计招标审查制度不健全，导致投资失控或投产后运行成本过高。

(6) 概预算严重脱离实际，导致项目投资失控。

(7) 在工程招标过程中，相关人员可能违法违纪泄露标底，存在舞弊行为。

(8) 质量、安全监管不到位，可能存在质量隐患。

(9) 工程物资采购过程控制不力，材料和设备质次价高，不符合设计标准和合同要求，影响工程质量和进度。

(10) 建设资金使用管理混乱，项目资金不落实，导致工程进度延迟或中断。

(11) 工程现场控制不当，工程变更频繁，导致费用超支、工期延误。

(12) 工程竣工验收不规范，质量检验把关不严，可能导致工程存在重大质量隐患。

(13) 相关人员虚报项目投资完成额、虚列建设成本或者隐匿结余资金，导致竣工决算失真。

(14) 固定资产达到预定可使用状态后，未及时进行估价、结转。

三、工程业务的关键风险控制点

1. 职责分工与授权批准的关键风险控制点

(1) 项目建议、可行性研究与项目决策的不相容岗位应分离；概预算编制与审核的不相容岗位应分离；项目决策与项目实施的不相容岗位应分离；项目实施与价款支付的不相容岗位应分离；项目实施与项目验收的不相容岗位应分离；竣工决算与竣工决算审计的不相容岗位应分离。

(2) 企业应配备专门的会计人员办理工程项目核算业务，办理工程项目核算业务的人员应当熟悉国家法律法规及工程项目管理方面的专业知识。

(3) 对于重大项目，企业应聘请具备规定资质和胜任能力的中介机构（如招标代理、工程监理、财务监理等）和专业人士（如工程造价专家、质量控制专家等），协助企业进行工程项目业务的实施和管理。

(4) 应建立工程项目授权制度和审核批准制度，并按照规定的权限和程序办理工程项目业务。

(5) 企业应制定工程项目业务流程，明确项目决策、概预算编制、价款支付、竣工决算等环节的控制要求，并设置相应的记录或凭证，如实记载工程项目各环节业务的开展情况，确保工程项目全过程得到有效控制。

2. 项目决策的关键风险控制点

（1）企业应建立工程项目决策环节的控制制度，对项目建议书和可行性研究报告的编制、项目决策程序等做出明确规定，确保项目决策科学、合理。

（2）企业应组织工程、技术、财会、法律等相关专业人员对项目建议书和可行性研究报告的完整性、客观性进行技术经济分析和评审，出具评审意见，作为项目决策的参考依据。

（3）企业应根据职责分工和审批权限对工程项目进行决策，决策过程应有完整的书面记录，重大的工程项目应报经董事会审议批准。

（4）企业应建立工程项目决策及实施的责任制度，明确相关部门及人员的责任，定期或不定期地进行检查。

（5）对需要委托其他单位承担的工程项目，应区别不同的发包方式（如包工包料、包工不包料等），制定相应的控制程序。

3. 概预算的关键风险控制点

（1）企业应建立工程项目概预算环节的控制制度，对概预算的编制、审核等做出明确规定，确保概预算编制得科学、合理。

（2）企业概预算应经由审核人员出具书面审核意见，并签章确认。

4. 价款支付与工程实施的关键风险控制点

（1）企业应建立工程进度价款支付环节的控制制度，对价款支付的条件、方式以及会计核算程序做出明确规定，确保价款支付及时、正确。

（2）企业会计人员应对工程合同协议约定的价款支付方式、有关部门提交的价款支付申请及凭证、审批人的批准意见等进行审查和复核。

（3）工程进度款的支付应按工程项目进度或者合同协议约定进行。

（4）企业会计人员在办理价款支付业务过程中发现拟支付的价款与合同协议约定的价款支付方式及金额不符，或与工程实际完工进度不符等异常情况，应及时报告。

（5）对于自行建造的工程项目，以及以包工不包料方式委托其他单位承担的工程项目，企业应建立针对材料采购、收发、保管和记录相关的控制程序。

（6）企业应严格控制项目变更，对于必要的项目变更应经过相关部门或中介机构（如工程监理、财务监理等）的审核。

（7）因工程变更等原因造成价款支付方式及金额发生变动的，应提供完整的书面文件和其他相关资料。

（8）企业会计人员应对工程变更所涉及的价款支付进行审核。

5. 竣工决算的关键风险控制点

（1）企业应建立竣工决算环节的控制制度，对竣工清理、竣工决算、决算审计、竣工验收等做出明确规定，并严格执行。

（2）企业应建立竣工清理制度，明确竣工清理的范围、内容和方法，如实填写并妥善保管竣工清理清单。

（3）企业应对工程剩余物资进行管理，对需处置的剩余物资，应明确处置权限和审批程序，并将处置收入及时入账。

（4）企业应组织有关部门及人员对竣工决算进行审核，重点审查决算依据是否完备，相关文件资料是否齐全，竣工清理是否完成，决算编制是否正确。

（5）企业应建立竣工决算审计制度，及时组织竣工决算审计。

（6）验收合格的工程项目，应及时编制财产清单，办理资产移交手续，并加强对资产的管理。

四、工程业务风险评估矩阵

按照业务活动风险事件发生的可能性和风险事件发生后对企业经营目标的影响程度两个维度，将业务活动风险事件绘制在风险坐标图上，如图 5-8 所示。

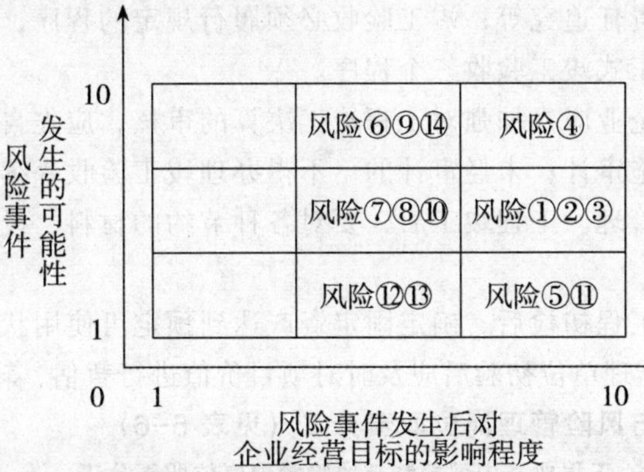

图 5-8　工程业务风险评估矩阵

五、工程业务风险应对措施

对于风险事件①、②，企业应当根据自身的实际情况，确定可行性研究报告的编制要求和标准，充分保证可行性研究的科学性和准确性。必要时，可以委托专业的机构来为企业进行可行性分析研究，做到投资、质量和进度控制的有机统一。

对于风险事件③，企业应当组建项目评审组或委托具有资质的专业机构对可行性研究报告进行评审，项目评审应实行问责制，评审组成员要对其出具的评审意见承担责任。

对于风险事件④，企业应当事先规定具体的权限和程序，真正对工程项目进行决策时，决策过程必须有完整的书面记录，并实行决策责任追究制度。

对于风险事件⑤，企业应建立严格的初步设计审查和批准制度，通过严格的复核、专家评议等制度，层层把关，确保评审工作质量。

对于风险事件⑥，企业应建立严格的概预算编制与审核制度。按照国家和行业的要求，建立本企业的概预算制度，并定期组织工程、研发、财务等部门的相关专业人员对编制的概预算进行审核，确保概预算编制的真实、完整和准确。

对于风险事件⑦，企业应当根据工程项目特点决定是否编制标底。需要编制标底的，标底编制过程和标底应当实行严格的保密制度。

对于风险事件⑧，企业应当与承包单位在合同中明确工程的质量问题，不定期地派工程部人员去施工现场查看重要的质量控制点，并向监理机构反映，在此基础上实施质量预控。此外，企业也应监督和督促监理机构按合同约定的安全工作内容监督、检查承包单位安全工作的实施。

对于风险事件⑨，在工程合同中，企业应要求建设单位具体说明建筑材料和设备应达到的质量标准，明确责任追究方式。而对于本单位提供的重要材料和工程设备，应由监理机构进行检验，查验材料合格证明和产品合格证书，一般材料要进行抽检。

对于风险事件⑩，企业应当建立完善的工程价款结算制度，明确工作流程和职责权限划分，并切实遵照执行。尤其是财会部门应当安排专职的工程财会人员，认真开展工程项目核算与财务管理工作。

对于风险事件⑪，企业要建立严格的工程变更审批制度，严格控制工程变更，确需变更的，要按照规定程序尽快办理变更手续，减少经济损失。

对于风险事件⑫，企业应当健全竣工验收各项管理制度，明确竣工验收的条件、标准、程序、组织管理和责任追究等；竣工验收必须履行规定的程序，至少应经过承包单位初检、监理机构审核、正式竣工验收三个程序。

对于风险事件⑬，企业应当加强对工程竣工决算的审核，应先自行审核，再委托具有相应资质的中介机构实施审计；未经审计的，不得办理竣工验收手续。此外，本企业要加强对完工后剩余物资的管理。工程竣工后，要对各种节约的材料、设备、施工机械工具等清理核实，妥善处理。

对于风险事件⑭，工程初检后，确定固定资产达到预定可使用状态的，承包单位应及时通知企业，企业会同监理单位初验后应及时对项目价值进行暂估，转入固定资产核算。

六、工程业务内部控制与风险管理岗位职责分工（见表 5-6）

表 5-6 工程业务内部控制与风险管理岗位职责分工

管理控制岗位	主要职责	不相容岗位
政府部门	• 工程项目立项审批和许可证的发放	
公司总经理	• 审批工程项目可行性方案 • 审批项目概预算方案 • 审批工程款支付方案 • 审批工程竣工决算文件	• 制订相关方案
经营规划部	• 审核工程项目可行性方案 • 审核项目概预算方案 • 审核工程款支付方案 • 审核工程竣工决算文件 • 组织制订相应方案 • 审批权限范围内的方案	• 权限外审批
经营规划部/项目经理	• 编制与项目相关的文件 • 负责项目的具体实施和全程管理	• 权限外审批
财务部部长	• 负责项目资金的审核 • 负责项目价款的支付 • 负责资产的账务处理	
纪委	• 负责工程项目的全程监控	
工程项目需求部门	• 提出项目需求 • 参与项目论证	

第八节　外包业务内部控制与风险管理

一、外包业务的概念及控制目标

1. 外包业务的概念与流程

外包业务是指企业利用专业化分工优势，将日常经营中的部分业务委托给本企业以外的专业服务机构或其他经济组织（以下简称承包方）完成的经营行为。对于一般企业而言，外包业务会随着社会经济的快速发展越来越多。

外包业务作业流程图如图 5-9 所示。

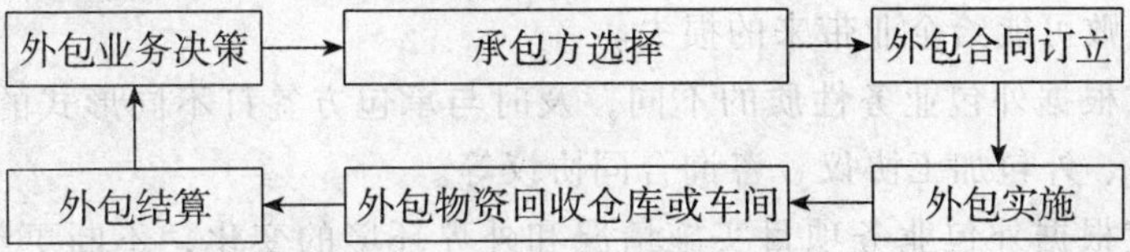

图 5-9　外包业务作业流程图

2. 外包业务活动内部控制目标

（1）加强外包业务岗位责任控制，规范授权审核制度和外包业务归口管理制度，防范违法违规风险的发生。

（2）保证外包策略的科学合理，降低外包业务的成本支出。

（3）加强对承包方选择的控制，保证承包方选择依据充分，外包合同协议灵活规范。

（4）加强对外包业务流程的控制，包括外部存货的管理、关键环节中间产品及产成品质量的控制，提高外包业务的效率。

（5）保证会计记录的及时与完整，确保外包业务信息的决策有用性。

二、外包业务的主要风险事件

（1）外包业务未经适当审核或超越授权审批，可能因重大差错、舞弊、欺诈而导致损失。

（2）外包业务策略不科学、承包方选择不合理，可能导致企业核心资产遭受损失。

（3）外包业务流程未恰当履行或监控不当，可能导致企业外包战略失败或经营效率低下。

（4）外包业务信息保护措施不当，可能导致企业商业秘密泄露。

（5）外包业务会计处理不当，可能导致外包资产流失。

三、外包业务的关键风险控制点

1. 职责分工与授权审批的关键风险控制点

（1）企业应建立外包业务的岗位责任制，明确相关部门和岗位的职责权限，确保办理外包业务的不相容岗位相互分离、制约和监督。

（2）企业应建立外包业务的授权制度和审核批准制度，明确企业内部各单位、各部门授权的范围、授权内容、授权期间和被授权人条件。

（3）企业重大或核心外包业务，应提交董事会审议通过后方可实施。

（4）非核心业务或涉及金额较小的外包业务，应由相关部门在授权范围内提出申请，报副总经理或总经理审核通过后实施。

（5）企业应根据外包业务职能的不同，指定外包业务归口管理部门，负责对外包业务的管理工作进行管理。

2. 承包方选择的关键风险控制点

（1）企业应指定相关职能部门编制外包项目计划书，具体阐述业务外包背景、外包内容、实施程序、主要风险和预期收益等信息，经本部门负责人审核后，提交分管生产的副总经理或总经理审议。

（2）企业应建立承包方资质审核和遴选制度，确保引入合格的外包合作伙伴。

（3）发包方应考虑选择多家企业作为业务承包方，以促进承包方不断改进服务能力，降低一方服务失败可能给企业带来的损失。

（4）企业应根据外包业务性质的不同，及时与承包方签订不同形式的合同协议文本，包括技术协议书、外包加工协议、咨询合同协议等。

（5）企业应根据外包业务项目实施情况和外界环境的变化，不断更新、修正保密条款，必要时与承包方补签保密协议。

3. 外包实施的关键风险控制点

（1）企业应建立外包业务流程管理制度，明确外包业务流程、外包业务参与人员主要职责、资产管理政策、流程中断应急措施等内容，报业务主管部门负责人、企业副总或总经理审批通过后执行。

（2）企业应建立外部存货库存管理制度。

（3）企业应考虑所有的、在承包方（或分包方）储存的存货，承包方是否按照发包方存货库存管理制度的要求对库存存货进行管理。

（4）企业应指定专人定期对库存存货进行检查。

（5）企业应定期对所有重要承包方的履约能力进行评估，据此确定业务可持续能力等级，并制订相应的应急方案。

（6）财务部门应做好业务外包会计科目设置和核算流程，确保财务信息准确。

四、外包业务内部控制岗位职责分工（见表 5-7）

表 5-7 外包业务内部控制岗位职责分工

管理控制岗位	主要职责	不相容岗位
总经理或分管外包业务的副总经理	• 审批委外产品清单 • 审批合格的外委外购厂家	• 制定委外产品清单 • 编制外委外购厂家清单
技术部	• 提供外委外购产品明细资料 • 参与对外委企业的评审 • 向受托单位提供产品技术标准	• 审批相关委外产品清单 • 审批委外、外购厂家清单
制造管理部	• 负责组织外委外购厂家的市场调研，选择并提供外委外购厂家明细资料 • 负责与承包方签订协议，内容应包括生产管理、质量索赔、保密条款、原材料风险抵押金收取等 • 负责外委外购工作的生产组织、管理	• 审批相关单据 • 单方面负责外委外购厂家的评审

续表

管理控制岗位	主要职责	不相容岗位
品质保证部	• 参与对外委企业的评审 • 负责对委托加工完成的产品进行质量检验	• 审批相关单据
资源保障部	• 负责向外委企业提供原材料	
财务部	• 参与对外委企业的评审 • 对原材料风险抵押金的收取进行账务处理 • 负责监控委外厂家欠我公司的债务是否大于外委公司所交纳的风险抵押金，并对异常情况向制造管理部报告	
销售公司	• 配合生产部门对委外企业进行评审	
委托厂家	• 负责在规定之日内向我公司生产部和品质部提交与产品生产相关的资质证明 • 负责在规定的时间内提供符合协议要求的产品	

第九节　会计信息披露业务内部控制与风险管理

一、会计信息披露业务的概念及控制目标

1. 会计信息披露业务的概念

会计信息是反映企业财务状况、经营成果、现金流量及受托管理责任的履行情况的基本信息（通常以会计报表进行反映），是企业财务决策的语言，也是国际通用的商业语言。会计信息披露是为满足不同信息使用者包括投资者、债权人、政府管理部门、企业管理层、供应商、客户和社会公众等不同利益相关者的信息需求而进行的对外公布会计信息的活动。对于会计信息，信息使用者要求它具有可靠性、可比性、相关性、及时性等质量特征，但事实上目前披露的会计信息并不能很好地满足这些要求。会计信息质量已经成为世界各国普遍遇到的一个严重社会问题，会计信息的可靠性、公允性、相关性、可比性、审慎性都让信息使用者感到难以把握、无所适从。一个严谨、科学的会计信息披露系统对于提高会计信息的可靠性、公允性、相关性和可比性具有十分重要的意义。

财务报告编制与信息披露业务的作业流程如图 5-10 所示。

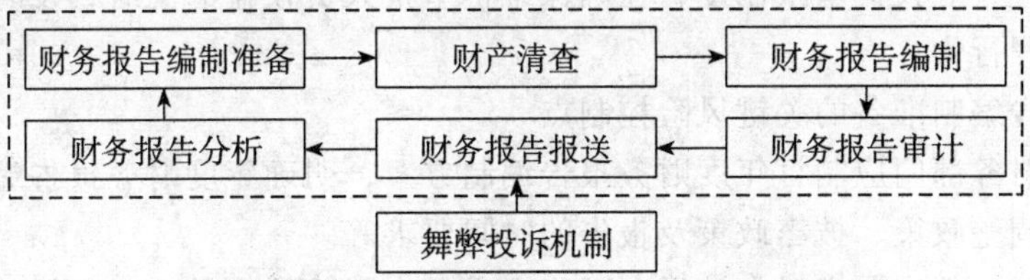

图 5-10　财务报告编制与信息披露业务的作业流程图

2. 财务报告编制及信息披露的内部控制目标

（1）规范财务报告编报行为，财务报告的编制与披露符合国家以及企业的相关规定。

（2）确保企业在编制财务报告时，重点关注会计政策和会计估计，对财务报告产生重大影响的交易和事项的处理按照规定的权限和程序进行审批。

（3）保证会计信息及其他各种管理信息的真实、可靠和及时提供。避免因虚假记载、误导性陈述、重大遗漏和未按规定及时披露导致损失。

（4）信息披露真实、准确、完整、及时、公平，避免因信息披露不及时或失真造成损失。

（5）满足监管机构的要求，保护公司、股东、债权人及其他利益相关人的合法权益，维护公司的良好形象。

二、财务报告编制与信息披露环节的主要风险事件

（1）信息的编制与披露违反国家法律、法规要求，可能遭受外部处罚，导致经济损失和信誉损失。

（2）信息的编制未经适当审核、越权审批或者审批流于形式，可能因重大差错、舞弊、欺诈而导致损失。

（3）信息披露程序不当，可能因虚假记载、误导性陈述、重大遗漏和未按规定及时披露导致损失。

（4）未经授权对外进行信息披露，导致信息披露不合规。

（5）信息内容不真实、不完整，披露不及时，格式不合规，违反相关报送要求，导致受监管部门处罚的风险。

（6）重大信息收集不全面，不能如实反映其实际情况以及披露不及时，导致受外部监管部门处罚。

（7）需要披露的信息保密措施不严，使信息提前泄露，导致发生内部交易，使投资或企业本身蒙受损失。

（8）必须经过审计才能对外披露的信息，由于审计机构不符合相关法律法规的规定，使企业遭受外部处罚和经济损失。

三、财务报告编制与信息披露业务的关键风险控制点

1. 岗位分工与职责的关键风险控制点

（1）企业应建立财务报告编制与信息披露的岗位责任制，明确相关部门和岗位在财务报告编制与信息披露过程中的职责和权限，确保财务报告的编制与信息披露和审核相互分离、制约及监督。

（2）企业内部参与财务报告编制的各单位、各部门应及时向财务部门提供编制财务报告所需的信息，并对所提供信息的真实性和完整性负责。

（3）企业应建立投诉举报制度，在确保维护举报人员权益的同时，及时向董事会报告财务舞弊或造假行为。

2. 财务报告编制准备的关键风险控制点

（1）企业财务部门应制订年度财务报告编制方案，明确年度财务报告编制方法、年度财务报告会计调整政策、披露政策及报告的时间要求等。

（2）企业财务部应制定对会计报表可能产生重大影响的交易或事项的判断标准，对会计报表可能产生重大影响的交易或事项，应将其会计处理方法及时提交董事会审议。

（3）企业财务部应将涉及变更会计政策、调整会计估计的事项，及时提交董事会审议。

（4）企业财务部应建立对账规范，将会计账簿记录与实物资产、会计凭证、往来单位或者个人等进行相互核对，保证账证相符、账账相符、账实相符。

3. 财务报告编制的关键风险控制点

（1）企业应按照相应的会计准则规定的会计报表格式和内容，根据登记完整、核对无误的会计账簿记录和其他有关资料编制会计报表。

（2）对于需要编制合并报表的，财会部门应将确定合并会计报表编制范围的方法以及发生变更的情况及时提交董事会审议。

4. 财务报告的报送与披露及其控制的关键风险控制点

（1）企业应建立财务报告报送与披露的管理制度，确保在规定的时间，按照规定的方式，向内部相关负责人及其外部使用者及时报送财务报告。

（2）企业应根据国家法律法规和有关监管规定，聘请会计师事务所对企业财务报告进行审计，总经理应与负责审计的注册会计师就其所出具的初步审计意见进行沟通，并将沟通的情况及意见签字确认后，及时提交董事会审议。

（3）企业应按照国家法律法规和有关监管规定，将经过审计的财务报告装订成册，加盖公章，并由公司财务部部长、总经理签名。

四、财务报告编制与信息披露业务内部控制岗位职责分工（见表 5-8）

表 5-8 **财务报告编制与信息披露业务内部控制岗位职责分工**

控制岗位设置	主要职责	不相容岗位
董事会	• 审议涉及企业重大会计政策变更和会计估计变更的事项 • 审议可能对财务报告产生重大影响的交易或事项的会计处理方法 • 审议资产清查及债务核实等事项 • 审议会计师事务所聘请制度 • 核查财务舞弊与造假行为	• 编制财务报告
总经理	• 审批财务报告编制与披露规章制度 • 审批年报、半年报、季报、月报财务报告 • 审核涉及变更会计政策，调整会计估计的事项 • 审核资产清查及债务核实等事项 • 审核会计师事务所聘请制度 • 核查财务舞弊与造假行为	• 编制财务报告
财务部部长	• 组织资产清查及债务核实等事项 • 组织制定财务报告编制与披露的各项规章制度 • 监督财务报告编制与披露各项规章制度的执行 • 组织编制年度、半年度、季度、月度财务报告 • 制定可能对财务报告产生重大影响的交易或事项的会计处理方法 • 编制涉及变更会计政策、调整会计估计的事项	• 审批各类财务报告 • 审批重大会计事项
会计人员	• 清查企业资产并核实债务 • 收集并汇总有关会计信息 • 对账、查账、结账 • 编制各类报表	• 授权批准、业务经办、会计记录、财产保管、稽核检查相互分离
其他相关部门	• 提供与财务报告编制相关的信息 • 配合财务部门对账	

第十节　预算业务内部控制与风险管理

一、预算业务的概念及控制目标

1. 预算业务的定义与作业流程

预算是指企业结合整体目标及资源协调能力，经过合理预测、综合计算和全面平衡，对当年或超过一个年度的经营活动、投资活动和财务活动所做的安排。预算管理是保证企业战略落实的重要环节。一般预算包括经营预算、资本预算和财务预算。预算业务涉及预算体系设定、预算与计划、预算编制、预算审批与下达、预算执行、预算调整、预算分析与考核、预算审计、预算体系设定环节，如图 5-11 所示。

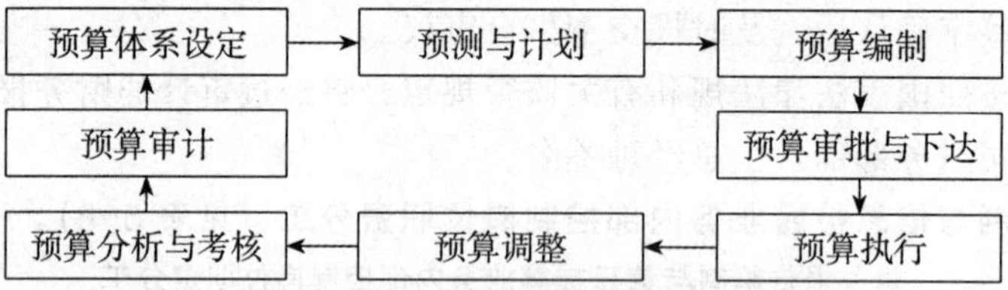

图 5-11　预算业务作业流程图

2. 预算业务的内部控制目标

（1）规范预算业务流程，确保预算编制依据合理、方法科学。

（2）明确规定预算指标分解方式、预算执行责任主体、预算资金支出的审批要求、预算执行情况的报告与预警机制，确保预算得到严格执行，降低管理成本。

（3）保证预算调整依据充分、方案合理、程序规范。

（4）确保预算分析科学、及时，奖惩严格有据。

（5）确保预算能为绩效管理提供依据。

二、预算业务常见的风险事件

企业在预算业务管理过程中，应关注如下风险事件：

（1）编制的预算脱离实际，预算未经过有效审批，可能因差错、舞弊、欺诈而导致损失。

（2）预算分解不具体，预算责任主体不明确，可能造成企业资源浪费和管理效率低下。

（3）对预算中出现的异常情况，相关部门未及时查明原因，未能提出解决办法。

（4）预算调整不符合调整条件、未经有效审批，可能造成预算调整体系缺乏准确性。

（5）预算分析不正确，未能总结预算管理过程中的经验和教训，影响预算管理水平的改进。

（6）预算监控和预算考核不力，对考核结果的奖惩不公平、不合理，可能造成预算管理流于形式。

（7）预算考核未能正确评估企业预算期的各类风险水平和经营形势，可能导致企业无法正确识别面临的各类风险。

三、预算业务的关键风险控制点

1. 职责分工与授权审批的关键风险控制点

（1）建立预算工作岗位责任制，明确相关部门和岗位职责、权限，确保各岗位相互分离。

（2）明确预算编制依据、程序、方法，确保预算编制依据合理、程序恰当、方法科学。

2. 预算编制、执行与调整的关键风险控制点

（1）明确规定预算指标分解方式、预算执行责任主体、预算资金支出的审批要求、预算执行情况的报告与预警机制，确保预算得到严格执行。

（2）保证预算调整依据充分、方案合理、程序规范。

（3）建立预算执行分析、审查、考核制度，确保预算分析科学、及时，奖惩严格有据。

四、预算业务内部控制岗位职责分工（见表 5-9）

表 5-9　　**预算业务内部控制岗位职责分工**

预算管理控制岗位	主要职责	不相容职责
母公司	• 审批年度预算方案 • 审批年度预算调整方案	• 编制年度预算方案 • 编制预算调整方案
公司经理班子	• 审议预算目标、预算管理措施和办法 • 审批预算编制方法、分析制度和考核制度	• 审批年度预算方案
预算领导小组	• 拟定预算目标和预算政策 • 组织制订年度预算方案 • 制定预算管理的具体措施和办法 • 组织下达预算方案，并协调解决预算执行中存在的问题 • 审批预算考评方案，报公司董事会审议	• 预算的编制 • 预算的执行
财务部	• 汇总、编制、平衡年度、季度、月度预算草案 • 编制预算执行情况分析报告 • 为预算编制、调整、分析、考核提供财务信息 • 按照有关要求进行会计核算，实施会计监督	• 预算的审批 • 预算的考核
各职能部门	• 负责本部门业务预算的编制、执行、监督等工作 • 配合做好企业总体预算的综合平衡、分析 • 提出本部门业务预算调整报告，上报审批 • 加强同其他部门的沟通，确保业务预算执行情况，相互监督	• 审批部门业务预算 • 考核预算执行问题 • 审批预算调整方案
人力资源部	• 执行预算考评方案	• 审批预算考评方案

五、预算业务流程及控制要点

1. 预算编制工作流程及控制要点

（1）预算编制工作流程图（如图 5-12 所示）

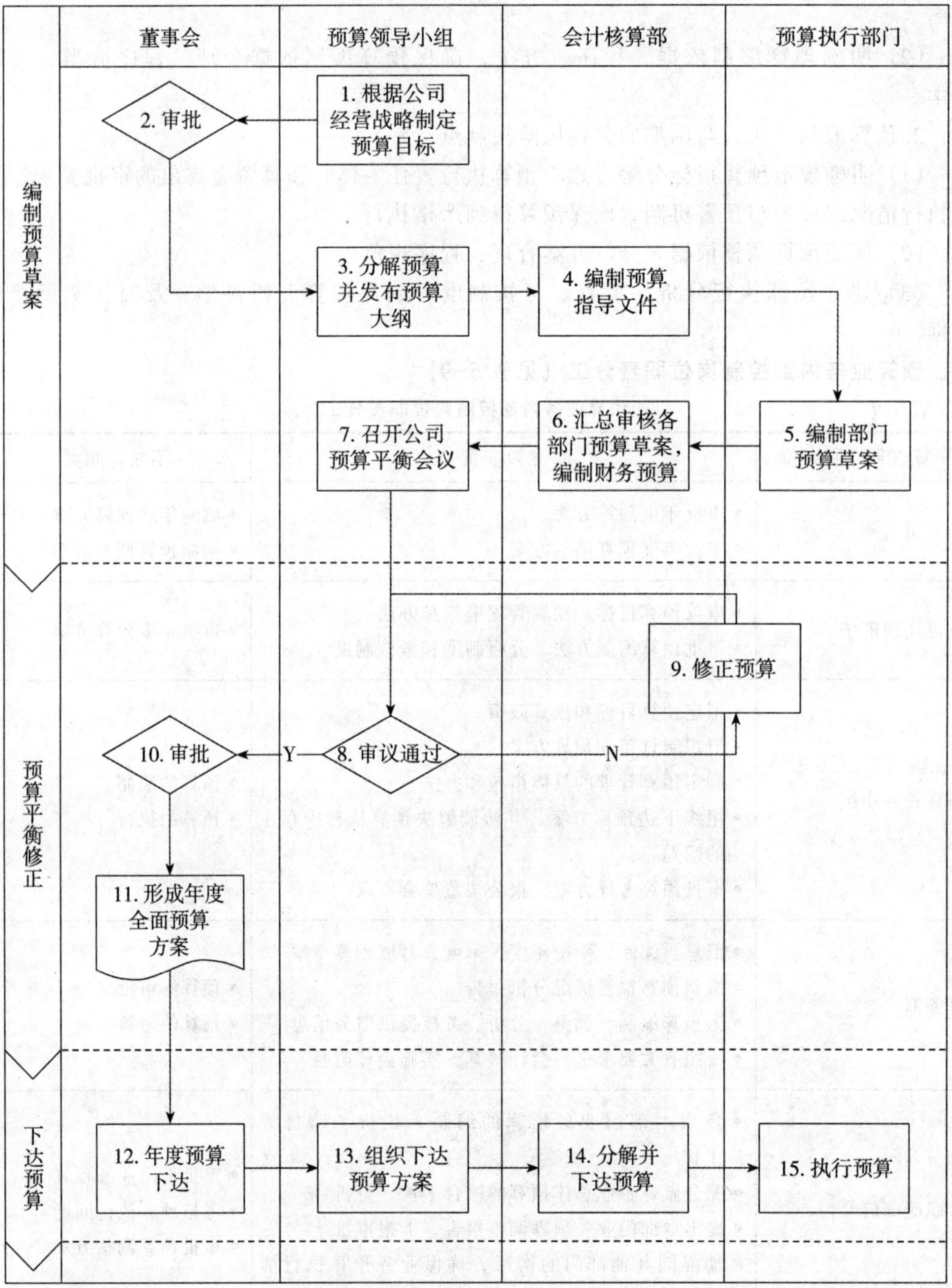

图 5-12　预算编制工作流程图

（2）预算编制流程控制要点（见表 5-10）

表 5-10　　预算编制流程控制要点

业务操作	操作人	控制要点
1-15预算编制	预算领导小组	1. 编制年度预算时，预算领导小组应在每年9月前根据公司发展战略和经营目标，拟定公司预算目标和政策，报董事会审批；在11月25日前，组织召开全面预算审议会，审议各部门及公司整体全面预算草案。 2. 编制月度预算时，应在每月30日之前组织召开月度滚动全面预算分析会，审议各部门及公司整体月度滚动预算草案。 3. 根据审批后的公司预算目标和政策分解预算并发布预算大纲。 4. 预算管理领导小组需召开专题会议，审议会计核算部编制的财务预算。对于不符合企业发展战略或者预算目标的事项，责成有关预算执行部门进一步修订、调整
	会计核算部	1. 在编制年度预算时应进行如下操作： （1）根据预算领导小组发布的预算大纲编制详细的全面预算指导文件，在9月20日之前下发到各部门。全面预算指导文件包括如下内容：公司全面预算目标下达文件、全面预算假设、全面预算表格、全面预算编制手册和编制进度要求。 （2）11月10日前，汇总平衡各部门的预算草案，编制公司财务预算，包括预计资产负债表、预计利润表、预计现金流量表及其他有关资料，提交预算管理领导小组审议。 （3）12月5日前，组织各部门根据年度全面预算审议会的要求，修改各部门及公司整体全面预算草案，并报预算管理领导小组审核。 2. 编制月度预算时应在每月28日之前，审查各部门上报的月度滚动预测草案是否符合体现公司总体的方针、目标，若不合格，返回各部门重新编制
	预算执行部门	1. 各部门必须根据预算领导小组提出的预算编制要求，及时编制、上报预算，并接受考核。 2. 编制年度预算时需进行如下操作： （1）各部门在全面分析以前年度预算执行情况的基础上，根据对下一预算年度经营环境的变化、年度经营目标、全面预算目标、全面预算指导文件的要求及部门计划，编制下一预算年度的预算草案，交各部门部长审核并进行修改。 （2）公司各部门需在10月31日之前将部门负责人审核后的全面预算草案报公司财务部。 3. 编制月度预算时，公司各部门需在每月25日前，在全面分析以前月度、预计未来各项业务情况的基础上，编制下1个月（第n个月）的n+（12-n）预测，报会计核算部审核平衡
	董事会	公司董事会需在12月10日前对由预算管理领导小组审核后的全面预算草案进行审批

2. 预算执行控制流程及控制要点

（1）业务流程图（如图 5-13 所示）

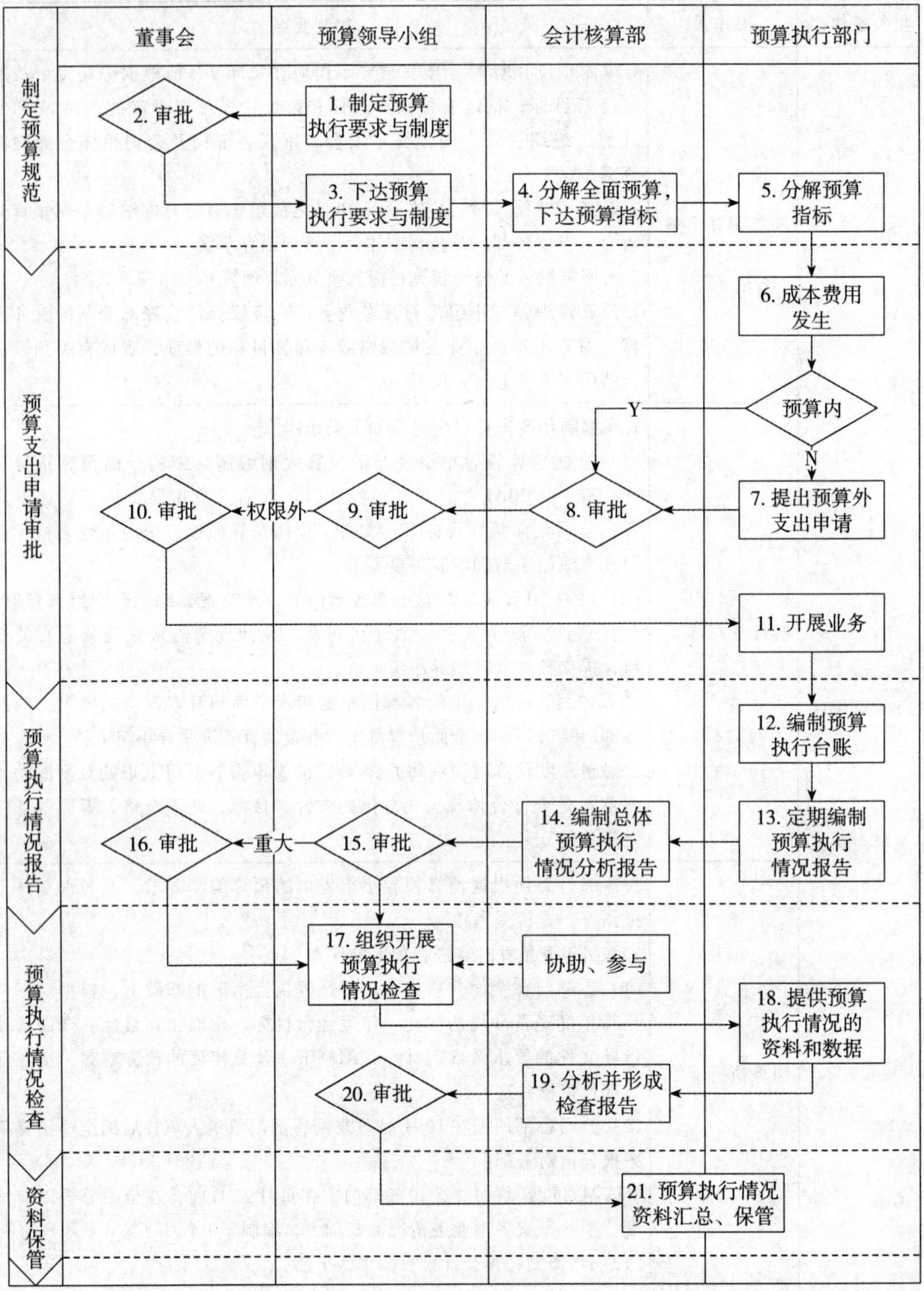

图 5-13 预算执行流程图

（2）预算执行流程控制要点（见表 5-11）

表 5-11 预算执行流程控制要点

业务操作	操作人	控制要点
1-21 预算执行	财务部	1.根据下达的预算执行要求与制度，将下达的年度预算分解成一系列的指标体系，下达到公司具体的责任部门。 2.负责对整个公司预算执行情况进行日常监督。 3.每月按照预算执行部门编制的预算执行情况报告比较实际与预算目标的差异，并进行差异分析，编写总体预算执行情况分析报告，及时送交预算领导小组审批。 4.须对预算执行情况资料进行及时存档，妥善保管
	预算执行部门	1.企业预算一经批准下达，各预算执行部门应当认真组织实施，将财务预算指标层层分解： （1）横向将预算指标分解为业务链上若干作业环节，寻找影响预算目标的关键因素并加以控制。 （2）纵向将各项预算指标层层分解落实到最终的岗位和个人，明确责任部门和最终责任人。 （3）时间上将年度预算指标分解细化为季度、月度预算，通过实施分期预算控制，实现年度预算目标。 2.对于预算内成本费用的发生，按金额大小或经济事项对公司的影响程度，分别由各部门部长、财务部部长、分管该部门的副总经理、总经理、公司董事会审批。对于预算外成本费用的发生，需提交预算外支出申请，提交预算领导小组审议及董事会审批。 3.应加强资金收付业务的预算控制。对于无预算、无合同、无凭证、无手续的项目支出，原则上不予支付。 4.负责对本部门及下属部门的预算执行情况进行监控，及时发现和纠正预算执行中的偏差。 5.应配合会计核算部门做好重大预算项目的监控。对于工程项目、对外投融资等重大预算项目，应当密切跟踪其实施进度和完成情况。 6.应定期对照预算指标及时总结预算执行情况，编制预算执行情况报告。预算执行情况报告包括如下内容：计算差异，分析原因，提出改进措施，同时确定下期的工作重点等。编制频率为年度、季度、月度。编制预算执行情况报告须遵循以下要求： （1）分析预算执行情况应与上一年度同期进行对比。 （2）在进行月度预算执行情况分析时，应对全年进行滚动预算，即随时间的推移和市场条件的变化而自行延伸并进行同步调整的预算，包括但不限于市场分析、销售收入预测、重大成本支出预测、季度利润预测、资本性支出完成预测等
	预算领导小组	1.对会计核算部门编制的总体预算执行情况分析报告进行审批，对于重大差异事项须送交董事会审批。 2.根据审批后的预算执行情况分析报告组织开展预算执行情况检查和考评。 3.应建立预算执行情况预警机制，科学选择预警指标，合理确定预警范围，对检查结果及时发出预警信号，积极采取应对措施

3. 预算调整流程及控制要点

(1) 预算调整流程图(如图 5-14 所示)

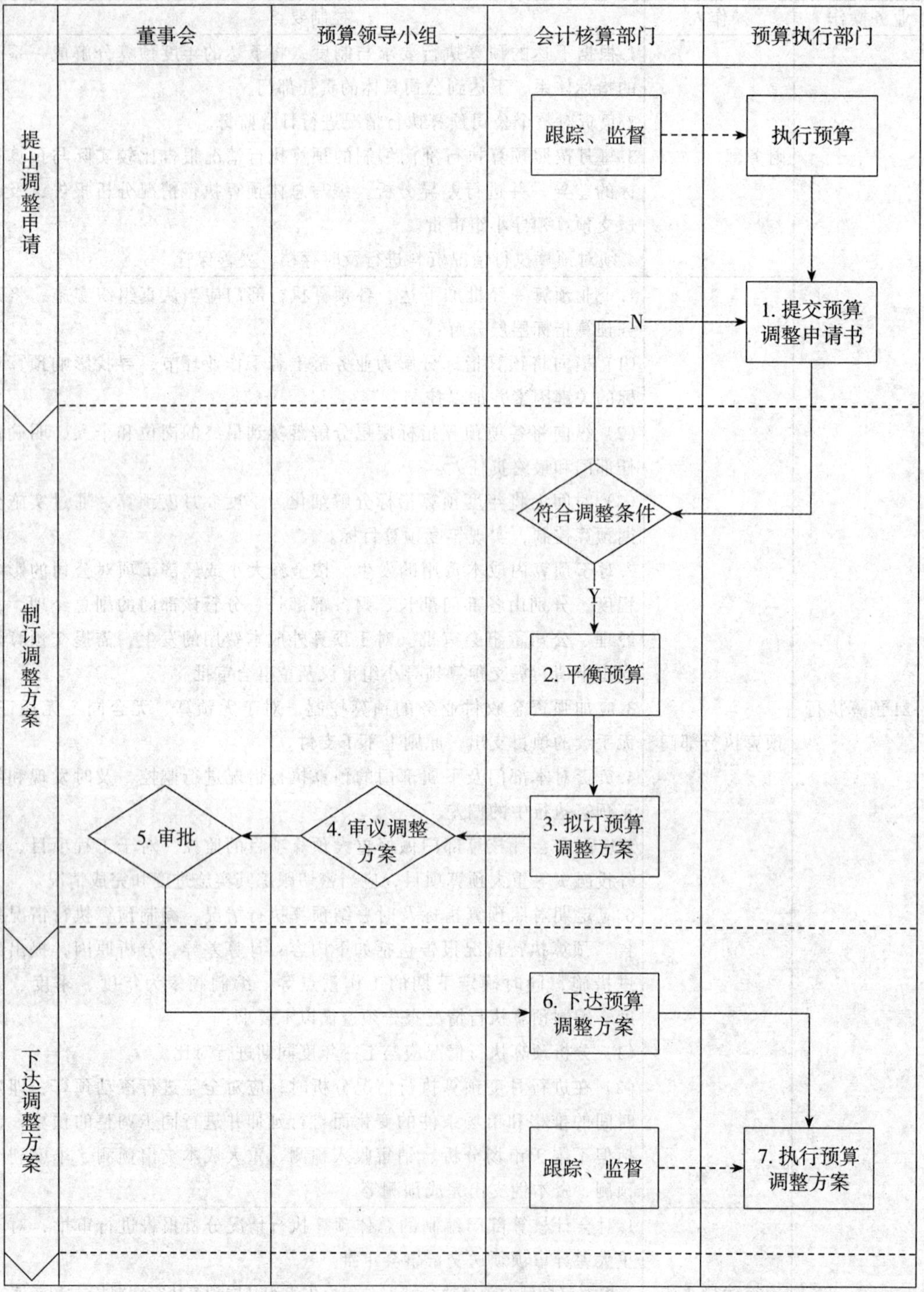

图 5-14 预算调整流程图

（2）预算调整流程控制要点（见表 5-12）

表 5-12　**预算调整流程控制要点**

业务操作	操作人	控制要点
1-7 预算调整	预算执行部门	1.在预算执行过程中，须对发现存在的预算偏差进行具体分析，对需要调整的项目及时编制预算调整申请书，送交会计核算部审核。 （1）对于主观原因导致不能严格执行原有预算的，由预算执行部门自行消化，不得提出预算调整申请。 （2）由客观原因导致的差异，且预算执行的差异率超出预算差异的可容忍范围并分析合理，或者发生不可预见情况（特别是市场行情的意外变化），并对预算执行有重大影响，则应向会计核算部提交预算调整申请书。 2.预算调整申请应阐述如下内容：预算执行的具体情况、拟调整指标、调整的理由、调整前后对公司总预算指标的影响程度、调整后预算责任人的变化等
	会计核算部门	1.判断预算调整申请是否满足预算调整条件。预算调整条件如下： （1）企业体制改革。 （2）大型自然灾害的影响。 （3）企业内部重大政策调整。 （4）国家政治经济生活中发生不可抗拒事件。 （5）国家宏观政策大幅调整。 （6）市场经济形式发生重大变化，企业经营目标必须进行调整。 （7）业务经营范围变更。 （8）预算编制的重大差错。 2.对符合预算调整条件的申请，首先进行预算平衡。无法解决的，应拟订预算调整方案，上报预算管理领导小组审议。 3.对经审批后的预算调整方案的执行进行跟踪、监督
	预算领导小组	1.对会计核算部提供的调整方案进行审议，确定最终调整方案，并报董事会审批。 2.根据董事会的审批结果及时下达预算调整方案

4. 预算分析与考核流程及控制要点

（1）预算分析与考核流程图（如图 5-15 所示）

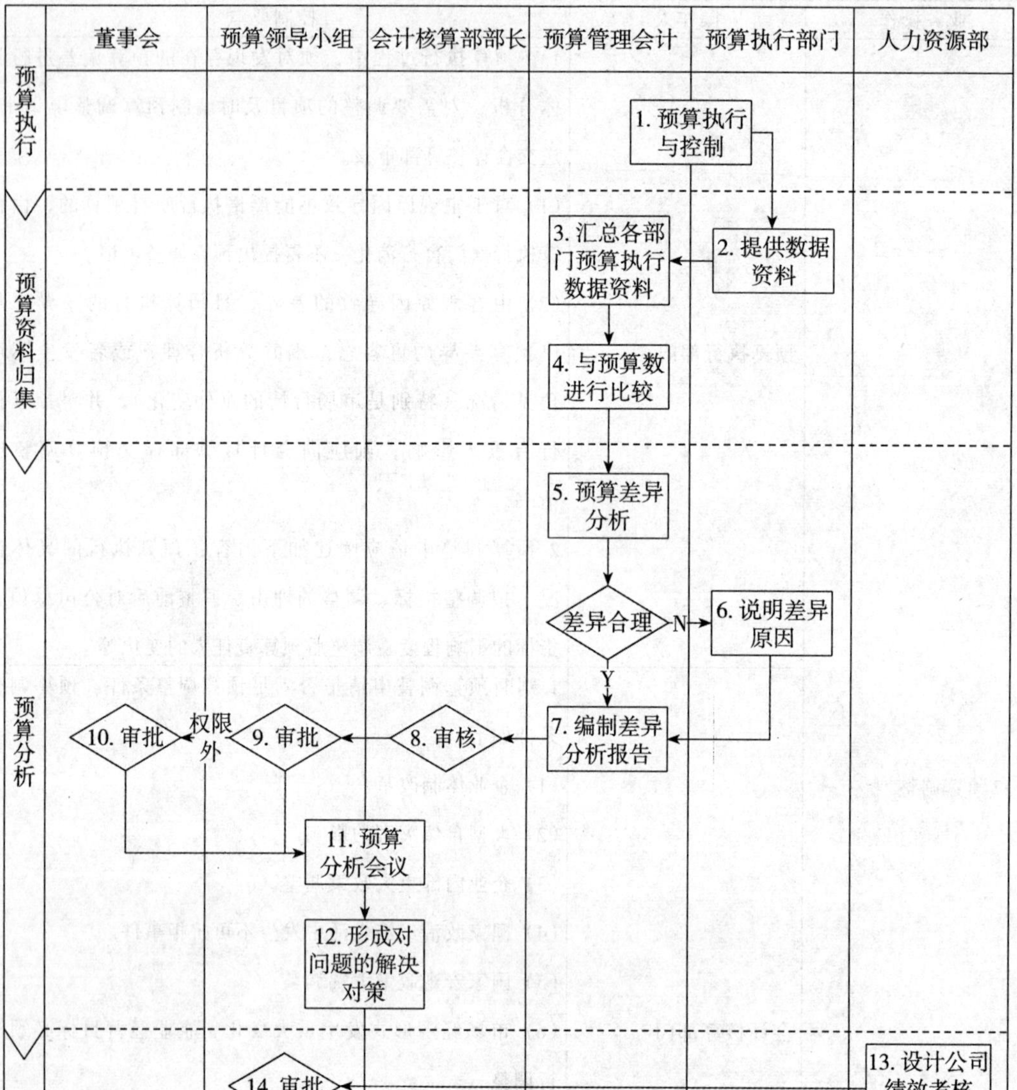

图 5-15 预算分析与考核流程图

（2）预算分析与考核流程控制要点（见表 5-13）

表 5-13　　**预算分析与考核流程控制要点**

业务操作	操作人	控制要点
1-18 预算分析与考核	预算执行部门	1. 向预算管理会计提供预算执行相关资料。 2. 对不合理差异须进行差异原因说明
	预算管理会计	1. 进行差异分析时，应考虑差异的重要性、可控制性，是由企业内部因素还是外部因素引起的，差异金额对公司预算目标的影响程度。应关注重大超支差异的合理性，区分能够给企业未来创造价值的超支差异和在可预见的未来不能为企业创造价值的差异。 2. 对于预算执行中出现的超出合理范围的差异，应当客观分析差异产生的原因，提出解决措施或建议，并编制预算执行差异分析报告提交给预算领导小组审核。预算差异分析报告包括但不限于以下内容： （1）本期预算数、本期实际预算完成数、本期差异、累计预算数、累计实际发生数、累计差异数。 （2）对差异进行具体分析的过程和说明。 （3）产生不利差异的原因、责任归属、改进措施。 （4）形成有利差异的原因和今后进行巩固、扩大、推广的建议
	会计核算部部长	对预算管理会计编制的差异分析报告进行审核，对遗漏之处进行补充完善
	预算领导小组	1. 对差异分析报告进行审批，对重大差异应上报董事会审批。 2. 定期召开预算执行分析会议，通报预算执行情况，研究、解决预算执行中存在的问题，提出改进措施。 3. 根据分析结果，编制各责任部门的奖惩方案，交人力资源部实施奖惩
	人力资源部	1. 人力资源部负责根据公司实际情况、全面预算管理体系和相关制度规定，设计公司绩效考核制度，报预算管理领导小组审批后执行。 2. 人力资源部根据预算管理领导小组的审批，形成预算执行考核意见，对相关责任部门、责任人进行奖惩。 3. 对预算执行情况考核时，应当坚持公开、公平、公正的原则，考核结果应有完整的记录。 4. 考核必须与激励制度相配合。 5. 全面预算考核是动态考核，每期全面预算执行完毕应立即进行。 6. 对一些阻碍全面预算执行的重大因素，如产业环境的变化、市场的变化、重大意外灾害等，考核时应作为特殊情况处理

第十一节　合同管理业务内部控制与风险管理

一、合同管理业务的概念及作业流程

1. 合同的定义与范围

合同是指企业与自然人、法人及其他组织等平等主体之间设立、变更、终止民事权利义务关系的协议，主要包括：存货采购合同、产成品销售合同、委托加工合同、研究开发合同、工程项目合同等，但不包括企业与职工签订的劳动合同。

2. 合同管理业务作业流程

合同管理业务作业流程如图 5-16 所示。

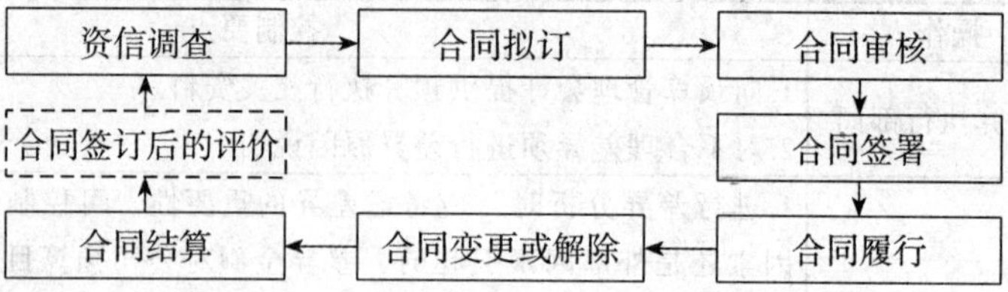

图 5-16 合同管理业务作业流程图

二、合同管理业务风险事件

（1）合同未经授权审批或超越授权范围，可能因重大差错、舞弊而导致损失。

（2）合同内容不完整、义务不明确或仅有口头协议而导致企业损失。

（3）未对合同对方资格进行审查而导致损失。

（4）合同未全面履行或监控不当，可能导致企业诉讼失败、经济利益受损。

（5）合同信息保密措施不当，导致商业秘密泄露。

（6）合同纠纷处理不当而导致企业损失。

三、合同管理的关键风险控制点

1. 职责分工与授权批准的关键风险控制点

（1）合同协议的拟订与审批的不相容岗位应分离；合同协议的审批与执行的不相容岗位应分离。

（2）企业应建立合同协议订立权限分级授予制度，明确企业内部相关单位、部门和岗位的授权范围、授权期间、授权条件等。

（3）被授权人应在授权委托的范围内签订合同协议。

2. 合同协议编制与审核的关键风险控制点

（1）企业应建立相应的制度，规范合同协议正式订立前的资格审查、内容谈判、文本拟定等流程，确保合同协议的签订符合国家及行业有关规定和企业自身利益，防范合同协议签订过程中的舞弊、欺诈等风险。

（2）重大合同协议或法律关系复杂的合同协议，应指定法律、技术、财会、审计等专业人员参加谈判，或者聘请外部专家参与；对于谈判过程中的重要事项应予以记录。

（3）企业应对拟签约对象的民事主体资格、注册资本、资金运营、技术和质量指标保证能力、市场信誉、产品质量等方面进行资格审查，以确定其应具有对合同协议的履约能力和独立承担民事责任的能力。

（4）企业应指定专人负责拟订合同协议文本；重大合同协议或特殊合同协议应由经营规划部法律专员参与起草。

3. 合同协议订立的关键风险控制点

（1）印章管理人员加盖合同专用章时，应建立合同用印台账，记录相关事项并由经办人签字。

（2）对于确需企业先行签字并盖章，然后寄送对方签字并盖章的，应采用在合同协议各页码之间加盖骑缝章、使用防伪印记等方法对合同协议文书加以控制。

（3）合同协议订立后，合同协议副本及相关审核资料应交由档案管理部门归档。

4. 合同协议履行的关键风险控制点

（1）合同协议履行过程中，如对方可能发生违约、不能履约、延迟履约等行为的，或企业自身可能无法履行或延迟履行合同协议的，应及时采取应对措施，并向合同归口管理部门汇报。

（2）对合同协议已订立，但发现有显失公平、条款有误或对方有欺诈行为等情形，已经或可能导致企业利益严重受损，合同协议归口管理部门应及时向企业有关负责人报告，并采取合法有效措施，制止危害行为的发生或扩大。

（3）变更或解除合同协议应由合同协议双方达成书面协议。

（4）企业应建立合同协议违约处理制度。对方违约的情形，应按合同协议条款约定收取违约金；企业自身违约的情形，应由合同协议承办部门以书面形式报告企业有关负责人，经批准后履行相应赔偿责任。

（5）企业应建立合同协议纠纷处理制度。经双方协商达成一致意见的合同协议纠纷解决方法，应签订书面协议，由双方法定代表人或其授权人签章并加盖单位印章后生效；合同协议纠纷经协商无法解决的，应向企业有关负责人报告，并依合同协议约定选择仲裁或诉讼方式解决。

四、合同业务内部控制岗位职责分工（见表 5-14）

表 5-14　　合同业务内部控制岗位职责分工

合同岗位控制	主要职责	不相容职责
董事会	• 授权公司总经理代表企业行使合同相关职权 • 审批超出公司总经理授权范围的重大合同	• 越级审批
公司总经理	• 审批企业合同管理制度 • 审批权限范围内的合同	• 越权审批 • 直接签订合同
经营规划部	• 负责公司与合同管理有关制度文件的管理与修订 • 监督指导各部门起草及修订合同文本 • 协助各部门处理合同中的纠纷 • 负责合同风险检查	
财务部印章管理员	• 保管合同专用章	• 签订合同
合同档案管理员	• 建立和保管合同档案	• 签订合同
各部门负责人	• 组织草拟与本部门相关的合同文本内容 • 负责超出业务经办人权限的合同谈判 • 初审合同文件 • 监督本部门合同签订及履行情况	• 越权审批
业务员	• 对拟签约对象进行资格调查 • 负责在授权范围内签订合同	
财务人员	• 调查拟签约对象的资信情况 • 按合同收付款项	• 签订合同

第十二节　货币资金管理业务内部控制与风险管理

一、货币资金业务活动概念及控制目标

1. 定义与范围

货币资金管理是指对企业所拥有或控制的库存现金、银行存款和其他货币资金，包括应收票据、有价证券等的管理。货币资金是企业资产的重要组成部分，由于货币资金具有通用性、立即支付性和非营利性的特点，因此，更容易流失，是企业最难于管理的资产。但任何企业要进行生产经营活动都必须拥有一定量的货币资金，持有货币资金是进行生产经营活动的基本条件，是企业生存和发展的基础。

2. 货币资金业务内部控制目标

（1）规范货币资金业务流程，保证核算数据真实准确。

（2）保护货币资金的安全，防止舞弊行为发生。

（3）加快货币资金周转，提高货币资金的使用效率。

（4）保证各项资金业务活动均按照适当授权进行，保障资金及其记录的安全、完整，促使公司资金业务活动协调、有序、高效运行。

二、货币资金业务的主要风险事件

（1）资金业务未经适当审批或超越权限审批，可能因存在重大差错、舞弊、欺诈行为而导致损失。

（2）未制订资金计划或虽有资金计划，但管控不严、安排不当，可能导致企业资金营运不畅，引发财务危机。

（3）资金收付原始单据记录不准确、不完善、传递不及时，可能导致企业账实不符或财务报表失真。

（4）资金管理违反国家相关法律、法规，可能带来经济损失和信誉损失，甚至使企业受到处罚。

（5）银行账户的开立、审批、使用、核对和清理不符合国家有关法律、法规的要求，可能导致企业遭受处罚，给企业造成资金损失。

（6）商业票据的收付缺乏授权审批规范和必要的流程的支持，可能导致商业票据不恰当的支付。

（7）商业票据的保管不当与定期清点不当，可能造成票据的遗失而给企业造成损失。

（8）缺乏定期岗位轮换或货币资金业务的定期检查，可能使资金收付业务中出现的问题不能及时被发现。

（9）未经相关审批流程将公司现金借给个人，可能导致企业资金损失。

三、货币资金业务的关键风险控制点

1. 岗位分工与职责的关键风险控制点

（1）不相容岗位应分离：资金支付的审批与执行的不相容岗位应分离；资金保管、记录与盘点清查的不相容岗位应分离；出纳人员不得兼任稽核、会计档案保管和收入、支出、费用、债权债务账目的登记工作。

（2）办理资金的关键岗位，应定期进行岗位轮换。

（3）申请款项收付审批权限应明确，防止审批人超越其职责、权限和相应程序对收支申请进行审批。

（4）申请人应按审批人的审批意见办理资金业务，不得利用审批人的审批意见进行违规、舞弊操作，未经授权的部门或人员不得办理资金业务或直接接触资金。

2. 库存现金与银行存款业务的关键风险控制点

（1）资金预算的编制、分解科学合理并经相关负责人审批。

（2）现金管理应按照现金库存限额管理的要求，超过库存限额的现金应当及时存入开户银行，不属于现金开支范围或超过现金开支限额的业务，应通过银行办理转账结算。

（3）企业在资金收付活动中不得坐支现金，不得未经批准擅自挪用、借出货币资金。

（4）货币资金的收入或支出业务应及时入账，防止未及时入账或不入账的情况。

（5）防止企业随意开立多个账户或者不按规定及时清理、撤销银行账户等。防止企业内部各部门自行开立银行账户。

（6）月末应将银行存款账面余额与银行对账单余额进行核对，对不相符的情况应查找原因并编制银行存款余额调节表。

（7）企业应定期或不定期地进行库存现金盘点，确保现金账面余额与实际库存相符。

3. 票据与印章管理业务的关键风险控制点

（1）商业承兑汇票的收取是否经过审批。

（2）票据的购买、保管、领用、背书转让、注销等环节的职责权限和处理程序应科学合理，并专设登记簿进行记录，防止空白票据的遗失和被盗用。

（3）收取的重要票据应留有复印件并妥善保管。

（4）公司领导的印章应由本人或其授权人员保管，收付款项所需要的全部印章不得由一个人保管。

四、货币资金业务的内部控制原则

（1）取得的货币资金收入必须及时入账，不得私设“小金库”，不得账外设账，严禁收款不入账。

（2）借出款项必须严格执行公司授权批准程序，严禁擅自挪用、借出货币资金。

（3）取得的现金收入应当及时存入银行，不得用于直接支付单位自身的支出，不得用白条抵库。因特殊情况需坐支现金的，须事先报经单位行政负责人、财务负责人及开户银行审查批准。

（4）负责办理货币资金收付业务的人员因故离开工作岗位或调动工作时，财务负责人应指定专人代理或接替，并监督办理交接手续及移交清单。

（5）负责代办货币资金业务的人员，必须经单位行政负责人及财务负责人书面授权。经授权代办的货币资金收付原始凭证，经财务负责人、会计稽核人员检查确认并加盖印章后方为合法。

（6）办理收付款业务及银行票据等签发业务的印章分别由两人以上掌管，严禁一人保管支付款项所需的全部印章。

（7）与货币资金相关票据的收支必须由两个以上的人员办理，票据收取、购买、签发、保管、背书转让、到期收款、贴现及注销等业务由会计核算部门负责办理。会计核算部门设置备查账，记录相关票据的增减变动情况。

（8）严格控制接收地方性商业银行、信用社等金融机构签发的银行承兑汇票，如接收，必须在明确相关人员责任后方可收取，如票据到期无法收回款项时，要追究相关人员的赔偿责任。

（9）业务部门代收银行汇票的，必须有单位行政负责人、会计核算部门的授权委托书。根据授权委托书，业务部门须将经部门领导签字并加盖本部门业务专用章的收票人员名单报会计核算部门备案。当月委托收取的票据款当月必须全额入账。

（10）业务部门领用与货币资金有关的票据时，申请单位需要写明用途、用款金额、所购物品价格等，按单位授权规定，经相关审批人审批后，由会计核算部门填发并登记有关备查账簿。

（11）出纳只能以经过审核后的且分管会计、稽核人员、财务主管签字齐全的会计凭证办理货币资金的收付。

（12）建立货币资金实物盘点制度，定期盘点，确保货币资金账实相符。

（13）建立"资金日报表"制度，监督资金状况，并及时报送单位行政领导及财务负责人。

五、货币资金业务流程及风险控制要点

1. 货币资金支付业务流程图（如图 5-17 所示）

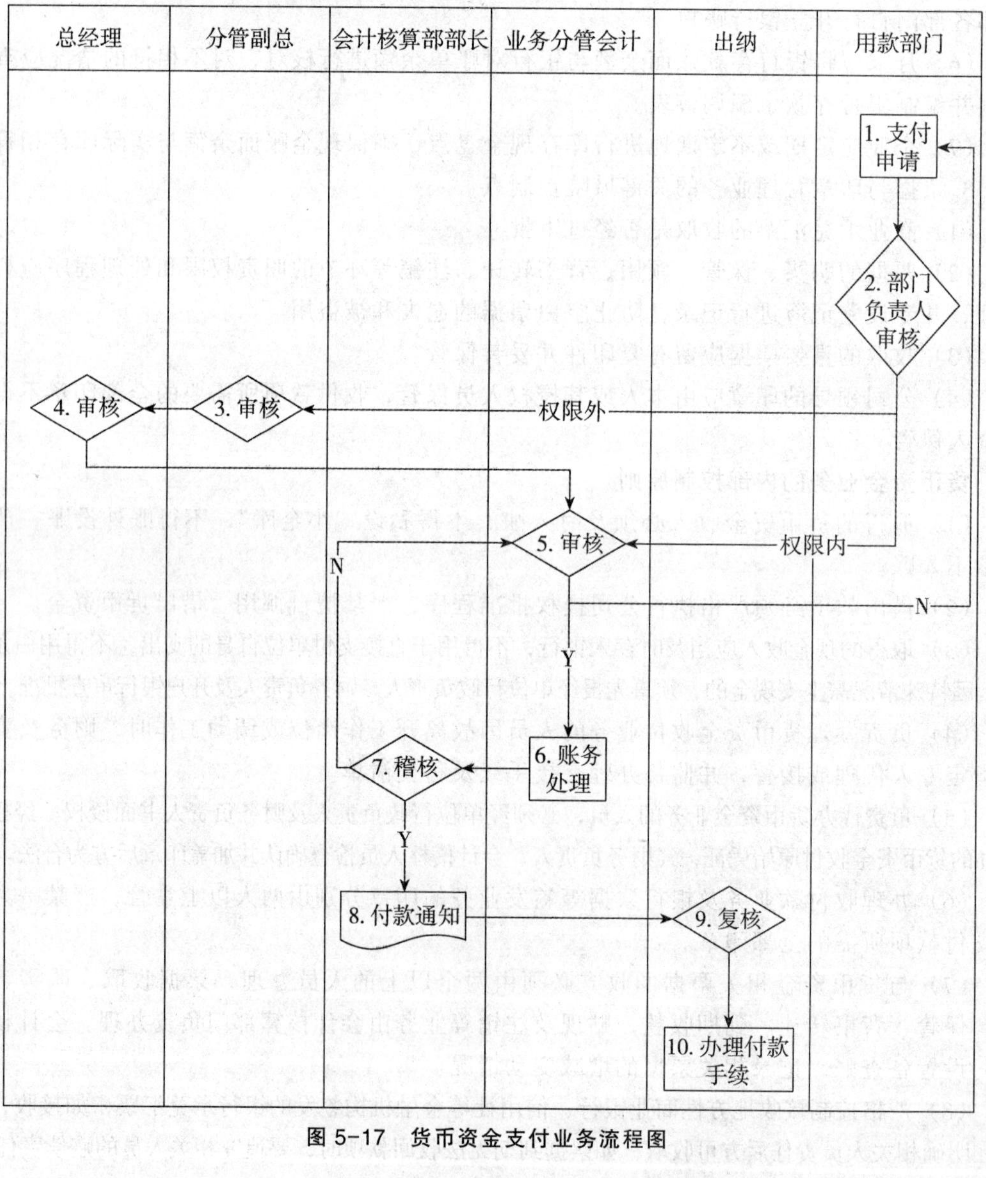

图 5-17 货币资金支付业务流程图

2. 货币资金支付业务的控制要点（见表5-15）

表5-15　　货币资金支付业务的控制要点

业务操作	操作人	控制要点
1-4支付申请	用款部门经办人	1. 向本部门负责人提交资金支付申请。资料包括申请报告、经济合同、预算审批表（表中要注明资金用途、金额、支付方式等）、发票等有效原始凭证。 2. 本部门负责人审批通过的资金支付申请及相关资料提交审批部门审批。 3. 对于金额超过1 000元的款项支付须交分管副总及总经理审批，对于1 000元以内的付款直接交财务部处理（也可与总经理商定）
5-6审核及账务处理	会计核算部门分管会计	1. 支付申请的批准范围、权限、程序是否正确。 2. 预算审批表、合同、发票等原始单据是否齐全。 3. 合同、发票等原始单据是否真实、有效。 4. 支付金额计算是否准确，支付单位名称与合同、发票是否一致。 5. 有问题的支付申请退回用款单位；复核无误的支付申请及时进行会计处理
7-8稽核	会计核算部部长	1. 支付申请的批准范围、权限、程序是否正确。 2. 预算审批表、合同、发票等原始单据是否齐全。 3. 合同、发票等原始单据是否真实、有效。 4. 支付金额计算是否准确，支付单位名称、收款账号与合同、发票是否一致。 5. 支付方式、会计处理是否准确。 6. 有问题的退回分管会计；稽核无误的通知出纳办理付款手续
9-10付款	出纳	1. 根据相应管理层、分管会计、财务部长签字齐全的会计凭证付款。 2. 收款单位名称、账号与合同、发票一致，支付金额计算准确。 3. 领款人领款手续齐全、真实。 4. 领款人在付款凭证上签字确认： （1）通过现金支付的，要有专人复点或至少复点两次； （2）通过银行承兑汇票支付的，要有专人复核。同时填写“银行承兑汇票背书转让交接单”，付票人、复核人及收票人在“银行承兑汇票背书转让交接单”上签字确认； （3）通过网上银行方式支付的，在系统中输入付款明细资料，提交公司会计核算部审批，根据审批后的支付清单支付，审批没通过的支付及时通知相应会计人员。 5. 付款后在付款凭证及附件上加盖“付讫”章。 6. 及时将付款会计凭证转交给会计人员。 7. 及时登记银行承兑汇票出入库统计台账。 8. 每天登记库存现金、银行存款日记账并与会计账簿核对

3. 货币资金收款业务流程图（如图 5-18 所示）

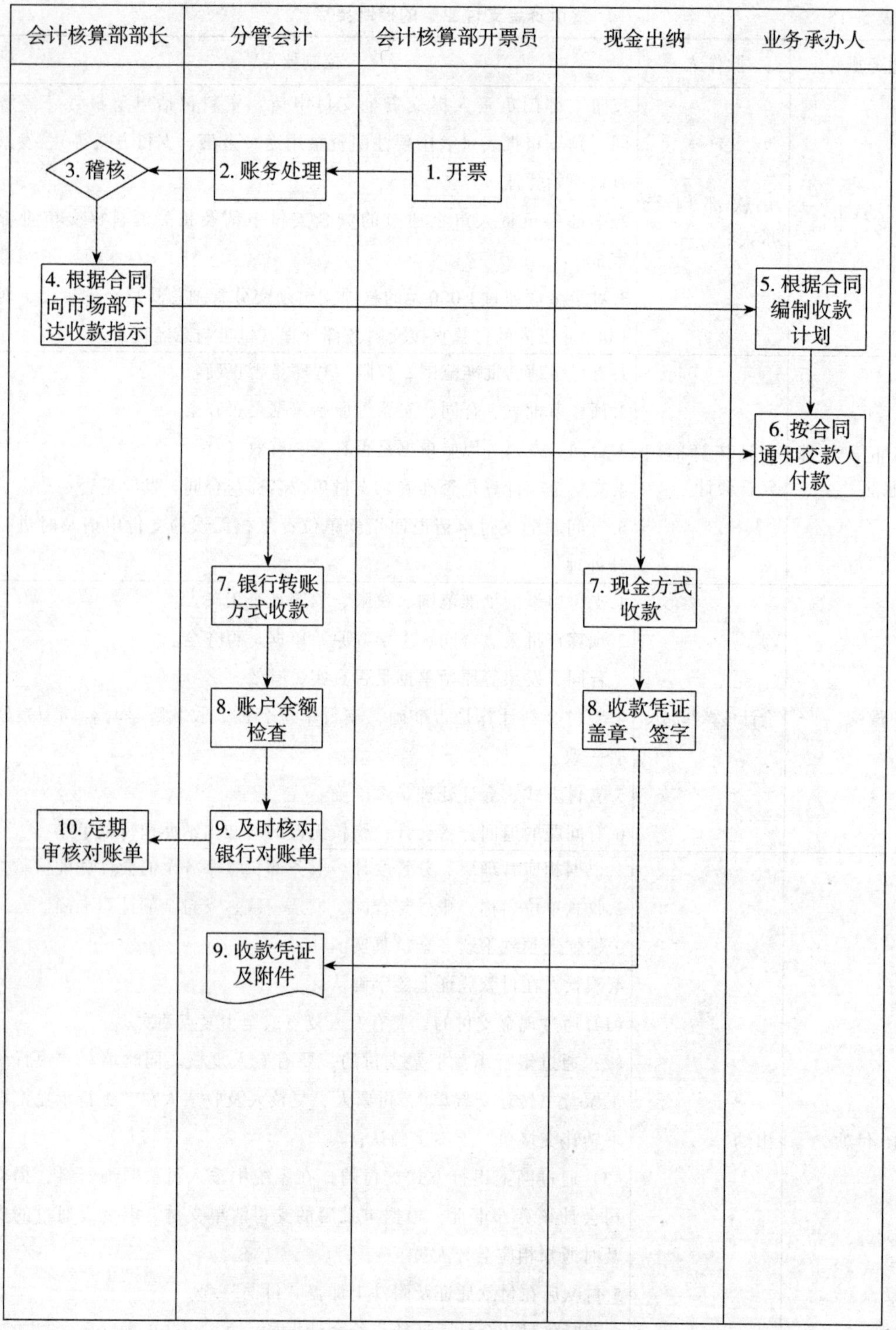

图 5-18 货币资金收款业务流程图

4. 货币资金收款业务的控制要点（见表 5-16）

表 5-16 货币资金收款业务的控制要点

业务操作	操作人	控制要点
1-10货币资金收款业务	业务承办人	1. 编制收款计划。 2. 催收应收款项。 3. 通知交款人付款： （1）告知交款人到会计核算部门交款。 （2）告知交款人到银行进账。 （3）受理结算票据，辨别真假
	会计核算部门开票员	1. 按公司规定领用、保管发票和收据。 2. 依据客户确认的送货单开具发票。 3. 连号开具发票、收据，填写内容规范、完整、真实。 4. 开具发票、收据后，由专人审核。 5. 下班前汇总、打印收据、发票开具清单，并附记账联报送销售会计。 6. 发票联、税务抵扣联移送业务承办人，并办理签收手续。 7. 作废的发票和收据要妥善保管，月末及时报给票据保管员
	会计核算部门分管会计	1. 对发票、客户确认的送货单、收据、结算票据、银行进账单等原始单据进行审核： （1）所需附件是否齐全、真实和完整。 （2）收款日期与合同是否相符。 （3）应收款金额与发票或应收款余额是否相符。 （4）收款方式是否符合规定。 （5）折扣审批者是否超过其权限。 （6）银行承兑汇票交接单签字是否齐全、所记金额是否与业务部门收款通知一致。 2. 对审核有问题的业务及时退回，不予办理；对审核无误的业务及时进行账务处理。 3. 发票、收据、发票记账联、银行进账单、结算票据作为会计凭证的附件
	会计核算部门部长	1. 对收款凭证所附发票、客户确认的送货单、收据、结算票据、银行进账单等原始单据进行审核： （1）所附原始凭证是否齐全、真实和完整。 （2）收款日期与合同是否相符。 （3）凭证收款金额与发票或应收款余额是否相符。 （4）收款方式是否准确。 （5）折扣审批者是否超过其权限。 （6）银行承兑汇票交接单签字是否齐全、所记金额与业务部门通知金额及收款凭证记录金额是否一致。 （7）会计处理是否正确。 2. 有问题的退回至会计进行修改；审核无误后盖章并将收款凭证交给出纳办理收款

续表

业务操作	操作人	控制要点
1-10货币资金收款业务	会计核算部门出纳	1.根据审核后的且分管会计、会计核算部部长签字齐全的会计凭证收款。 2.收取现金的，需通过验钞机验收或专人复点复验。 3.大额现金送交银行需有专车和保安人员护送。 4.收取银行承兑汇票的，要仔细甄别。其票面上填写内容必须完整、字迹清晰工整、印章齐全；拒收变造、伪造、过期的票据。难辨其真伪时，及时送交银行鉴别。 5.签收业务承办人移交的银行承兑汇票时有专人复核，复核无误后，填写“银行承兑汇票接收单”，收票人、复审人及交票人在“银行承兑汇票接收单”签字确认。 6.收款后在收款凭证及附件上盖上“收讫”章，收款人在收款凭证上签字。 7.及时将收款会计凭证转交给会计人员。 8.及时登记《银行承兑汇票出入库统计台账》，妥善保管结算票据。 9.每天登记库存现金、银行存款日记账并与会计账簿核对

第六章

企业风险管理方法

第一节 风险的概念与分类

一、风险的概念及特点

人们在日常生活和各种经济活动中经常会提到"风险"一词。那么，究竟什么是风险呢？对于风险的定义，迄今为止国内外学术界众说纷纭，尚未得出一个各方一致认同的概念，经济学家、统计学家、社会学家、精算师、审计师、政治学家等对风险都有着不同的定义。将各个领域对于风险的权威定义归纳起来，主要有以下几类观点：

1. 风险是损失机会和损失可能性

把风险定义为损失机会，这表明风险是一种面临损失的可能性状况，也表明风险是在一定状况下的概率。当损失机会（概率）是0时，就没有风险。把风险定义为损失可能性是对上述损失机会定义的一个变换形式，但损失可能性的定义意味着风险是损失事件的概率介于0和1之间，它更接近于风险是损失不确定性的定义。

2. 风险是损失的不确定性

把风险定义为损失的不确定性，这种不确定性又可分为客观的不确定性和主观的不确定性。客观的不确定性是实际结果与预期结果的离差，它可以使用统计学工具加以度量。主观的不确定性是个人对客观风险的评估，它同个人的知识、经验、精神和心理状态有关，不同的人面临相同的客观风险时会有不同的主观不确定性。

3. 风险是实际与预期结果的离差或概率

长期以来，统计学家把风险定义为实际结果与预期结果的离差度。有的保险学者把风险定义为一个事件的实际结果偏离预期结果的客观概率。在这个定义中，风险不是损失概率，而是实际与预期结果的离差的变换形式。

4. 风险是一个事项将会发生并给目标实现带来负面影响的可能性

这是COSO全面风险管理框架的权威观点，它认为，事项是源于内部或外部的影响目标实现的事故或事件。事项可能有负面影响，也可能有正面影响，或者两者兼而有之。带来负面影响的事项代表风险。

上述观点，虽然表述有所不同，但实际上均将风险同"不确定性"相联系。没有不确定性就没有风险。用"不确定性"来解释风险具有普遍的代表性，可以将其作为理解风险概念的基础。

关于风险的特点众说纷纭，总体来说可以归纳如下：

1. 风险的偶然性

它是指风险的发生不是确定的、必然的，或是否定的，而是带有偶然性的。风险对影响目标而言，可能有也可能无，可能大也可能小，可能好也可能坏等都具有偶然性。从整个社会看，风险事件的发生可能是必然的，如天灾、车祸、地震等等，在什么时间，什么地点，怎样发生，因主客观条件变化及不同，又不具有必然性，而是偶然的、不确定的。风险的偶然性是由风险事故的随机性决定的，表现为种种不确定性。其一，风险事件发生与否具有偶然性，如火灾，就整个社会而言，火灾一定会发生，所以要准备消防设备提高防火意识。但具体到某一企业、单位，或某一个家庭，就具有偶然性。其二，风险事件何时发生也具有偶然性。如企业会因为突发事件而导致灭亡。其三，风险事故怎样发生，对目标影响多大，也具有偶然性。例如，车祸的发生，尽管司机做了应对各种车祸发生的充分准备，但有时偶然也会发生，这与当时的主客观条件有关，有时是一种外生的强加于人的风险事故。所以某一具体风险事件是否发生，也具有偶然性。

2. 风险的客观性

风险是一种不以人的意志为转移，独立于人的意识之外的客观存在。因为无论是自然界的物质运动，还是社会发展的规律都是由事物的内部因素所决定，由超过人们主观意识所存在的客观规律所决定。人们只能在一定的时间和空间内改变风险存在和发生的条件，降低风险发生的频率和损失程度。但是，从总体上说，风险是不可能彻底消除的。正是风险的客观存在，决定了各类风险管理制度、措施存在的必要性。

3. 风险的可变性

所谓可变性是指世上万事万物都处在变化之中，风险更是如此。风险的变化既有量的增减，也有质的改变；既有向有利于目标实现的方面变化，也可能向不利于目标实现的方面变化；还有原有的风险可能消亡了，而新的风险又可能产生，而且随着外部环境和内部条件的变化，随时在变化。变是绝对的，不变才是相对的，一切风险都在变，没有不变化的风险。但是，“变”都是在一定条件下的变。不具备一定的条件，风险也不会发生变化。

4. 风险的可测定性

个别风险的发生是偶然的、不可预知的，但通过对大量风险的观察会发现，风险往往呈现出明显的规律性。根据以往大量资料，利用概率论和数理统计的方法可测算风险事故发生的概率及其损失程度，并且可构造出损失分布的模型，成为风险估测的基础。例如，在人寿保险中，根据精算原理，利用对各年龄段人群的长期观察得到的大量死亡记录，就可以测算各个年龄段的人的死亡率，进而计算人寿保险的保险费率。

二、风险的分类

对风险的分类可以为风险的识别和管理提供不同的管理思路和界面。对风险可以从不同的角度进行分类，一般说来，风险有以下几种类型：

（一）按损失产生的原因分类

按损失产生的原因不同，风险可分为自然风险和人为风险。

自然风险指的是由于自然界不可抗力而引起的自然灾害所导致的物质损失和人员伤亡，如台风、洪水、地震等。

人为风险是由人们的行为及各种政治、经济活动引起的风险。人为风险又可以具体分为行为风险、经济风险、政治风险和技术风险。

（二）按风险的性质分类

按风险的性质不同，风险可分为纯粹风险和投机风险。

纯粹风险是指只可能造成损失而无获利可能的风险，如火灾、洪水等。一般而言，纯粹风险事件会重复出现，通常服从大数定律，因而较有可能对其进行预测。

投机风险是指既能造成损失也可能产生收益的风险，它可能是与资产或商业行为有关的风险，也可能是与资本或金融有关的风险。投机风险所致结果有三种可能：损失、无损失和获利。例如，股票市场的变化既可使持股者获得盈利，也可能给持股者带来损失。投机风险较为多变和不规则，大数定律常常对它不适用。

（三）按损失的环境分类

按损失的环境不同，风险可分为静态风险和动态风险。

静态风险是由于自然力变动或人的行为失常所引起的风险，如台风、盗窃。对当事人而言，静态风险有的可以回避，有的则不可回避。如不乘飞机的人不会有空难的风险，但像地震、疾病这类风险则无法回避，因为总有发生这类风险事件的可能。在静态风险面前，人们往往处于较为被动的地位。例如，人们可以对地震进行预测，但无法阻止它发生，人们所能做的只是尽可能将损失减少到最低限度。静态风险只会给人们带来损失，因此静态风险就是纯粹风险。

动态风险是由于市场、需求、技术、组织结构、生产方式发生变化而导致的风险，如产品库存积压、经营不善、市场疲软等。对经济单位来说，动态风险一般是可以回避的，在其面前人们往往处于较为主动的地位。

（四）按风险的对象分类

按风险的对象不同，风险可分为财产风险、人身风险和责任风险。

财产风险是指财产风险损失承担者遭受的财产发生毁损、灭失和贬值的风险，如厂房、设备、住宅、家具遭受自然灾害或因为事故所造成的损失。

人身风险是指人们因生、老、病、死、伤残等原因导致发生经济损失的风险。

责任风险是指个人或团体的行为因侵权或违约致使他人遭受人身伤亡或财产损失应负赔偿责任的风险。

（五）按人的承受能力分类

按人的承受能力不同，风险可分为可接受风险和不可接受风险。

可接受风险是指预期的风险事故的最大损失程度在单位或个人经济能力和心理承受能力的最大限度之内。

不可接受风险是指预期的风险事故的最大损失程度已经超过了单位或个人经济能力和心理承受能力的最大限度。

（六）按风险形成的原因分类

按风险形成的原因不同，风险可分为主观风险和客观风险。

主观风险是由人们心理意识确定的风险。

客观风险是客观存在的、可观察到的、可测量的风险。

（七）按风险波及的范围分类

按风险波及的范围不同，风险可分为局部风险和全局风险。

局部风险是指在某一局部范围内存在的风险。

全局风险是一种涉及全局、涉及面很大的风险。

（八）按风险的可控程度分类

按风险的可控程度不同，风险可分为可控风险和不可控风险。

可控风险是指人们能比较清楚地确定形成风险的原因和条件，能采取相应措施控制发生的风险。

不可控风险是指由于不可抗力而形成的风险，人们不能确定这种风险形成的原因和条件，表现为束手无策或无力控制。

（九）按风险存在的方式分类

按风险存在的方式不同，风险可分为潜在风险、延缓风险和突发风险。

潜在风险是指一种已经存在风险事故发生的可能性，且人们已经估计到损失程度与发生范围的风险。

延缓风险是指一种由于有利条件增强而抑制或改变了风险事故发生的风险。

突发风险是指由偶然发生的事件引起的人们事先没有预料到的风险。

三、企业风险的含义与分类

企业风险，指未来的不确定性对企业实现其经营目标的影响，具体是指企业在其生产经营活动的各个环节可能遭受的损失威胁。由此可见，企业风险是一个广义的概念，它涉及的范围相当广泛。不管是在采购、生产、销售等不同的经营过程中，还是在计划、组织、决策等不同职能领域里，企业所遇到的风险都统称为企业风险。企业风险一般可分为战略风险、财务风险、市场风险、运营风险、法律风险等；也可以能否为企业带来盈利等机会为标志，将风险分为纯粹风险（只有带来损失一种可能性）和机会风险（带来损失和盈利的可能性并存）。

1. 战略风险

战略风险可理解为发生企业整体损失的不确定性。战略风险是影响整个企业的发展方向、企业文化、信息和生存能力或企业效益的因素。

2. 财务风险

财务风险是财务成果和财务状况的风险。财务风险有狭义和广义之分。狭义财务风险是由企业负债引起的，具体地说是指企业因为借入资金而增加的丧失偿债能力的可能与企业利润（股东收益）的可变性；广义财务风险是指企业的财务系统中客观存在的由于各种难以或无法预料和控制的因素作用，使企业实现的财务收益和预期财务收益发生背离，因而蒙受损失的机会或可能。

3. 市场风险

市场风险是指未来市场价格（利率、汇率、股票价格和商品价格）的不确定性对企业实现其既定目标的不利影响。市场风险可以分为利率风险、汇率风险、股票价格风险和商品价格风险，这些市场因素可能直接对企业产生影响，也可能是通过对其竞争者、供应商或者消费者间接对企业产生影响。

4. 运营风险

运营风险是指企业在运营过程中，由于外部环境的复杂性和变动性以及主体对环境的认知能力和适应能力的有限性，而导致的运营失败或使运营活动达不到预期的目标的可能性及损失。运营风险并不是指某一种具体特定的风险，而是指一系列具体的风险。

5. 法律风险

法律风险是指在经营活动实施过程中，由于企业外部的法律环境发生变化，或由于包括企业自身在内的各种主体未按照法律规定或合同约定行使权利、履行义务，而对企业造成负面法律后果的可能性。构成企业法律风险的三个基本要素：首先，风险存在的前提条件是法律对其有相关的规定或者合同对其有相关的约定；其次，引发风险的直接原因包括企业外部法律环境发生变化及企业滋生或其他当事人（法律主体）做出了某种行为或者没有做某种行为（作为或不作为）；最后，风险发生后会给企业带来负面的法律责任或后果。一个风险只要同时具备了这三个要素，就可以被定义为企业法律风险。

【案例 6-1】

一、雷曼兄弟公司破产

2008 年 9 月 15 日，美国第四大投资银行雷曼兄弟公司按照美国公司破产法案的相关规定提交了破产申请，成为了美国有史以来倒闭的最大金融公司。

拥有 158 年历史的雷曼兄弟公司是华尔街第四大投资银行。2007 年，雷曼兄弟公司在世界 500 强中排名第 132 位，2007 年年报显示净利润高达 42 亿美元，总资产近 7 000 亿美元。从 2008 年 9 月 9 日，雷曼兄弟公司股票一周内股价暴跌 77%，公司市值从 112 亿美元大幅缩水至 25 亿美元。第一个季度中，雷曼兄弟公司卖掉了 1/5 的杠杆贷款，同时又用公司的资产作抵押，大量借贷现金为客户交易其他固定收益产品。第二个季度变卖了 1 470 亿美元的资产，并连续多次进行大规模裁员来压缩开支。然而雷曼兄弟公司的自救并没有把自己带出困境。华尔街出现“信心危机”，金融投机者操纵市场，一些有收购意向的公司则因为政府拒绝担保没有出手。雷曼兄弟公司最终还是没能逃离破产的厄运。

二、摩托罗拉陷入战略迷途

20 年前，摩托罗拉是引领尖端技术和卓越典范的代表，享有着全球最受尊敬公司之一的尊崇地位。它一度前无古人地每隔 10 年便开创一个工业领域，有的 10 年还开创两个。成立 80 年来，发明过车载收音机、彩电显像管、全晶体管彩色电视机、半导体微处理器、对讲机、寻呼机、大哥大（蜂窝电话）以及“六西格玛”质量管理体系认证，它先后开创了汽车电子、晶体管彩电、集群通信、半导体、移动通信、手机等多个产业，并长时间在各个领域中找不到对手。

2004 年的摩托罗拉凭借刀锋 Razr 系列翻盖手机红遍全球，但是随着智能手机的兴起、摩托罗拉重金打造的“铱星计划”的失败以及其营销战略的重大失误，摩托罗拉声势渐微，最终在 2011 年被谷歌以 125 亿美元收购。被收购之后的摩托罗拉再也没有了以往的风采，员工数量从过去的 20 000 多人被裁至 3 800 余人，直到近年才先后推出了两款产品——Moto X 和 Moto G。它们在市场上与三星等品牌的同价位产品对抗已属不易，还要与谷歌的第一方产品 Nexus 系列手机抢市场。

三、冰岛的“国家破产”

冰岛，一个美丽富饶的北欧温泉岛国，被联合国选为全球最适宜居住的国家之一。由于受到世界金融危机的影响，一度面临着“国家破产”的风险。在2005年，冰岛人均国内生产总值达到54 975美元，位居世界第三。除了人均国内生产总值高之外，原来冰岛还是世界上第二长寿的国家，以及人类发展指数世界排名第一位的国家，被誉为“世上最幸福国家”。

2008年10月9日，冰岛市值排名前三位的银行已全部被政府接管。数据显示，这三家银行的债务总额为610亿美元，大约相当于冰岛GDP的12倍。

冰岛出现严重金融动荡，冰岛克朗2008年1月份以来贬值超过一半。

冰岛政府向国际货币基金组织（IMF）、俄罗斯等申请援助，以应对金融危机。

第二节　风险管理的流程

“风险管理”这个名词是美国宾夕法尼亚大学所罗门·许布纳博士于1930年在美国管理协会发起的一次保险问题会议上提出的。但在20世纪50年代以前，各经济单位通常把保险作为唯一处理风险的方法，并且仅凭直觉和经验判断所面临的风险，即处理风险的方法是建立在对风险定性分析的基础上。概率论和数理统计的运用，使得人们对风险的分析发生了质的飞跃，为完整的风险管理理论体系的建立奠定了基础。

风险管理是指各个经济单位通过对风险识别、风险衡量、风险评价，并在此基础上优化组合各种风险管理技术，对风险实施有效的控制和妥善处理风险所致损失的后果，期望达到以最小的成本获得最大安全保证的一种管理活动。根据《企业风险管理——整合框架》的定义，“企业风险管理是一个过程，它由一个主体的董事会、管理层和其他人员实施，应用于战略制定并贯穿于企业之中，旨在识别可能会影响主体的潜在事项，管理风险以使其在该主体的风险容量之内，并为主体目标的实现提供合理保证”。这个定义比较宽泛。它抓住了对于公司和其他组织如何管理风险至关重要的概念，为不同组织形式、行业和部门的应用提供了基础。它直接关注特定主体既定目标的实现，并为界定企业风险管理的有效性提供了依据。

一、风险管理的目标

风险管理的宏观目标可以分为五个层次：（1）降低意外损失风险，防止企业倒闭破产；（2）维持企业生产，避免企业经营中断；（3）安定局面，稳定企业收入；（4）持续发展，提高企业利润；（5）建立良好的企业信誉和形象。

由于风险管理的目标是在损失发生之前作经济的保证，在损失发生后有令人满意的复原，因此风险管理在损失发生前与发生后会有不同的管理内容和目标。下面从两个方面来研究风险管理的目标，即损失前目标和损失后目标。

（一）损失前目标

1. 经济合理目标

经济合理目标是损失发生之前风险管理的首要内容。在损失发生之前，风险管理应分析、比较各种风险处置工具、安全计划、保险险种及防损技术所需的费用，并进行全面财务分析，以谋求最经济合理的综合处置方式，即在保证损失降低到最低程度的前提下，使风险管理的费用尽可能减少。

2. 安全系数目标

安全系数目标就是将风险控制在可承受的范围内。风险的存在及其造成的严重后果，不仅可能引起财产物资的损毁和人身伤害，同时还会给人们带来种种忧虑和恐惧，这种心理上的障碍无疑会严重影响人们的工作积极性和主动性，从而造成低效率甚至无效率的状况。风险管理者必须使人们意识到风险的存在，而不是隐瞒风险，这样有利于人们提高安全意识，防范风险并主动配合风险管理计划的实施。实施风险管理措施，可以尽量减少人们心理上的恐惧和忧虑，消除后顾之忧，使人产生安全感。因此，形成一种安定可靠、轻松的环境也是风险主体开展风险管理活动应达到的一个重要目标。

3. 社会责任目标

与其他各种管理一样，实施风险管理必须承担有关责任和义务，必然受到政府和主管部门有关政策和法规以及风险主体公共责任的制约，如政府法令和规则及各种公共准则。同时，社会化大生产使单个风险主体与外界各种经济组织、个人之间有着广泛的联系。一个风险主体遭受损失，受损的通常不只是风险主体本身，还有它的股东、债权人、客户、消费者、劳动者以及相关的人员和经济组织。损失严重时，甚至会使国家或社会蒙受损害，从而给社会带来不良影响。因此，风险管理还应注重履行必要的社会责任，全面实施防灾防损计划，尽可能消除风险发生的隐患，这无疑是对社会的一种贡献。所以，社会责任目标也是风险管理的目标之一。

（二）损失后目标

即使实施十分完善的风险管理计划和方案，也不可能完全避免损失的发生。因此，确定损失发生后的风险管理目标也是同样重要的。与损失前目标不同，确定损失后目标重在考虑最大限度地补偿和挽救损失带来的后果及其影响。损失发生后的风险管理应达到如下目标。

1. 维持生存的目标

一旦发生风险事件，便会造成损失。为使经济单位、家庭、个人乃至整个社会不致由于意外事件的发生而遭受灭顶之灾，损失发生后风险管理的最基本、最主要的目标就是维持生存。实现这一目标，意味着通过风险管理者的种种努力，能够使经济单位、家庭、个人乃至社会能够在财力、物力及心理上做好充分的准备，能够经受得住损失的打击，不至于因自然灾害或意外事故的发生而元气大伤、一蹶不振。实现这一目标，意味着风险主体通过风险管理能在损失发生后维持生存。只有首先维持经济单位的存在，才有将来的恢复和发展。由此，可以说，维持生存是损失发生后风险管理的首要目标。

2. 保持正常生产经营的目标

风险事件的发生给人们带来了不同程度的损失和危害，影响企业正常的生产经营和人们的日常生活。生产经营活动中断并不一定会导致风险主体破产，经过一定时间，有的风险主体是可以恢复生产的，但是，风险主体原有的市场份额却可能因此而失去。实施风险管理能够给经济单位、家庭和个人提供经济补偿，并为恢复生产和人们生活的秩序提供便利条件，从而使企业、家庭和个人在损失后重整旗鼓，迅速恢复生产和正常的生活。这里的正常有一定的相对性，并不是说实施风险管理能够完全保证整个生产活动和人民生活不会因损失受到影响，而是说能够为生产和生活的恢复创造必要的条件，使得大部分的生产活动和日常生活迅速恢复到正常状态。

3. 尽快实现收益稳定的目标

开展风险管理活动，不仅要达到维持风险主体生存和生产经营活动正常进行的基本目标，而且还需要尽快实现在事故之前原有的稳定的收益。损失一旦发生，避免不了由此而带来的各种不利影响。管理者最关心的一个问题就是损失事件对风险主体获利能力的影响。风险管理者在使风险主体维持生存并迅速复原后，应尽快实现原有的稳定的收益水平促使资金回流，尽快消除损失带来的不利于收益稳定的影响，以保证企业经营的连续性，尽快使企业恢复到损失前的盈利水平。

4. 实现持续增长的目标

风险管理不仅应使经济单位恢复原有的生产经营水平，而且应保证原有生产经营计划的继续实施，并实现持续的增长。执行和实施风险管理计划及方案，及时、有效地处理各种损失结果，并不断地根据可能出现的新的情况拟订新的风险管理计划和方案，周而复始地执行计划、实施方案，从而使风险主体实现持续稳定的发展，这是风险管理应达到的高层次目标。

5. 履行社会职责的目标

与损失发生前目标中强调风险主体承担社会责任和履行义务的道理一样，有效地处理风险事故发生后所带来的损失后果，减小因损失造成的种种不利影响，可以减轻对国家经济的影响，保护与风险主体相关的人员和经济组织的利益。风险主体更好地、充分地承担社会责任，履行应尽的义务，可以树立良好的社会形象、建立信誉，为今后进一步发展奠定基础。

上述风险管理目标相互联系、相互作用，目标层次不同，反映和决定了风险管理水平的高低。以维持风险主体生存和稳定收益为目标的风险管理计划，与实现持续发展为目标的风险管理计划相比，前者表现为“保守”和“谨慎”，而后者则更倾向于“积极”和“冒险”。

二、风险管理的一般流程

风险管理是应用一般的管理原则去管理一个组织的资源和活动，并以合理的成本尽可能减小风险损失及其对所处环境的不利影响。风险管理的一般流程如下：

（一）风险识别

风险识别（risk identification）也称风险辨识或危险识别，是在特定的系统中确定风险因素并定义其特征的过程。风险识别是风险管理的基础和起点，也是风险管理者重要的，或许是最困难的一项工作。它的任务是辨认本经济单位所面临的风险有哪些，确定各种风险的性质，分析可能发生的损失及明确风险损失所处的具体部门。风险识别的意义在于，如果不能准确地辨明所面临的各种风险，就会失去处理这些风险的机会，因而使得风险管理的职能得不到正常发挥，自然也就不能有效地对风险进行控制和处置。

（二）风险估计

风险估计（risk estimation）也称风险衡量，是在特定的系统中对风险损失的大小进行定量计算的过程。其内容包括：频率分析（frequency analysis），即特定风险因素发生的频率或概率分析；后果分析（consequence analysis），即分析特定风险因素在环境因素下可能导致的各种事故后果及其可能造成的损失，包括情景分析和损失分析。情景分析（scenario analysis）即分析特定风险因素在环境因素下可能导致的各种事故后果；损失分析（loss analysis）即分析特定后果对其他事物的影响，进一步得出其对某一部分的利益造成的损失并进行量化。

（三）风险评价

对特定系统中所有危险进行风险估计之后，需要根据相应的风险标准判断该风险是否可以被系统接受，是否需要采取进一步的安全措施，这就是风险评价（risk evaluation）。一般来说，风险估计可与风险评价同时进行。

（四）风险决策

风险决策（risk decision）也称风险应对或风险防范，它是根据风险评估的结果以一个最低成本最大限度地降低系统风险的动态过程。一般的风险应对方法包括风险规避、风险转移、风险分散等。

（五）风险监控

风险监控（risk control）包括风险的监测与控制。风险监测就是在风险管理过程中对风险进行跟踪，监视已识别的风险和残余风险，识别进程中新的风险，并在实施风险应对计划后评估风险应对措施对减轻风险的效果。风险控制则是在风险监视的基础上，实施风险管理规划和风险应对计划，并在情况发生变化时，重新修正风险管理规划或风险应对措施。在某段时间内，风险监测和控制交替进行，即发现风险后经常需要马上采取控制措施，或风险因素消失后立即调整风险应对措施。因此，各经济单位常常将风险监测和控制结合起来考虑。

上述风险管理的一般流程体现了风险管理的主线思路。虽然各经济单位都有自己的特点，但不论经济单位多么不同，这些基本的过程都是需要的。风险管理兼有科学和艺术的特点。一方面它提供了一系列风险科学决策的数量方法和技术手段；另一方面它在很大程度上还必须依靠非数量方法，即风险管理的许多决策必须靠人的经验、直觉判断和演绎而做出。因此，整个风险管理的过程既涉及科学的数量分析方法，又涉及人的管理艺术。随着风险管理的理论研究和实践的深入开展，必然产生新的更精确的科学决策方法，风险管理学科也将日臻完善。

风险管理的一般过程如图 6-1 所示。

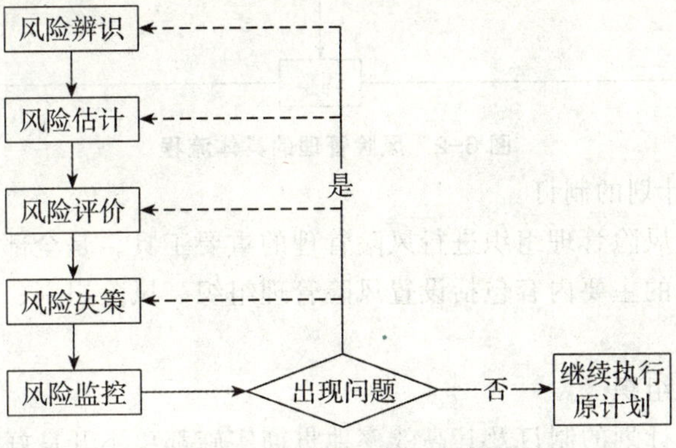

图 6-1　风险管理的一般过程

三、风险管理的实施步骤

从前面介绍的风险管理一般流程来看，风险管理过程是个循环系统，具体的实施步骤可以分为风险管理计划的制订、风险管理计划的实施、风险管理计划的调整三个阶段。风险管理的具体流程可以用图 6-2 表示。

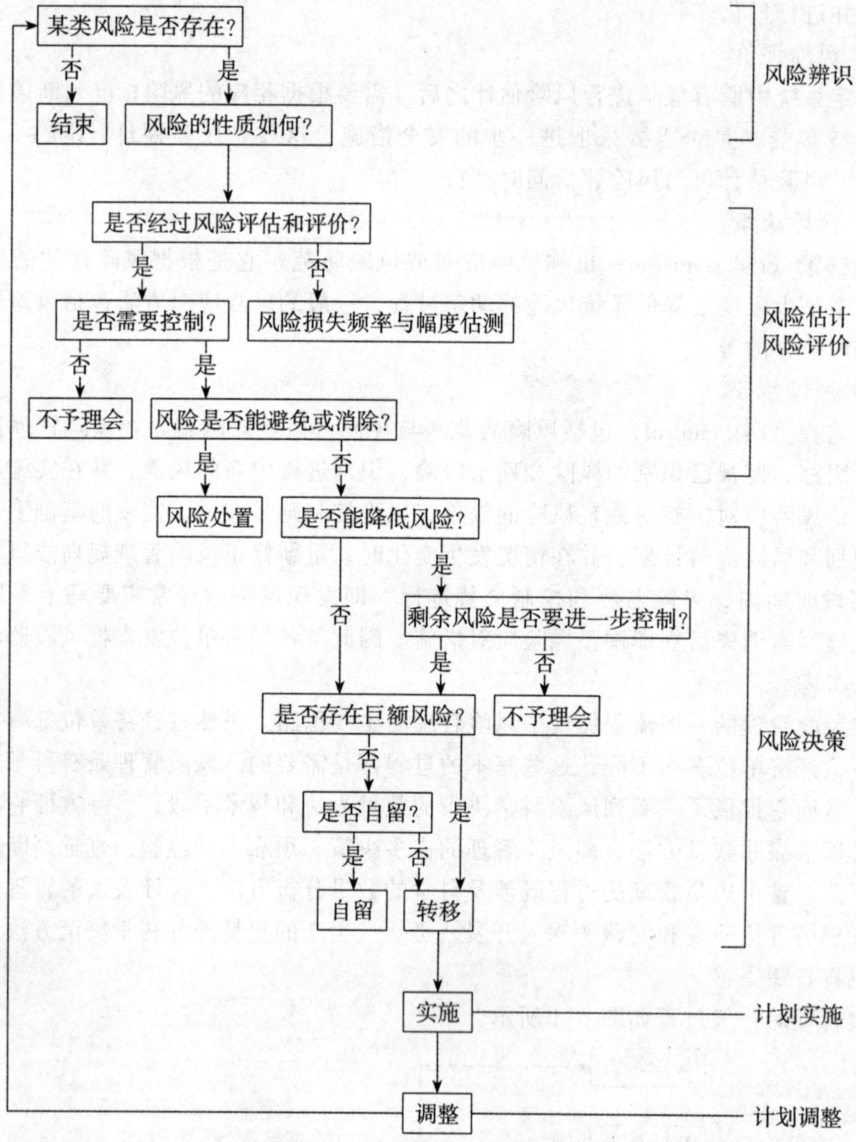

图 6-2 风险管理的具体流程

（一）风险管理计划的制订

风险管理计划是风险管理组织进行风险管理的重要工具，是全部风险管理过程的基础环节。风险管理计划的主要内容包括设置风险管理组织、风险识别、风险估计与评价、风险处置方案安排。

1. 设置风险管理组织

周全的风险管理计划的制订及其高效率地贯彻实施都离不开良好的风险管理组织。从广义的角度讲，风险管理组织是指风险主体为实现风险管理目标而设置的内部管理层次及管理机构，包括有关风险管理组织结构、组织活动以及两者相互关系的规章制度。风险管理组织活动则是指风险管理专职机构制订和执行风险管理计划的全过程，包括为制定风险管理目标，并为实现目标而进行的风险的识别、衡量、处理及效果评价等活动。体现风险管理组织结构与组织活动相互关系的规章制度包括风险主体风险管理的指导思想、政策纲要、方针策略以及有关的管理、监督条例和规定。从狭义的角度讲，风险管理组织则主要是指实现风险管理目标的组织结构，具体包括组织机构、管理体制和领导机构。如果没有一个稳定、合理、健全的组织结构，整个风险管理活动就会陷入混乱无序，甚至毫无效果的境地。这里主要采用狭义的风险管理组织定义。

一般的风险管理组织形态包括直线型、职能型、矩阵型三种形态。直线型组织是指由一个上级统一对下属下达命令，每个下属只接受一个上级的指挥，组织的责任和权限完全是直线式的。直线型的风险管理组织是由少数的专人负责风险管理，容易发挥少数富有风险管理经验的人士的作用，信息容易上传和下达。通常，小型风险主体多采用这种形式。这种组织形态对风险管理者要求较高，他们必须同时具备较强的专业技术知识和管理能力。然而，个人的知识和能力总是有限的，所以该组织形式也存在管理范围受到局限、不利于全员参与风险管理等弊端。

随着风险主体规模的扩大，大中型风险主体的人、财、物及环境的组合更为复杂，所面临的风险比小型风险主体增加了，职能型风险管理组织就是在直线型组织的基础上，在每一层次的负责人员旁边设置专业参谋人员。职能型风险管理组织的特点是容易发挥参谋人员的专业特长，有益于专业风险管理。但是存在的弊端是容易出现本位主义和多头领导。

矩阵型风险管理组织采取纵向和横向的交叉式的管理模式，对于某一特定位置的人员来说，其既要接受垂直领导，又要接受横向指挥和协调。矩阵型风险管理组织适用于复杂、大型的风险管理。

2. 风险识别

风险识别就是明确风险识别对象，选取适当的风险识别方法，按照一定的原则识别出风险主体中可能存在的风险，并且对风险的属性进行判断。常用的风险识别方法有专家调查法、安全检查表法、工作风险分解法、情景分析法、故障树法、财务报表分析法、事件树分析法以及危险与可操作性研究等。

3. 风险估计与评价

在识别出存在的主要风险后，需要进行风险估计与评价，也就是衡量风险可能的损失及其对总体目标的影响。在衡量风险时，可以采用模糊评估方法，根据风险属性将其定级，以不同的风险级别区分风险的大小及其对风险管理目标的影响。但是仅仅将风险分级是不够的，还需要进行具体估计和评价。一方面是衡量每次事故造成的最大可能损失和最大可信损失。最大可能损失是指在没有采取风险管理措施的情况下，风险事件可能造成的最大损失程度。最大可信损失则是指在现有的风险管理条件下，最可能的损失程度。最大可能损失通常要大于最大可信损失。另一方面是估计每次风险事件发生可能的损失程度和损失频率。风险事件造成的损失程度是指可用货币衡量的风险事件造成的经济损失的金额，其他的损失如精神损失、社会效益下降等损失不计算在内。在估计风险事件造成的损失程度时，需要采取适当的风险估计方法。损失频率是指在一定时间内，风险事件发生的次数。衡量损失频率也就是估计某一风险单位可能遭受各种风险因素影响而导致风险事故发生的概率。

4. 风险处置方案安排

在明确了所有可能存在的风险，并估计和评价了风险损失对目标的影响程度之后，应该采取一定的风险处置对策。处置风险的方法包括风险回避、风险自留和风险转移等。根据具体的风险环境的不同，每类风险处置方法中的具体处置措施是不同的，拟订的风险处置方案也是不同的。

（二）风险管理计划的实施

风险管理计划制订之后，接下来要做的就是贯彻和落实计划。再好的计划只有经过落实才能显现其效力，实现风险管理的目标。比如在一项铺设高速公路的工程中，风险管理人员已识别出在工程穿越某居民居住区附近时，打桩施工对地面的巨大、频繁的冲击力有可能损害附近的居民住宅，并考虑将风险转移，拟订了将该工程风险投保第三者责任险的处置方案，但是因为某种原因没有办理相应的工程保险，结果事故发生了，损失只能由承包商或业主自己承担。这个案例说明，一个完善的风险管理计划只有通过落实才能发挥作用。风险计划的落实需要有风险管理组织作保证。风险管理的组织形式、规模以及组织中的每个岗位的职责和权限都应在计划实施之前拟订好。

在风险管理计划的落实过程中，管理人员应做好指导、监督、检查和信息反馈或决策等工作。对于现代风险管理来说，风险管理是全员参加的、生命周期内全过程的、动态监控的复杂管理系统。某一个细微的环节出现问题都可能导致风险事故的发生。因此必须是全员参与风险的防范和处置，才能更有效地降低风险。风险管理计划实施过程中的指导和组织协调是非常重要的。风险管理组织人员应向有关人员介绍风险管理计划的思想和内容，并且帮助他们明确自己在风险管理中的职责和具体的风险管理办法等。在计划实施过程中，风险管理人员应根据计划的进展程度和风险主体中的风险分布情况，对风险计划的落实情况进行动态的监督和检查。如果在计划实施过程中发现了风险计划的不当之处，比如计划制订时假设的环境发生了变化，或者计划的风险分析结论存在问题，计划中提出的风险处置方案不符合实际情况等，都需要及时调整风险管理计划。

（三）风险管理计划的调整

动态风险管理的思想要求风险管理者根据风险环境的变化不断地调整风险管理策略。若出现风险管理计划不适应实际风险管理要求的情况，应调整计划。在调整计划时，一般采取局部修补的方式，需要注意调整的部分与其他未调整部分的协调关系。

风险管理计划的调整主要涉及如下几个环节：一是风险管理组织的调整，如增减或调整风险管理人员。风险管理组织是贯彻风险管理计划、实现风险管理目标的重要的组织基础。一般情况下，风险管理组织是根据预测的风险设计的。当风险环境发生变化时，应做相应的调整，应根据风险属性和风险管理任务的要求，加派或减少风险管理者人数，或者重新调配适合新的风险管理任务要求的风险管理者。二是补充或修正风险分析，调整风险处置对策。在已发生变化的风险环境下，查找新的风险源，并且判断风险属性。若识别出新的风险，则要衡量和评价风险损失、风险发生的频率以及每次事故损失程度等。评价风险损失及影响之后，应提出风险处置方案。

第三节 风险管理的方法

一、控制型风险应对

控制型风险应对措施是指在风险成本最低的条件下，所采取的防止或减少灾害事故发生以及所造成的经济及社会损失的行动。在风险成本最低的前提下，控制型风险应对措施的目标分为两种：一是降低事故发生的概率；二是将损失减少到最低限度。这两个目标都是为了改变组织的风险暴露状况，从而帮助组织回避风险，减少损失，在风险发生时努力降低风险对组织的负面影响。控制型风险应对的措施主要有以下几种。

（一）风险规避

风险规避又称风险避免，是指有意识地回避某种特定风险的行为，从而达到不承担风险或完全消除己方风险的目的。风险规避可以将风险降为零，是最彻底的风险管理措施。

风险规避是各种风险管理技术中最简单也是最消极的一种方法，风险规避虽然去除了后顾之忧，但这种措施的实施有许多局限性。首先，有些风险是无法回避的。其次，对于投机风险，在回避的同时也失去了获利的机会。最后，回避一种风险的同时有可能产生另一种新的风险或加强已有的其他风险。采取风险规避策略，必须考虑以下条件：风险不可避免；经济上合得来；防范副作用产生。基于以上分析，风险规避策略的适用情况主要包括以下几种：

（1）损失频率和损失幅度都比较大的特定风险。

（2）频率虽然不大，但后果严重且无法得到补偿的风险。

（3）采用其他风险管理措施的经济成本超过了进行该项活动的预期收益。

风险规避并不是指企业面对任何风险都盲目地一味进行回避，企业应该在恰当的时候调动自己的主观能动性，分情况进行风险规避，规避风险的方法主要有两种：一种是放弃或终止某项活动的实施；另一种是虽然继续该项活动，但改变活动的性质。具体来说有以下几种方式：

（1）完全规避。企业通过评估后，认为将要面对的风险完全在企业的控制能力之外，则企业可以选择直接拒绝承担该风险。

（2）逐步试探。企业在评估风险后，认为某项经营活动一步到位的风险太大，企业难以承担，此时企业可以选择不与风险正面遭遇，转而采取步步为营的实施行为，则可以回避掉一部分的风险。

（3）中途放弃。企业在进行某项经营活动时，由于自身情况或外在环境的变化，使得企业无法在可承受的风险范围内将该项经营活动顺利完成，此时企业应选择中途终止承担此项风险。

（二）风险预防

风险预防是指通过一定的措施以达到降低风险损失发生概率的目的。风险预防和风险规避有所不同，风险规避能够完全消除损失发生的可能性，因而在风险管理中无需其他的风险管理方法加以补充。然而，风险预防只能降低损失发生的可能性，并不能完全消除风险，因此还需要其他的风险管理方法来处理剩余的风险。

风险预防同风险减损也存在区别，风险预防是一种事前措施，而风险减损更多的是一种事后措施。此外，风险预防侧重于降低损失频率，并且这一方法可能会减少一段时期内的损失总量，但不能降低一次事故的损失程度。而风险减损则侧重于降低风险的损失程度。

风险预防在实践中应用较为广泛，如企业对于生产设备进行检修等。具体可从以下三个方面入手：

（1）改变风险因素。

（2）改变风险因素所处的环境。

（3）改变风险因素和其所处环境的相互作用。

（三）风险减损

风险减损是指减少风险所造成损失的严重程度。风险减损是一种事后措施。这里的“事后”是指措施的作用和实施都是在损失发生之后，尽管这些措施很多是企业事先设计好的。对于企业来说，风险减损措施非常重要：一方面，风险预防措施并不能确保万无一失，企业必须考虑风险发生后的应对方法；另一方面，有些风险发生的结果是无法挽回的，如人的生命，且有时企业更愿意保留原有物品，而不是得到经济赔偿。

风险减损注重损失发生后的应急措施，常用的风险减损措施包括：抢救及恢复工作；灾难计划和紧急事件计划；法律手段等。其中，制订的计划又称为预案，是事先想象出来事故发生后的情况，然后对所有行动进行部署。这类预案一般都要在事前进行培训和演练，以便在真正实施时能够迅速到位。

在实施风险减损措施的时候，需要注意以下几点：

（1）注意成本效益原则。是否选择风险减损措施，以及选择怎样的风险减损措施，都要考虑成本效益原则。风险减损措施本身也是有成本的，而风险管理的目标是风险成本的最小化，如果风险减损的成本过高，则可以考虑采用其他的方法，如风险转移等。

（2）不能过分依赖风险减损措施。实施风险减损措施中所用到的机械有可能发生故障，实施风险减损措施的人也有可能产生道德风险。因此，当面对某些影响较大的风险时，在实施风险减损措施的同时，也要考虑其他风险应对措施的配合。

（3）风险减损措施本身也有可能带来新的风险。

（四）风险转移

风险转移是指借助合同或协议，将损失的法律责任转移给其他个人或组织（非保险人）承担。风险转移的方式主要有以下几种：

（1）出售。通过将带有风险的财产出售转移给其他人或组织来实现风险的转移。很多情况下，出售类似于彻底的风险规避。

（2）分包。通过将带有风险的活动分包转移给其他人或组织来实现风险的转移。一般多用于建筑工程中。

（3）签订协议。有些情况下出售或分包等转移风险的方法是不被允许或者是不经济的。这时，可以通过签订免除责任的协议来转移风险。

【案例 6-2】

看余额宝如何规避和预控市场风险

余额宝可谓 2013 年基金市场最大的奇迹。在 2013 年 6 月 13 日余额宝上市之前，与其合作的天弘基金在全国 72 家货币基金公司中排名 54 位。而到了 2014 年 1 月 15 日，余额宝规模就迅速增长到了2 500亿元，这也使得天弘基金麻雀变凤凰，超越连续7年排名第一的华夏基金，成为中国规模最大的基金。据业内人士估计，目前余额宝规模应该已经超过了5 000亿元，用户数量超过了8 100万。

为什么余额宝能够成功？令人诱惑的高回报率和产品的高易用性当然是成功的关键因素，但是有效的风险控制同样重要。金融行业的最大特点，就是金融企业必须具备超强的风险控制能力，不然可能在瞬间将过去几十年的积累赔个精光。

互联网金融有两大风险：一个是流动性风险；另一个是期限错配。传统金融企业花费了上百年的时间不断地优化调配，也是为了规避这两大风险。2008年金融危机爆发的时候，美国金融企业如贝尔斯登、雷曼兄弟、美国国际集团（AIG）等均出现了流动性风险。如今传统金融企业正在转型，从资产持有转向资产管理，银行负债短期化和资产的长期化趋势越来越明显，期限错配越来越严重。余额宝同样面临这两大风险。例如，由于余额宝里的资金可以随时取用，遇到“双十一”大促这样的事情，很容易就会遭到挤兑，从而出现流动性风险。而如果余额宝准备了过多的库存资金，或者将过多的资金投入到长期的金融产品，又会造成期限错配的问题。

至少从目前来看，余额宝在规模急剧膨胀的同时，很好地规避了这两大风险，而余额宝手中的利器就是大数据。

为了解决流动性风险的难题，余额宝首先有针对性地制定了业务规则。余额宝规定，单户投资金额不得超过100万元。如今，余额宝户均投资金额只有4 000元，而传统货币基金中有相当大的一部分投资者是机构投资者，户均投资金额远远高于余额宝，用户数则远远少于余额宝。有了上亿的用户数，大数据才得以发挥巨大的威力。余额宝的流动性管理用到了支付宝在接近10年的时间里沉淀的那些大数据。阿里小微金融服务集团金融事业部总经理袁雷鸣认为：“要去了解、预测单个用户的行为是非常困难的，但是因为支付宝有长达十年的数据积累，能够对某个阶段绝大部分的人，尤其是趋势做出预测，难度就会降低。”据了解，即便遇到双十一、春节这样用户资金调动频繁的时间段，余额宝也能实现流动性需求预测偏离率不超过5%。

期限错配同样可以通过大数据来解决。余额宝可以被看作一个C2B的金融产品，虽然不同用户对流动性的需求不同，但是通过大数据可以把这些需求整合起来，找到相应期限匹配的资产，做一对一的匹配，这样也就不存在期限错配的问题了。但是，大数据平台不可能建立在原有的技术基础设施之上，而必须建立在云平台之上。阿里巴巴集团CTO王坚认为，传统的基金公司是线性增长的，而余额宝增长得非常快，要做大数据，就必须破除原有的技术架构。传统基金公司通常会用相对封闭和强耦合的美国传统IT巨头IOE（IBM、Oracle、EMC）的IT基础设施去支持余额宝的超常规增长，支持大数据的应用，但是由于这些IT基础设施缺乏扩展性，还无法从根上解决问题。为此，阿里巴巴的对策就是致力于打造自己的云集群，相关的“飞天计划”在2013年8月15日单集群规模已经达到了5 000台服务器。

二、财务型风险应对

财务型风险应对措施的目的在于通过事故发生前所做的财务安排，使得在损失发生后能够获取资金以弥补损失，为恢复正常经济活动提供财务基础，其着眼点在于事后的补偿。根据资金的来源不同，财务型风险应对可以分为风险留存、衍生工具管理和保险等方法。

(一) 风险留存

风险留存是指由面临风险的企业自己承担风险事故所导致的损失的一种方法，它通过内部资金的融资来弥补损失。风险留存的资金一般来源于以下几个方面：

1. 摊入成本

对于经常性的小额损失，可将其在一个较短时期内摊入生产和经营成本，用当期收入来弥补损失。这种做法不用耗费企业太多的精力，然而其局限性也较为明显：一方面，企业面临的损失在不同年份波动较大，可能出现超出企业正常承受能力之外的损失；另一方面，企业自身的财务状况也有可能发生剧烈波动，若企业一个时期的盈利能力出现困难，则势必会影响其应对风险损失的能力。

2. 专用基金

专用基金是指企业以各种方式，从每年的现金流量中提取一定的金额积累起来，或者一次性地提取一笔巨额资金，以此作为损失发生时的补偿基金。通常这一基金会用于投资金融资产，而这些金融资产应具备一定的流动性，以此来确保在需要弥补损失时能够迅速转换成现金。专用基金的数额取决于企业现有的准备金数额以及机会成本的大小。专用基金能够积累较多的资金储备，帮助企业应对较为重大的损失，但是，专用基金可能会被要求纳税，而且基金的积累需要一定的时间，若重大损失发生在基金积累到一定程度之前，这时专用基金的能力就非常有限。

3. 自保公司

自保公司是企业自己设立的保险公司。如果专业自保公司只为一家母公司提供保险，则被称为纯粹或传统的专业自保公司。如果专业自保公司为多家母公司提供保险，则被称为协会或团体专业自保公司。专业自保公司的运转方式类似于商业保险公司的运转方式，它还可以向除母公司之外的其他公司提供保险，这一方面可以分散风险，另一方面也可以增加专业自保公司的独立性。

自保公司大体可以分为三种类型：只为单一母公司保险的自保公司；为单一母公司和其子公司保险的自保公司；以利润为中心的自保公司。自保公司可以降低企业纳税、提高企业应对风险的能力。然而这类公司一般规模不大、财务基础薄弱、业务量有限，且自保公司承保业务风险相对集中于财产风险和责任风险，会造成损失的频率较高，赔偿时间久。因此，这类公司的经营难度较大。

(二) 衍生工具管理

衍生工具是一种收益由其他金融工具的收益衍生而来的金融工具，它可以建立在实物资产上，也可以建立在金融资产上。衍生工具主要被用来对金融风险进行套期保值，常用的衍生工具包括期权、远期合约、期货合约、互换等。

1. 期权

期权指在将来一定时间内以一定价格买卖特定商品的权利，它为期权的买方所有。

2. 远期合约

远期合约指交易双方达成一种协议，同意按照当日确定的某一价格在将来某一日期买卖某种资产。

3. 期货合约

期货合约是一种标准化的远期合约，在期货交易所场内进行交易，服从逐日结算的程序，保证合约的损失方将款项及时支付给对方。期货合约中商品或其他资产的规格、品质、数量、交货时间、地点等都是确定的。

4. 互换

互换是一种以特定的方式交换未来一系列现金流量的协议，它可以看作是远期合约的一种组合。互换的标的资产可以是利率、汇率、权益、商品价格或其他指数。一般地，互换应用的时间比远期和期货要长。

（三）保险

保险是对付可保的纯粹风险的一种重要风险融资工具。对于企业来说，通过缴纳保费，将自身面临的风险负担转移给了保险公司，即以小额的保费成本替代大额的不确定损失。从赔付角度来看，保险并没有改变企业所面临的风险，而是消除了损失发生后经济负担的不确定性。按照承保风险范围的不同，保险可分为人身保险、财产保险及责任保险。

1. 人身保险

人身保险转移的是那些可能损害个人身体的风险。这些风险包括死亡、意外事故与疾病、失业等。其中，商业保险一般不提供失业保险，而社会保险则涵盖所有类型的风险。

2. 财产保险

财产保险是对财产的损毁或遗失进行保障的保险，主要包括以下险种：火灾保险、运输保险、农业保险、信用保险、所有权保险等。

3. 责任保险

商业经营引起的责任风险数量众多且形式多样，法律责任引起的损失实际上没有可计算的上限，而引起责任的源泉也会由于商业复杂程度的增加而加倍，因此，商业责任保险领域更为复杂。责任保险范围广泛，主要包括以下几种类型：雇主责任和劳工赔偿、汽车责任、产品责任、合同责任、连带责任等。

【案例 6-3】

看振华港机如何运用外汇套期保值来控制风险并盈利

2008 年，“套期保值”给中国内地投资者和大型上市公司上了一课。众多上市公司在金融衍生产品上发生巨额亏损：东航套保损失 64 亿元，江西铜业套保巨亏 13.6 亿元。然而，另一家位于上海的全球集装箱起重机市场的龙头——振华港机，在 2008 年“套期保值”中不但没有发生损失，而且交易性金融资产还为其净赚了 7.32 亿元，这主要是源于远期外汇合同的非经常性损益作出的贡献。

振华港机的“套保秘笈”，就是用最简单的外汇衍生工具去做外界认为最复杂的外汇套保，从而控制风险，获取收益。

1. 国内首先成立外汇套保小组

振华港机 80% 以上的产品要出口，而汇率变动产生的汇兑损益直接影响公司的利润水平，所以振华港机专门成立了一个外汇“套保小组”来规避汇率风险。公司财务办下面有个外汇部，在外汇部的基础上成立了外汇套保小组，这个小组主要是总裁来牵头，职位最高的是总裁，接下来是财务总监，接下去的是外汇部的经理，还有一二个是外汇部负责具体操作的经办人员，这四五个人就组成了外汇套保小组。外汇套保小组的决策流程主要是：套保小组从负责签合同的经营方得到反馈的相关订单信息，根据及时收集的汇市信息制定相应的套期保值措施，由财务总监提交总裁，最终由总裁定夺。

2. 根据现货交易合同来做套保

振华港机外汇套保有两个关键条件：一个是外币订单的规模；另一个就是汇市波动的程度。在汇市波动风险比较小的时候，振华港机不一定要锁定全部合同金额，早几年就是如此。毕竟，做套期保值也有手续费用支出。这几年，由于汇市波动比较厉害，所以，振华港机就采取了外汇套期保值措施在内的、包括保理等业务，主要的目的是控制风险、锁定收入。

3. 专人盯住三大汇市，不做投机交易

由于外汇市场波动比较大，因而外汇套保过程中对风险控制的要求也比较高。振华港机的做法是实时跟踪，专人盯着纽约、伦敦、东京外汇市场。由相关的外汇操作人员从银行，包括从汇市上面收集相关的信息，然后反馈给财务总监，财务总监再反馈给总裁。"因为振华港机交易的金额都比较大，跟各大银行都有往来，所以各大银行对我们的服务也比较好"，振华港机的员工评论道，"另外一方面是我们的信息一定要及时、全面。一定要从国际国内的经济、政治形势出发，所以这个事情一定要经财务总监上报总裁，包括他们小组也经常讨论。像这样群策群力，最后总裁来定，当然个人的眼光也很重要。"另外，公司不鼓励投机行为。"我们的出发点一定不能是投机，而是为了把企业的收入锁定下来，一定是只能为了套期保值，就要像套期保值的名字"保值"一样，而不是企业为了在这个方面而赚一些钱"，振华港机员工总结道，"其实，我们做的套期保值在所有的外汇衍生工具中是最简单、最基础的一种，并不是那么复杂。"

4. 结算货币以美元为主，欧元为辅

据了解，振华港机外汇结算以美元为主，欧元为辅，而在国内一些产生套保损失巨亏的公司中，中信泰富用的是澳元，另外有些公司用的是日元和新加坡元。对于振华港机这套结算体系，中国银行的一位人士认为比较科学合理，因为国际主要结算货币就是美元和欧元，且这两种货币在央行都有强大支撑能力，而澳元、新元、日元相对比较脆弱。

第七章

企业常见风险的识别与分析

第一节 企业环境层面风险的识别与分析

一、企业市场风险的识别与分析

市场风险是指未来市场价格的不确定性对企业实现其既定目标的影响。根据引发市场风险的市场因子不同，市场风险可分为利率风险、汇率风险和商品价格风险。这些市场因素可能直接对企业产生影响，也可通过对其竞争者、供应商、投资者或者消费者从而间接对企业产生影响。

（一）利率风险的识别与分析

利率风险是指利率变动对收益或资本所产生的风险。按照利率风险的成因，巴塞尔利率风险监管委员会将利率风险分为以下四类：

（1）重新定价风险，又称成熟期不匹配风险，指企业可重新定价的资产和可重新定价的负债的不匹配，使得利率变动时企业将要面临的风险。

（2）收益率曲线风险，收益率曲线是描述投资收益率与投资期限之间关系的曲线。收益率曲线的意外位移或斜率的变化有可能对企业的利差收入造成不利影响。

（3）基准风险，指企业的利率敏感性资产和利率敏感性负债虽然相等，但是二者利率波动幅度不一致，引起企业收益的变动，由此产生的收益风险，也叫利率结构风险。

（4）期权风险，指企业行使提前归还贷款本息和提前支取存款的潜在选择而产生的利率风险。期权风险常在市场利率水平发生较大变化时出现。

企业应该根据自身经营性质和复杂性来决定自身识别和计量风险的系统和程序，以便企业在识别和控制利率风险敞口时，能够获得充分、及时、精确的信息。企业在试图识别利率风险敞口的主要源头和其对风险状况所起作用之前，管理层应了解企业的业务组合及这些业务的风险特征。然后，可对不同的风险计量系统进行评估。方法是观察这些系统能否恰当地识别和量化企业风险敞口的主要源头。

在分析重新定价风险时，要注意企业重新定价的资产和负债哪个期限更长，资产重新定价期限更长的企业在利率下降时收益会增加；反之，负债重新定价期限更长的企业会从利率升高中获益。此外，在评估重新定价风险时，还要将重新定价的资产和负债短期不平衡和长期不平衡结合起来考虑。

对于收益率曲线风险的分析应着重分析市场的收益率曲线在利率周期内的变化，收益率曲线的差异性会放大期限错配的影响，增加企业头寸的风险。特定类型的结构性票据尤其容易受到收益率曲线形状变化的影响。

企业在分析基准风险时，要着重分析不同金融市场和不同金融工具在不同时间发生的变化。由于存款利率等某些定价指数具有滞后于市场利率的特点，因此，这种滞后情况有可能会强化或缓和企业短期利率敞口。

对于期权风险，期权的持有者和卖方所面临的风险是不同的。期权的持有者面临有限的下行风险和无限的上行回报，而期权的卖方则面临无限的下行风险和有限的上行回报。

（二）汇率风险的识别与分析

汇率风险是指预期以外的汇率变动对企业价值的影响。企业汇率风险一般可分为以下三种类型：

（1）交易风险，指以外币计价的交易，由于该币与本国货币的比值发生变化，即汇率变动而引起的损益的不确定性。

（2）折算风险，指根据会计制度的规定，在企业全球性的经营活动中，为适应报告需要而出现的风险，即因为汇率的变化，引起资产负债表上某些项目价值的变化。

（3）经济风险，指由于突然的汇率变动，引起企业在未来一定期间的收益发生变化，是一种潜在性的风险。一切有国际业务的企业和一切有国际竞争对手的企业都面临经济风险。

为了比较准确、全面地识别企业的汇率风险，可以将企业汇率风险逐层予以分解，并建立起一个层序化的系统结构，以此来让企业能够清晰、准确地判明自己所承受的汇率风险的具体形态及其性质，简单迅速地认清自身所面临的局面。

对于企业汇率风险的分析，可以用净外汇风险敞口来计量，若企业净外汇风险敞口为正数，则意味着外币对本币的汇率下降时企业将面临外汇亏损的风险；反之，则说明外币对本币的汇率下降时企业会有所收益。企业在计算净外汇风险敞口以后，将其折算成本币，再结合汇率的预期变动趋势进行计算，即可得到企业面临的外汇损失，具体公式为：

以本币计价的某种外币 A 的损失=以本币计价的净外汇 A 风险敞口×外币 A 的汇率变动值

（三）商品价格风险的识别与分析

商品价格运动背离买卖双方的利益要求，从而形成的风险称为商品价格风险。商品价格风险属于动态风险，又是投机风险，总会使买卖双方中的一方利益受损。

商品价格风险会影响消费者和最终用户，如果最终用户是企业，则这些企业在商品价格上升的情况下，采购成本会增加，利润将减少。商品价格风险同样也会使生产者受到影响，如果商品价格下降，生产者的收入将会降低，从而减少企业所得。

【案例 7-1】

中铝收购力拓的思考

中铝并购力拓事件经历了首期注资、再次收购和参与配股三个阶段。

2008年2月至2009年2月，中铝首次注资力拓为第一阶段并购事件。力拓公司目前是全球第三大多元化矿产资源公司，是全球前三大铁矿石生产商之一，具备8 500万吨铁矿的年度生产能力。2008年爆发的金融危机使得有色金属价格大幅下跌，力拓公司面临严峻的需求下降，债务资金的大量占用使力拓陷入财务困难，公司负债387亿美元，其中包括即将到期的189亿美元贷款。正是在这样的背景下，力拓与中铝签下了195亿美元的出让部分股权协议。2008年2月中铝集团携手美国铝业在市场高峰期以近每股59英镑的价格斥资140.5亿美元合作收购力拓英国公司12%的普通股股份，并持有力拓集团9.3%的股份成为其单一最大股东。其中，美国铝业以认购中铝新加坡公司债券形式出资了12亿美元，其余128.5亿美元均为中铝出资。

金融危机爆发后，截至2009年2月，中铝首期投资已经浮亏了70%以上。与此同时，中铝开始实施第二阶段注资计划。2009年2月12日，中铝公司与力拓集团签署战略合作协议，中铝主动斥资195亿美元通过建立合资公司和认购可转换债券的形式将其在力拓集团整体持股比例由目前的9.3%增至约18%。3月17日澳洲外国投资审查委员会称，将延长审查中铝注资力拓方案时间至120天后。3月26日澳洲竞争和消费者委员会（ACCC）明确表示将不反对中铝注资力拓的交易。3月27日内地四家银行将向中铝提供约210亿美元贷款，用以支付对力拓投资的资金。4月2日德国政府放行中铝注资力拓，5月15日美国外国投资委员会批准力拓拟向中铝发行可转债进行融资的交易。2009年6月5日，力拓单方面宣布撤销中铝第二次注资的协议，同时同意必和必拓向力拓支付58亿美元组建澳洲铁矿石合营公司。这就宣告原本将成为迄今为止中国最大规模海外投资交易彻底失败。而按照双方签署的协议规定，力拓只需向中铝支付1.95亿美元的毁约费。

中铝第二次注资失败后，整个并购事件并没有完结。第三阶段事件是中铝参与力拓“152亿美元配股融资”方案。经证实，中铝至2009年7月1日已出资近15亿美元，全数执行力拓新股认购权，以维持现有的持股比例，摊低此前斥巨资入股的成本。以此时力拓英国公司收盘价每股21.7英镑计算，中铝仍然浮亏近90亿美元。

单就事件本身看，中铝先后两次收购力拓一成一败。两次并购事件引起了社会各界对中国企业特别是大型国有企业海外并购的热烈讨论。

【风险分析】

1. 内部环境：风险防范意识薄弱

一方面，中铝并没有像第一次收购那样注册新公司完成收购。另一方面，当“两拓”暗中合作时，中铝也没有暗查并充分利用反垄断法，揭露“两拓”共谋的反市场行为。最后，在等待审查的过程中，中铝也没有随事态的变化及时做出交易调整和补救，例如，调整某些交易条款、放弃坚持董事席位等。于是，在第二轮次的博弈较量中，原本处于上风的中铝让处于下风的力拓最终金蝉脱壳，自己逐步陷入被动局面。在随后的第三轮次较量中，中铝只好抓住机会参与力拓的配股融资方案。

2. 风险管理：风险评估机制的缺失

由于金融危机的影响，世界各国的经济都处于阵痛之中，中铝在2月份就达成与力拓的联姻。当时，力拓正处于金融危机中，收购的可能性大增，而中铝的收购策略是保持了4个多月的僵持，最终由于经济形势有所好转，中铝失去了收购的最佳时机。并且在此过程中因为缺乏对于长期并且持续的风险的评估，中铝收购力拓英国公司的12%的资金已经遭受了巨大的亏损，也未能引起管理层的重视，此后力拓的扩股使得中铝处于两难的境地，完全处于被动局面的。中铝由处于最好的收购时机逐渐被推向了两难的境地，对市场的风险没有进行很好的控制。

3. 控制活动

（1）对于风险缺乏持续的关注

虽然在投资项目之前公司会有相应的风险评估，但是在收购期间中铝并未考虑到市场经济形势的变化而对风险进行重新评估。力拓毁约的最直接原因在于金融危机最严重的时期过去，铁矿石价格回升，股价上涨，面对优质资产，中铝失去最好的市场时机。

（2）应急预案及相应措施的设计和执行尚待完善

力拓的突然宣布拒绝履行交易的单方面毁约具有很大的突然性。中铝在国内外媒体和本身的盲目自信下，并没有做好准备面对收购失败。当力拓采取后来的股权认购时候，中铝处于两难的地位，一方面不可能放弃已经收购的9%的股权，而另一方面中铝收购又需要巨额的资金投入以确保其份额不会降低。这使得中铝相当地被动。因此，国企应该制定完备的预防措施和应急方案应对可能出现的情况，以防陷入被动。

二、企业法律风险识别与分析

法律风险是指在法律实施过程中，由于行为人做出的具体法律行为不规范而导致的，与其期望达到的目标相违背的法律不利后果发生的可能性。法律风险具有可认知性、专业性、损失性和不可投保性等特征，无论是企业自身内部因素还是企业外部环境都有可能产生法律风险。企业法律风险的识别与分析，具体可以从以下几个方面来考虑：

（一）企业组织的法律风险识别与分析

一般企业作为营利性的经济组织，其从法律形态的选择、设立、权益分配以及最后的清算等过程中，均存在一定的风险。

1. 企业法律形态选择的风险

在我国最基本的三种企业组织形式为独资企业、合伙企业和公司制企业。我国法律对企业形态做出了严格的规定，每一种组织形态都有其利弊，企业应根据自身经营需要选择组织形式，随意选择不恰当的企业形式而产生的法律风险必然损害投资者的利益。

2. 企业设置的法律风险

企业在设立过程中，需要在出资人之间签订确定规范企业运作的协议、章程等法律文件。对于合伙企业，各个合伙人之间权利义务的划分依赖于各方签订的合伙协议，而合伙协议内容丰富、需要注意的法律问题较多，协议制定如果不够周密，则必然会为合伙企业将来的运转留下法律隐患。对于公司制企业，其设立的协议主要是为了解决设立人的出资问题，又称为出资协议。缺少书面协议或者设立协议约定不当、缺乏约束机制等都会产生法律风险。公司的章程是规定了公司的名称、住所、经营范围、经营管理制度等重大事项的基本文件，是公司的宪章。公司章程制定得好坏，直接关系着公司治理风险的评估值，尤其对于股东结构复杂的公司，缺乏好的章程会带来十分严重的法律风险。

3. 企业权益分配的法律风险

企业股权设置的结构一般有平衡的股权结构、股权过分集中以及股权过度分散三种形式。每一种股权结构都有可能产生风险：平衡股权结构容易出现股东僵局或者控制权与利益索取权失衡的问题；股权过分集中会造成一股独大、公司治理机制形同虚设、不利于保护中小股东利益和公司长远发展；而股权过度分散会减弱股东参与治理的动力，容易产生管理层的道德风险。

（二）企业人力资源的法律风险识别与分析

在企业人力资源管理过程的各个环节中，从招聘开始，面试、录用、试用、签订劳动合同、员工待遇直至员工离职的一系列流程中都有相关的劳动法律法规的约束，企业的任何不遵守法律的行为都有可能给企业带来劳动纠纷，从而给企业造成不良影响。

1. 劳动合同的法律风险

我国新实施的《劳动合同法》对于企业规章制度的设计和执行，劳动合同的签订、执行和解除等内容都进行了重新的规范，企业需要按照规定对自己的劳动合同进行改进，来避免由于上述内容和法律违背而带来的法律风险。

2. 劳动者权利保障的法律风险

劳动者的权利保障是《劳动法》的重要内容，同时也是企业和社会的义务，企业必须首先树立起应有的劳动者权利意识，并在劳动合同签订、劳动合同履行以及人力资源管理的各个方面，在实现企业利益的同时，切实做到保护劳动者的权利，从而避免相关的法律风险。

3. 劳动争议的法律风险

企业对于劳动争议的法律风险，主要表现在劳动争议的性质、劳动争议的处理程序、工伤认定争议的适用情况、劳动争议的时效和证据问题等方面。为避免劳动争议法律风险的产生，企业应明确劳动争议的性质、特征和处理程序，注意对证据的收集和保存，并灵活运用协商调解等非激烈对抗的方式解决劳动争议来避免法律风险。

（三）企业合同的法律风险识别与分析

企业合同的法律风险同样贯穿于合同的订立到终止的整个过程中，是指由于外部法律环境，合同主体、内容和程序等因素的不规范导致企业发生利益损失和承担责任的风险。

1. 合同签订前的风险

合同签订前的风险主要表现在合同对方的主体资格和履约能力方面。因为合同签订前没有对合同对方作必要调查和了解，与有瑕疵的当事人或代理人签署合同，从而导致合同无效或效力待定。

2. 合同签订时的风险

合同签订时的风险应从合同签订的过程、合同的内容以及合同签订的形式三个方面来考虑。合同签订的过程中，应注意承诺的内容和要约的内容完全一致时，合同才能成立。对于合同内容，企业应对当事人的名称或姓名和住所、标的、数量、质量、价款或报酬、履行期限、地点和方式、违约责任、解决争议的方法等内容进行全面细致的撰写，无重大遗漏和歧义。此外，合同签订可以采用书面形式、口头形式和其他形式。对于一些合同，法律规定必须采用书面形式订立，若企业未按照规定订立合同，则企业的权益将得不到法律的保护，从而面临风险。

3. 合同履行的风险

企业在合同履行过程中自身或发现对方丧失履行能力或出现其他可能违约情形时所带来的损失的风险。企业几乎没有任何途径可以避免对方违约情况的发生，企业能够做的就是及时采取补救措施和行使法定或约定权利，否则就有可能给企业带来难以弥补的法律风险。而企业由于己方原因无法履行合同本身已经构成了法律风险，企业应采取救济措施来尽量消除法律风险。

（四）企业知识产权的法律风险识别与分析

知识越来越成为企业最重要的生产要素，知识产权依赖于法律对其的确认和保护。知识产权是一种无形资产，拥有专有性、时间性、地域性等特点，具体有以下几个方面：

1. 企业专利的法律风险

一项发明创造完成后，权利人需要按规定程序进行申请，经过审查后方能获得专利权，任何人实施该专利均需经过专利人的授权许可，否则都构成侵权。专利权领域的企业法律风险主要有专利申请不当和未经许可擅自使用两方面。

2. 企业商标的法律风险

随着企业的商标意识以及维权意识的不断增强，各种纠纷也层出不穷。企业在申请商标注册时，应综合考虑申请时间、申请类别、商标文字和图形等因素的影响确定申请方案；注意自身申请是否侵犯他人商标或他人是否侵害自己的商标；在商标转让时注意程序的规范性；商标的许可使用应注意使用的范围、方法等是否合规；注意商标的国际注册等一系列内容，从而避免此类法律风险对企业利益的损害。

3. 企业域名的法律风险

企业应注意域名在注册、使用和转让等事务中的法律风险，具体应防止与企业名称、商标相关的域名被他人抢注，防止企业注册的域名与他人在先权利冲突而带来的法律风险。

4. 企业商业秘密的法律风险

企业商业秘密的法律风险中最根本的是商业秘密的泄露风险，企业应该注意在核心人才流动、商业间谍、学术论文发表、接待来访、签署合同等方面由于缺少管理而导致的商业秘密泄露。

（五）企业税务相关的法律风险识别与分析

企业税务风险是指企业的涉税行为未能有效遵守或被认为违反税收法规，而导致企业未来利益的可能损失或者不利的法律后果。

从法律规范角度看，企业税务风险分为违反税务管理的法律风险、违反纳税义务的法律风险、违反发票管理与使用的法律风险等。其中，违反纳税义务的法律风险主要包括企业税务违法风险、主观非故意而结果违法的法律风险、税收政策调整或税务机关的责任导致的企业税务风险、客观上少缴税的无责任税务风险。

在上述企业税务风险中，违反税务管理的法律风险、违反发票管理与使用的法律风险以及企业税务违法风险等风险的形成带有强烈的主观性，原因较为简单，基本属于企业自身能够识别的法律风险，无须评估者在法律风险评估过程中予以识别。而纳税筹划由于其各方面的不确定性，造成其存在各种各样的税务法律风险，需要进行全面的法律风险评估与风险管理。具体可以从企业外部和企业内部两个方面来考虑：

1. 企业外部纳税筹划风险

政府政策的时空性和时效性所造成的税收环境的不确定性会给企业纳税筹划带来较大的风险，企业税收政策选择正确与否也会给企业的纳税筹划带来风险。此外，税务部门在行政执法时的偏差而造成纳税筹划方案失败也可能产生风险。

2. 企业内部纳税筹划风险

管理者的经营理念和纳税意识会对企业的纳税筹划产生一定的影响，管理者对纳税筹划的误解会导致投资扭曲风险的产生，税收筹划人员的业务素质以及职业道德也直接影响企业的纳税筹划风险。此外，经济合同、商业票据、会计资料等涉税资料的及时完整合法与否也会严重地影响企业的纳税筹划风险。

【案例 7-2】

关于法律风险的几个典型案例

一、中国人寿在美国被投资者集体诉讼案

2003 年 12 月，中国人寿保险股份有限公司（下称“中国人寿”）同时在纽约交易所和香港联交所挂牌上市，募集资金达到 34 亿美元，成为当年全球最大的股票上市。但是，成功上市的喜悦还未散去，2004 年 1 月 30 日，时任中国国家审计署审计长李金华公布了 2003 年度的审计报告。该审计报告披露，中国人寿的前身中国人寿保险公司存在重大违规行为，涉嫌各类违规资金约 54 亿元人民币。2004 年 3 月 16 日，由美国投资者聘请的代理律师 Milberg Weiss 宣布，其拟代理投资者对中国人寿提起集体诉讼，称中国人寿及其部分高级管理人员违反美国《1934 年证券交易法》，在中国人寿募股期间没有披露不利事实。据中国媒体报道，中国人寿集团已经向中国政府缴纳了税金和罚金总计约 6 749 万元人民币。中国人寿案件集中反映了国内企业在进入国际资本市场的同时，必须尊重并遵守市场规则和当地监管规定，否则将面临巨大的法律风险。

二、华为—思科知识产权诉讼案

2003 年思科系统有限公司在美国得克萨斯州东区联邦法庭正式对中国华为公司及华为美国分公司软件和专利侵权提起诉讼，思科提出了巨额的赔偿要求。这是一场全方位考验两家公司资源与能力的战斗，在媒体、客户、合作伙伴、政府资源、技术实力、法律武器组成的数个链条上，战斗全面开始。思科与华为的诉讼案最终以和解告终。在本案中，虽然华为可能没有向思科进行赔偿，但是退出整个美国市场对于刚刚开始国际化布局的华为来说不啻于当头一棒。

三、长虹—APEX 贸易纠纷案件

四川长虹集团（下称长虹）与美国具有华人背景的 APEX Digital（下称 APEX）的“贸易欺诈案”曝光后，2003 年 1 月 7 日，长虹发布公告称，目前账面上仍有 46 750 万美元欠款未能收回。长虹第三季季报显示，公司净资产为 132.15 亿元人民币，这 4.6 亿美元相当于净资产的近 30%。尽管 2003 年年底，长虹总部就专门派出高层去美国与 APEX 就应收账款问题进行交涉，但在未果的情况下，2004 年年初长虹却又发了 3 000 多万美元的货给 APEX。其后，长虹又多次邀请 APEX 董事局主席季龙粉面谈解决，但都被季以种种理由推掉。2004 年 12 月 14 日，长虹被迫在洛杉矶高等法院起诉 APEX。从法律角度来看，销售合同最关键的法律风险就是付款。作为销售方可以根据交易实际情况采取多种方式来控制对方不付款的法律风险，如签署信用证、保留货物所有权、寄售、价款担保、保证、现金担保、货物自主回收权、中止履行、强制履行、有效的争议解决手段等等。针对销售活动所在国或地区的不同，中国企业应当与熟悉当地法律规定和实际做法的法律顾问紧密配合，在合同中做出相应规定，将法律风险降到最低。建立有效的合同管理制度对于企业与合同相关的法律风险防范和管理来说是事半功倍的事情，公司高级管理人员应当引起足够的重视。

三、企业政治风险的识别与分析

政治风险是指一个国家或地区的政治环境或对外政治关系发生的变化而导致企业经营活动受到影响，并导致其经营绩效或其他目标遭受损失的不确定性。

政治风险源主要表现在征税、外汇管制、战争和内乱、政府违约、政策干预等方面。关于政治风险的识别，重点工作是了解和预测有关导致投资环境突然出现变化的政治因素，具体有以下几点：

（1）政治稳定性与连续性；

（2）一国的政治体制；

（3）政府对企业经营活动的政策；

（4）以往的政府类型、党派结构和各党派的政治实力及政治观念；

（5）有可能取代现执政者的政治势力；

（6）政策的历史走向和政策形成的公共选择程序；

（7）政治、社会、宗教、少数民族和其他冲突；

（8）政府效率与廉洁状况；

（9）国民经济重心与发展重点；

（10）国际关系；

（11）东道国政府与本国政府关系等。

政治风险的分析评估要针对经营地政治环境变动的可能性，评估投资所在国发生预料之外的政治环境变化的可能性以及可能造成的影响。政治风险具有相对性，投资者因国别的差异会对某一国或地区的政治风险有不同的预期，这是由于政治风险本身要受到国与国之间各种因素的影响，而风险评估者也会受到自身的立场和观点的影响。此外，适用于评估宏观政治风险的方法不完全适合于特定项目的微观政治风险评估。应当在把握所在国家政治风险宏观方面的基础上，分析特定项目对于东道国政治的敏感性，然后综合评估两者的影响，形成在某一东道国实施特定项目的总政治风险。

【案例 7-3】

海外并购中的政治风险——由北汽竞购欧宝公司失利引发的思考

一、案例回顾

2009 年 2 月 27 日，美国通用汽车公司表示，计划将其全资子公司——欧宝公司最多 50%的股份出售给外部投资者，以换取欧洲国家政府 33 亿欧元的救援资金；5 月 20 日，德国商业银行邀请北汽集团参与美国通用公司委托德国商业银行举办的德国欧宝股权转让的示意性竞标；5 月 31 日，加拿大汽车配件生产商麦格纳集团与美国通用公司签署了一份谅解备忘录；6 月 3 日，德国政府表示，尽管通用公司已经与麦格纳就收购欧宝公司达成了初步协议，但其他竞购方并未出局；7 月 2 日，北汽集团递交了一份没有法律约束力的报价方案；7 月 20 日，美国通用汽车表示共接到三份竞购欧宝的正式投标书，分别来自加拿大麦格纳、比利时 RHJ 和中国北汽集团。在三份竞标方案中麦格纳的竞标方案是出资 7 亿欧元，要求德国政府提供 45 亿欧元的融资担保，麦格纳和俄罗斯联邦储蓄银行共同持股 55%（二者分别持股 27.5%），而美国通用汽车和欧宝员工分别持股 35%和

10%，计划在通用欧洲部门裁员约 11 000 人，但不会关闭德国工厂；RHJ 的方案是出资 2.75 亿欧元收购欧宝公司 50.1%的股权，通用将保有 39.9%的欧宝股份，剩余 10%的股权将由欧宝的员工享有，并承诺最迟到 2014 年帮欧宝公司还清联邦政府以及各州提供的全部救助资金，但在此之前 RHJ 将放弃股息，要求德国政府提供 38 亿欧元的融资担保，计划在欧宝公司大约裁员 9 900 名，并关闭在比利时的工厂和缩减德国 4 家工厂的产量；北汽集团的竞购方案是出资 6.6 亿欧元收购欧宝公司 51%的股权，留给美国通用公司享有欧宝公司 49%的股份，并且只要 26.4 亿欧元的政府担保，计划裁员约 7 600 人，但承诺不会在德国裁员，并计划将欧宝在德国的工厂保留 2 年。另外，北汽集团还计划到 2015 年向欧宝中国区业务投资 22.5 亿美元以提高产量。到 2015 年，北汽集团计划将欧宝在中国的汽车产能扩大至 48.5 万辆，并建立起一个拥有 400 家经销商的网络。

7 月 23 日，美国通用汽车公司和德国政府均证实，已经不再考虑中国北汽集团竞购欧宝公司的方案，但并未说明具体原因；7 月 24 日，北汽集团董事长徐和谊公开回应，收购欧宝失利之事主要是因为未能和通用汽车在知识产权转让方面达成一致意见，但北汽集团仍将寻求和通用汽车、新欧宝合作的机会。

二、案例分析

由竞标方案来看，北汽集团的报价高于其他两家竞争者，承诺的裁员人数也明显低于其他两家，并且要求德国政府提供的担保也是最低的，为什么有相当大优势的北汽集团要约却仍以失败告终？对于北汽集团并购失败的原因，众口不一。并购前未进行充分有效的风险管理、忽视了在海外并购中的政治风险是北汽集团并购失败的主要原因。从整个事件的发展过程来看，北汽集团在 5 月 20 日才接到德国商业银行邀请其参与美国通用公司委托德国商业银行举办的德国欧宝股权转让的示意性竞标，7 月 2 日就递交了竞购方案，在如此仓促的时间里，北汽集团根本就没有足够的时间对该项并购活动过程中可能遇到的风险进行识别和评估，根本没有想到会遇到如此大的政治阻力，导致并购以失败黯然收场。具体而言，北汽集团的失败主要应归因于以下四点：

（一）忽视了工会组织的影响

工会组织作为企业员工合法权益的维护机构，在一定程度上会对并购行为的结果造成影响。北汽集团在并购前没有与当地的工会组织进行有效的沟通，以消除他们对中国企业的误解和歧视，结果遭到了欧宝工人组织的强烈反对，他们的理由是北汽集团并购的目的只是为了获得欧宝公司的先进技术和品牌，并不是真正想发展壮大欧宝公司，并且他们认为北汽集团没有全球汽车生产的经验和国际化管理能力，没有能力带领欧宝走向更辉煌的未来。

（二）忽视了政府部门的影响

据《华尔街日报》报道，德国官员向美国通用代表重申，德国政府更倾向于麦格纳提出的要约，他们认为这会保护本地的工厂和工作职位。从竞购方案来看，在裁员方面，北汽集团承诺计划裁员约 7 600 人，麦格纳计划裁员大约 11 000 人，RHJ 打算裁员约 9 900 名，无疑北汽集团的裁员人数是最少的。但在关闭德国工厂这个关键问题上，北汽集团的方案却远远不如其他两家竞标对手。北汽集团仅仅承诺保留德国工厂 2 年，2 年之后德国工厂是留还是关则有很大的不确定性，而麦格纳则明确表示不会关闭德国工厂，RHJ 只提出要缩减德国工厂的产量。很明显，德国工厂的存在与否与德国的就业率密切相关，这无疑是政府最为关注的事，北汽集团恰恰在这个关键点上没有做好。

（三）忽视了自己国有企业的身份

尽管北汽集团收购欧宝纯粹是出于企业经济价值的考虑，是为了获取欧宝公司的先进技术和知名品牌，是完全商业化、市场化的选择，但德国政府和美国政府却给这项交易注入很浓的政治色彩，认为这是中国政府指使自己的国有企业来进行海外扩张。中国国有企业大规模的海外并购活动使他们感到不安和恐慌，认为自己的地位受到了威胁，担心他们的核心技术被中国掌握，担心他们的资源被中国占有，担心他们的命运掌握在中国的手里。种种顾虑和担心使得国有企业要想并购海外的企业，必须要过海外政府这一关。

据德国《图片报》报道，德国工业界委托专家小组提交的内部报告中警告德国政府不要把欧宝公司卖给北汽集团，说北汽集团属于中国政府，把欧宝卖给北汽集团虽然在短期内可以使德国政府节省 2 亿欧元，但从长远看来，欧宝将会危险地受制于中国，中国要的只是欧宝的现代汽车技术。这份宣传中国威胁论的内部报告无疑使本就困难重重的海外并购变得更是难上加难了。

（四）要求取得 51%的股权

由案例中的"美国通用汽车公司表示，计划将其全资子公司——欧宝公司最多 50%的股份出售给外部投资者"可以看出，美国通用公司最关注的是自己对欧宝公司能否享有最大的控制权，只要它仍是最大的股东，对其他条件的要求就不会太苛刻。

北汽集团的并购方案提出，出资 6.6 亿欧元取得欧宝公司 51%的股权，享有绝对的控制权，留给美国通用公司的是 49%的股权；而在麦格纳的竞购方案中，只要求麦格纳和俄罗斯联邦储蓄银行共同持股 55%，二者分别持股 27.5%，美国通用汽车和欧宝员工分别持股 35%和 10%，这样美国通用公司就仍然是第一大股东，实际控制权仍掌握在美国手里。仅从控制权来说，不难看出美国通用公司比较倾向于麦格纳的方案。

三、案例启示

风险管理是企业在激烈的市场竞争中立于不败之地的关键因素之一。在并购活动之前，企业风险管理部门应对并购活动过程中可能遇到的风险进行识别和评估，并采取相应的防范措施将其降低到企业可接受的水平。针对识别出的政治风险，企业和政府应采取的防范措施有以下几点：

（一）熟悉东道国的政治环境

对东道国政治环境的了解是进行风险管理的第一步，也是最为重要的一步。只有全面了解了东道国的政治环境和其中的潜在风险，才能提前采取措施来防范这些风险。

（1）东道国与我国的外交关系。与东道国的外交关系直接影响着东道国对我国企业海外并购所持的态度。如果两国在经济上是合作伙伴与互利共赢关系，东道国就会对我国企业到其境内投资持欢迎态度；如果两国在经济上是竞争甚至是敌对关系，出于担心我国的发展会威胁到自己的考虑，东道国便有可能对我国企业的投资行为百般阻挠和刁难。在本案例中，美国政府和德国政府、加拿大政府的外交关系明显要好于我国，而且对美国政府来说，加拿大政府对它不会构成威胁，因此美国政府和德国政府都会比较倾向于加拿大麦格纳公司。

（2）东道国的政策。这里主要应该关注东道国对海外并购活动是否有政策上的限制。为了保障本国经济的发展以及国家安全，有些国家对于外资常常采取戒备的态度，如规定本国资源类企业不能被外国的国有企业收购，即使允许收购的，也要经过严格的审查和审批等。

(3) 东道国的国民态度。东道国国民对外企的态度也是我们不容忽视的政治风险因素之一。如果东道国的国民对外企抱有敌视态度或偏见，他们是不可能同意这项并购交易的。在本案例中，欧宝工会组织的态度恰好说明了这点。如果不重视这点，即使刚开始的并购能成功，接下来的整合会遇到较大的阻力。

(二) 鼓励民营企业参与海外并购

我国国有企业在海外的收购行为经常会被其他国家政府冠以政治色彩，将并购交易上升到政治层面予以考虑。但我国民营企业却能很好地规避这个问题。同时，民营企业参与海外并购还可以解决我国外汇储备过高的难题。不过目前我国部分民营企业面临着规模小、融资困难、经验不足等困难，这就需要我国政府在政策上给予鼓励和支持。例如，可适当放宽对外汇的管制，简化审批制度，优化海外管理制度等；在融资方面，政府可以给愿意为民营企业贷款的金融机构以一定的优惠，可以设立财政专项基金等；在经验方面，政府可以设立海外并购的管理机构以及相应的咨询机构，帮助民营企业解决在并购过程中遇到的难题等。

(三) 消除海外对我国的政治偏见，尊重并理解东道国国民的民族感情

一是要在海外政府和人民面前树立我国企业的良好形象，可通过为海外提供优质的服务以及物美价廉的产品；多参加海外的公益活动；通过各种宣传手段，如报纸、杂志等，向海外介绍自己、宣传自己，使海外能真正了解我国，消除对我国的误解等；二是通过多种渠道、采取多种方式与东道国政府和人民进行沟通，使之充分了解我国企业海外并购的动机，消除误解和偏见。同时，对于东道国国民的民族感情，要给予充分的尊重和理解，这样才能获得他们的支持和理解，才能实现企业的目标。

(四) 建立友好的外交关系

我国要想实现经济的快速发展和政治的稳定，就要与其他各国建立友好的外交关系，减少政治上和经济利益上的冲突。友好的外交关系，有利于得到东道国政府的支持与合作，这样我国企业的合法举动才不会受到限制，才能使并购活动顺利进行。

第二节 企业治理层面常见风险的识别与分析

一、股权结构风险的识别与分析

(一) 股权结构风险的含义

股权结构是指股份公司总股本中，不同性质的股份所占的比重及其相互关系。股权即股票持有者所具有的与其拥有的股票比例相对应的权益及承担一定责任的权力。股权结构风险是指由于公司股权结构而导致公司治理失败，甚至最终经营失败的可能性。

(二) 影响因素

股权结构风险的大小受以下因素的影响：

1. 股权集中度

按持股比例，可将股东分作大股东和小股东。大股东是指持有较大份额股份的股东。如果大股东的持股比例足够高，则成为控股股东，也就是或持有公司50%以上的绝对控

股比例；或是相对于其他股东持股比例较高，但其他股东持股分散，而且联合困难，使该股东仍然可以控制公司运作。如果第一大股东持股比例超过25%，在表决权竞争中，通常容易赢得大多数其他股东支持，处于优势表决权地位。

2. 股权性质

股权性质主要指公司由国家所有或是控股时对股权结构有特殊影响。众所周知，国有股权的终极所有者为全体人民，但全民是一个相对宽泛的概念，不能作为一般的独立法人对国有股权进行日常的持有、参与决策和管理，而是由国家委托相关的政府机构行使股东的相关权力，这便极易造成所有权与控制权不一致的委托代理关系现象的产生。代表国有股权的管理者们持有相当部分的实际控制权，但却不能获得剩余收益权，这样就为他们提供了随心所欲行使权力而不独立承担责任的便利，这极易导致股权风险的出现。

二、董事会风险的识别与分析

（一）董事会风险的含义

董事会治理风险是指在董事会运作过程中，由于董事会治理机制和治理结构的缺陷，导致董事会治理的低效甚至无效，最终偏离董事会治理的目标，给股东和其他利益相关者造成损失的可能性。

（二）影响因素

1. 董事会规模

通常认为，董事会规模较大时，因协调与沟通所带来的损失往往会超过因人数增加所带来的收益，董事会将因此缺乏决策效率，并且更容易被总经理控制，导致董事会监督职能失效，增大了董事会治理的风险。规模较小的董事会更有效率，在监督管理层方面做得更好，更容易应对飞速变化的竞争环境。

2. 两职状态

公司董事会是公司的最高决策机构，在股东大会的授权范围内经营企业，代表股东协助管理层制定企业长期发展战略，并监督和评估管理业绩，而管理层则是相关行业领域和履行相关职能的专家，具体负责企业的日常运营，因而董事与经营人员的职能截然不同。经理层只有剩余控制权而没有剩余索取权，造成经理层与董事的追求目标不一致，一个进行经营，一个监督经营。如果两个相反的职能集于一身，在关键时刻很难做出公正客观的决策，既维护本身利益又维护股东利益。

3. 独立董事

董事会的独立性一般用独立董事比例来表现。独立董事有助于提高董事会决策的独立性、客观性和专业性，抑制管理层的败德行为和逆向选择，协助管理层制定和执行公司发展战略。因此一般来说，独立董事比例越高，说明董事会的独立性越强。而董事会独立性的增强，有利于加强监督，防止舞弊，还有利于保护投资者利益，降低董事会治理风险。

三、监事会风险的识别与分析

（一）监事会风险的含义

监事会风险是指在监事会运作过程中，由于监事会治理机制和治理结构的缺陷，导致监事会治理的低效甚至无效，最终偏离监事会治理的目标，给股东和其他利益相关者造成损失的可能性。

（二）影响因素

1. 监事会运行状况

这是评价监事会治理风险的关键性指标。监事会是否真正发挥作用以及发挥作用的程度是我们关注的焦点，即监事会是否召开过监事会会议，召开过多少次，其次数多于、等于还是少于我国公司法所规定的召开次数，以及在公司年报中发表的独立意见是否指出公司不足。

2. 监事会结构与规模

这是评价监事会治理风险的重要指标。良好的监事会结构与规模是监事会有效运行的前提条件，为了保证监事会行使监督权的有效性，首先监事会在规模上应该是有效的，其次是监事会成员的构成上也应该有效。

3. 监事胜任能力

这是评价监事会治理风险的基础性指标。有了结构与机制后，没有具体的要素，整个监事会系统也无法正常运转。监事胜任能力包括监事会主席胜任能力和其他监事胜任能力两个方面。由于上市公司要求监事应具有法律、财务、会计等方面的专业知识或工作经验，具有与股东、职工和其他利益相关者进行广泛交流的能力。监事的学历和年龄等对其开展相应工作的胜任能力也具有重要的影响。监事持股有利于调动其履职的积极性。同时，新上任的监事会主席可能因对公司状况以及监事会相关工作不熟悉，影响其胜任能力。

四、经理层风险的识别与分析

经理层作为公司决策的执行机构，对公司的经营负有直接的责任。

其一，行政型治理向经济型治理转换过程中形成的治理失控，这一转换过程中治理风险不断增加，经理层治理问题成为中国上市公司治理症结的显著表征。代理理论认为由于委托人与代理人利益的不一致以及经理人的自利性，使经理做出的决策可能会损害股东的利益。董事长与总经理两职兼任可能会使董事会的独立性受损，并导致 CEO 的权力膨胀，为总经理等的机会主义行为提供方便，形成经理层的内部人控制，两职分任则有利于提高董事会的独立性，降低公司经理层的治理风险。

其二，经理层的报酬设计是影响其风险的重要因素。经营者持股曾被认为是有效激励方式，但在安然、世通、环球电讯等相继爆发了财务丑闻之后，人们发现经理人员的股票所有权会增加风险。一般来说，没有合理的经营者激励制度加上外部声誉机制、经理人市场约束的缺失，企盼他们为公司利益相关者的价值最大化努力几乎是不可能的，缺乏有效的激励约束机制是公司经理层治理风险产生的重要原因。经理人的实际收益和由于心理所有权产生的期望收益之间的差别越大，侵占倾向就越高，经理人就越有可能实施侵占行为。由于上市公司的内部人可能会利用其内部人控制的优势为自己谋福利，加剧信息不对称，而信息不对称又促成了内部人控制，使得经理层代理人的越轨行为有机可乘，因而产生治理风险。

五、约束与激励风险的识别与分析

经营者约束与激励问题的主要基础理论理论之一是委托代理理论。随着全球经济的发展和现代企业制度的进一步建立，现代企业的规模日益大型化，股东日益增多，以独立法人、多元化、分散化的投资主体，可以自由转化的企业股权，以及只需承担有限责任为特征的公司制企业已经越来越成为主要的企业组织。相对于传统的单个业主制企业而言，新的公司制企业投资主体众多、成分复杂，经营管理和决策难度增大，众多的企业所有者已不能像单个的业主制企业那样，自己亲自进行管理，而不得不逐渐脱离企业的经营管理工作，开始雇用具有娴熟的经营管理知识、受过专业训练且有超常决策能力的专业人员行使经营管理权，从而形成了以“所有权与控制权相分离”为特征的现代企业制度，由“所有权和经营权”两权分离而导致的委托-代理问题也成了当前公司管理人员约束与激励风险治理的核心问题。

约束与激励风险影响的因素可以归纳为以下四个方面：

（1）激励制度的相关法律。法律使得我们每个人对自己的行为负责任，把外部成本内部化，通过责任的分配与赔偿惩罚规则的实施，诱导个人选择最优社会行为，节约交易成本。

（2）经理人市场完善程度。在竞争性的经理人市场，经理人员的市场价值取决于其过去的工作业绩和市场声誉，而其市场价值又决定了他的未来收入，因此，作为具有理性的代理人，经理人员在市场机制的作用下，通常希望通过努力工作、充分发挥自己的潜能，来积累自己的工作业绩；通过诚实守信的职业行为，塑造良好的市场形象，从而提升自身市场价值和未来收入。同时，在竞争性的经理人市场，经理人员的私人信息趋于公开和透明，这种状况为委托人选择合适的代理人提供了信息便利，降低了交易成本和决策风险。因此，作为一种隐性激励机制，经理人市场一定程度上减少了委托人和代理人之间的信息不对称，削减了代理人道德风险滋生的可能性，使得经理人既勤于工作又注意职业操守，力图通过自己的努力，在为委托人创造价值的同时提升自身价值，从而形成一种委托人与代理人同心协力、利益共享、风险同担、合作双赢的全新格局。

（3）代理人业绩评价体系。代理人的业绩考评是对代理人进行激励的前提。通过对代理人业绩的考评，一方面可以为激励提供依据，另一方面可以对代理人的行为形成一定的约束。因此，代理人业绩评价体系的设计必须科学、合理，这对防范约束与激励风险至关重要。

（4）代理人激励模式。代理人激励模式的设计要遵循适度原则、公平原则、目标原则以及正负激励相结合的原则。一种有效的激励机制必须同时满足个人理性约束和激励兼容约束，使之成为代理人自我强迫实现机制。从整体上来看，激励分为物质激励和精神激励。物质激励旨在满足物质生活的需要，精神激励用于满足心理和精神层面的需要。物质激励与精神激励的选择和搭配要考虑代理人的个性差异以及需求偏好的差异。

【案例 7-4】

从国美控制权之争看上市公司的治理困境

国美控制权之争可以追溯到 2008 年年底。当时，黄光裕出事并最终入狱，陈晓临危受命，出任国美董事局主席。2009 年 6 月，国美电器董事局作出决定，向贝恩资本发行了 18 亿港元的可转股债券，附加保护条款是“确保贝恩资本的三位董事人选”。7 月，国美电器董事局推出了“管理层股权激励计划”，共惠及国美各级高管 105 人。2010 年 5 月，在国美电器年度股东大会上，拥有 33.98%股权的黄光裕单方面否决了贝恩资本提出的三位董事人选。但当晚，陈晓主导的国美电器董事会重新任命了这三名贝恩董事。至此，双方的矛盾公开化。2010 年 8 月至 2010 年 10 月，双方的争斗白热化。2010 年 11 月 10 日国美电器与黄光裕方面达成谅解备忘录。12 月 17 日，国美电器特别股东大会通过

“增加许可的董事最高人数，从 11 人增加至 13 人”“委任邹晓春先生为公司的执行董事，并即时生效”“委任黄燕虹女士为本公司的非执行董事，并即时生效”三项议案。2011 年 3 月 10 日陈晓辞去国美电器董事局主席及执行董事职务，同日，原大中电器创始人张大中出任国美董事局主席和非执行董事。

这样，历时近 8 个月的国美控制权之争终于落下帷幕。就其实质而言，国美控制权之争的缘由是公司大股东和其他股东、股东和管理层之间的利益矛盾和冲突，主要体现在以下几个方面：

1. 大股东（或控股股东）行为缺乏有效制衡，侵害全体股东权益

在此次事件中，陈晓主导的国美电器董事会之所以在大股东黄光裕一方不赞成的情况下，决定向贝恩资本发行了 18 亿港元的可转股债券，在黄光裕一方否决了贝恩投资提出的三位董事人选后，仍公然任命了这三名贝恩董事，源于 2006 年 5 月 10 日黄光裕对国美电器“公司章程”进行了最为重大的一次修改，即持有国美电器约 70%股权的黄光裕，授予了国美电器董事会如下权力：国美电器董事会可以随时任命董事，而不必受制于股东大会设置的董事人数限制；国美电器董事会可以各种方式增发、回购股份，包括供股、发行可转债、实施对管理层的股权激励，以及回购已发行股份。

2. 成熟的受托责任意识缺失，全体股东的意志被绑架

此次事件中陈晓主导的国美电器董事会没有和大股东充分沟通，就接纳了对国美电器非常苛刻的条款而引入贝恩资本，导致在股东大会上多项议案被否决。而这些议案被否决导致国美电器违反了那些苛刻的条款，面临巨额赔偿，因此股东的意志被绑架了。同时，在贝恩资本的三位董事进入国美董事会之前的几位董事，几乎都是大股东黄光裕提名或指定的，也就是说是大股东的代理人，是应该代表大股东意愿的，为大股东负责的，但这期间陈晓主导的国美电器董事会多次做出了违背大股东意愿的决议。2010 年 11 月 10 日双方达成谅解，委任大股东黄光裕的代表进入董事会，也从侧面说明了原有的董事并没有充分尽到受托责任。

3. 内部人控制现象日益突出，经理层巨额薪酬与业绩考核虚化形成鲜明对照

在此次事件中，国美电器向贝恩资本发行 18 亿港元的可转股债券、任命三名贝恩董事、推出“管理层股权激励计划”等都是内部人控制的结果。由于国美董事会推出期权激励方案，汇及全国总监级以上核心骨干 105 名高管团队，这些高级管理人员因此获得巨额薪酬，才有了 2010 年 8 月 12 日，国美电器李俊涛、孙一丁、牟贵先、何阳青四位副总裁，以及首席财务官方巍集体表态将与董事局共同进退的一幕。

第三节　企业业务层面常见风险的识别与分析

一、企业运营风险的识别与分析

（一）企业运营风险的含义

运营风险（operational risk）是指企业在运营过程中，外部环境的复杂性和变动性以及主体对环境的认知能力和适应能力的有限性，导致的运营失败或使运营活动达不到预期目标的可能性。运营风险并不是指某一种特定的风险，而是由一系列具体风险组成。不同行业、不同规模、不同性质的企业，其运营过程可能相差巨大，而运营风险的内容构成与具体企业的具体运营过程相关。

（二）运营风险的识别

首先，分析和研究企业运营活动的特点，识别企业运营系统中的价值创造流程，确立企业运营系统的核心流程；其次，对价值链模型进行分析，建立基于价值链的企业运营风险因素模型；最后，通过对企业运营活动中的价值创造过程的分析，确立企业风险因素的管理指标体系，建立基于价值链的企业运营风险因素指标分解模型。

收集与运营风险相关信息的渠道可以分为外部渠道和内部渠道。外部渠道有行业信息网络平台、行业与专业机构的报告与调研或其他沟通平台、重大安全环保事件案例和金融衍生产品风险管理案例等。内部渠道有企业内部与市场策略制定、采购、销售、售后服务、生产等相关的工作流程和管理制度；企业重大运营风险事件案例；对现有流程制度的监管机制与报告；企业信息系统的管理与监控等。

（三）运营风险的评估

识别风险源后，需要对所收集的信息进行整理、分析和综合评估，为衡量运营风险管理提供更科学的依据。其中，对相关风险管理的现状和能力的评价，应当检查其是否合理、适当。然后确定企业运营风险因素指标体系，对运营系统的核心流程进行风险评估。一般可通过确定控制目标、定位数据来源、区分管理周期、确定指标权重的分配、从风险性质和风险影响程度两个方面制定量化公式和规则等步骤来设置风险因素指标体系，采用控制图等方式来实现对关键运营风险指标的有效控制。

（四）运营风险的应对

（1）确定运营风险管理的应对措施。企业应当针对每一个领域的运营风险制定特定的风险应对措施。每一项风险都要有专人负责，并最终落实到管理层和员工身上。各种应对措施应当为执行人所理解并真正实施，对风险管理责任人，应当赋予其管理职责范围内进行风险管理的责任。在需要的情况下，制定风险管理手册。

（2）确立风险管理责任人。在企业组织结构内部增加运营控制单元（OCU）的概念，确定每个 OCU 的风险管理责任人，负责监控企业日常运营过程，一旦发现问题，及时将相关信息反馈给 OCU 管理层，然后监督相关部门对所发现问题制定出跟进措施，形成一个动态的、循环的管理过程。

（3）对运营风险的不同来源进行衡量和排序，确立运营风险管理目标及相应的应对方案。为此，需要确定企业风险承受度、风险容量表述方法、风险容限。在实际执行中如果超出风险容限时，就需要立即进行风险预警。风险度可通过下列公式计算得到：

风险度=（监测实际指标值-预警标准临界值）/预警标准临界值

（4）建立集成化运营风险管理信息系统，建立有效沟通渠道传递信息，及时反馈，确保运营风险管理体系的正常运行。企业尽可能地建立集成化运营风险管理信息系统，建立清晰明确的风险等级和完备的风险数据库，使风险管理的过程简单明了，并实现风险信息的集成和共享，提高运营风险管理的效果、效率。

【案例 7-5】

淘宝案例：淘宝“秒杀门”

一、事件过程

2009 年 9 月 25 日 20 点整，淘宝为庆祝成立六周年发起“一元秒杀”活动，活动商品都是价值数千元的数码类产品，但是 20 点活动开始之前陆续有网民发现开拍前这些

“一元秒杀”商品被转移，一直持续到 20 点之后页面才恢复正常，更奇怪的是某几位网民竟然能在同时同分同秒拍下所有的“一元秒杀”商品，种种怪异现象，引起了网民的质疑，随着事件的扩大，淘宝出现信誉危机，被网民称为淘宝“秒杀门”。

二、淘宝危机管理对策

2009 年 9 月 25 日晚 10 点左右，淘宝官网给出公告：“万众瞩目的淘宝商城 1 元秒杀活动于 2009 年 9 月 25 日晚 8：00 准时开始后，由于参与淘友过于踊跃，瞬间流量超过了我们的预估值，导致部分网络较拥堵地区的会员不能正常浏览页面。经过技术人员的紧急修正，8 点 03 分，大部分地区会员已经能够正常参与秒杀。今天的秒杀活动已经顺利结束，参与秒杀的商品全部秒杀成功。对今天失去秒杀良机的部分地区会员，我们深表歉意，并感谢各位淘友对淘宝秒杀活动一如既往的踊跃支持。在接下来的秒杀活动中，我们一定会充分准备，保证每一位会员都能正常参与。同样由于流量过大，导致各地数据不能及时同步，令最终秒杀商品数量异常增加。淘宝网决定：对于超出原定数量的成功秒杀会员，只要遵守活动规则、没有作弊行为，淘宝网将承担费用，提供会员秒杀到的商品，以示诚信！最终秒杀成功名单将在明天公布，希望大家继续开心淘宝，开心秒杀！”。

三、内幕分析

据专业人士揭露，淘宝网秒杀活动的真实目的是为年底上市集资，淘宝网秒杀活动将为淘宝网集到 10 亿元资金。

2009 年 9 月 25 日，阿里巴巴倾力宣传的秒杀活动如期举行，此次活动的火爆也是淘宝网花重金做广告的必然。据初步统计，淘宝网 9 月 26 日参加秒杀的人数达 5 000 万，如此火爆的场面也给淘宝网服务器一次极大的考验，据估算秒杀活动期间每晚 7：50—8：20 这 30 分钟，淘宝网的服务器将承受高达 100 亿次的刷新，淘宝网系统繁忙再次成了比火车订票电话更让网民朋友心碎的事。对于淘宝网而言，这次活动将给淘宝网上市一次强有力的推动。据相关人士透露淘宝网预计这次活动将为淘宝网筹集到 10 亿元上市资金，而据目前的不完全数据显示 9 月 24 日至 9 月 26 日这次秒杀活动中淘宝网的存款额上升了近 5 亿元人民币。据专业人士估计 9 月 25—30 日的这次秒杀活动将为淘宝网筹集到不下 10 亿元上市资金。

四、危机案例评点与分析

总体上看，淘宝网做出反应是比较快的，第一时间对网民封口，给出解释，使信誉损失最小。但淘宝官网给出的解释比较笼统，对很多令人质疑的疑点都未给出合理详细的解释，例如同一时间同一秒，一个 ID 却能同时拍到二到三件物品。所以，有不少网民对此次淘宝网的“秒杀”仍抱有怀疑猜想。

“秒杀”是网络购物的热门词汇，与传统促销（包括现实和网络）有着极大不同的是，“秒杀”有效地利用了消费人群心理上潜在的成就感追求，是电子商务在满足消费者需求上的一次成功突破。而淘宝网发起的此次“秒杀”活动留下了不得不让人怀疑的痕迹，虽然淘宝网对此事给出了公告，但仍然使得网民产生被骗的心理。

对于淘宝网这种网购平台而言，信誉是运营的根基，失去信誉将意味着失去取信网民的筹码，持续的失信则可能影响到企业生存的根基。所以，无论事情发展的内幕如何，淘宝网必须对此类事件高度关注，做到真正取信于民，以高度的企业诚信感为使命，有效防御各种潜在危机。

二、企业财务风险的识别与分析

（一）财务风险的含义及分类

财务风险（financial risk）是指企业因未来财务状况不确定而产生的实际财务结果与预期财务结果发生偏离，从而蒙受损失的可能性。

按照不同的分类标准，可把财务风险分为不同的类型：按照财务活动的主要环节，可分为流动性风险、信用风险、筹资风险、投资风险等；按照可控程度，可分为可控风险与不可控风险；按照能否通过多元化的方式分散风险，可分为不可分散风险和可分散风险；按照风险可能产生的结果，可分为静态风险和动态风险；按照风险涉及的层次和范围，可分为微观风险和宏观风险；按照财务风险是否与现金有关，可分为现金性风险和非现金性风险；按照财务风险产生的原因不同，可分为制度性财务风险、固有财务风险和操作性财务风险等。

（二）财务风险的识别

识别和评估财务风险的方法可分为两大类：定性方法和定量方法。定性方法主要包括专家意见法、幕景分析法等；定量方法主要运用财务报表的数据进行计算分析，如指标分析法。

1. 专家意见法

专家意见法以专家为索取信息的对象，各领域的专家利用专业方面的理论与丰富的实践经验，找出各种潜在的风险并对其后果做出分析与估计。专家意见法可进一步分为专家个人意见法、德尔菲法、智力风暴法。

以德尔菲法为例，它是指在决策过程中采用集中众人智慧进行科学预测的风险分析法。在识别财务风险时，先要组成专家小组，一般由具有丰富风险管理经验的专家组成，可采用信函的形式向专家提出要解决的问题，并提供所需要的资料，专家依据这些资料，提出自己的意见，得到答复后，将回答的各种意见汇总列成图表，归纳分析，并匿名再次反馈给有关专家，据以征求其意见，然后再次综合反馈，如此反复多次，直到得到比较一致的意见为止。逐轮收集专家意见并且向专家反馈信息是德尔菲法的关键环节，收集意见和信息反馈一般要经过若干轮次。它的优点主要是简便易行，具有一定的科学性和实用性，可以避免传统会议讨论时产生的随声附和，或固执己见等弊病，同时也可以使大家发表的意见较快地集中起来，参与者也容易接受最后的结论，结论具有一定的综合性，得出的意见也比较客观。

2. 财务报表识别法

财务报表识别法是指以资产负债表、利润表和现金流量表等财务报表为依据识别财务风险的方法。分析财务报表时，可采用时间序列分析法或横截面数据分析法。

以时间序列分析法为例，它是指分析企业整体或者一个业务经营单元在一段时间内的财务发展趋势。其基本办法是将各期间的财务数据换算成同一基期的百分比或者指数。再计算其他期各项目对基准年度同一项目的比率。时间序列分析可分为定期分析（或称同比分析）和环比分析两种。定期分析以前期固定年份为基期作比较分析，环比分析是每次以分析期的上一期作分析基期。

3. 指标分析法

指标分析法是指根据企业财务核算、统计核算、业务核算资料和其他方面提供的数据，如企业信息情报部门收集的、通过市场调查获得的、从有关政府主管部门得到的数据和信息等，对企业财务风险的相关指标进行计算、对比和分析，并从分析结果中寻找、辨认和发现财务风险的技术方法。这一方法可以与财务报表识别法同时使用，也可以单独使用。在分析时，可以选择单项财务指标进行分析，也可以综合不同的指标，形成一整套指标体系进行考察。下面为两种指标分析法：

（1）单项财务指标分析法。即采用单一的财务指标来识别和评估企业财务风险。在识别和评估财务风险时，同时需要对企业的偿债能力、盈利能力、营运能力等进行衡量。单项指标分析法比较简单，但同时会产生对同一套财务数据使用不同指标得出不同结论，甚至互相矛盾的情况。

（2）多项财务指标分析法。这是针对单项财务指标分析法的弊端而设计的，将不同财务指标纳入到一个综合的模型体系当中，以得出一个具有内在一致性的评估结果。由于综合考虑了反映企业财务状况多个方面的因素，多项指标分析比单项指标分析更能全面和准确地反映企业财务风险所在。比如杜邦财务分析法、Z 分数模型、Logistic 回归分析等。

（三）财务风险的应对

1. 财务风险回避

财务风险回避是考虑到风险事故存在和发生的可能性较大时，主动放弃或改变某项可能引起风险损失的方法。如放弃一项虽然可能有很高收益但风险极大的投资。就风险管理的一般意义而言，风险回避是一种最彻底的处置风险的方法，通过风险回避可以在风险事故发生之前，完全彻底地消除某种风险可能造成的损失，而不仅仅是减少损失的影响程度。

2. 财务风险分担

实务中常见的财务风险分担方法有联合经营、多样化经营、多元化投资及改变金融工具组合等。

对于风险较大的投资项目，企业可以与其他企业共同融资，以实现收益共享，风险共担，从而分散投资，避免企业独自承担投资风险而产生的财务风险。

3. 财务风险降低

例如，在生产经营活动中，企业可以通过提高产品的质量，改进产品设计、努力开发新产品及开拓新市场等手段，提高产品的竞争力，降低因产品滞销、市场占有率下降而产生的不能实现预期收益的财务风险。

又如，企业筹措资金时，应根据企业所处的行业特点与发展的不同阶段，既充分考虑经营规模、盈利能力及金融市场状况，又考虑企业现有资金以及未来的财务收支状况，选择使综合资本成本最低的融资组合，确定银行融资规模与结构，选择最佳资本结构，动态地平衡短期、中期与长期负债比率，以实现企业价值最大化，将财务风险降到最低。

【案例 7-6】

汇源果汁案例：业绩大幅下滑、风险管理失败与财务危机

中国果汁行业的第一品牌，作为多年来民族企业骄傲的汇源果汁近年来的日子也并不好过，与统一集团的联姻解体，与可口可乐的并购夭折，第三大股东华平基金和第二大股东达能集团先后撤资，彻底退出汇源果汁。2010 年 9 月，汇源发生了上市 5 年来的首次亏损，且公司流动负债总值由上一年度同期的 12 亿元上升至 40 亿元，对企业资金链产生严重威胁。2010年下半年突然陷入因亏损引发的债务契约违约。这家占有果汁行业半壁江山的企业到底怎么了？本案例将分析企业陷入财务危机的另外一种现象，即由于其部分财务指标未能达到银行贷款协议的承诺而引发的债务契约违约。

企业不仅要关注一般的不能偿还到期本息的债务违约风险，还应该关注债务契约违约风险。在与银行签订债务合同时，以财务数据为基础，充分考虑未来产品市场变化，加强违约风险评估和管理，预防违约风险转化为违约事实，以免给企业造成经济利益和声誉损失。

一、银行债务协议违约

中国汇源果汁集团有限公司（简称“汇源果汁”）于2006年9月在开曼群岛注册成立，2007年2月在香港联交所主板成功上市。汇源果汁第一大股东为中国汇源果汁控股有限公司（简称“汇源控股”），截至2009年12月31日汇源控股拥有汇源果汁39%的股份比例，社会公众拥有25.7%的股份比例。汇源果汁实际控制人为朱新礼，间接持有汇源果汁39%的股份比例。汇源果汁拥有汇源北京控股有限公司、汇源上海控股有限公司、汇源成都控股有限公司等15家附属子公司。

汇源果汁主要生产和销售果汁、果蔬汁及其他饮品。按果汁浓度划分，汇源果汁生产的产品包括百分百果汁、中浓度果汁及果汁饮料三大类。根据尼尔森进行的零售研究，以销量计算，2008年和2009年汇源果汁百分百果汁市场占有率分别为42.1%和52%，中浓度果蔬汁市场占有率分别为43.6%和45.6%，远远超出第二名竞争对手，处于市场领导地位。由于果汁饮料产品市场竞争力强，该公司取得了骄人的经营业绩，保持了较强的偿债能力。但2010年8月30日汇源果汁发布的中期报告却披露，该公司银行短期借款由2009年年底的4.03亿元人民币增加到2010年上半年的25.99亿元人民币。短期银行借款剧增的原因是“未能符合贷款协议规定的若干财务承诺，两笔结余分别为2.5亿美元及5 600万美元的长期银团贷款技术性重新分类为2010年6月30日的流动负债”。因部分财务指标未能满足贷款协议规定的财务承诺，汇源果汁陷入债务“技术性”违约困境。

汇源果汁债务“技术性”违约信息披露之后，引起了媒体和投资者的关注。该公司股票价格大幅下降，给投资者造成了一定程度的损失，也给汇源果汁的声誉造成了损害，带来了比较大的违约成本。一般来说，偿债能力分析及监控更多的是关注企业是否具有偿还债务本金和利息的能力问题。而汇源果汁债务“技术性”违约案例却提示我们，企业对于债务问题还应关注债务契约约束问题；若违反债务契约同样也会陷入财务困境。下面对汇源果汁债务“技术性”违约的“前因后果”进行介绍与分析。

二、债务协议违约过程及原因

汇源果汁2007年年报认为，“随着中国人民可支配收入的持续增长，人民生活水平的进一步提高，中国消费者日益注重健康意识，导致对高品质的天然健康饮料需求增加。”“Euromonitor预期中国果蔬汁市场将以14.5%的复合年增长率持续增长至2012年的191亿公升。”为了增强竞争力，抢占中国果蔬汁市场份额，继续保持市场领导地位，该公司制定了“产品发展、产能增加、优化销售网络及开拓新市场”等发展策略。随后在山东乐陵、吉林舒兰、辽宁锦州、江西南丰、山西右玉、广西桂林、江苏盐城、黑龙江齐齐哈尔等地快速购置土地，投资新建厂房和生产设备，提高果汁产能。

根据媒体报道，汇源果汁主要采用买断经销商的营销模式销售产品。与其他饮料企业相比，营销能力比较弱。因此，在该公司投入重金提高果汁产能的同时，自然还需要在营销网络建设和重组方面投入资金，或者寻找新的可替代营销渠道，以便将产能转化为销售收入。

2008年9月3日，汇源果汁官方网站披露：“可口可乐公司意图进行自愿全面要约，收购汇源果汁股本中的全部已发行股份、全部已发行可转债，并取消其全部已发行的期权（‘要约’）。要约的实行受限于中国监管部门审批等前提条件。”“可口可乐公司提议的收购价格为每股12.20港元，并将按相等价格收购已发行的可转债及期权，于要约成功完成后以现金支付。三家股东合计持有汇源果汁完全摊薄后总股本大约66%的股份，已签署了接受要约的不可撤销的承诺。假设要约获得全面接受，总交易值约为196亿元港币，或25亿美元。”同年9月18日，可口可乐公司向商务部递交了经营者集中反垄断申报，11月20日，商务部认为可口可乐公司提交的申报材料达到了《反垄断法》第二十三条规定的标准，对此项申报进行立案审查。2009年3月28日商务部发布的2009年第22号公告称“此项经营者集中具有排除、限制竞争效果，将对中国果汁饮料市场有效竞争和果汁产业健康发展产生不利影响。鉴于参与集中的经营者没有提供充足的证据证明集中对竞争产生的有利影响明显大于不利影响或者符合社会公共利益，在规定的时间内，可口可乐公司也没有提出可行的减少不利影响的解决方案，因此，决定禁止此项经营者集中。”商务部2009年22号公告否决了可口可乐要约收购汇源果汁的方案。

汇源果汁如果能被可口可乐公司成功收购，那么就可以借助可口可乐公司营销网络来销售本公司的果汁产品，从而专注果汁产品的开发与生产。而商务部否决可口可乐公司要约收购之后，该公司不得不投入大量资金建设分销网络和销售渠道。2009年，汇源果汁制定并实施了如下战略：（1）在全国设立约500个销售办事处，进一步开拓及掌控本公司销售网点；（2）调整销售代表的薪酬，实施更能激励及支持销售代表的政策，主要专注本公司销售网点的销售并改善服务素质；（3）加强对销售代表的培训课程；（4）进一步投资本集团产品市场推广活动。2009年年底，企业收购了9个主要分销商销售网络，在中国主要城市建立了约50家直销分支机构，分销商数目增加至3 000家，于销售网络覆盖的地区增设600个办事处，服务端终点约120万个。

汇源果汁在固定资产、分销网络和销售渠道等方面的大量投资：一方面导致该公司应收账款、存货以及长期资产快速增加，与营销相关的销售费用和管理费用快速增长；另一方面也消耗了汇源果汁通过首次公开发行股票等方式筹集的资金，导致存量资金大幅减少。例如，与2007年相比，2009年汇源果汁应收账款和存货合计增加了136.48%，非流动资产增加了148.20%，销售费用和管理费用增加了60.85%，而现金及其等价物降低了近60%。

2008年和2009年汇源果汁实施大规模的产能建设、营销网络重组，但在此期间并没能及时提升该公司的销售业绩。例如，在2008年和2009年中国市场果汁饮料销售量分别增长17.1%、9.5%，而同期汇源果汁销售量仅仅增长5%、0.9%。该公司销售增长量远远小于市场增加量。这样，已经投入的与营销有关的大量销售及营销开支、管理费用就严重侵蚀了产品销售利润，使得汇源果汁调整后的税前利润和税息折旧及摊销前利润（EBITDA）大幅下降，2009年上半年EBITDA甚至小于0，最终导致综合总借贷对EBITDA比例大幅上升，EBITDA对综合利息开支比例大幅下降，这两个指标呈现恶化趋势。一般来说，在银行贷款合同中，综合总借贷对EBITDA比例、EBITDA对综合利息开支比例是两个重要的约束性指标。这两个指标的恶化则意味着企业贷款的违约风险增加。

注：1. 调整后的税前利润=税前利润−公允价值变动收益−首次公开发售股份认购款利息收入

2.EBITDA=调整后的税前利润+利息+折旧、摊销+折扣

综合上述分析，可以看出，汇源果汁快速扩张虽然快速提升了产能，但也带来了如下不利后果。第一，综合总借贷对EBITDA比例、EBITDA对综合利息开支比例恶化导致该公司处于比较高的违约风险之中；第二，现金余额大幅下降导致企业现金支付能力下降。如果企业继续快速扩张的话，就不得不向银行大量贷款以维持企业快速扩张以及日常经营所需要的资金，这样就可能将已经存在的比较高的债务违约风险转化为违约事实。

三、债务协议违约控制

进入2010年，汇源果汁并未停止扩张步伐。在产能建设和新产品开发方面，根据该公司的官网新闻报道，推出了果汁果乐等新产品并投入了巨额市场开拓费用；在筹资方面，2010年4月为扩充生产提供资金，向银行申请2.5亿美元银团贷款，还款方式为自2012年4月30日起分三期清还，每半年支付一次，期限为3年。在该贷款合约中，银行要求汇源果汁财务比率达到一定的标准。对其中部分财务指标的要求是：(1) 任何时间的综合总借贷对综合有形净值的比例不得高于0.65∶1；(2) 任何时间的综合总借贷对综合未计利息、税项、折旧、摊销前的盈利比例不得高于5.00∶1；(3) 任何时间的综合未计利息、税项、折旧及摊销前盈利对综合利息开支的比例不得低于4.5∶1。从后两个指标的构成来看，它们与企业盈利水平密切相关。如果企业盈利水平低，那么这两个指标就可能达不到贷款合约规定的要求。

2010年8月30日汇源果汁发布的中期报告披露，该公司上半年净亏损7 224.7万元。根据中期报告披露的财务数据计算，综合总借贷对EBITDA比例为42.21，违反了贷款协议规定的不得高于5.00∶1的财务承诺；而EBITDA对综合利息开支比例为1.77，也违反了不得低于4.5∶1的财务承诺，构成债务“技术性”违约。根据国际会计准则的要求，汇源果汁将长期银行借款重新归类为短期借款，由此该公司流动负债剧增。与以前年度相比，2010年6月30日流动比率、速动比率、现金比率骤降一半以上，短期偿债风险剧增。在汇源果汁违约之后，银行就取得了终止贷款等权利。假如银行立即行使这项权利，那么汇源果汁将马上面临偿还2.5亿美元的巨大债务困境。

汇源果汁违反银行贷款协议规定的财务承诺信息披露之后，媒体纷纷加以报道，引起了投资者的高度关注，9月10日汇源果汁股票价格大幅下降。为了摆脱违约困境，汇源果汁不得不与放款银行洽商以争取豁免。2010年10月13日汇源果汁发布公告称：关于2.5亿美元贷款，本公司已获得豁免。条件为 (1) 必须向放款银行支付总额为2.5亿美元未还本金0.5%的款项，即125万美元；(2) 须自豁免日起计一个月内提前偿还合计2 500万美元；(3) 贷款利息年利率增加0.5%。此外，放款银行及本公司同意对2.5亿美元贷款协议所规定的财务承诺进行以下修订：(1) 任何时间的综合借贷对综合有形净值的比例不得高于0.70∶1；(2) 任何时间的综合总借贷对综合未计利息、税项、折旧、摊销前盈利的比例不得高于7.75∶1；(3) 任何时间的综合未计利息、税项、折旧、摊销前盈利对综合利息开支的比例不得低于4.5∶1，唯2010年7月1日至2011年6月29日期间任何时

间的综合未计利息、税项、折旧、摊销前盈利对综合利息开支的比例不得低于 4.0∶1。至此，以付出更高贷款利率等为代价获得豁免，汇源果汁控制了违约风险，暂时摆脱了违约困境。

四、案例启示

（一）债务违约成本

虽然汇源果汁通过获得豁免摆脱了违约困境，但也为此付出了显性与隐性成本。显性成本包括因增加贷款利息年利率 0.5%而多付出的利息，以及提前偿付 2 625 万美元而产生的相关损失；隐性成本包括由于债务违约而给汇源果汁带来的信用损失和声誉损失等。若以关键词“汇源果汁违约”在百度搜索引擎进行搜索，搜索结果表明在 2010 年 9 月至 11 月期间我国一些知名网站和纸质媒体都对此事进行了报道和评论，而这些报道和评论绝大部分是负面的。负面报道和评论无疑给汇源果汁的信用和声誉造成了不利影响，带来了伤害。

（二）债务违约形成的原因

第一，快速扩张。快速扩张消耗了汇源果汁的大量现金，导致现金短缺，不得不向银行贷款；快速扩张也使得汇源果汁费用剧增，侵蚀了销售增长所形成的利润，使得与利润相关的指标不能达到银行贷款合约规定的要求，造成债务“技术性”违约。

第二，风险评估与管理失败。汇源果汁贷款合约规定综合总借贷对 EBITDA 比例不得高于 5.00，EBITDA 对综合利息开支比例不得低于 4.5。事实上，以汇源果汁 2009 年年报数据计算，该公司综合总借贷对 EBITDA 比例已经达到了 9.14，超过了 5.00；EBITDA 对综合利息开支比例为 2.74，低于 4.5。因此，以 2009 年的财务数据来评估，2010 年 4 月汇源果汁贷款协议就存在极高的违约风险。另外，从财务分析专业角度来看，在 2010 年 4 月汇源果汁内部风险管理人员应该能够比较准确地预测到该公司 6 月 30 日的财务数据，以及综合总借贷对 EBITDA 比例、EBITDA 对综合利息开支比例这两个指标值。然后，只要将预测值与协议规定的指标值相比较就可以预测到企业存在极高的违约风险。但遗憾的是，汇源果汁 2010 年 4 月仍然签订了日后违约的贷款协议。这说明，该公司在风险评估与管理方面存在漏洞，即风险评估与管理薄弱造成没有发现在保持谨慎的情况下就可以发现的企业在债务违约风险方面存在的问题，从而导致企业债务违约。如果不是这样的话，那么只能推测，汇源果汁在与银行签订贷款协议时有意对银行隐瞒了不利财务信息，存在欺诈行为。

（三）债务违约风险控制

（1）汇源果汁发生债务违约的根本原因是快速扩张。快速扩张也是导致这些企业陷入财务危机的主要原因。因此，控制企业扩张速度有助于从根本上控制违约风险的发生。一些卓越企业成长案例表明，为了在竞争中处于市场领先地位，企业有必要追求一定的发展速度。但关键问题是如何平衡快速发展所产生的收益与快速发展所带来的风险，即应当追求可持续的发展速度。

（2）若汇源果汁以 2009 年年报数据或者以 2010 年第一季的数据对银行贷款协议在部分财务承诺方面存在的风险进行评估，则完全可以发现该公司在财务承诺方面存在极高的违约风险，但该公司却发生了债务违约事件。因此，企业应当在与银行商洽贷款阶段根据以往的财务数据对违约风险进行谨慎的评估，以控制事后债务违约事件的发生。

(3) 汇源果汁债务违约事件发生之后，及时与贷款银行商洽修改协议，从而控制了违约危机的进一步发展。与汇源果汁债务违约情况相似，2009 年美国著名企业席梦思床垫公司破产重组也是由于部分财务指标不符合债务协议的要求，该企业最后进入了破产重整程序，而汇源果汁却度过了债务违约危机。重要原因在于席梦思在破产前夕已经是资不抵债，资产负债率极高，而汇源果汁 2010 年 6 月 30 日资产负债率只有 0.47。因此，控制债务违约危机的进一步发展既要与贷款银行进行沟通，更应该控制企业的债务水平。

三、企业项目风险的识别与分析

（一）项目风险的含义与分类

项目风险（project risk）指可能导致项目损失的不确定性，美国项目管理大师马克思·怀德曼将其定义为某一事件发生给项目目标带来不利影响的可能性。项目风险管理是为了最好地达到项目的目标，识别、分配、应对项目生命周期内风险的科学与艺术，是一种综合性的管理活动。项目风险可以分为：技术风险、管理风险、组织风险、经济风险、法律风险、外部风险。

（二）项目风险的识别

风险的范围、种类和严重程度经常容易被主观夸大或缩小，使项目的风险评估分析和处置发生差错，造成不必要的损失。项目风险识别的方法有很多，任何有助于发现风险信息的方法都可以作为风险识别的工具。以下是一些常用的方法：

1. 从主观信息源出发的方法

(1) 头脑风暴法（brain storming），也称集体思考法，是以专家的创造性思维来索取未来信息的一种直观预测和识别方法。此法由美国人奥斯本于 1939 年首创，从 20 世纪 50 年代起就得到了广泛应用。头脑风暴法一般在一个专家小组内进行。以“宏观智能结构”为基础，通过专家会议，发挥专家的创造性思维来获取未来信息。这就要求主持专家会议的人在会议开始时的发言中能激起专家们的思维“灵感”，促使专家们感到急需回答会议提出的问题，通过专家之间的信息交流和相互启发，从而诱发专家们产生“思维共振”，以达到互相补充并产生“组合效应”，获取更多的未来信息，使预测和识别的结果更准确。

(2) 德尔菲法（Delphi method），又称专家调查法，它是 20 世纪 50 年代初美国兰德公司（Rand Corporation）研究美国受前苏联核袭击风险时提出的，并在世界上快速地盛行起来。它是依靠专家的能力对风险进行识别的方法，现在此法的应用已遍及经济、社会、工程技术等各领域。用德尔菲法进行项目风险识别的过程是由项目风险小组选定项目相关领域的专家，并与这些适当数量的专家建立直接的函询联系，通过函询收集专家意见，然后加以综合整理，再匿名反馈给各位专家，再次征询意见。这样反复经过四至五轮，逐步使专家的意见趋向一致，作为最后识别的根据。

(3) 情景分析法（scenarios analysis），是由美国 SIIELL 公司的科研人员 Pierr Wark 于 1972 年提出的。它是根据发展趋势的多样性，通过对系统内外相关问题的系统分析，设计出多种可能的未来前景，然后用类似于撰写电影剧本的手法，对系统发展态势作出自始至终的情景和画面的描述。当一个项目持续的时间较长时，往往要考虑各种技术、经济和社会因素的影响，可用情景分析法来预测和识别其关键风险因素及其影响程度。情景分析法对以下情况是特别有用的：提醒决策者注意某种措施或政策可能引起的风险或危机性的后果；建议需要进行监视的风险范围；研究某些关键性因素对未来过程的影响；提醒人们注意某种技术的发展会给人们带来哪些风险。情景分析法是一种适用于对可变因素较多的项目进行风险预测和识别的系统技术，它在假定关键影响因素有可能发生的情况下，构造出多重情景，提出多种未来的可能结果，以便采取适当措施防患于未然。

2. 从客观信息源出发的方法

（1）核对表法。核对表一般根据项目环境、产品或技术资料、团队成员的技能或缺陷等风险要素，把经历过的风险事件及来源列成一张核对表。核对表的内容可包括：以前项目成功或失败的原因；项目范围、成本、质量、进度、采购与合同、人力资源与沟通等情况；项目产品或服务说明书；项目管理成员技能；项目可用资源等。项目经理对照核对表，对本项目的潜在风险进行联想相对来说简单易行。这种方法也许揭示风险的绝对量要比别的方法少一些，但是这种方法可以识别其他方法不能发现的某些风险。

（2）流程图法。流程图法首先要建立一个工程项目的总流程图与各分流程图，它们要展示项目实施的全部活动。流程图可用网络图来表示，也可用 WBS 来表示。它能统一描述项目工作步骤；显示出项目的重点环节；能将实际的流程与想象中的状况进行比较；便于检查工作进展情况。这是一种非常有用的结构化方法，它可以帮助分析和了解项目风险所处的具体环节及各环节之间存在的风险。运用这种方法完成的项目风险识别结果，可以为项目实施中的风险控制提供依据。

（3）财务报表法。通过分析资产负债表、营业报表，以及财务记录，项目风险经理就能识别本企业或项目当前的所有财产、责任和人身损失风险。将这些报表和财务预测、经费预算联系起来，风险经理就能发现未来的风险。这是因为，项目或企业的经营活动要么涉及货币，要么涉及项目本身，这些都是风险管理最主要的考虑对象。

（三）项目风险的评估

1. 项目风险发生可能性估计

风险发生可能性估计通常可用概率估计或者风险度估计。风险事件的概率分布存在两种情况，一种是确定型概率分布，即其风险概率分布已知或可推断；一种是不确定型概率分布，即其风险概率分布未知，在确定型概率分布下，可根据历史数据或抽样推断的办法评估其发生可能性。典型的有均匀分布、三角分布、正态分布、指数分布、二项分布等。在不确定型概率分布的情况下，也可采用诸如贝叶斯概率法来进行评估。

2. 潜在损失估计

潜在损失估计可以从三个方面来衡量：损失性质、损失程度和损失的时间分布。

损失性质是指损失由哪一类风险源造成；损失程度是指损失的严重程度、变动幅度和分布情况；损失的时间分布是指风险事件是突发的还是随着时间的推移逐渐显露的。

3. 项目整体风险评价

项目整体风险评价不仅要对单个风险的大小给出评价，还需要对各风险事件按其严重程度进行排序，从而找到影响项目的主要因素。为此，需要系统地分析和权衡项目风险的各种因素，采用定性或定量的方法综合评定项目的整体风险水平。

（四）项目风险的应对

1. 风险降低

风险降低策略是指通过缓和或预知等手段来减轻风险，降低风险发生的可能性或减缓风险带来的不利后果，以达到风险减少的目的。这是一种积极的风险处理手段。在项目风险管理中，提高项目管理的有效性，是降低项目风险管理的根本。

2. 风险回避

当项目风险潜在威胁发生可能性太大，不利后果十分严重，且无其他策略可用时，应当主动放弃或改变项目目标与行动方案，从而规避风险。

3. 风险分担

风险分担是指将风险分担给其他人或其他组织，其目的是借用合同或协议，在风险事件一旦发生时将损失的一部分分担至有能力承受或控制项目风险的个人或组织。

4. 风险接受

当采取其他风险规避方法的费用超过风险事件造成的损失时，可采用接受风险的方法。项目风险的接受可能是主动的，也可能是被动的。

接受风险可以是主动的，即在风险规划阶段已对一些风险有了准备，所以当风险事件发生时马上执行应急计划。

被动接受风险是指项目管理因为主观或者客观原因，对风险的存在性和严重性认识不足，未能预计到某些风险的存在，在其实际发生时，只能由项目管理人员自己承担风险损失。

5. 风险监控

风险监控就是要跟踪已识别的风险，完成风险管理计划。对项目执行过程中出现的未预期风险，可能需要对风险管理计划进行调整，保障风险管理计划的实施，并减少风险事件的影响。在整个风险监控过程中，项目风险管理人员应与项目利益相关者保持持续不断的信息沟通。

第八章

信息沟通与内部控制评价

案例引入

71人之死背后济南铁路局管理混乱

2008年4月28日凌晨4时48分，山东胶济铁路王村段，限速80公里/时处，时速达131公里的北京—青岛T195次列车，第9~17号车厢突然脱轨，侵入了并行的另一条铁轨，和正常运行的对开5034次列车相撞，造成71人死亡，416人受伤。4月29日，由国家安监总局局长王君任组长的国务院“4·28”胶济铁路特别重大交通事故调查组成立。当晚，调查组向媒体通报了事故初步调查结论称，济南铁路局调度命令传递混乱、前方车站未严格执行车机联控，是导致这次悲剧发生的主要原因之一。此前，初步调查结论称T195次列车严重超速。

相关人士就此评论称，这是一起“必然中的一次偶然”的惊天劫难——济南铁路局管理混乱、胶济线工期紧张、事故路段因施工方与合家庄村民博弈而不得不修成“S”形、列车司机疏忽等。确如德国人帕布斯·海恩提出的“海恩法则”所昭示，“事故背后有征兆，征兆背后有苗头”——“4·28”劫难背后，正是这种“必然中的一次偶然”。

现已证实，事故线路是一条呈“S”形的临时线路，而超速被认为是这起事故的直接原因。但超速的背后是信息传递混乱。事故原因经过追踪如下：

错误一：文件及调度命令传递混乱。济南铁路局4月23日印发了《关于实行胶济线施工调整列车运行图的通知》，其中含对该路段限速80公里的内容。该重要文件仅在局网上发布。在没有确认有关单位是否收到的情况下，4月26日济南局又发布了一个调度命令，取消了多处限速命令，其中包括事故发生段。各相关单位根据4月26日的调度命令，修改了运行监控器数据，取消了限速条件。

错误二：漏发调度命令。调度员在接到有关列车司机反映现场临时限速与运行监控器数据不符时，4月28日4时02分济南局补发了该段限速每小时80公里的调度命令，但该命令没有发给T195次机车乘务员，漏发了调度命令。

错误三：安全生产责任不到位。王村站值班员对最新临时限速命令未与T195次司机进行确认，也未认真执行车机联控。机车乘务员没有认真瞭望，失去了防止事故发生的最后时机。

事后国家安监总局局长王君说：这次事故充分暴露了一些铁路营运企业安全生产认识不到位、领导不到位、责任不到位、隐患排查不到位和监督管理不到位的严重问题。反映了基层安全意识薄弱，信息滞漏失误，现场管理存在严重漏洞，导致这次风险事故的发生。假如在事故产生前的任一信息，按规定能够及时正确地传达到火车司机，司机采取及时有效措施，就可避免该项风险事故的发生。可见，信息滞漏不畅是造成事故的主要原因，操作人员责任不到位是造成事故的源头，领导风险意志薄弱是导致风险产生的根源。

《企业内部控制规范》第三十八条指出，企业应当建立信息与沟通制度，明确内部控制相关信息的收集、处理和传递程序，确保信息及时沟通，促进内部控制有效运行。因此，有效的信息与沟通是内部控制目标实现的重要保证。

那么，企业应关注哪些信息类型与来源？如何有效搜集与传递信息？信息技术在内部控制中起到什么作用？信息技术的应用会给企业带来风险吗？沟通存在哪些方式？如何进行有效沟通？本章将详细解答以上问题。

当今时代被称为“信息时代”，人们把信息同粮食、能源一起列为人类赖以生存的三项基本资源。对任何一家企业来说，在确定市场经营目标、进行经营和管理计划与决策时，信息都是必不可少的基本要素之一。在现代社会，各种各样的信息纷繁如潮，一些有分量、有特点、有实效、有质量的信息已成为企业各个业务管理部门经营决策不可缺少的参考依据。各业务管理部门之间信息的沟通也是企业进行有效内部控制的决定要素之一。

第一节　信息与沟通

人们在社会实践活动中，每时每刻不断地产生着不同的信息，并且通过信息的接收、传递、加工和处理，反映和沟通客观世界的变化情况，借以控制和指导人的行为方式。

一、信息与信息沟通的含义

（一）信息

信息（information）是表示客观事物状态的普遍形式，它是反映人们各类社会活动特征和发展变化趋势的各种消息、情报、资料。但信息不是泛指一切消息、情报、资料，而是指其中能帮助人们对客观事物的不确定性加深认识的新知识和新消息。因而，信息是各种相互联系的客观事物在运动变化中，以一定的传递形式揭示的一切有特征、有价值内容的总称。信息的表示形式多种多样，数字、文字、语言、声音、光、符号、图形、报表等都能表示信息。

与数据相比，信息是对人有用的、能够影响人们行为的数据。换而言之，信息是人们对数据的理解，是数据加工后的结果。数据是信息的载体，没有数据便没有信息，因此信息不能单独存在。要想获得信息就要先获得载荷信息的数据，对其加工才能获得信息。

在企业内部控制中所需要的信息，是指信息系统辨识、衡量、处理及报告的标的，来源于企业内部或外部，包括获取的行业、经济、监控，以及内部生产经营管理、财务等方面的信息。

（二）信息沟通

信息沟通（information communication）是指人与人之间转移和理解信息的过程，简称沟通，有时又称为交往、交流、人际沟通等。沟通包括信息的传递和信息的理解两个方面。

沟通是语言符号（字、词、句、章等）和非语言（目光、姿势、体态、声调、面部表情及行为动作等）被两个或两个以上的人共同享用和共同理解的过程。沟通是把信息提供给适当的人员，以便他们能够履行与经营。财务报告和合规相关的职责，是组织与外部环境（例如客户、供应商、监管者和股东之间）联系的桥梁。

沟通是具有技术性的，已经在管理工作中得到广泛的应用，但比技术更有意义的是企业组织内外部的有效交流。信息源与信息端两者之间必须要有正常的沟通渠道和桥梁，否则信息就会产生失真，信息的各种价值无法体现，使得宝贵的信息资源无谓地浪费。

美国 COSO 委员会发布的《内部控制——整合框架》要求企业以一定的形式、在一定的时间范围内识别、获取和沟通相关信息，以使企业内部各层次员工能够顺利履行其职责。内部控制中的信息与沟通包括信息方面与沟通方面两个内容。信息和沟通相互联系，信息是沟通的对象和内容；而沟通是信息传递的手段。通过信息与沟通的结合，发挥其在内部控制中的作用。

美国 COSO 委员会发布的《企业风险管理——整合框架》要求企业识别和获取与企业相关的涉及外部和内部事项和活动的广泛的信息，并以保证员工能履行其企业风险管理和其他职责的形式及时机向员工传递。《企业风险管理——整合框架》与《内部控制——整合框架》二者的基本内容和要求大致相当。但《企业风险管理——整合框架》的信息与沟通侧重于从风险角度来描述。

然而，在《企业内部控制基本规范》中的信息与沟通，是指及时、准确、完整地采集与企业经营管理密切相关的各种信息，并使这些信息以适当的方式在企业有关层级之间、企业与外部之间进行及时传递、有效沟通和正确使用的过程，是实施内部控制的重要条件。

二、沟通的方式

沟通方式是指进行信息传递时所采用的方法、技术或技巧的总称。按沟通的对象分类，沟通一般可分为内部沟通和外部沟通两种方式。

（一）内部沟通

内部沟通是指企业经营管理所需的内部信息、外部信息在企业内部各管理级次、责任单位、业务环节之间的传递与共享。充分的内部沟通对于企业控制环境、控制作业、风险评估等各方面都起着至关重要的作用。企业内部沟通可采取电子沟通、书面沟通、口头沟通等多种方式，以实现所需的内部信息、外部信息在企业内部准确、及时地传递和分享，确保董事会、管理层和企业员工之间的有效沟通。内部沟通是否有效，是否能顺畅的在各部门、各工作人员之间进行，关系着员工们是否全面了解自己应承担的责任、应实现的目标，以及这些目标对企业的影响。

【案例 8-1】

摩托罗拉中国公司的沟通

摩托罗拉公司于 1992 年在天津经济开发区破土兴建它的第一家寻呼机、电池、基站等5个生产厂，成为摩托罗拉公司在其本土之外最大的生产基地，投资额比原来最初的投资增加了9倍，工人数从不到100人增加到了8 000多人。年产值达28亿美元，这是一个在华投资成功的企业。

在摩托罗拉公司，每一个公司的高级主管都被要求与普通操作工形成介乎于同事与兄弟姐妹之间的关系——在人格上千方百计地保持平等。“对人保持不变的尊重”是公司的个性，而最能体现其个性的是它的“Open Door”，是指所有管理者办公室的门都是绝对敞开的，任何职工在任何时候都可以直接推门进来，与任何级别的上司平等交流。

每季度第一个月的1日到21日，中层干部都要同自己的手下和自己的主管进行一次关于职业发展的对话，回答“你在过去3个月里受到尊重了吗?”之类的6个问题。这种对话是一对一和随时随地的。

摩托罗拉的管理者们为每一个下层的被管理者预备了11条这种“Open Door”式的表达意见和发泄抱怨的途径：

（1）I Recommend（我建议）：以书面形式提出对公司各方面的意见和建议，全面参与公司管理。

（2）Speak out（畅所欲言）：保密的双向沟通渠道，如果员工要对真实的问题进行评论和投诉，应诉人必须在3天之内对隐去姓名的投诉信给予答复，整理完毕后由第三者按投诉人要求的方式反馈给本人，全过程必须在9天内完成。

（3）G.M Dialogue（总经理座谈会）：每周四召开座谈会，大部分问题可以当场答复，7日内对有关问题的处理结果予以反馈。

（4）Newspaper and Magazines（报纸和杂志）：公司给自己内部报纸起的名字叫《大家庭》。

（5）DBS（每日简报）：方便快速地了解公司和部门的重要事件和通知。

（6）Town-hall Meeting（员工大会）：由经理直接传达公司的重要信息，有问必答。

（7）Education Day（教育日）：每年重温公司文化、历史、理念和有关规定。

（8）Notice Board（墙报）。

（9）Hot Line（热线电话）：当你遇到任何问题时都可以向这个电话反映，昼夜均有人值守。

（10）ESC（职工委员会）：职工委员会是员工与管理层直接沟通的另一个桥梁，委员会主席由员工关系部经理兼任。

（11）589 Mail Box（589信箱）：当员工的意见尝试以上渠道后仍无法得到充分、及时和公正解决时，可以直接写信给天津市589信箱，此信箱钥匙由中国区人力资源总监亲自掌握。

思考题：

（1）内部沟通在摩托罗拉公司管理中有什么样的重要性?

（2）摩托罗拉公司在内部沟通上有哪些优势?

（3）摩托罗拉公司在内部沟通方面，有哪些做法是可以借鉴的? 哪些做法是不适用的? 为什么?

（二）外部沟通

外部沟通是指企业与外部投资者、债权人、客户、供应商、中介机构和监管部门等有关方面之间的沟通。外部沟通过程中发现的问题，应当及时报告并加以解决。因此，企业有责任建立良好的外部沟通渠道，对外部有关方面的建议、投诉和收到的其他信息进行记录，并及时予以处理、反馈。有效的外部沟通既可以扩大企业的影响力，又可以使企业获得很多有效内部控制的重要信息。

1. 与投资者和债权人的沟通

投资者和债权人是企业资本的提供者，也是企业风险的主要承担者。因此，企业有必要向他们及时报告企业的战略规划、经营方针、投融资计划、年度预算、经营成果、财务状况、利润分配方案、重大担保、资产重组、收购兼并、对外合作、重大诉讼或仲裁，以及企业文化建设等方面的信息。企业应当根据《中华人民共和国公司法》《中华人民共和国证券法》等法律法规以及企业章程的规定，通过股东大会、投资者会议、定期报告等方式，向投资者和债权人提供企业信息，听取他们的意见和要求，妥善处理企业与投资者和债权人之间的关系。

此外，中国证监会还专门发布了《上市公司与投资者关系工作指引》，"鼓励公司在遵守信息披露规则的前提下，建立与投资者的重大事项沟通机制，在制订涉及股东权益的重大方案时，通过多种方式与投资者进行充分沟通和协商"，并建议视情况指定或设立投资者关系工作职能部门，同时要求建立良好的内部协调机制、信息采集制度以及制定相关工作制度、工作规范，促使投资者对企业的了解和认同。

2. 与客户的沟通

客户是企业产品和服务的接受者或消费者，企业经营目标的实现依赖于客户的配合。企业可以通过客户座谈会、走访客户等多种形式，定期听取客户对消费偏好、销售政策、产品质量、售后服务、货款结算等方面的意见和建议，收集客户需求和客户的意见，妥善解决可能存在的控制不当问题。

3. 与供应商的沟通

供应商处于供应链的上游，对企业的经营活动有很强的制约能力。企业可以通过供需见面会、订货会、业务洽谈会等多种形式与供应商就供货渠道、产品质量、技术性能、交易价格、信用政策、结算方式等问题进行沟通，及时发现可能存在的控制不当问题。

4. 与中介机构的沟通

这里的中介机构主要包括外部审计师和律师。外部审计师对企业的财务报告进行审计工作，通过一系列完善的审计程序经常能够发现企业日常经营以及财务报告中存在的问题。企业应当定期与外部审计师进行会晤，听取外部审计师有关财务报告审计、内部控制等方面的建议，以保证内部控制的有效运行以及双方工作的协调。企业在组织经济活动时，有可能与其他企业发生经济纠纷，因此需要聘请律师帮助处理纠纷，以保障企业的利益。

5. 与监管机构的沟通

监管机构对企业的经营方针和战略有重要的影响，企业应当及时向监管机构了解监管政策和监管要求及其变化，并相应完善自身的管理制度。同时，认真了解自身存在的问题，积极反映诉求和建议，努力加强与监管机构的协调。

【案例 8-2】

从惠普文化看企业的有效沟通——倾听客户

1938 年惠普公司的创始人比尔·休利特和戴维·帕卡德利用业余时间在一个简陋的

汽车房以538美元开始创业，并于1939年1月1日正式创办了仅由他们两人组成的合伙企业。从此以后惠普公司逐渐成长为全球领先的面向大中小型企业、研究机构和个人用户的技术解决方案提供商，在IT基础设施、全球服务、商用和家用计算机以及打印和成像等诸多领域居领导地位。那么，是什么让这个企业如此神奇般地、持续而又有活力地成长呢？其答案就在于惠普的企业文化，在于蕴含其中的有效沟通理念。

著名的"惠普之道"成就了惠普卓越的企业文化，也使惠普公司赢得了业界的普遍尊敬，其中归纳了惠普的七个价值观，即：热忱对待客户；信任和尊重个人；追求卓越的成就与贡献；注重速度和敏捷性；专注有意义的创新；靠团队精神达到共同目标；在经营活动中坚持诚实与正直。其中，"热忱对待客户"位于惠普公司提出的七个价值观的首位，"倾听客户的意见"也是惠普之道的核心部分。也就是说，惠普公司获得成功的根本基础，是努力满足顾客的需要。惠普鼓励公司的每个人经常考虑使自己的活动围绕为顾客服务这一中心目标，认真地倾听客户的意见。

在惠普公司，为顾客服务的思想，首先表现于倾听客户意见，并据此提出新的思路和新的技术，在这个基础上开发有用的重要产品。这些新的思路成为开发新产品的基础，而新产品将满足顾客潜在的重要需求。

除此以外，惠普公司还提供许多不同种类的产品，以满足不同顾客的需求。例如兼备彩色打印功能的台式喷墨打印机的问世和成功推广就是惠普有效客户沟通的一个很好的例证。在1991年推出台式喷墨500C型彩色打印机以前，彩色打印机是很昂贵的，只有那些有特殊需要的用户，才肯出高价购买它。惠普公司的市场调查表明，顾客并不急于购买彩色打印机。当问他们最需要什么样的打印机时，顾客总是把彩色打印机放在末位，但是当问及"如果我们满足了你的黑白打印的所有需要，同时又使你具有彩色打印的能力，而且基本上不需要加钱，那么你是否买这样的打印机?"绝大多数顾客的回答是肯定的。

尽管顾客并不想买彩色打印机，但他们对兼有彩色打印功能的打印机是非常感兴趣的。因此惠普公司在认真倾听客户的意见后决定提供兼备彩色打印功能的打印机，其成效是显著的。1991年，惠普公司各种非撞击式彩色打印机在全世界的销售量约为36万台，而1994年仅惠普公司一家销售的彩色打印机就几乎达到400万台。惠普公司通过与顾客有效的沟通，成功地创造了其业务上的辉煌，在市场竞争中获得了成功。

思考题：从惠普公司与顾客的有效沟通，你得到了什么样的启示?

此外，根据《企业内部控制基本规范》第40条的规定，重要信息应及时传递给董事会、监事会和经理层。此处重要信息的确定是在内外部信息搜集、筛选、加工等活动的基础上进行的。企业应根据信息整合归类的结果，对"最重要的信息"建立特殊的传递机制，减少传递层级，确保此类信息在第一时间传递至相关管理层。履行相关信息搜集、处理的人员及部门在确定了信息的重要程度后应迅速、直接向上级报告，使董事会、监事会和经理层等企业高层能根据这些信息及时反应，以最大限度地降低企业损失，保护企业利益。

【案例8-3】

十分钟的悲剧

2008年9月15日上午10点，拥有158年历史的美国第四大投资银行——雷曼兄弟公司向法院申请破产保护，消息转瞬间传遍地球的各个角落。令人匪夷所思的是，在如此明朗的情况下，德国国家发展银行于10点10分，居然按照外汇掉期协议的交易，通过计算机自动付款系统，向雷曼兄弟公司即将冻结的银行账户转入了3亿欧元。毫无疑问，3亿欧元将作为“肉包子”，有去无回。

转账风波曝光后，德国社会舆论哗然。销量最大的《图片报》在9月18日头版的标题中，指责该银行是迄今“德国最愚蠢的银行”。法律事务所的调查员先后询问了银行各个部门的数十名职员，几天后，他们向国会和财政部递交了一份调查报告。报告并不复杂深奥，只是记载了被询问人员在这十分钟内忙了些什么？

首席执行官乌尔里奇·施罗德：我知道今天要按照协议约定转账，至于是否撤销这笔巨额交易，应该让董事会讨论决定。

董事长保卢斯：我们还没有得到风险评估报告，无法及时做出正确的决策。

董事会秘书史里芬：我打电话给国际业务部催要风险评估报告，可那里总是占线，我想还是隔一会儿再打吧。

国际业务部经理克鲁克：星期五晚上准备带上全家人去听音乐会，我得提前打电话预订门票。

国际业务部副经理伊梅尔曼：忙于其他事情，没有时间去关心雷曼兄弟公司的消息。

负责处理与雷曼兄弟公司业务的高级经理希特霍芬：我让文员上网浏览新闻，一旦有雷曼兄弟公司的消息就立即报告，现在我要去休息室喝杯咖啡了。

文员施特鲁克：10点03分，我在网上看到了雷曼兄弟公司向法院申请破产保护的新闻，马上就跑到希特霍芬的办公室，可是他不在，我就写了张便条放在办公桌上，他回来后会看到的。

结算部经理德尔布吕克：今天是协议规定的交易日，我没有接到停止交易的指令，那就按照原计划转账吧。

结算部自动付款系统操作员曼斯坦因：德尔布吕克让我执行转账操作，我什么也没问就做了。

信贷部经理莫德尔：我在走廊里碰到了施特鲁克，他告诉我雷曼兄弟公司的破产消息，但是我相信希特霍芬和其他职员的专业素养，一定不会犯低级错误，因此也没必要提醒他们。

公关部经理贝克：雷曼兄弟公司破产是板上钉钉的事，我想跟乌尔里奇·施罗德谈谈这件事，但上午要会见几个克罗地亚客人，等下午再找他也不迟，反正不差这几个小时。

德国经济评论家哈恩说，在这家银行，上到董事长，下到操作员，没有一个人是愚蠢的。可悲的是，几乎在同一时间，每个人都开了点小差，加在一起就创造出了“德国最愚蠢的银行”。

实际上，只要当中有一个人认真负责一点，那么这场悲剧就不会发生。

演绎一场悲剧，短短十分钟就已足够。

思考题：

（1）造成德国国家发展银行3亿欧元损失的严重后果的原因有哪些？

（2）从该案例，我们在信息沟通和信息传递机制上得到了什么教训？

三、沟通的控制要点

《企业内部控制基本规范》要求企业建立内部控制相关信息与沟通制度，明确相关信息的收集、处理和传递程序，加强信息的及时沟通，促进内部控制有效运行。

（一）建立信息收集、加工机制

内部控制活动所需要的信息来自于企业内部及外部的、与企业经营管理相关的财务及非财务信息。也即，内部控制中的信息搜集活动涵盖了企业内部及外部，主观及客观，正式与非正式，并影响企业内部环境、风险评估、控制活动及内部监督的信息。因此，确定信息的搜集内容时，应在内部控制覆盖的信息范围内，结合信息结构中对信息需求分析来进行。即在与内部控制相关的信息范围内，根据不同的信息需求搜集不同的信息。

从内部信息来讲，要求企业根据经营目标等建立与其经营活动相适应的信息系统，持续性地收集经营活动所生成的各种信息，如公司战略性经营目标、财务政策、人力资源政策等。企业应当通过财务会计资料、经营管理资料、调研报告、专项信息、内部刊物、办公网络等渠道获取内部信息。

从外部信息来讲，要求企业通过行业协会组织、社会中介机构、业务往来单位、市场调查、来信来访、网络媒体以及有关监管部门等渠道获取外部信息。外部信息的搜集方式有调查、网络查询、咨询、交换和接收、采访等。

由于所收集的各种信息来自于不同的渠道和信息源，属于零散的、非系统的，必须对所收集信息进行必要的筛选、核对、整理和加工，提高信息的有用性，以便提供给有关部门或有关方面使用。

（二）完善信息传递机制

信息在企业内部进行有目的的、及时的、准确的、安全的传递，对贯彻企业发展战略、正确识别生产经营中的风险、及时纠正操作错误、提高决策质量具有重要作用。

信息的最终目标在于使用，为企业经营目标的实现服务。处于内部控制之中的信息则必须服务于内部控制，服务于内部控制的有效性。为了提高内部控制的有效性，企业应做到的工作包括以下几个方面：

(1) 企业应当将相关信息在企业内部各管理层级、责任单位、业务环节之间进行内部传递，即企业内部信息传递。

按照《企业内部控制应用指引第 17 号——内部信息传递》的规定，内部信息传递是企业内部管理层级之间以报告为载体和形式传递生产经营管理信息的过程。

内部信息传递一方面要完善信息向下传递机制，使企业内部参与经营活动各个方面和全体人员了解企业实现经营目标方面的信息，明确各自的职责，了解自身在内部控制体系中的地位和作用；另一方面要完善信息向上传递机制，使企业员工能够及时将其在企业经营活动中所了解的重要信息向管理层及董事会等方面传递。此外，还须建立信息横向传递机制，特别是要使信息在管理层与企业董事会及其委员会之间进行沟通。

一般来说，内部信息传递至少包括两个阶段：一是信息形成阶段，二是信息使用阶段，具体过程如图 8-1 所示。

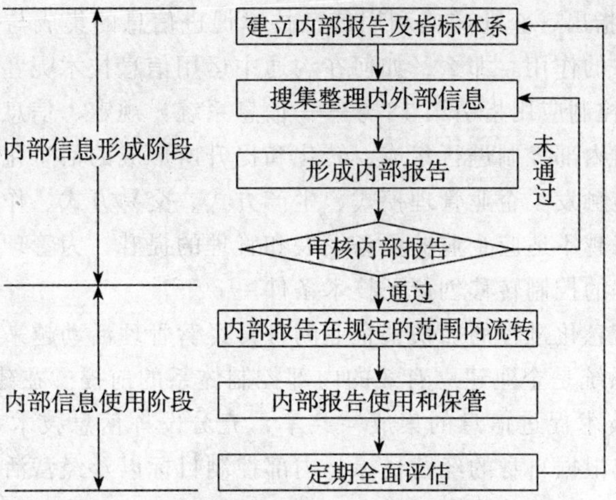

图 8-1　内部信息传递流程图

（2）企业在内部信息传递过程中，应满足及时有效性、反馈性、预测性、真实准确性、安全保密性及成本效益性等原则。

①及时有效性原则。及时有效性原则是指在信息传递过程中，必须做到在经济业务发生时及时进行数据搜集，尽快进行信息加工，形成有效形式并尽快传输到指定地点和信息使用者。

②反馈性原则。反馈性原则是指在信息传递过程中，相同口径的信息能够频繁地往返于信息使用者和信息提供者之间，把决策执行情况的信息及时反馈给信息使用者，帮助信息使用者证实或者修正先前的期望，以便其进一步决策的活动。

③预测性原则。预测性原则是指企业传递和使用的经营决策信息需要具备预测性的功能。信息预测性的功能在于提供提高决策水平所需的能够发现差别，分析和解释差别，从而在差别中减少不确定的信息。

④真实准确性原则。真实准确性原则是指企业内部传递的信息符合事件或事物的客观实际，包括范围的真实准确性、内容的真实准确性和标准的真实准确性。

⑤安全保密性原则。安全保密性原则，又称“内部性原则”，是指内部信息传递的服务对象仅限于内部利益相关者，即企业管理层，因而具有一定的商业机密特征。

⑥成本效益性原则。成本效益性原则是经济管理活动中具有广泛适应性的要求。因为任何一项活动，只有当收益大于成本时才是可行的，某项信息是否值得传递，首先必须满足这个约束条件。

（三）加强信息技术的运用

就大多数企业的现状来看，出于组织结构的设计、实际工作流程的需要等原因，各企业都存在多个不同的信息系统，它们分别关注企业某一方面的信息，具有不同的信息结构和搜集、处理渠道，类似于一个个信息孤岛，从而使信息无法得到有效整合。这对企业的管理者来说是非常不利的，尤其是高层管理者在作战略决策时，需要大量相关的信息，单一部门的信息系统根本不能满足其需求。这时，就需要对各部门的信息进行有效的整合和集成。

随着信息技术的发展，新技术在信息系统中得到越来越广泛的运用。《企业内部控制基本规范》第41条指出，企业应当利用信息技术促进信息的集成与共享，充分发挥信息技术在信息与沟通中的作用。那么，如何在沟通中运用信息技术呢？这就需要企业建立信息系统。《企业内部控制应用指引第18号——信息系统》规定，信息系统是指企业利用计算机和通信技术，对内部控制进行集成、转化和提升所形成的信息化管理平台。

信息系统的实施触发了企业管理模式、生产方式、交易方式、作业流程的变革，企业原有的内部控制越来越不适应企业的业务发展和管理的提升，为管理工作的重心从经营成果的反映向经营过程的控制转移创造了技术条件。

随着整个社会信息化进程的加快，企业的日常经营管理活动越来越离不开信息系统的支持。完善的信息系统是企业建立有效的内部控制体系的前提。在建立内部信息系统时，企业应当利用信息技术促进信息的集成与共享，充分发挥信息技术在信息与沟通中的作用。一方面，企业应根据自身的经营目标、内部控制目标以及经营活动的特点，建立符合自身要求的信息系统。企业的信息系统在内部控制体系中发挥控制活动的作用。但另一方面，由于信息系统在内部控制中的重要性，其本身又是内部控制的对象，企业应当加强对信息系统的开发与维护、访问与变更、数据输入与输出、文件储存与保管、网络安全等方面的控制，保证信息系统安全稳定运行。

【案例8-4】

日本瑞穗证券公司错误交易指令事件

2005年12月8日，在东京股票市场上，日本四大金融集团之一的瑞穗金融集团下属瑞穗证券公司因错误操作J-COM（嘉克姆）公司股票造成公司最终损失400亿日元（120日元约合1美元），其损失规模是史无前例的。

2005年12月8日是J-COM公司在东京证券交易所创业板上市首日。上午9：27，瑞穗证券公司大宗交易部的一名交易员将“以610 000日元的价格出售1股J-COM公司股票”误输入为“以1日元价格出售610 000股J-COM公司股票”。2分钟之后，该交易员的助理发现了这一问题，于是该交易员与其助理马上向东京证券交易所的计算机连续三次发出了撤单指令，但均被交易所主机拒绝。

上午9：29，负责交易监控的东京证券交易所市场中心一位高管人员发现了这一异常卖单后，立即致电瑞穗证券公司证券部询问此卖单是否有问题，并要求其尽快回电。但瑞穗证券公司相关工作人员却记错了该高管的电话号码，没能够及时给交易所回电。交易所市场中心虽然有暂停交易的权力，但是在没有得到瑞穗证券公司答复的情况下，不敢贸然采取行动。

上午9：31，瑞穗证券公司证券交易部确认该指令不是由该部门发出的，而是由大宗交易部发出的。于是瑞穗证券公司证券交易部一位高管再次试图通过交易所交易终端撤销该指令，但又被交易所主机拒绝。

上午9：35，东京证券交易所市场中心相关人员再次致电瑞穗证券公司证券部询问该笔委托情况，瑞穗证券公司证券部确认此单系误操作，而且撤单申请被拒绝，并请求东京证券交易所为其撤销此卖单。但东京证券交易所研究后认为，它们不能代瑞穗证券公司进行撤单，须由瑞穗证券公司自行解决这一问题。与此同时，J-COM公司股票一路暴跌。这一错误的卖单在跌停板（572 000日元）价位全部成交。

由于J-COM公司实际发行股票数量只有14 500股，瑞穗证券公司预约售出的股票数量是其发行量的 42 倍，属于卖空行为，因此瑞穗证券公司必须大量买入 J-COM 公司股票，以补足其卖空的数量。

上午 9：37，瑞穗证券公司决定买入 J-COM 公司股票。于是 J-COM 公司股票价格又一路被拉升至涨停板（772 000 日元），但直至当天交易结束，仍有 96 236 股未能购回。仅当天回购股票一项，瑞穗证券公司的损失便达到了 270 亿日元。

日本首相小泉纯一郎 9 日对瑞穗证券公司操作过失一事发表讲话时说，希望采取万全之策防止此类事件重演。同一天，日本经济财政金融大臣与谢野馨在记者会上表示，必须彻底查明为什么没能防止这种人为错误出现的原因，必须最大限度地维持证券市场的稳定。日本金融厅表示会考虑对瑞穗证券公司进行处分，同时也要求有关方面查明证券交易系统是否存在问题。

12 日，日本证券清算公司会同东京证券交易所研究后，决定根据相关业务规则的规定，J-COM 公司股票交易结算实行强制性现金结算即瑞穗证券公司不向相关买入方交付 J-COM 公司股票，而是以每股 912 000 日元的价格向相关买入方支付现金。12 月 13 日强制性现金结算完成后，瑞穗证券公司在此次事件中的损失扩大到了 400 亿日元。

思考题：

（1）瑞穗证券公司造成如此巨大损失的原因有哪些？

（2）东京证券交易所在危急处置方面存在哪些明显的不足？

（3）瑞穗证券公司错误交易指令事件揭示了哪些深层次方面的问题？对我国证券业有哪些方面的警醒？

（四）建立反舞弊机制

1. 舞弊的含义及种类

舞弊是一种采取不正当和欺骗的手段，有意识地违反既定的公众认可的规则以损害或谋取组织经济利益的行为。

通常情况下，按照舞弊主体的不同，即作弊者身份的不同，可以将舞弊划分为管理舞弊和非管理舞弊；若依据《内部审计具体准则第 6 号——舞弊的预防、检查与报告》的规定，可以将舞弊分为损害组织经济利益的舞弊和谋取组织经济利益的舞弊。

（1）管理舞弊。管理舞弊是指管理层蓄谋的舞弊行为，是指企业最高管理层进行的舞弊，这种舞弊隐蔽性大，难以发现，影响力也很大，舞弊者的层次越高，越难有效地进行预防与检查，危害也越大。其主要表现为财务报表舞弊。

（2）非管理舞弊。非管理舞弊也称为员工舞弊，是指企业中的职员利用内部控制的各种漏洞，采用涂改或伪造单据账册及其他手段贪污、盗窃或挪用财产的不法行为，常常表现在将现金或其他资产窃为己有。

（3）损害组织经济利益的舞弊。损害组织经济利益的舞弊，是指组织内部人员为谋取自身利益，采用欺骗等违法违规手段使组织经济利益遭受损害的不正当行为。主要表现为以下行为：

①收受贿赂或回扣；

②将正常情况下可以使组织获利的交易事项转移给他人；

③贪污、挪用、盗窃组织资财；

④使组织为虚假的交易事项支付款项；

⑤故意隐瞒、错报交易事项；

⑥泄露组织的商业秘密；

⑦其他损害组织经济利益的舞弊行为。

（4）谋取组织经济利益的舞弊。谋取组织经济利益的舞弊，是指组织内部人员为使本组织获得不当经济利益而其自身也可能获得相关利益，采用欺骗等违法违规手段，损害国家和其他组织或个人利益的不正当行为。其主要表现为以下行为：

①支付贿赂或回扣；

②出售不存在或不真实的资产；

③故意错报交易事项、记录虚假的交易事项，使财务报告使用者误解而做出不适当的投融资决策；

④隐瞒或删除应对外披露的重要信息；

⑤从事违法违规的经营活动；

⑥偷逃税款。

2. 建立反舞弊机制

企业应当建立反舞弊机制，明确反舞弊工作的重点领域、关键环节和有关机构在反舞弊工作中的职责权限，规范舞弊案件的举报、调查、处理、报告和补救程序。通过反舞弊机制的建立，将反舞弊工作的重点放在重点领域和关键环节，防范舞弊行为的发生并及时发现发生的舞弊行为。在所建立的反舞弊机制中，要规范相应的舞弊案件查处程序，以便对舞弊案件及时进行处理和纠正。对于反舞弊机制，要坚持惩防并举、重在预防的原则，避免舞弊行为的发生。要在反舞弊过程中，不断完善内部控制体系。

企业应当将下列情形作为反舞弊工作的重点：

（1）未经授权或者采取其他不法方式侵占、挪用企业资产，谋取不当利益的行为。

（2）在财务会计报告和信息披露等方面存在虚假记载、误导性陈述或者重大遗漏等行为。

（3）董事、监事、经理及其他高级管理人员滥用职权的行为。

（4）相关机构或人员串通舞弊的行为。

3. 完善反舞弊机制的措施

（1）营造良好的企业文化，缓解员工压力。企业文化对员工的思想和行为会产生一定的影响，企业文化的建立与否，其侧重点往往在很大程度上影响甚至改变员工的行为取向，是对员工的一种有效的约束机制。因此，企业应建立积极、健康的企业文化，建立员工的诚信思维，强化对企业的认同感和归属感。在这个过程中，管理层的经营理念会产生重要作用，企业领导者的良好行为和决策也会起到积极的示范作用；反之，领导者的行为不端，则容易引起员工的效仿。在舞弊三角论中，压力是产生舞弊的根源。现代社会竞争日益激励，压力与日俱增，而与工作相关的压力以及相伴随的经济压力常常成为现代人压力的源头。这种压力的存在，在某种条件下就有可能滋生舞弊行为。因此，企业应关注员工的思想和心理状态，关心员工的生活状态，建立积极但相对宽松的工作环境，缓解员工压力。

（2）评估舞弊风险，并实施方案，控制、化解风险。定期进行舞弊风险评估是企业可以采用的用于预防舞弊的一个重要手段。企业可以通过风险评估，研究防范舞弊行为发生的制度及措施。风险评估的过程是企业确认并分析与其目标实现相关的风险的过程，企业设立风险评估的机制，可以识别、分析和管理与企业各项目相关的风险，以便了解企业自身所面临的风险并加以适当的处理。

在实际工作中，管理层舞弊是很难被发现的，而影响管理层舞弊的一个主要因素就是管理层所承受的压力，特别是企业的财务状况或收益的稳定性受到外界因素（如经济、政策、行业等因素）或企业自身经营情况的影响，如市场处于高度竞争状态或者已经趋于饱和，从而边际利润率急速下降；顾客的需求发生了急剧变化，产品结构的调整跟不上，产品销售受到严重影响；经营不善导致破产、抵押物变现或恶意收购的威胁；经营净现金流量持续为负现象等。如果企业能够建立一个完善的风险评估系统，就可以及时发现、减少甚至化解风险，就会减少管理层压力，从而在一定程度上降低管理层舞弊的可能性。

（3）完善企业治理结构。完善企业治理结构，可以从以下几个方面着手：

首先，改善企业股权结构，健全企业治理结构。股权结构代表了企业控制权的分布，决定了股权持有人以及利益相关者的权力和利益关系，同时对企业的经营方式也会产生影响。股权结构可以分为股权高度集中型、股权适度分散型、股权高度分散型。对于股权高度集中型的企业，绝对控股的大股东虽然可以积极参与企业治理，但绝对控股地位决定了其难以受到约束和制衡，舞弊行为很难发现或者控制，同时也容易产生控股大股东和管理层串通舞弊，损害中小股东利益的行为。股权高度分散型的企业，虽然可以避免上述问题，但由于股权分散，容易形成“强管理人、弱股东”的格局，在这种情况下，容易产生管理层基于自身利益而做出损害股东的行为。股权适度分散型的企业则可以是较为合理的股权结构，保证一定的股权集中度，但没有绝对控股地位的股东，而是几个持股数量相当的大股东，从而达到制衡作用，可以规避前面两种股权结构下产生的问题。

其次，加大外部董事比例，完善独立董事制度。外部董事的存在可以在一定程度上约束内部董事的行为，减少内部董事和管理者串通的可能性，使董事会更有效地监控管理活动，防范舞弊的发生。我国已经建立独立董事制度，要求上市企业董事会必须含有独立董事，但现实中，独立董事不独立的现象比较普遍，独立董事很多情况下是由大股东推选产生，其势必倾向于代表大股东的利益，不独立情况很容易发生。因此，企业应完善独立董事制度，使独立董事的作用发挥到实处。企业可以规范选聘机制，将提名权定位为中小股东权力，实行大股东规避制。此外，建议建立长短期激励机制结合的薪酬机制，使独立董事重视企业的长远发展而非短期利益。

最后，发挥监事会应有的作用。监事会由股东大会选举产生并对股东大会负责，监督企业董事、经理和其他高级管理人依法履行职责。其职能的一个重要方面，就是检查企业的业务、财务及其他会计资料。因此，健全的监事会可以减少董事会和管理层的会计舞弊行为。

（4）建立适当的舞弊监督程序。防范舞弊行为的一个重要方面就是要建立严格的监督机制，通过严格的检查监督制度及时发现舞弊行为，将损失降到最低程度。对舞弊的监督检查的一个主要措施就是通过内部审计来达到这个目的。内部审计产生于企业内部，对企业的实际经营状况、财务状况更了解，容易觉察到企业的危险信号，反应也会更快捷，可以及时发现并尽早控制舞弊行为。此外，内部审计等舞弊监督程序本身的存在，也可以在一定程度对舞弊主体产生一定的威慑作用。

（5）加强沟通，建立信访举报制度。有效的信息交流机制可以对防范以及及时发现舞弊行为起到很好的作用。这种交流包括内部交流和内外交流两个方面。内部交流是指公司内部的信息交流沟通。如果信息交流机制不通畅，就会产生信息不对称的问题，这样舞弊行为产生的机会就增大。内外交流则是指那些企业外的人员和企业内部的沟通。供应商、客户这些企业外的人员通常容易观察到舞弊者违反内部控制、道德表现不佳、奢侈的个人消费等情形，如果内外沟通机制顺畅，他们就可以及时将信息反馈到企业内部，从而引起企业内部人员的重视，减少舞弊的发生。如果企业建有热线或其他报告机制，人们就不会担心因为报告舞弊而遭到报复的顾虑，从而使信息沟通更顺畅，可以及时发现舞弊行为。建立完善的信息沟通可以采取的措施包括设立信访举报机制，由监察室负责受理在会计、财务控制或设计等方面的违规和舞弊行为的举报，并进行相应的调查。审计委员会定期听取监察室有关反舞弊方面的情况汇报，对于员工关于会计、内部控制、审计事项或舞弊方面的举报和投诉予以重视和调查。企业可以定期召开反舞弊情况通报会，如有重大情况或重大问题时随时召开，并向管理层和审计委员会汇报。

（6）加强舞弊结果处理。对发现的舞弊情况如何处理、处理程度是否严格，将极大地影响员工是否做出舞弊行为。舞弊结果越严厉、越及时，员工进行舞弊的风险就越大，他们进行舞弊的可能性就越小。反之，如果企业对舞弊行为处理不及时，惩罚不严格，那么员工就会存在侥幸心理，认为舞弊的风险小于舞弊所带来的收益，进而容易导致更多的舞弊行为。严格的舞弊结果处理机制可以很好地对舞弊行为起到威慑作用。因此，企业应对舞弊行为建立起完整的处理机制，并对员工进行宣传教育，使之充分了解到舞弊行为所带来的严重后果，同时企业在发现舞弊行为以后要按照规定严格执行。

【案例 8-5】

新中基财务造假案

新疆中基实业股份有限公司（简称“新中基”）始建于 1992 年，1994 年完成股份制改造，2000 年 9 月在深圳证券交易所挂牌上市（股票代码：000972），2002 年 12 月被农业部等九部委认定为“农业产业化国家重点龙头企业”。新中基业务范围集中于番茄种植、生产、加工、贸易、科研开发，主要产品是番茄酱。新中基的董事会秘书 2014 年接受采访时还透露，目前新中基的生产规模位居国内第二位、世界第三位。新中基生产的番茄酱 90%用于出口，产品销往世界近 100 个国家和地区，新中基生产的大包番茄酱已经占领欧洲市场，其份额足足有 20%，小包装的番茄酱也在非洲市场占有 45%的份额。

无论如何也不会有人料到，新中基这样一家资本雄厚、市场广阔的企业会财务舞弊，但是事实往往让人瞠目结舌。

从 2006 年开始，为了掩饰公司严重亏损这一事实，新中基连续六年财务舞弊，虚增收入和成本，不同程度虚增、虚减利润，粉饰财务报表。2006 年 1 月，在时任新中基董事长刘一的指使下，总会计师吴光成等人参与了这一历时六年的财务舞弊。2006 年，新中基隐蔽地使用自有资金，设立了全资子公司天津晟中国际贸易有限公司（简称“天津晟中”）。天津晟中表面上与新中基在法律上没有任何关系，但其业务与财务实际上完全由新中基控制。天津晟中成立后，即开始协助新中基的业务造假。天津晟中从新中基采购番茄酱，再销售给新中基的控股子公司天津中辰番茄制品有限公司（简称“天津中辰”）。2007 年，刘一找到曾任新中基销售负责人、已辞职独立经商的吴新安，请其帮忙从新中基采购番茄酱之后再卖给天津中辰。2007—2010 年间，吴新安控制的新疆豪客国际贸易有限公司（简称“新疆豪客”），给新中基的财务造假再添一层面纱，其从天津晟中采购成品番茄酱，加上税费及“好处费”后，再转手全部销售给新中基子公司天津中辰。这一切表象下的实际情况是，新中基利用了新疆豪客走一个形式上的业务流程，然而货物基本不动，却可以虚增经营收入和利润。

通过 2006—2007 年连续的造假，新中基累计虚增利润 11 亿元。维持一个谎言，往往需要更多的谎言来遮掩。新中基虚增的利润要想神不知鬼不觉地偷偷减下去，只有再次舞弊虚减利润，为填平此前两年的业绩造假，新中基花了整整四年时间平账，在 2008—2011 年虚减利润 11 亿元。

但是“天网恢恢疏而不漏”，在监管部门的极力追索之下，这笔巨额的糊涂账最终还是现了原形。新中基于 2014 年 7 月 7 日收到证监会的《行政处罚决定书》。因在 2006—2011 年期间连续虚构购销业务，证监会决定对新中基给予警告，并处以 40 万元罚款，同时对相关责任人开出罚单，对新中基时任董事长刘一、总会计师吴光成、总经理文勇等 7 人予以警告，并处以 3 万元到 30 万元不等罚款。

思考题：

（1）新中基财务造假的手法、产生的危害以及舞弊的动因各有哪些？

（2）为防范公司财务舞弊，应建立怎样的反舞弊机制和措施？

（五）建立投诉和举报人保护制度

投诉是沟通的重要手段之一，是信息自下而上沟通的重要形式。企业员工处于经营活动的第一线，能够及时发现经营活动及内部控制实施过程中存在的不足、问题和缺陷以及舞弊行为，并能就完善内部控制体系提出合理化建议和改进意见。为此，企业应当建立举报投诉制度，设置举报专线，明确举报投诉处理程序、办理时限和办理要求，确保举报、投诉成为企业有效掌握信息的重要途径。同时，企业要建立举报人保护制度，保护投诉人的积极性，维护举报人的利益。

第二节　内部控制评价

巴林银行、“郑百文”这些曾经辉煌得令人引以为豪的企业，犹如一座座大厦在顷刻间倒塌，“中航油”“中储棉”“中行”等事件造成巨额国有资产流失。

这些企业何以落到如此境地？原因就在于被人们称为现代企业稳健发展的“稳定器”——内部控制制度在这些企业成了一纸空文，犹如墙上的摆设，中看不中用。

一、内部控制评价概述

（一）内部控制评价的定义

内部控制评价（control self-assessment，CSA）是指企业董事会或类似权力机构对企业内部控制的有效性进行全面评价，形成评价结论，出具评价报告的过程。

对于上述定义，可以从以下三个角度进行理解：

（1）内部控制评价的主体是董事会或类似权力机构。

（2）内部控制评价的对象是内部控制的有效性。

（3）内部控制评价是一个过程，是指内部控制评价要遵照一定的流程来进行。

内部控制评价是对一个单位内部控制系统的完整性、合理性和有效性进行的分析和评价。内部控制评价是内部控制系统本身的组成部分，是企业内部控制系统的反馈体制，是推动组织内部控制顺利实施的重要制度保障，无论是对企业自身，还是对企业外部的各利益相关者都具有非常重要的意义。

（二）内部控制评价的内容

内部控制评价的对象是内部控制的有效性，而内部控制的有效性，则是企业建立并实施内部控制，对实现控制目标提供合理保证的程度。内部控制的目标包括合规目标、资产目标、报告目标、经营目标和战略目标。因此，内部控制评价的内容应是对以上五个目标的内部控制有效性进行全面评价。具体地说，内部控制评价包括企业层面的内部控制评价和业务层面的内部控制评价。

1. 企业层面的内部控制评价内容

（1）内部环境评价

企业组织开展内部环境评价，应当以组织机构、发展战略、权责分配、人力资源政策、董事会、胜任能力、企业文化、社会责任等应用指引为依据。内部环境评价具体包括组织架构、发展战略、人力资源、企业文化、社会责任等方面。其中，组织架构评价可以重点从机构设置的整体控制力、权责划分、相互牵制、信息流动路径等方面进行；发展战略评价可以重点从发展战略的制定合理性、有效实施和适当调整三方面进行；人力资源评价应当重点从企业人力资源引进结构合理性、开发机制、激励约束机制等方面进行；企业文化评价应从建设和评估两方面进行，以促进诚信、道德价值观的提升，为内部控制的完善夯实人文基础；社会责任可以从安全生产、提高产品质量、保护环境与节约资源、促进就业、保护员工权益等方面进行。

（2）风险评估评价

风险评估评价应当对日常经营管理过程中的目标设定、风险识别、风险分析、应对策略等进行认定和评价。

（3）控制活动评价

控制活动评价应当对企业各类业务的控制措施与流程的设计有效性和运行有效性进行认定和评价。

（4）信息与沟通评价

信息与沟通评价应当对信息收集、处理和传递的及时性、反舞弊机制的健全性、财务报告的真实性、信息系统的安全性，以及利用信息系统实施内部控制的有效性进行认定和评价。

（5）内部监督评价

内部监督评价应当对管理层对于内部监督的基调、监督的有效性及内部控制缺陷认定的科学性、客观性、合理性进行认定和评价。重点关注监事会、审计委员会、内部审计机构等是否在内部控制设计和运行中有效发挥监督作用。

具体的内部控制评价内容可通过设计内部控制评价指标体系来确定，评价指标是对内部控制要素的进一步细化，评价指标可以有多个层级，大体可分为核心指标和具体指标两大类，企业可根据其实际情况进行细分（内部控制评价核心指标及参考标准见表 8-1）。具体的评价内容确定之后，内部控制评价工作应形成工作底稿，详细记录企业执行评价工作的内容，包括评价要素、评价指标、评价标准、评价和测试的方法、主要风险点、采取的控制措施、有关证据资料以及认定结果等。工作底稿可以通过一系列评价表格加以实现，通过分别对每个要素核心指标的分解、评价，最终汇总出评价结果。

表 8-1　　**内部控制评价核心指标**

核心指标	参考标准
一、内部环境	
(一) 组织结构	
董事会、监事会、经理层的相互制衡	董事会及各专门委员会、监事会和经理层的职责权限、任职资格和议事规划是否明确并严格履行
董事会、监事会、经理层效力于内部控制建设和执行	1. 是否科学进行了董事会、监事会、经理层在建立与实施内部控制中的职责分工
	2. 董事会采取必要的措施促进和推动企业内部控制工作，按照职责分工提出内部控制评价意见，定期听取内部控制报告，督促内部控制整改，修订内部控制要求
组织机构设置科学、精简、高效、透明、权责匹配、相互制衡	1. 组织机构设置是否与企业业务特点相一致，能够控制各项业务关键控制环节，各司其职，各尽其责，不存在冗余的部门或多余的控制
	2. 是否明确了分配，制定了指引并保持权责行使的透明度
组织架构适应性	是否定期梳理、评价企业治理结构和内部机构设置，发现问题及时采取措施加以优化调整；是否定期听取董事、监事、高级管理人员和其他员工的意见，按照规定的权限和程度进行决策审批
组织架构对子公司的控制力	是否通过合法有效的形式履行出资人职责，维护出资人权益，特别关注异地、境外子公司的发展战略、年度财务预算、重大担保、大额资金使用、主要资产处置、重要人事任免、内部控制体系建设等重要事项
(二) 发展战略	
发展战略科学合理，既不缺乏也不激进，且实施到位	1. 企业是否综合考虑宏观经济政策、国内外市场需求变化、技术发展趋势、行业及竞争对手状况、可利用资源水平和自身优势与劣势等影响因素制定科学合理的发展战略
	2. 是否根据发展目标制定战略规划，确定不同发展阶段的具体目标、工作任务和实施路径
	3. 是否设立战略委员会或指定相关机构负责发展战略管理工作，是否明确战略委员会的职责和议事规划，并按规定履行职责
	4. 是否对发展战略进行可行性研究和科学认证，并报董事会和股东（大）会审议批准
发展战略有效实施	1. 是否制订年度工作计划，编制全面预算，确保发展战略的有效实施
	2. 是否采取有效方式将发展战略及其分解落实情况传递到内部各管理层级和全体员工
发展战略科学调整	是否及时监控发展战略实施情况，并根据环境变化及风险评估等情况及时对发展战略做出调整

续表

核心指标	参考标准
（三）人力资源政策	
人力资源结构合理、能够满足企业需要	1.人力资源政策是否有利于企业可持续发展和内部控制的有效执行
人力资源结构合理、能够满足企业需要	2.是否明确各岗位职责权限、任职条件和工作要求，选拔是否公开、公平、公正，是否因事设岗、以岗选人
人力资源开发机制健全有效	1.制定并实施关于员工聘用、培训、辞退与辞职、薪酬、考核、健康与安全、晋升与奖励等方面的管理制度
人力资源开发机制健全有效	2.是否建立员工培训长效机制，培训是否能满足职工和业务岗位需要，是否存在员工知识老化
人力资源激励约束机制健全有效	1.是否设置科学的业绩考核指标体系，并严格考核评价，以此作为确定员工薪酬、职级调整和解除劳动合同等的重要依据
人力资源激励约束机制健全有效	2.是否存在人才流失现象
人力资源激励约束机制健全有效	3.是否对关键岗位员工有强制休假制度或定期轮岗制度等方面的安排
人力资源激励约束机制健全有效	4.是否对掌握国家秘密或重要商业秘密的员工离岗有限制性的规定
人力资源激励约束机制健全有效	5.是否将有效执行内部控制纳入企业绩效考评体系
（四）社会责任	
安全生产体系、机制健全有效	1.是否建立严格的安全生产体系，操作规范和应急预案，切实做到安全生产
安全生产体系、机制健全有效	2.是否落实安全生产责任，对安全生产的投入，包括人力、物力等，是否能保证及时发现、排除生产安全隐患
安全生产体系、机制健全有效	3.发生生产安全事故，是否妥善处理，排除故障，减轻损失，追究责任；是否有漏报、谎报、瞒报重大生产安全事故现象
产品质量体系健全有效	是否建立严格的产品质量控制和检验制度并严格执行；是否有良好的售后服务，能够妥善处理消费者提出的投诉和建议
切实履行环境保护和资源节约责任	1.是否制定环境保护与节约制度，采取措施促进环境保护、生态建设和资源节约，并实现节能减排目标
切实履行环境保护和资源节约责任	2.是否实施清洁生产，合理开发利用不可再生资源
促进就业和保护员工权益	1.是否依法保护员工的合法权益，保持工作岗位相对稳定，积极促进充分就业
促进就业和保护员工权益	2.是否实现按劳分配、同工同酬，建立科学的员工薪酬制度和激励机制；是否建立高级管理人员与员工薪酬的正常增长机制
促进就业和保护员工权益	3.是否及时办理员工社会保险，足额缴纳社会保险费
促进就业和保护员工权益	4.是否保护员工健康，落实休息休假制度
促进就业和保护员工权益	5.是否积极开展员工职业教育培训，创造平等发展机会
（五）企业文化	
企业文化具有凝聚力和竞争力，促进企业可持续发展	1.是否采取切实有效的措施，积极培育具有自身特色的企业文化，打造以主业为核心的企业品牌，促进企业长远发展
企业文化具有凝聚力和竞争力，促进企业可持续发展	2.企业董事、监事及其他高级管理人员是否在文化建设和履行社会责任中起到表率作用，是否促进文化建设在内部各层级的有效沟通
企业文化具有凝聚力和竞争力，促进企业可持续发展	3.是否做到文化建设与发展战略的有机结合，使员工自身价值在企业发展中得到充分体现
企业文化具有凝聚力和竞争力，促进企业可持续发展	4.是否重视并购重组后的企业文化建设，平等对待被并购方的员工，促进并购双方的文化融合

续表

核心指标	参考标准
企业文化具有凝聚力和竞争力，促进企业可持续发展	1. 是否采取切实有效的措施，积极培育具有自身特色的企业文化，打造以主业为核心的企业品牌，促进企业长远发展
	2. 企业董事、监事及其他高级管理人员是否在文化建设和履行社会责任中起到表率作用，是否促进文化建设在内部各层级的有效沟通
	3. 是否做到文化建设与发展战略的有机结合，使员工自身价值在企业发展中得到充分体现
	4. 是否重视并购重组后的企业文化建设，平等对待被并购方的员工，促进并购双方的文化融合
企业文化评估具有客观性、实效性	1. 是否建立企业文化评估制度，重点对董事、监事、经理和其他高级管理人员在企业文化建设中的责任履行情况，全体员工对企业核心价值观的认同感，企业经营管理行为与企业文化的一致性，企业品牌的社会影响力，参与企业并购重组各方文化的整合度，以及员工对企业未来发展的信心做出评估
	2. 是否对评估结果和文化建设成果进行巩固，进而研究影响企业文化的不利因素，分析深层次的原因，及时采取措施加以改进
二、风险评估	
目标设定	1. 企业层面：是否有明确的目标，目标是否具有广泛的认识基础，企业战略是否与企业目标匹配
	2. 业务层面：各业务层面目标是否与企业目标一致，各业务层面目标是否衔接一致，各业务层面目标是否具有操作指导性
	3. 是否结合企业的风险偏好，确定相应的风险承受度
风险识别	1. 目标是否层层分解并确认风险业务或事项
	2. 是否持续性地收集相关信息，内外部风险识别机制是否健全，是否识别影响公司目标实现的风险
	3. 是否根据关键业务或事项分析关键成功因素
	4. 是否识别影响公司目标实现的风险
风险分析	1. 风险分析技术方法的适用性
	2. 结合风险发生可能性和影响程度标准划分风险等级的准确性
	3. 风险发生后负面影响判断的准确性
风险应对	1. 风险应对策略与公司战略、企业文化的一致性
	2. 风险承受度与风险应对策略的匹配程度
三、控制活动	
（一）控制活动的设计	
控制措施中覆盖企业重要风险，不存在控制缺失、控制过度	1. 是否针对企业内部环境设立了相应的控制措施
	2. 各项控制措施的设计是否与风险应对策略相适应
	3. 各项主要业务控制措施是否完整、恰当
	4. 是否针对日常规定、非系统性业务事项制定相应的控制措施，并定期对其执行情况进行检查分析
	5. 是否建立重大风险预警机制，相关应急预案的处置程序和处理结果是否有效

续表

核心指标	参考标准
(二) 控制活动的运行	
控制活动运行符合控制措施规定	针对各类业务事项的主要风险和关键环节所制定的各类控制方法和控制措施是否得以有效实施
四、信息沟通	
信息收集处理和传递及时、准确、适用	是否有透明高效的信息收集、处理、传递程序，合理筛选、核对、整合与经营管理和内部控制相关信息
反舞弊机制健全	1.是否建立并有效实施反舞弊机制
	2.举报投诉制度和举报保护制度是否及时准确传达至企业全体员工
	3.对舞弊事件和举报所涉及的问题是否及时、妥善地做出处理
沟通顺畅	1.信息在企业内部各部门之间、企业与外部有关方面之间的沟通是否有效
	2.董事会、监事会和经理层是否能够及时掌握经营管理和内部控制的重要信息并进行应对
	3.员工诉求是否有顺畅的反映渠道
利用信息化程度	1.企业是否建立与经营管理相适应的信息系统，利用信息技能提高对业务事项自动控制水平
	2.在信息系统的开发过程中，是否对信息技术风险进行识别、评估和防范
	3.信息系统的一般控制是否涵盖信息系统开发与维护、访问与变更、数据输入与输出、文件储存与保管、网络安全、硬件设备、操作人员等方面，确保信息系统安全稳定运行
	4.信息系统的应用控制是否紧密结合业务事项进行，利用信息技术固化流程，提高效率，减少或消除人为操纵因素
	5.信息系统是否建立并保持相关信息交流与沟通的记录
五、内部监督	
内部监督能够覆盖并监控企业日常业务活动	1.管理层是否定期与内部控制机构沟通评价结果，并积极整改
	2.是否落实各职能部门和所属单位在日常监督中的责任，及时识别环境和业务变化
	3.日常监督的内容是否为经过分析确认的关键控制环节并有效控制，是否按重要程度将发现的问题如实反馈内部控制机构，是否积极采取整改措施
	4.用以证明内部控制有效性的日常监督是否充分，监督人员是否具有胜任能力和客观性
	5.内部审计的独立性是否得以保障，审计委员会和内部审计机构是否独立、充分地履行监督职责
	6.是否开展了必要的专项监督
	7.内部控制机构是否追踪重大和重要业务，是否制定内部控制自我评价办法和考核奖励办法，明确评价主体、职责权限、工作程序和有关要求，定期组织开展内部控制自我评价，报送自我评价报告，合理认定内部控制缺陷并分析原因，提出整改方案建议

续表

核心指标	参考标准
内部控制缺陷科学、客观、合理，且报送机制健全	1.内部控制机构是否制定科学的内部控制缺陷标准并予以一贯执行
	2.是否对控制缺陷进行全面、深入的研究分析，提出并实施整改方案，采取适当的形式及时向董事会、监事会或者经理层反映，督促业务部门整改，重大缺陷按规定予以披露
	3.对发现的内部控制重大缺陷，是否追究相关责任单位和责任人的责任
	4.是否建立内部控制缺陷信息数据库，并对历年发现的内部控制缺陷及其整改情况进行跟踪检查
内部控制建设与评价文档妥善保管	1.是否采取书面或其他适当方式对内部控制的建立与实施情况进行记录
	2.是否妥善保存内部控制相关记录和资料，确保内部控制建立与实施过程的可验证性
	3.对暂未建立健全的有关内部控制文档或记录，是否有证据表明已实施了有效控制或者替代控制措施

2.业务层面的内部控制评价内容

（1）仓储与存货业务控制制度评价

仓储与存货业务的内部控制评价要点主要包括以下几个方面：

①与存货管理有关的不相容职务是否得到分离，如存货的收发和记录是否分离、存货的保管与清查是否分离等；

②有无严格的存货取得、验收和入库制度，制度是否合理，并得到实施；

③仓储和保管是否严格；

④是否有严格的存货领用、发出和处置控制，制度是否合理，并得到实施；

⑤存货取得、验收、入库、领用、发出和处置等各环节的凭证、资料是否有严格的保管制度，并定期与财会部门进行核对。

（2）投资业务内部控制制度评价

对于企业营运过程中涉及的投资业务，实施内部控制评价时应关注的要点有：

①企业的投资活动是否有严格的授权审批制度并得到执行；

②投资业务中的不相容职务是否得到分离；

③每项投资进行之前是否进行了全面的可行性研究并形成报告，研究的人员是否具备相应的专业素质和职业道德；

④投资业务的会计记录控制是否完整；

⑤投资相关的所有凭证、资料是否都得到妥善的保管；

⑥对投资的处置，包括收回、转让、核销等是否有严格的管理办法，并严格按照管理办法实施。

（3）筹资业务内部控制制度评价

与投资业务类似，企业的筹资业务控制制度的有效性同样重要，在对筹资业务进行控制评价时，应注意的控制要点有：

①筹资业务中的不相容职务是否得到分离；

②企业的筹资活动是否有严格的授权审批制度并得到执行；

③筹资决策是否有合理的控制制度；

④筹资决策的执行是否合理；

⑤是否对每一项筹资分别设立明细账，并详细记录其名称、面值、证书编号、金额、取得日期；

⑥筹资偿付制度是否合理；

⑦筹资活动中取得的各种凭证、资料是否得到妥善的保管。

【案例 8-6】

朗讯的内部控制自我评价

朗讯科技公司（以下简称朗讯）的审计师们为了使审计部门从控制审计的重负中解放出来，开展了以 COSO 为基础的控制自我评价。他们设计了一些新程序，在他们的新程序中引进了 COSO 的框架，每个工厂均执行以 COSO 为基础的自我评价。内部审计师设计完程序后，他们的任务就告一段落了，除非作为顾问在需要时应邀帮助管理部门进行自我评价。

以存货余额项目为例，朗讯的内部审计师设计的以 COSO 为基础的自我评价程序大致内容为：

国内制造厂存货余额内部控制的自我评价综合框架如下：（1）控制环境（机构文化）；（2）风险评估（目的和目标）；（3）控制活动（政策和程序）；（4）信息与沟通（系统和交流）；（5）监督（评价和反馈）。

5 个要素共设计了 80 个评价领域。每个评价领域分为经营和会计两类。要对这些控制项目进行评价，首先要设计一个评价标准，具体见表 8-2。

表 8-2 **存货余额内部控制自我评价标准**

分值	实施状况
1	控制结构健全，可能存在一些进一步改善的机会
2	除了一项或多项的控制薄弱环节外，控制结构是可以接受的
3	控制结构不适当，存在严重的控制薄弱环节
4	实际上不存在控制结构——存货余额的完整性受到影响

80 个评价领域在此不一一列出，仅就监督要素的 9 个评价领域给予列示，具体见表 8-3。

表 8-3 **存货余额监督要素的内部控制自我评价程序**

评价领域	经营	会计
是否存在适当的程序对存货活动进行持续的日常经营？ 确定循环盘点的范围和由内部和外部审计人员进行的存货测试水平		
当地财务人员是否对与存货相关的活动进行审核		
是否采用分析性程序，将存货记录与预期数作比较		
当地财务管理部门是否与上层管理部门就存货信息的完整性进行沟通； 要求提供季度陈述函，确定财务管理部门是否对存货信息的完整性进行了证明		

续表

评价领域	经营	会计
是否定期将会计系统存货分类账上的数额与盘点数额加以比较		
内部或外部审计活动的范围是否能够足以衡量与存货相关的内部控制系统的有用性；向管理部门询问审计或审核情况以确定所做工作的性质和所发现的控制薄弱环节的严重程度		
监督过程中发现的风险薄弱环节是否向适当的人员报告？是否根据需要对政策和程序进行了修改		
是否存在由当地进行的管理程序来确定控制是否运行并对运行的效果进行评估		
总部、存货管理部门或其他财务主管人员是否对存货水平和相关活动加以监督 监督要素总体得分		

然后将各要素的得分进行相加得出总体框架评价的总分，见表 8-4。

表 8-4 存货余额内部控制自我评价结果

控制要素	分数
控制环境	
风险评估	
控制活动	
信息与沟通	
监督	
总体框架评价	

(三）内部控制评价的作用

(1）有助于增强企业外部人对会计信息可靠性的信心

投资者、债权人以及企业其他的利益相关者都要依赖企业呈报的会计信息进行决策，利益相关者都希望由独立的专业机构和人士对企业的内部控制系统进行鉴证并提供书面结论，来衡量企业内部控制系统的健全性和有效性，从而判断会计信息的可靠性。

目前，一些国家政府部门要求企业管理层必须对企业自身内部控制系统的完整性和有效性进行自我评价，还必须聘请独立的专业中介机构对其内部控制进行鉴定并出具书面报告。

(2）有助于企业加强内部控制，改善经营管理

内部控制是企业经营管理的重要手段，内部控制系统的构建和实施是随着企业内外部环境变化而不断变化的系统工程，企业必须对自身的内部控制系统进行评价，找出薄弱环

节，及时修补完善。

内部控制评价的根本目的是监督内部控制系统是否完整、运行是否正常，评价企业为达到其经营目标所付出的努力是否有效，以保障内部控制体系能有效地展开控制活动，实现控制目标。

（3）有助于注册会计师提高工作效率，降低控制风险

现行的审计是以内部控制评价为基础的制度基础审计和风险导向审计。内部控制评价是制度基础审计和风险导向审计的一个核心环节，审计人员通过评价内部控制系统的完整性和有效性，找出可能存在风险的领域和部门，再进一步确定实质性审计的范围和重点。

（四）内部控制评价的原则与方法

1. 内部控制评价的原则

内部控制评价的原则是开展评价工作应该注意的原则，与内部控制的原则不完全相同。企业对内部控制评价至少应遵循全面性原则、重要性原则和客观性原则。

（1）全面性原则

全面性原则强调的是内部控制评价的涵盖范围应当全面。具体来说，是指内部控制评价工作应当包括内部控制的设计与运行，涵盖企业及其所属单位的各种业务和事项。

（2）重要性原则

重要性原则强调内部控制评价应当在全面性的基础之上，着眼于风险，突出重点。具体来说，其主要体现在制订和实施评价工作方案、分配评价资源的过程之中，它的核心要求主要包括两个方面：一是要坚持风险导向的思路，着重关注那些影响内部控制目标实现的高风险领域和风险点；二是要坚持重点突出的思路，着重关注那些重要的业务事项和关键的控制环节，以及重要业务单位。

（3）客观性原则

客观性原则强调内部控制评价工作应当准确地揭示经营管理的风险状况，如实反映内部控制设计和运行的有效性。只有在内部控制评价工作方案制订、实施的全过程中始终坚持客观性，才能保证评价结果的客观性。

2. 内部控制评价的方法（如图 8-2 所示）

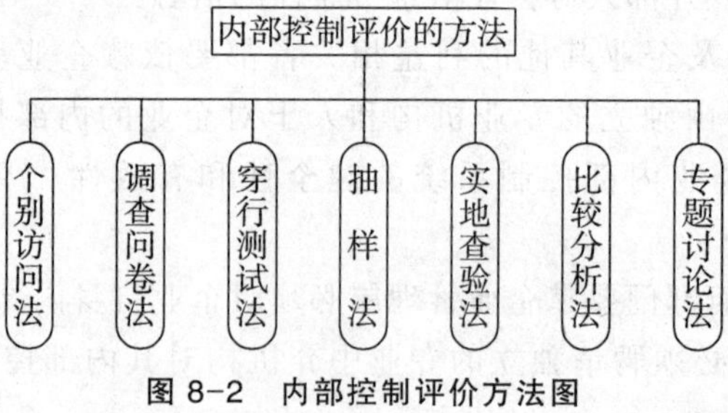

图 8-2　内部控制评价方法图

（1）个别访问法

个别访问法主要用于了解公司内部控制的现状，在企业层面评价及业务层面评价的了解阶段经常使用。访问前应根据内部控制评价需求形成访谈提纲，撰写访问纪要，记录访问的内容。为了保证访谈结果的真实性，应尽量访谈不同岗位的人员以获得更可靠的证

据。如分别访问人力资源部主管和基层员工，公司是否建立了员工培训长效机制，培训是否能满足员工和业务岗位需要？

（2）调查问卷法

调查问卷法主要用于企业层面评价。调查问卷应尽量扩大对象范围，包括企业各个层级员工，应注意事先保密性，题目尽量简单易答（如答案只需为“是”“否”“有”“没有”等）。比如，你对企业的核心价值观是否认同？你对企业未来的发展是否有信心？

（3）穿行测试法

穿行测试法又称重复检查法，是指评价人员在控制测试和评价中，抽取某项控制系统的几笔业务，按照被评价单位规定的业务处理程序，从头到尾重新执行一遍，以检查这些经济业务在办理过程中是否执行了规定的控制措施，并通过其处理结果是否相符，来判断各项控制措施能否有效发挥作用的技术方法。

例如，针对销售交易，选取一批订单，追踪从订单处理—核准信用状况及赊销条款—填写订单并准备发货—编制货运单据—订单运送/递送追踪至客户或由客户提货—开具销售发票—复核发票的准确性并邮寄/送至客户—生成销售明细账—汇总销售明细账，并过账至总账和应收账款明细账等交易的整个流程，考虑之前对相关控制的了解是否正确和完整，并确定相关控制是否得到执行。

（4）抽样法

抽样法分为随机抽样和其他抽样。随机抽样是指按随机原则从样本库中抽取一定数量的样本；其他抽样是指人工任意选取或按某一特定标准从样本库中抽取一定数量的样本。使用抽样法时首先要确定样本库的完整性，即样本库应包含控制测试的所有样本；其次要确定所抽取样本的充分性，即样本的数量应当能检验所测试的控制点的有效性；最后要确定所抽取样本的适当性，即获取的证据应当与所测试控制点的设计和运行相关，并能可靠地反映控制的实际运行情况。

（5）实地查验法

实地查验法主要针对业务层面控制，它通过使用统一的测试工作表，与实际的业务、财务单证进行核对的方法实施控制测试。

实地查验法适合测试某些不留线索的控制以及测试控制执行到位的程度，评价人员在使用这一方法时，应尽可能不让被评价事项的有关当事人事先察觉，这样才会取得比较理想的效果，如实地盘点某种存货，除了制订定期的盘点计划表，企业还应该不定期地对存货进行突查。

（6）比较分析法

比较分析法是指通过数据分析，识别评价关注点的方法。数据分析可以是与历史数据、行业（公司）标准数据或行业最优数据等进行比较。比如针对具体客户的应收账款周转率进行横向或纵向比较，分析存在异常的应收客户款，进而对这些客户的赊销管理控制进行检查。

（7）专题讨论法

专题讨论法主要是集合有关专业人员就内部控制执行情况或控制问题进行分析，既可以是控制评价的手段，也是形成缺陷整改方案的途径。对于同时涉及财务、业务、信息技术等方面的控制缺陷，往往需要由内部控制管理部门组织召开专题讨论会议，综合内部各机构、各方面的意见，研究确定缺陷整改方案。

在实际评价工作中，以上这些方法可以配合使用。此外，还可以使用观察、检查、重新执行等方法，也可以利用信息系统开发检查方法，或利用实际工作和检查测试经验。对于企业通过系统采用自动控制、预防控制的，应在方法上注意与人工控制、发现性控制的区别。

（五）内部控制评价的步骤

根据评价的主体不同，内部控制评价可以分为外部机构对企业内部控制系统的评价和企业内部控制的自我评价。

1. 外部机构对企业内部控制系统的评价

外部机构在对企业的内部控制系统进行评价时，一般遵循的步骤如图 8-3 所示。

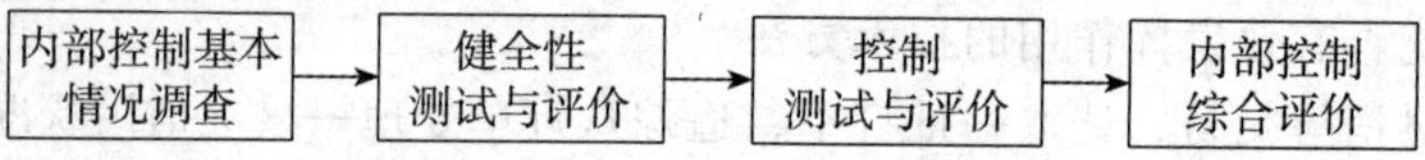

图 8-3　外部机构对企业内部控制系统的评价步骤图

（1）内部控制基本情况调查

内部控制基本情况调查是进行健全性测试和控制测试的前提，了解内部控制基本情况不仅可以为下一步测试提供一些基础性的资料，也可对企业内部控制风险进行初步评价。

（2）健全性测试与评价

健全性评价是从业务控制制度层面进行的，目的在于评价企业的控制制度在设计上是否存在缺陷和不足，是否健全和完整。健全性测试和评价主要从三个程序着手：

①确定各项业务控制制度的评价标准。在拟定各项业务控制制度的评价标准时，必须参考内部控制基本规范或指引，评价标准通常以流程图或调查表的形式表示。

②调查被评价单位各项业务控制制度现状。在调查的过程中，外部机构评价人员可以采取询问相关人员各类业务内部控制情况，查阅有关内部控制方面的规章制度和文件资料，查阅以前年度内部控制方面的评价或审计档案等方式获取所需要的信息。

③评价业务控制制度的健全性。该程序可以分三个步骤进行：首先，将检查所了解的各项业务控制制度现状与事先确定的参考标准进行对照比较；其次，对于检查出的控制缺陷，评价人员应通过询问管理人员或当事人以及查阅资料等方式，了解其是否存在相应的补偿性措施；最后，在分析企业各项业务控制制度缺陷及其潜在影响的基础上，应对其健全性程度做出评价。

（3）控制测试与评价

在进行控制测试和评价过程中，可以使用的方法有检查证据、穿行试验、实地观察等，评价人员应运用适当的方法着重查清三个问题：①被评价单位每一项业务控制制度是怎样应用的？②是否在年度中一贯地应用？③由谁来应用？

控制测试和评价的关键在于确定适当的样本，若某项业务控制系统较为健全，测试样本量可小一些，反之则大一些。不同情况下，具体该选择的样本数量见表 8-5。

（4）内部控制综合评价

对企业内部控制进行综合性评价的步骤包括：

表 8-5 控制测试样本数量表

控制发生的频率	建议测试的样本数量
每月1次	2~4
每旬1次	3~8
每周1次	4~10
每日1次	10~25
全年次数在1 000次以下	25~50
全年次数在1 000次以上	50~100

①将内部控制基本情况调查、健全性测试与评价、控制测试与评价过程中所取得的信息和资料按内部环境、风险评估、控制活动、信息与沟通、监督等要素及其具体项目进行汇总、整理，以判断被评价单位内部控制系统总体情况的完整性和有效性。

②将每一项业务控制制度健全性测试、控制测试过程中所取得的资料和信息进行整理汇总，以判断被评价单位各项业务控制制度的健全性和有效性。

③将上述两个步骤的结论汇集起来，对被评价单位的内部控制情况做出综合评定，并针对存在的问题提出改进性建议。

2. 内部机构对自身内部控制系统进行的自我评价

内部控制自我评价的普遍实施程序是内部审计人员与被评价单位管理人员、关键风险控制点的工作人员组成一个小组，评价小组在内部审计人员的帮助下，对本部门内部控制设计的合理性和实行的有效性进行评价，然后根据评价结果和讨论结果来提出改进建议并出具报告。具体的自我评价步骤如图 8-4 所示。

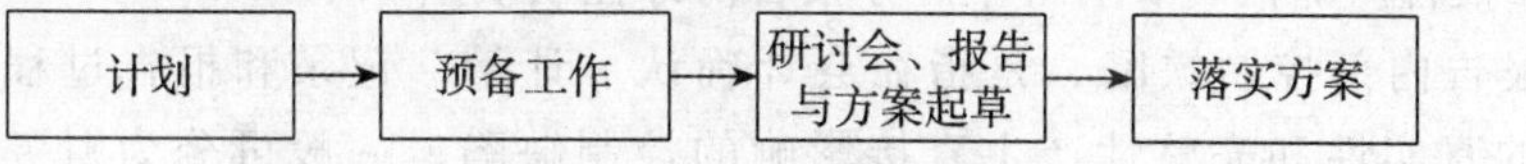

图 8-4 企业内部控制系统自我评价步骤图

（1）计划

计划是指由企业制订的内部控制自我评估计划，目的在于使自我评价工作井然有序地开展，并确定出需要重点评估的范围。企业应组织相关管理人员就控制自我评估的目的、内容及程序事前进行沟通和交流。

（2）预备工作

在制订好控制自我评价计划后，企业应开始为正式的评估做一些准备工作，如挑选引导人员，成立评价小组等。引导人员通常由对内部控制有一定认识的人担任，一般会聘请有经验的注册会计师或请企业的高层管理者担任，评价小组由内部审计人员与企业的管理人员或关键风险控制点的工作人员组成，对企业或本部门内部控制的恰当性和有效性进行评价。此外，由内审人员和企业管理人员制订项目的实施方案，明确项目该如何开展，应关注的重点问题以及内部控制的评价指标。

（3）研讨会、报告与方案起草

评价小组开展控制自我评估，引导人员在自我评估过程中做好协调与记录工作，参与者形成个人意见之后，需通过会议的形式，发表自己的意见，对企业的内部控制系统进行评价。在控制自我评估过程结束后，应及时反馈并提交控制自我评估报告。经过多次研讨会后，作为主要的负责机构，内部审计部门要对研讨会的内容进行综述，描述被评价部门的情况，而参与研讨会的管理者要负责对发现的弱点起草解决方案。

（4）落实方案

企业进行内部控制自我评价的目的是发现企业运行过程中各个方面存在的不足，并找到解决问题的方法，最终的目的是要落实这些解决措施，切实使企业内部控制环境得到提升，促进企业的健康发展。

二、内部控制缺陷的认定

（一）内部控制缺陷的定义与分类

内部控制缺陷是评价内部控制有效性的负向维度，如果内部控制的设计或运行无法合理保证内部控制目标的实现，即意味着存在内部控制缺陷。企业对内部控制缺陷的认定，应当以日常监督和专项监督为基础，结合年度内部控制评价，由内部控制评价部门进行综合分析后提出认定意见，按照规定的权限和程序进行审核后予以最终认定。内部控制缺陷按不同的分类方式分为：设计缺陷与运行缺陷；财务报告内部控制缺陷与非财务报告内部控制缺陷；重大缺陷、重要缺陷与一般缺陷。

1. 设计缺陷与运行缺陷

内部控制缺陷按其成因分为设计缺陷和运行缺陷。设计缺陷是指内部控制设计不科学、不适当，即使正常运行也难以实现控制目标。运行缺陷是指内部控制设计比较科学、适当，但在实际运行过程中没有严格按照设计意图执行，导致内部控制运行与设计相脱节，未能有效实施控制、实现控制目标。

2. 财务报告内部控制缺陷与非财务报告内部控制缺陷

财务报告内部控制缺陷，是指在会计确认、计量、记录和报告过程中出现的，对财务报告的真实性和完整性产生直接影响的控制缺陷，一般可分为财务（会计）报表缺陷、会计基础工作缺陷和与财务报告密切关联的信息系统控制缺陷等。非财务报告内部控制缺陷，是指虽不直接影响财务报告的真实性和完整性，但对企业经营管理的合法合规、资产安全、营运的效率和效果等控制目标的实现存在不利影响的其他控制缺陷。

3. 重大缺陷、重要缺陷与一般缺陷

企业在日常监督、专项监督和年度评价工作中，应当充分发挥内部控制评价工作组的作用。内部控制评价工作组应当根据现场测试获取的证据，对内部控制缺陷进行初步认定，并按其影响程度分为重大缺陷、重要缺陷和一般缺陷。重大缺陷，是指一个或多个控制缺陷的组合，可能导致企业严重偏离控制目标。重要缺陷，是指一个或多个控制缺陷的组合，其严重程度和经济后果低于重大缺陷，但仍有可能导致企业偏离控制目标，须引起企业重视和关注。一般缺陷，是指除重大缺陷、重要缺陷之外的其他缺陷。重大缺陷、重要缺陷和一般缺陷的具体认定标准，由企业根据上述要求自行确定。

（二）内部控制缺陷的认定标准

1. 财务报告内部控制缺陷的认定标准

财务报告内部控制缺陷的认定标准由该缺陷可能导致财务报表错报的重要程度来确定，这种重要程度主要取决于两方面因素：第一，该缺陷是否具备合理可能性导致内部控制不能及时防止、发现并纠正财务报表错报；第二，该缺陷单独或连同其他缺陷可能导致的潜在错报金额的大小。

（1）重大缺陷。如果一项内部控制缺陷单独或连同其他缺陷具备合理可能性导致不能及时防止、发现并纠正财务报表中的重大错报，就应将该缺陷认定为重大缺陷。合理可能性是指大于微小可能性（几乎不可能发生）的可能性，对合理可能性的理解涉及评价人员的职业判断，且这种判断在不同评价期间应保持一致。重大错报中的“重大”，涉及企业确定的财务报表的重要性水平。一般而言，企业可以采用绝对金额法（如规定金额超过 10 000 元的错报应当认定为重大错报）或相对比例法（例如，规定超过净利润 5%的错报应当认定为重大错报）来确定重要性水平。如果企业的财务报告内部控制存在一项或多项重大缺陷，就不能得出该企业的财务报告内部控制有效的结论。

（2）重要缺陷。如果一项内部控制缺陷单独或连同其他缺陷具备合理可能性导致不能及时防止、发现并纠正财务报表中虽然未达到和超过重要性水平，但仍应引起董事会和经理层重视的错报，就应将该缺陷认定为重要缺陷。重要缺陷并不影响企业财务报告内部控制的整体有效性，但是应当引起董事会和经理层的重视。对于这类缺陷，应当及时向董事会和经理层报告，因此也称为“应报告情形”。

（3）一般缺陷。不构成重大缺陷和重要缺陷的财务报告内部控制缺陷，应认定为一般缺陷。

2. 非财务报告内部控制缺陷的认定标准

企业可以根据自身的实际情况，参照财务报告内部控制缺陷的认定标准，合理确定非财务报告内部控制缺陷的定量和定性认定标准。

（1）定量标准，即对事物进行数量测定和量化处理，既可以根据缺陷造成直接财产损失的绝对金额制定，又可以根据缺陷的直接损失占本企业资产、销售收入或利润等的比率确定。

（2）定性标准，可以根据缺陷潜在负面影响的性质、范围等因素确定。

非财务报告内部控制缺陷认定标准一经确定，必须在不同评价期间保持一致，不得随意变更。

3. 常见的内部控制重大缺陷情形

当有确凿证据表明企业在评价期末存在下列情形之一时，通常应认定为内部控制重大缺陷：企业财务报表已经或者很可能被注册会计师出具否定意见或者拒绝表示意见；企业审计委员会和内部审计机构未能有效发挥监督职能；企业董事、监事和高级管理人员已经或者涉嫌舞弊，或者企业员工存在串谋舞弊情形并给企业造成重要损失和不利影响；企业在财务会计、资产管理、资本运营、信息披露、产品质量、安全生产、环境保护等方面发生重大违法违规事件和责任事故，给企业造成重要损失和不利影响，或者遭受重大行政监管处罚。

上述控制缺陷如果对企业财务报表的真实可靠性产生影响，则为财务报告内部控制重大缺陷；如果不影响财务报告的真实可靠，则为非财务报告内部控制重大缺陷。

企业内部控制评价工作组应建立评价质量交叉复核制度，评价工作组负责人应当对评价工作底稿进行严格审核，并对所认定的评价结果进行签字确认后，提交企业内部控制评价部门。

对于认定的重大缺陷，还应及时采取应对策略，切实将风险控制在可承受范围之内，并追究有关机构或相关人员的责任。

（三）内部控制缺陷的报告和整改

企业内部控制评价部门应当编制内部控制缺陷认定汇总表，结合日常监督和专项监督过程中发现的内部控制缺陷及其持续改进情况，对内部控制缺陷及其成因、表现形式和影响程度进行综合分析和全面复核，提出认定意见，按照规定的权限和程序进行审核后予以最终认定。

1. 内部控制缺陷报告

内部控制缺陷报告应当采取书面形式。对于一般缺陷和重要缺陷，通常向企业经理层报告，并视情况考虑是否需要向董事会及其审计委员会、监事会报告；对于重大缺陷，应当及时向董事会及其审计委员会、监事会和经理层报告。如果出现不适合向经理层报告的情形，如存在与经理层舞弊相关的内部控制缺陷，或存在经理层凌驾于内部控制之上的情形等，应当直接向董事会及其审计委员会、监事会报告。企业应根据内部控制缺陷的影响程度合理确定内部控制缺陷报告的时限，一般缺陷、重要缺陷应定期报告，重大缺陷即时报告。

2. 内部控制缺陷整改

企业对于认定的内部控制缺陷，应当制订内部控制缺陷整改方案，按规定权限和程序审批后执行，即明确内部各管理层级和单位整改的职责分工，确保内部控制设计与运行的主要问题和重大风险得到及时解决和有效控制。对于认定的重大缺陷，还应及时采取应对策略，切实将风险控制在可承受范围之内，并追究有关机构或相关人员的责任。董事会应负责重大缺陷的整改，接受监事会的监督。经理层负责重要缺陷的整改，接受董事会的监督。内部有关单位负责一般缺陷的整改，接受经理层的监督。内部控制缺陷整改方案一般包括整改目标、内容、步骤、措施、方法和期限等，整改期限超过1年的，还应在整改方案中明确近期目标和远期目标以及对应的整改工作任务等。

三、内部控制评价工作底稿与报告

（一）内部控制评价工作底稿

根据《企业内部控制评价指引》第十一条规定，内部控制评价工作应当形成工作底稿，详细记录企业执行评价工作的内容，包括评价要素、主要风险点、采取的控制措施、有关证据资料以及认定结果等。评价工作底稿应当设计合理、证据充分、简便易行、便于操作，可以是通过一系列评价表格加以实现。一般来说，评价工作底稿包括业务流程评价表、控制要素评价表、内部控制评价汇总表三个层次。

企业应尽量按照统一的格式编制内部控制评价工作底稿，格式详见表 8-6 和表 8-7。

表 8-6　　上市公司董事对公司内部控制评价的工作底稿（非独立董事版本）

公司名称：　　　　　　　　　　　　　　　　　　　　内部控制评价报告年度：　　年

序号	内部控制评价勤勉尽责关注要点			说明
一	内控制度建设情况			
1	公司是否已经建立财务报告内部控制制度并形成书面文件	是	否	
2	公司的财务报告内部控制制度是否形成书面文件	是	否	
二	内部控制评价职能部门报告情况			
1	内部控制评价职能部门是否定期直接向董事会或其下设审计委员会等专业委员会报告内部控制检查、监督和评价工作情况	是	否	
2	本年度内部控制评价职能部门发现的问题有哪些			
3	内部控制评价职能部门对发现的问题是否提出过解决建议	是	否	
三	内控改进：截至评价报告编报之日，公司对内部控制评价职能部门发现的问题已采取的更正或改进措施有哪些			
四	公司是否聘请过中介机构协助本公司建立健全内部控制制度	是	否	
五	董事会在自我评价过程中发现的问题			
1	本年度，是否发现公司财务报告或相关信息存在不真实、不准确或不完整的情况	是	否	
2	本年度是否发生被相关部门或监管机构（如工商、税务、环保部门等）处罚的情况	是	否	
3	本年度公司是否发生因内控缺失而造成的重大资产损失	是	否	
4	公司是否存在由于高管舞弊而导致内部控制失效的情况	是	否	
5	董事会是否了解监事会在审议年度监事会工作报告中对公司内部控制的意见或建议	是	否	
6	董事会在自我评价过程中发现的其他问题			
六	对公司财务报告相关内部控制的总体评价意见			
七	在评价过程中，发现公司的非财务报告内部控制缺陷有			

董事签名：　　　　　日期：　　年　　月　　日

表 8-7　**上市公司独立董事对公司内部控制评价的工作底稿**

公司名称：　　　　　　　　　　　　　　　　　　　　　内部控制评价报告年度：　年

序号	独立董事对公司财务报告内部控制评价勤勉尽责关注要点			说明
一	董事会审议本年度年报前，独立董事是否与财务总监、财务部门负责人及报表编制人员进行过沟通	是	否	
二	在与上述人员进行沟通过程中，独立董事是否发现在编制年报时，公司存在对本年度内季报、半年报已披露内容进行调整的情况	是	否	
三	本年度独立董事是否就年报审计及财务报告内部控制审计与会计师事务所进行过沟通	是	否	
四	在与会计师事务所沟通过程中，独立董事是否发现在编制年报时，公司存在对本年内度季报、半年报已披露内容进行调整或更正的情况	是	否	
五	在与会计师事务所沟通过程中，独立董事知悉公司与财务报告相关的内部控制存在的问题有哪些			
六	本年度公司是否发生过对已披露财务信息进行更正或补充的情况。如有，请说明发生的次数和基本情况及其可能涉及的财务报告内部控制的缺陷（包括设计有效性和执行有效性）	是	否	
七	本年度是否存在对季报、半年报已披露内容进行调整的情况或发生过对已披露财务信息进行更正或补充的情况。如有，独立董事在内部控制方面提出解决措施有哪些	是	否	

独立董事签名：　　　　日期：　　年　　月　　日

（二）内部控制评价报告

内部控制评价报告是内部控制评价工作的主要组成部分，内部控制评价报告是董事会或类似权力机构以报告的形式对内部控制评价状况出具评价意见，并提供给相关信息使用者的一种书面文件。企业应当根据《企业内部控制基本规范》及其配套指引，设计内部控制评价报告的种类、格式和内容，按照规定的权限报经批准后对外报出。

评价指引专门对内部控制评价报告进行规范，要求企业在评价报告中至少应当披露下列内容：

（1）董事会对内部控制报告真实性的声明。声明董事会及全体董事对报告内容的真实性、准确性、完整性承担个别及连带责任，保证报告内容不存在任何虚假记载、误导性陈述或重大遗漏。

（2）内部控制评价工作的总体情况。明确企业内部控制评价工作的组织、领导体制、进度安排，是否聘请会计师事务所对内部控制有效性进行独立审计。

（3）内部控制评价的依据。说明企业开展内部控制评价工作所依据的法律法规和规章制度。

（4）内部控制评价的范围。描述内部控制评价所涵盖的被评价单位，以及纳入评价范围的业务事项，及重点关注的高风险领域。内部控制评价的范围如有所遗漏的，应说明原因，及其对内部控制评价报告真实完整性产生的重大影响等。

（5）内部控制评价的程序和方法。描述内部控制评价工作遵循的基本流程，以及评价过程中采用的主要方法。

（6）内部控制缺陷及其认定情况。描述适用本企业的内部控制缺陷具体认定标准，并声明与以前年度保持一致或做出的调整及相应原因；根据内部控制缺陷认定标准，确定评价期末存在的重大缺陷、重要缺陷和一般缺陷。

(7) 内部控制缺陷的整改情况及重大缺陷拟采取的整改措施。对于评价期间发现、期末已完成整改的重大缺陷，说明企业有足够的测试样本显示，与该重大缺陷相关的内部控制设计且运行有效。针对评价期末存在的内部控制缺陷，公司拟采取的整改措施及预期效果。

(8) 内部控制有效性的结论。对不存在重大缺陷的情形，出具评价期末内部控制有效结论；对存在重大缺陷的情形，不得作出内部控制有效的结论，并需描述该重大缺陷的性质及其对实现相关控制目标的影响程度，可能给公司未来生产经营带来相关风险。自内部控制评价报告基准日至内部控制评价报告发出日之间发生重大缺陷的，企业须责成内部控制评价机构予以核实，并根据核查结果对评价结论进行相应调整，说明董事会拟采取的措施。

企业应尽量按照统一的格式编制内部控制评价报告，以满足外部信息使用者对内部控制信息可比性的要求。内部控制评级报告的基本格式如下：

××股份有限公司 20××年度内部控制评价报告

××股份有限公司全体股东：

根据《企业内部控制基本规范》等法律法规的要求，我们对本公司（下称“公司”）内部控制的有效性进行了自我评价。

一、董事会声明

公司董事会及全体董事保证本报告内容不存在任何虚假记载、误导性陈述或重大遗漏，并对报告内容的真实性、准确性和完整性承担个别及连带责任。

建立健全并有效实施内部控制是公司董事会的责任；监事会对董事会建立与实施内部控制进行监督；经理层负责组织领导公司内部控制的日常运行。

公司内部控制的目标是：〔一般包括合理保证经营合法合规、资产安全、财务报告及相关信息真实完整，提高经营效率和效果，促进实现发展战略〕。由于内部控制存在固有局限性，故仅能对达到上述目标提供合理保证。

二、内部控制评价工作的总体情况

公司董事会授权内部审计机构〔或其他专门机构〕负责内部控制评价的具体组织实施工作，对纳入评价范围的高风险领域和单位进行评价〔描述评价工作的组织领导体制，一般包括评价工作组织结构图、主要负责人及汇报途径等〕。

公司〔是／否〕聘请了专业机构〔中介机构名称〕实施内部控制评价，并编制内部控制评价报告；公司〔是／否〕聘请会计师事务所〔会计师事务所名称〕对公司内部控制有效性进行独立审计。

三、内部控制评价的依据

本评价报告旨在根据中华人民共和国财政部等五部委联合发布的《企业内部控制基本规范》（以下简称“基本规范”）及《企业内部控制评价指引》（以下简称“评价指引”）的要求，结合企业内部控制制度和评价办法，在内部控制日常监督和专项监督的基础上，对公司截至２０××年１２月３１日内部控制的设计与运行的有效性进行评价。

四、内部控制评价的范围

内部控制评价的范围涵盖了公司及其所属单位的各种业务和事项，重点关注下列高风险领域：〔列示公司根据风险评估结果确定的前“十大”主要风险〕。纳入评价范围的单位包括：〔描述公司及其所属单位的明确范围〕。纳入评价范围的业务和事项包括（根据实际情况充实调整）：（一）组织架构；（二）发展战略；（三）人力资源；（四）社会责任；（五）企业文化；（六）资金活动；（七）采购业务；（八）资产管理；（九）销售业务；（十）研究与开发；（十一）工程项目；（十二）担保业务；（十三）业务外包；（十四）财务报告；（十五）全面预算；（十六）合同管理；（十七）内部信息传递；（十八）信息系统。上述业务和事项的内部控制涵盖了公司经营管理的主要方面，不存在重大遗漏。

（如存在重大遗漏）公司本年度未能对以下构成内部控制重要方面的单位或业务（事项）进行内部控制评价：〔逐条说明未纳入评价范围的重要单位或业务（事项），包括单位或业务（事项）描述、未纳入的原因、对内部控制评价报告真实完整性产生的重大影响等〕。

五、内部控制评价的程序和方法

内部控制评价工作严格遵循基本规范、评价指引及公司内部控制评价办法规定的程序执行：〔描述公司开展内部控制检查评价工作的基本流程〕。

评价过程中，我们采用了（个别访谈、调查问题、专题讨论、穿行测试、实地查验、抽样和比较分析法）等适当方法，广泛收集公司内部控制设计和运行是否有效的证据，如实填写评价工作底稿，分析、识别内部控制缺陷〔说明评价方法的适当性及证据的充分性〕。

六、内部控制缺陷及其认定

公司董事会根据基本规范、评价指引对重大缺陷、重要缺陷和一般缺陷的认定要求，结合公司规模、行业特征、风险水平等因素，研究确定了适用本公司的内部控制缺陷具体认定标准，并与以前年度保持了一致〔描述公司内部控制缺陷的定性及定量标准〕，或作出了调整〔描述具体调整标准及原因〕。

根据上述认定标准，结合日常监督和专项监督情况，我们发现报告期内存在〔数量〕个缺陷，其中重大缺陷〔数量〕个，重要缺陷〔数量〕个。重大缺陷分别为：〔对重大缺陷进行描述，并说明其对实现相关控制目标的影响程度〕。

七、内部控制缺陷的整改情况

针对报告期内发现的内部控制缺陷（含上一期间未完成整改的内部控制缺陷），公司采取了相应的整改措施〔描述整改措施的具体内容和实际效果〕。对于整改完成的重大缺陷，公司有足够的测试样本显示，与重大缺陷〔描述该重大缺陷〕相关的内部控制设计且运行有效（运行有效的结论需提供90天内有效运行的证据）。

经过整改，公司在报告期末仍存在〔数量〕个缺陷，其中重大缺陷〔数量〕个，重要缺陷〔数量〕个。重大缺陷分别为：〔对重大缺陷进行描述〕。

针对报告期末未完成整改的重大缺陷，公司拟进一步采取相应措施加以整改〔描述整改措施的具体内容及预期达到的效果〕。

八、内部控制有效性的结论

公司已经根据基本规范、评价指引及其他相关法律法规的要求，对公司截至20××年

12 月 31 日的内部控制设计与运行的有效性进行了自我评价。

（存在重大缺陷的情形）报告期内，公司在内部控制设计与运行方面存在尚未完成整改的重大缺陷〔描述该缺陷的性质及其对实现相关控制目标的影响程度〕。由于存在上述缺陷，可能会给公司未来生产经营带来相关风险〔描述该风险〕。

（不存在重大缺陷的情形）报告期内，公司对纳入评价范围的业务与事项均已建立了内部控制，并得以有效执行，达到了公司内部控制的目标，不存在重大缺陷。

自内部控制评价报告基准日至内部控制评价报告发出日之间〔是／否〕发生对评价结论产生实质性影响的内部控制的重大变化。〔如存在，描述该事项对评价结论的影响及董事会拟采取的应对措施〕。

我们注意到，内部控制应当与公司经营规模、业务范围、竞争状况和风险水平等相适应，并随着情况的变化及时加以调整。〔简要描述下一年度内部控制工作计划〕未来期间，公司将继续完善内部控制制度，规范内部控制制度执行，强化内部控制监督检查，促进公司健康、可持续发展。

董事长：（签名）××

××股份有限公司

20××年××月××日

【案例 8-7】

亚星化学 2014 年度内部控制评价报告

潍坊亚星化学股份有限公司全体股东：

根据《企业内部控制基本规范》及其配套指引的规定和其他内部控制监管要求（以下简称企业内部控制规范体系），结合本公司（以下简称公司）内部控制制度和评价办法，在内部控制日常监督和专项监督的基础上，我们对公司 2014 年 12 月 31 日（内部控制评价报告基准日）的内部控制有效性进行了评价。

一、重要声明

按照企业内部控制规范体系的规定，建立健全和有效实施内部控制，评价其有效性，并如实披露内部控制评价报告是公司董事会的责任。监事会对董事会建立和实施内部控制进行监督。经理层负责组织领导企业内部控制的日常运行。公司董事会、监事会及董事、监事、高级管理人员保证本报告内容不存在任何虚假记载、误导性陈述或重大遗漏，并对报告内容的真实性、准确性和完整性承担个别及连带法律责任。

公司内部控制的目标是合理保证经营管理合法合规、资产安全、财务报告及相关信息真实完整，提高经营效率和效果，促进实现发展战略。由于内部控制存在的固有局限性，故仅能为实现上述目标提供合理保证。此外，由于情况的变化可能导致内部控制变得不恰当，或对控制政策和程序遵循的程度降低，根据内部控制评价结果推测未来内部控制的有效性具有一定的风险。

二、内部控制评价结论

根据公司财务报告内部控制重大缺陷的认定情况，于内部控制评价报告基准日，不存在财务报告内部控制重大缺陷，董事会认为，公司已按照企业内部控制规范体系和相关规定的要求在所有重大方面保持了有效的财务报告内部控制。

根据公司非财务报告内部控制重大缺陷认定情况，于内部控制评价报告基准日，公司不存在非财务报告内部控制重大缺陷。

自内部控制评价报告基准日至内部控制评价报告发出日之间未发生影响内部控制有效性评价结论的因素。

三、内部控制评价工作情况

（一）内部控制评价范围

公司按照风险导向原则确定纳入评价范围的主要单位、业务和事项以及高风险领域。纳入评价范围的主要单位包括：潍坊亚星化学股份有限公司本部及控股子公司潍坊亚星湖石化工有限公司，纳入评价范围单位的资产总额占公司合并财务报表资产总额的100%，营业收入合计占公司合并财务报表营业收入总额的100%。纳入评价范围的主要业务和事项包括：内部环境、组织架构、发展战略、人力资源、社会责任、企业文化、资金活动、采购业务、资产管理、销售业务、研究与开发、工程项目、担保业务、财务报告、全面预算、合同管理、内部信息传递、信息系统。

重点关注的高风险领域主要包括：资金短缺风险、安全事故发生风险、宏观经济及政策风险、环保风险、海外经济风险、战略执行风险、产品质量风险、核心人才流失风险、技术进步风险、竞争风险等重要风险领域。

上述纳入评价范围的单位、业务和事项以及高风险领域涵盖了公司经营管理的主要方面，不存在重大遗漏。

（二）内部控制评价工作依据及内部控制缺陷认定标准

公司依据企业内部控制规范体系及《亚星化学内部控制评价手册》组织开展内部控制评价工作。

公司董事会根据企业内部控制规范体系对重大缺陷、重要缺陷和一般缺陷的认定要求，结合公司规模、行业特征、风险偏好和风险承受范围等因素，区分财务报告内部控制和非财务报告内部控制，研究确定了适用于本公司的内部控制缺陷具体认定标准。公司确定的内部控制缺陷认定标准如下：

1.财务报告内部控制缺陷认定标准

公司确定的财务报告内部控制缺陷评价的定量标准见表8-8。

表8-8　**财务报告内部控制缺陷评价的定量标准**

缺陷等级	收入总额潜在错报
重大缺陷	收入总额的0.25%≤错报
重要缺陷	收入总额的0.25%~5%≤错报＜收入总额的0.25%
一般缺陷	错报＜收入总额的0.25%~5%

公司确定的财务报告内部控制缺陷评价的定性标准如下。

重大缺陷的迹象包括：公司董事、监事和高级管理人员的舞弊行为；公司更正已公布的财务报告（更正由于舞弊或者错误导致的重大错报）；注册会计师发现的却未被公司内部控制识别的当期财务报告中的重大错报；审计委员会和审计监察处对公司的对外财务报告和财务报告内部控制监督无效。

重要缺陷的迹象包括：未依照公认会计准则选择和应用会计政策、未建立反舞弊程序和控制措施；对于非常规或特殊交易的账务处理没有建立相应的控制机制或没有实施且没有相应的补偿性控制；对于期末财务报告过程的控制存在一项或多项缺陷且不能合理保证编制的财务报表达到真实、完整的目标。

一般缺陷是指除上述重大缺陷、重要缺陷之外的其他控制缺陷。

2. 非财务报告内部控制缺陷认定标准

公司确定的非财务报告内部控制缺陷评价的定量标准见表8-9。

表8-9　非财务报告内部控制缺陷评价的定量标准

缺陷等级	直接财产损失	潜在负面影响
重大缺陷	400万元（含）以上	关于企业安全、环保、社会责任、经营状况等的负面消息流传于全国各地，被政府或监管机构专项调查，引起公众媒体连续专题报道，企业因此出现资金借贷困难和回收资产被质押、大量索偿等不利事件
重要缺陷	40万元（含）~400万元	关于企业安全、环保、社会责任、经营状况等的负面消息被全国性媒体持续报道3次以上，受到行业或监管机构关注、调查，在行业范围内造成较大不良影响
一般缺陷	40万元以下	关于企业安全、环保、社会责任、经营状况等的负面消息被全国性媒体持续报道2次以下，政府部门要求报告，对企业声誉造成一定不良影响

公司确定的非财务报告内部控制缺陷评价的定性标准如下。

出现以下情形的，认定为重大缺陷：公司违反国家法律、法规并受到重大处罚；公司重要业务缺乏制度控制或制度系统性失效；公司内部控制重大或重要缺陷未得到有效整改；公司遭受证监会行政处罚或证券交易所公开谴责；公司缺乏民主决策程序；公司决策程序不当导致重大失误；公司高级管理人员和高级技术人员流失严重。

出现以下情形的，认定为重要缺陷：公司违反国家法律、法规并受到较大处罚；公司重要业务制度或系统存在缺陷；公司内部控制重要缺陷未得到及时整改；公司遭受证券交易所通报批评；公司民主决策程序存在但不够完善；公司决策程序不当导致出现一般失误；公司关键岗位业务人员流失严重。

一般缺陷是指除上述重大缺陷、重要缺陷之外的其他控制缺陷。

（三）内部控制缺陷认定及整改情况

根据上述财务报告内部控制缺陷的认定标准，报告期内公司不存在财务报告内部控制重大缺陷、重要缺陷。

四、其他内部控制相关重大事项说明

公司无其他内部控制相关重大事项说明。

董事长（已经董事会授权）：孙树声

潍坊亚星化学股份有限公司

二〇一五年三月二十日

然而，瑞华事务所审计对潍坊亚星化学股份有限公司（简称“亚星化学”）出具了带强调事项段的无保留意见内部控制审计报告。注册会计师提醒内部控制审计报告使用者关注，亚星化学研发中心大楼的建筑物和土地使用权存在不同属问题。

思考题：

（1）评述2014年度亚星化学内部控制评价报告的完整性。

（2）评价亚星化学内部控制体系的建设和运行情况。

四、内部控制审计

（一）内部控制审计概述

《企业内部控制审计指引》旨在为注册会计师执行企业内部控制审计业务提供专业规范和指导。随着我国法律法规对上市公司和金融机构内部控制建设提出新要求，聘请注册会计师对企业内部控制进行审计成为保证内部控制有效性的关键环节。《企业内部控制基本规范》第10条规定，接受企业委托从事内部控制审计的会计师事务所，应当根据本规范及其配套办法和相关执业准则，对企业内部控制的有效性进行审计，出具审计报告。会计师事务所及其签字的从业人员应当对发表的内部控制审计意见负责。为企业内部控制提供咨询的会计师事务所，不得同时为同一企业提供内部控制审计服务。

内部控制审计是指会计师事务所接受委托，对企业特定基准日内部控制设计与运行的有效性进行审计。建立健全和有效实施内部控制，评价内部控制的有效性是企业董事会的责任。按照《企业内部控制审计指引》的要求，在实施审计工作的基础上对内部控制的有效性发表审计意见是注册会计师的责任。注册会计师执行内部控制审计工作，应当获取充分、适当的证据，为发表内部控制审计意见提供合理保证。注册会计师应当对财务报告内部控制的有效性发表审计意见，并对内部控制审计过程中注意到的非财务报告内部控制的重大缺陷，在内部控制审计报告中增加“非财务报告内部控制重大缺陷描述段”予以披露。

注册会计师可以单独进行内部控制审计，也可将内部控制审计与财务报表审计整合进行（以下简称整合审计）。在整合审计中，注册会计师应当对内部控制设计和运行的有效性进行测试，以同时实现下列目标：

（1）获取充分、适当的证据，支持其在内部控制审计中对内部控制的有效性发表的意见。

（2）获取充分、适当的证据，支持其在财务报表审计中对控制的风险评估结果。

内部控制审计是注册会计师依据《企业内部控制审计指引》执行的审计，其与注册会计师依据《中国注册会计师执业准则》执行的财务报告审计有什么联系和区别呢？

1. 内部控制审计与财务报告审计的联系

内部控制审计和财务报告审计存在着许多方面的联系，具体如下：

（1）二者的最终目的具有一致性。虽然二者各有侧重，但最终目的都是为了提高财务信息质量，提高财务报告的可靠性，为利益相关者提供高质量的信息。

（2）二者采用相同的审计理念，都以风险导向审计为指导，注册会计师首先要实施风险评估程序，识别和评估重大内部控制缺陷或错报风险，在此基础上，有针对性地采取应对措施，实施相应的审计程序。

（3）二者都需要了解和测试内部控制，并且对内部控制有效性的定义和评价方法相同，都可能用到询问、检查、观察、穿行测试、重新执行等审计程序。

（4）二者都需要识别重点账户、重要交易类别等重点审计领域。注册会计师在财务报告审计中，需要评价这些重点账户和重要交易类别是否存在重大错报；在内部控制审计中，需要评价这些账户和交易是否被内部控制所覆盖。

（5）二者确定的重要性水平相同。注册会计师在财务报告审计中确定重要性水平，旨在检查财务报告中是否存在重大错报；在财务报告内部控制审计中确定重要性水平，旨在检查财务报告内部控制是否存在重大缺陷。由于审计对象、判断标准相同，因此，二者在审计中确定的重要性水平相同。

2. 内部控制审计与财务报告审计的区别

尽管内部控制审计和财务报告审计存在多方面的联系，但是它们之间又有明显的区别，具体如下：

（1）对内部控制了解和测试的目的不同。注册会计师在财务报告审计中评价内部控制的目的，是为了判断是否可以相应减少实质性程序的工作量以及支持财务报告的审计意见类型；在内部控制审计中，评价内部控制的目的则是为了对内部控制本身的有效性发表审计意见。

（2）内部控制测试范围存在区别。注册会计师在财务报告审计中，根据成本效益原则，可能采取不同的审计策略。对于某些审计领域，可以绕过内部控制测试程序进行审计，而在内部控制审计中，注册会计师则不能绕过内部控制审计程序进行审计。注册会计师应当针对每一审计领域获取控制有效性的证据，以便对内部控制整体的有效性发表意见。

（3）内部控制测试结果所要达到的可靠程度不完全相同。在财务报告审计中，对控制测试的可靠性要求相对较低，注册会计师测试的样本量也有一定的弹性，在内部控制审计中，注册会计师则需要获取内部控制有效性的高度保证，因此，对内部控制测试的可靠性要求较高，样本量选择相对弹性较小。

（4）两者对控制缺陷的评价不同。在财务报告审计中，注册会计师仅需要将审计过程中识别出的内部控制缺陷区分为值得关注的内部控制缺陷和一般缺陷，而在内部控制审计中，注册会计师需要对内部控制缺陷进行严格的评估，将值得关注的内部控制缺陷进一步区分为重大缺陷和重要缺陷，重大缺陷影响审计意见的类型。

（5）审计报告的内容不同。在财务报告审计中，注册会计师一般不对外报告内部控制的情况，除非内部控制影响到对财务报告发表的审计意见。在内部控制审计中，注册会计师应报告内部控制的有效性。

（二）内部控制审计报告的基本内容

注册会计师在完成内部控制审计工作后，应当出具内部控制审计报告，并将已经审计的管理层对内部控制评价的评估报告附于审计报告之后。注册会计师在审计报告中清楚地表达对财务报告内部控制的意见，并对出具的审计报告负责。标准内部控制审计报告应当包括下列要素：

1. 标题

审计报告的标题应当统一规范为“内部控制审计报告”。

2. 收件人

审计报告的收件人是指注册会计师按照业务约定书的要求致送审计报告的对象，一般是指审计业务的委托人。审计报告应当载明收件人的全称。

3. 引言段

审计报告的引言段应当说明企业的名称和内部控制已经审计，并包括下列内容：

（1）指出内部控制鉴证依据的控制标准；

（2）提及管理层对内部控制的评估报告；

（3）指明内部控制的评估截止日期。

4. 企业对内部控制的责任段

企业对内部控制的责任段应当说明，按照《企业内部控制基本规范》《企业内部控制应用指引》《企业内部控制评价指引》的规定，建立健全和有效实施内部控制，并评价其有效性是企业董事会的责任。

5. 注册会计师的责任段

注册会计师的责任段应当说明我们的责任是在实施审计工作的基础上，对财务报告内部控制的有效性发表审计意见，并对注意到的非财务报告内部控制的重大缺陷进行披露。

6. 内部控制的固有局限性的说明段

内部控制的固有局限性的说明段应当说明，内部控制具有固有局限性，存在不能防止和发现错报的可能性。此外，由于情况的变化可能导致内部控制变得不恰当，或对控制政策和程序遵循的程度降低，根据内部控制审计结果推测未来内部控制的有效性具有一定风险。

7. 财务报告内部控制审计意见段

财务报告内部控制审计意见段应当说明，被审计单位是否按照《企业内部控制基本规范》和相关规定在所有重大方面保持了有效的财务报告内部控制。

8. 非财务报告内部控制重大缺陷描述段

该段落应当说明在内部控制审计过程中，注意到××公司的非财务报告内部控制存在重大缺陷［描述该缺陷的性质及其对实现相关控制目标的影响程度］。由于存在上述重大缺陷，提醒本报告使用者注意相关风险。需要指出的是，由于并不对××公司的非财务报告内部控制发表意见或提供保证，本段内容不影响对财务报告内部控制有效性发表的审计意见。

9. 注册会计师的签名和盖章

审计报告应当由注册会计师签名并盖章。

10. 会计师事务所的名称、地址及盖章

审计报告应当载明会计师事务所的名称和地址，并加盖会计师事务所公章。

11. 报告日期

审计报告应当注明报告日期。报告的日期不应早于注册会计师获取充分、适当的证据（包括管理层认可对内部控制及评估报告的责任且已批准评估报告的证据），并在此基础上对内部控制形成审计意见的日期。

（三）内部控制审计报告的类型

注册会计师根据已获得的证据认定内部控制缺陷，以此表达对财务报告内部控制有效性的意见。内部控制审计有无保留意见、带强调事项段的无保留意见、否定意见、无法表示意见四种意见类型。

1. 标准无保留意见的内部控制审计报告

符合下列所有条件的，注册会计师应当对财务报告内部控制出具无保留意见的内部控制审计报告：

（1）企业按照《企业内部控制基本规范》《企业内部控制应用指引》《企业内部控制评价指引》以及企业自身内部控制制度的要求，在所有重大方面保持了有效的内部控制；

（2）注册会计师已经按照《企业内部控制审计指引》的要求计划和实施审计工作，在审计过程中未受到限制。

在出具无保留意见的审计报告时，注册会计师应当以“我们认为”作为意见段的开头，并使用“在所有重大方面”“保持了有效的内部控制”等术语。

无保留意见的内部控制审计报告参考格式如下：

内部控制审计报告

××股份有限公司全体股东：

按照《企业内部控制审计指引》及中国注册会计师执业准则的相关要求，我们审计了××股份有限公司（以下简称××公司）××年×月×日的财务报告内部控制的有效性。

一、企业对内部控制的责任

按照《企业内部控制基本规范》《企业内部控制应用指引》《企业内部控制评价指引》的规定，建立健全和有效实施内部控制，并评价其有效性是企业董事会的责任。

二、注册会计师的责任

我们的责任是在实施审计工作的基础上，对财务报告内部控制的有效性发表审计意见，并对注意到的非财务报告内部控制的重大缺陷进行披露。

三、内部控制的固有局限性

内部控制具有固有局限性，存在不能防止和发现错报的可能性。此外，由于情况的变化可能导致内部控制变得不恰当，或对控制政策和程序遵循的程度降低，根据内部控制审计结果推测未来内部控制的有效性具有一定风险。

四、财务报告内部控制审计意见

我们认为，××公司按照《企业内部控制基本规范》和相关规定在所有重大方面保持了有效的财务报告内部控制。

五、非财务报告内部控制的重大缺陷

在内部控制审计过程中，我们注意到××公司的非财务报告内部控制存在重大缺陷[描述该缺陷的性质及其对实现相关控制目标的影响程度]。由于存在上述重大缺陷，我们提醒本报告使用者注意相关风险。需要指出的是，我们并不对××公司的非财务报告内部控制发表意见或提供保证。本段内容不影响对财务报告内部控制有效性发表的审计意见。

××会计师事务所　　　　中国注册会计师：×××（签名并盖章）

（盖章）　　　　中国注册会计师：×××（签名并盖章）

中国××市　　　　二〇××年×月×日

2. 带强调事项段的无保留意见内部控制审计报告

注册会计师认为财务报告内部控制虽不存在重大缺陷，审计范围也未受到限制，但仍有一项或者多项重大事项需要提请内部控制审计报告使用者注意的，则需要在内部控制无保留意见审计报告中增加强调事项段予以说明。

注册会计师应当在强调事项段中指明，该段内容仅用于提醒内部控制审计报告使用者关注，并不影响对财务报告内部控制发表的审计意见。

带强调事项段的无保留意见内部控制审计报告参考格式如下：

内部控制审计报告

××股份有限公司全体股东：

按照《企业内部控制审计指引》及中国注册会计师执业准则的相关要求，我们审计了××股份有限公司（以下简称××公司）××年×月×日的财务报告内部控制的有效性。

［“一、企业对内部控制的责任”至“五、非财务报告内部控制的重大缺陷”参见标准内部控制审计报告相关段落表述。］

六、强调事项

我们提醒内部控制审计报告使用者关注（描述强调事项的性质及其对内部控制的重大影响），本段内容不影响已对财务报告内部控制发表的审计意见。

【案例 8-8】

带强调事项段的无保留意见审计报告——深中华 A2015 年度内部控制审计报告

深圳中华自行车（集团）股份有限公司全体股东：

按照《企业内部控制审计指引》及中国注册会计师执业准则的相关要求，我们审计了深圳中华自行车（集团）股份有限公司（以下简称“中华自行车公司”）2015 年 12 月 31 日的财务报告内部控制的有效性。

一、公司对内部控制的责任

按照《企业内部控制基本规范》《企业内部控制应用指引》《企业内部控制评价指引》的规定，建立健全和有效实施内部控制，并评价其有效性是中华自行车公司董事会的责任。

二、注册会计师的责任

我们的责任是在实施审计工作的基础上，对财务报告内部控制的有效性发表审计意见，并对注意到的非财务报告内部控制的重大缺陷进行披露。

三、内部控制的固有局限性

内部控制具有固有局限性，存在不能防止和发现错报的可能性。此外，由于情况的变化可能导致内部控制变得不恰当，或对控制政策和程序遵循的程度降低，根据内部控制审计结果推测未来内部控制的有效性具有一定风险。

四、财务报告内部控制审计意见

我们认为，深圳中华自行车（集团）股份有限公司于 2015 年 12 月 31 日按照《企业内部控制基本规范》和相关规定在所有重大方面保持了有效的财务报告内部控制。

五、强调事项

我们提醒内部控制审计报告使用者关注，截至审计报告日，深圳中华自行车（集团）股份有限公司尚未引入重组方，其营业收入全部来自于子公司的自行车业务，盈利能力微薄，因此，自行车公司的持续经营能力存在不确定性。

瑞华会计师事务所　　中国注册会计师：李泽浩
（特殊普通合伙）　　中国注册会计师：任玮星
中国北京　　二〇一六年四月二十二日

思考题：

（1）企业财务报告内部控制审计报告的审计意见类型有哪些？各自适用条件是什么？

（2）注册会计师对深中华 A 出具带强调事项段的无保留意见的原因是什么？

3. 否定意见内部控制审计报告

注册会计师认为财务报告内部控制存在一项或多项重大缺陷的，除非审计范围受到限制，应当对财务报告内部控制发表否定意见。注册会计师出具否定意见的内部控制审计报告，还应当包括下列内容：（1）重大缺陷的定义；（2）重大缺陷的性质及其对财务报告内部控制的影响程度。

否定意见内部控制审计报告参考格式如下：

内部控制审计报告

××股份有限公司全体股东：

按照《企业内部控制审计指引》及中国注册会计师执业准则的相关要求，我们审计了××股份有限公司（以下简称××公司）××年×月×日的财务报告内部控制的有效性。

[“一、企业对内部控制的责任”至“三、内部控制的固有局限性”参见标准内部控制审计报告相关段落表述。]

四、导致否定意见的事项

重大缺陷，是指一个或多个控制缺陷的组合，可能导致企业严重偏离控制目标。

[指出注册会计师已识别出的重大缺陷，并说明重大缺陷的性质及其对财务报告内部控制的影响程度。]

有效的内部控制能够为财务报告及相关信息的真实完整提供合理保证，而上述重大缺陷使××公司内部控制失去这一功能。

五、财务报告内部控制审计意见

我们认为，由于存在上述重大缺陷及其对实现控制目标的影响，××公司未能按照《企业内部控制基本规范》和相关规定在所有重大方面保持有效的财务报告内部控制。

六、非财务报告内部控制的重大缺陷

[参见标准内部控制审计报告相关段落表述。]

××会计师事务所　　　　中国注册会计师：×××（签名并盖章）

（盖章）　　　　中国注册会计师：×××（签名并盖章）

中国××市　　　　二〇××年×月×日

【案例 8-9】

否定意见审计报告——禾嘉股份 2015 年度内部控制审计报告

四川禾嘉股份有限公司全体股东：

按照《企业内部控制审计指引》及中国注册会计师执业准则的相关要求，我们审计了四川禾嘉股份有限公司（以下简称“禾嘉股份公司”）2015 年 12 月 31 日的财务报告内部控制的有效性。

一、企业对内部控制的责任

按照《企业内部控制基本规范》《企业内部控制应用指引》《企业内部控制评价指引》的规定，建立健全和有效实施内部控制，并评价其有效性是禾嘉股份公司董事会的责任。

二、注册会计师的责任

我们的责任是在实施审计工作的基础上，对财务报告内部控制的有效性发表审计意见，并对注意到的非财务报告内部控制的重大缺陷进行披露。

三、内部控制的固有局限性

内部控制具有固有局限性，存在不能防止和发现错报的可能性。此外，由于情况的变化可能导致内部控制变得不恰当，或对控制政策和程序遵循的程度降低，根据内部控制审计结果推测未来内部控制的有效性具有一定风险。

四、导致否定意见的事项

重大缺陷是内部控制中存在的、可能导致不能及时防止或发现并纠正财务报表出现重大错报的一项控制缺陷或多项控制缺陷的组合。

公司关联交易管理中对主动识别、获取及确认关联方信息的控制制度未得到有效执行，导致公司控股子公司云南滇中供应链管理有限公司及深圳滇中商业保理有限公司发生以下关联方交易未被及时识别，未履行相关的审批和披露事宜：

1.2015 年度控股子公司云南滇中供应链管理有限公司对贵州图南矿业（集团）有限公司下属煤矿企业、云南工投集团动力配煤股份有限公司下属煤矿企业发生关联交易额 162 029.74 万元；

2. 控股子公司深圳滇中商业保理有限公司对云南九天投资控股集团有限公司、云南工投集团动力配煤股份有限公司发生关联交易额 244 522.42 万元。

上述内部控制缺陷，影响财务报表中关联方及关联方交易完整性和披露准确性，与之相关财务报告内部控制未得到有效执行。

有效的内部控制能够为财务报告及相关信息的真实完整提供合理保证，而上述重大缺陷使禾嘉股份公司内部控制失去这一功能。

禾嘉股份公司管理层已识别出上述重大缺陷，并将其包含在企业内部控制评价报告中。上述缺陷在所有重大方面得到公允反映。在禾嘉股份公司 2015 年财务报表审计中，我们已经考虑了上述重大缺陷对审计程序的性质、时间安排和范围的影响。本报告并未对我们在 2016 年 4 月 22 日对禾嘉股份公司 2015 年财务报表出具的审计报告产生影响。

五、财务报告内部控制审计意见

我们认为，由于存在上述重大缺陷及其对实现控制目标的影响，禾嘉股份公司于 2015 年 12 月 31 日未能按照《企业内部控制基本规范》和相关规定在所有重大方面保持有效的财务报告内部控制。

北京天圆全会计师事务所	中国注册会计师：魏强
（特殊普通合伙）	中国注册会计师：高丽华
中国·北京	二〇一六年四月二十二日

思考题：

（1）注册会计师对禾嘉股份出具否定意见的依据是什么？

（2）分析禾嘉股份内部控制缺陷的主要原因。

（3）针对禾嘉股份内部控制缺陷，应采取哪些应对措施？

4. 无法表示意见内部控制审计报告

当因审计范围受到限制而无法表示意见时，注册会计师应当在审计报告中说明工作范围不足以为发表意见提供保证，并用单独的一段或几段说明无法表示意见的实质性理由。注册会计师不应指明所执行的程序，也不应描述内部控制审计的特征，否则可能造成审计报告使用者对无法表示意见的误解。注册会计师在已执行的有限程序中发现财务报告内部控制存在重大缺陷的，应当在内部控制审计报告中对重大缺陷做出详细说明。

注册会计师只有实施了必要的审计程序，才能对内部控制的有效性发表意见。注册会计师审计范围受到限制的，需要解除业务约定或出具无法表示意见的内部控制审计报告，并就审计范围受到限制的情况，以书面形式与董事会进行沟通。

无法表示意见内部控制审计报告参考格式如下：

内部控制审计报告

××股份有限公司全体股东：

我们接受委托，对××股份有限公司（以下简称××公司）20××年×月×日的财务报告内部控制进行审计。

[删除注册会计师的责任段，“一、企业对内部控制的责任”和“二、内部控制的固有局限性”参见标准内部控制审计报告相关段落表述。]

三、导致无法表示意见的事项

[描述审计范围受到限制的具体情况。]

四、财务报告内部控制审计意见

由于审计范围受到上述限制，我们未能实施必要的审计程序以获取发表意见所需的充分、适当证据，因此，我们无法对××公司财务报告内部控制的有效性发表意见。

五、识别的财务报告内部控制重大缺陷（如在审计范围受到限制前，执行有限程序未能识别出重大缺陷，则应删除本段）

重大缺陷，是指一个或多个控制缺陷的组合，可能导致企业严重偏离控制目标。

尽管我们无法对××公司财务报告内部控制的有效性发表意见，但在我们实施的有限程序的过程中，发现了以下重大缺陷：

[指出注册会计师已识别出的重大缺陷，并说明重大缺陷的性质及其对财务报告内部控制的影响程度。]

有效的内部控制能够为财务报告及相关信息的真实完整提供合理保证，而上述重大缺陷使××公司内部控制失去这一功能。

六、非财务报告内部控制的重大缺陷

[参见标准内部控制审计报告相关段落表述。]

××会计师事务所　　　　中国注册会计师：×××（签名并盖章）

（盖章）　　　　中国注册会计师：×××（签名并盖章）

中国××市　　　　二〇××年×月×日

附录一

企业内部控制基本规范

第一章 总 则

第一条 为了加强和规范企业内部控制，提高企业经营管理水平和风险防范能力，促进企业可持续发展，维护社会主义市场经济秩序和社会公众利益，根据《中华人民共和国公司法》《中华人民共和国证券法》《中华人民共和国会计法》和其他有关法律法规，制定本规范。

第二条 本规范适用于中华人民共和国境内设立的大中型企业。

小企业和其他单位可以参照本规范建立与实施内部控制。

大中型企业和小企业的划分标准根据国家有关规定执行。

第三条 本规范所称内部控制，是由企业董事会、监事会、经理层和全体员工实施的、旨在实现控制目标的过程。

内部控制的目标是合理保证企业经营管理合法合规、资产安全、财务报告及相关信息真实完整，提高经营效率和效果，促进企业实现发展战略。

第四条 企业建立与实施内部控制，应当遵循下列原则：

（一）全面性原则。内部控制应当贯穿决策、执行和监督全过程，覆盖企业及其所属单位的各种业务和事项。

（二）重要性原则。内部控制应当在全面控制的基础上，关注重要业务事项和高风险领域。

（三）制衡性原则。内部控制应当在治理结构、机构设置及权责分配、业务流程等方面形成相互制约、相互监督，同时兼顾运营效率。

（四）适应性原则。内部控制应当与企业经营规模、业务范围、竞争状况和风险水平等相适应，并随着情况的变化及时加以调整。

（五）成本效益原则。内部控制应当权衡实施成本与预期效益，以适当的成本实现有效控制。

第五条 企业建立与实施有效的内部控制，应当包括下列要素：

（一）内部环境。内部环境是企业实施内部控制的基础，一般包括治理结构、机构设置及权责分配、内部审计、人力资源政策、企业文化等。

（二）风险评估。风险评估是企业及时识别、系统分析经营活动中与实现内部控制目标相关的风险，合理确定风险应对策略。

（三）控制活动。控制活动是企业根据风险评估结果，采用相应的控制措施，将风险控制在可承受度之内。

（四）信息与沟通。信息与沟通是企业及时、准确地收集、传递与内部控制相关的信息，确保信息在企业内部、企业与外部之间进行有效沟通。

（五）内部监督。内部监督是企业对内部控制建立与实施情况进行监督检查，评价内部控制的有效性，发现内部控制缺陷，应当及时加以改进。

第六条 企业应当根据有关法律法规、本规范及其配套办法，制定本企业的内部控制制度并组织实施。

第七条 企业应当运用信息技术加强内部控制，建立与经营管理相适应的信息系统，促进内部控制流程与信息系统的有机结合，实现对业务和事项的自动控制，减少或消除人为操纵因素。

第八条 企业应当建立内部控制实施的激励约束机制，将各责任单位和全体员工实施内部控制的情况纳入绩效考评体系，促进内部控制的有效实施。

第九条 国务院有关部门可以根据法律法规、本规范及其配套办法，明确贯彻实施本规范的具体要求，对企业建立与实施内部控制的情况进行监督检查。

第十条 接受企业委托从事内部控制审计的会计师事务所，应当根据本规范及其配套办法和相关执业准则，对企业内部控制的有效性进行审计，出具审计报告。会计师事务所及其签字的从业人员应当对发表的内部控制审计意见负责。

为企业内部控制提供咨询的会计师事务所，不得同时为同一企业提供内部控制审计服务。

第二章 内部环境

第十一条 企业应当根据国家有关法律法规和企业章程，建立规范的公司治理结构和议事规则，明确决策、执行、监督等方面的职责权限，形成科学有效的职责分工和制衡机制。

股东（大）会享有法律法规和企业章程规定的合法权利，依法行使企业经营方针、筹资、投资、利润分配等重大事项的表决权。

董事会对股东（大）会负责，依法行使企业的经营决策权。

监事会对股东（大）会负责，监督企业董事、经理和其他高级管理人员依法履行职责。

经理层负责组织实施股东（大）会、董事会决议事项，主持企业的生产经营管理工作。

第十二条 董事会负责内部控制的建立健全和有效实施。监事会对董事会建立与实施内部控制进行监督。经理层负责组织领导企业内部控制的日常运行。

企业应当成立专门机构或者指定适当的机构具体负责组织协调内部控制的建立实施及日常工作。

第十三条 企业应当在董事会下设立审计委员会。审计委员会负责审查企业内部控制，监督内部控制的有效实施和内部控制自我评价情况，协调内部控制审计及其他相关事宜等。

审计委员会负责人应当具备相应的独立性、良好的职业操守和专业胜任能力。

第十四条 企业应当结合业务特点和内部控制要求设置内部机构，明确职责权限，将权利与责任落实到各责任单位。

企业应当通过编制内部管理手册，使全体员工掌握内部机构设置、岗位职责、业务流程等情况，明确权责分配，正确行使职权。

第十五条 企业应当加强内部审计工作，保证内部审计机构设置、人员配备和工作的独立性。

内部审计机构应当结合内部审计监督，对内部控制的有效性进行监督检查。内部审计机构对监督检查中发现的内部控制缺陷，应当按照企业内部审计工作程序进行报告；对监督检查中发现的内部控制重大缺陷，有权直接向董事会及其审计委员会、监事会报告。

第十六条 企业应当制定和实施有利于企业可持续发展的人力资源政策。人力资源政策应当包括下列内容：

（一）员工的聘用、培训、辞退与辞职。

（二）员工的薪酬、考核、晋升与奖惩。

（三）关键岗位员工的强制休假制度和定期岗位轮换制度。

（四）掌握国家秘密或重要商业秘密的员工离岗的限制性规定。

（五）有关人力资源管理的其他政策。

第十七条 企业应当将职业道德修养和专业胜任能力作为选拔和聘用员工的重要标准，切实加强员工培训和继续教育，不断提升员工素质。

第十八条 企业应当加强文化建设，培育积极向上的价值观和社会责任感，倡导诚实守信、爱岗敬业、开拓创新和团队协作精神，树立现代管理理念，强化风险意识。

董事、监事、经理及其他高级管理人员应当在企业文化建设中发挥主导作用。

企业员工应当遵守员工行为守则，认真履行岗位职责。

第十九条 企业应当加强法制教育，增强董事、监事、经理及其他高级管理人员和员工的法制观念，严格依法决策、依法办事、依法监督，建立健全法律顾问制度和重大法律纠纷案件备案制度。

第三章 风险评估

第二十条 企业应当根据设定的控制目标，全面系统持续地收集相关信息，结合实际情况，及时进行风险评估。

第二十一条 企业开展风险评估，应当准确识别与实现控制目标相关的内部风险和外部风险，确定相应的风险承受度。

风险承受度是企业能够承担的风险限度，包括整体风险承受能力和业务层面的可接受风险水平。

第二十二条 企业识别内部风险，应当关注下列因素：

（一）董事、监事、经理及其他高级管理人员的职业操守、员工专业胜任能力等人力资源因素。

（二）组织机构、经营方式、资产管理、业务流程等管理因素。

（三）研究开发、技术投入、信息技术运用等自主创新因素。

（四）财务状况、经营成果、现金流量等财务因素。

（五）营运安全、员工健康、环境保护等安全环保因素。

（六）其他有关内部风险因素。

第二十三条　企业识别外部风险，应当关注下列因素：

（一）经济形势、产业政策、融资环境、市场竞争、资源供给等经济因素。

（二）法律法规、监管要求等法律因素。

（三）安全稳定、文化传统、社会信用、教育水平、消费者行为等社会因素。

（四）技术进步、工艺改进等科学技术因素。

（五）自然灾害、环境状况等自然环境因素。

（六）其他有关外部风险因素。

第二十四条　企业应当采用定性与定量相结合的方法，按照风险发生的可能性及其影响程度等，对识别的风险进行分析和排序，确定关注重点和优先控制的风险。

企业进行风险分析，应当充分吸收专业人员，组成风险分析团队，按照严格规范的程序开展工作，确保风险分析结果的准确性。

第二十五条　企业应当根据风险分析的结果，结合风险承受度，权衡风险与收益，确定风险应对策略。

企业应当合理分析、准确掌握董事、经理及其他高级管理人员、关键岗位员工的风险偏好，采取适当的控制措施，避免因个人风险偏好给企业经营带来重大损失。

第二十六条　企业应当综合运用风险规避、风险降低、风险分担和风险承受等风险应对策略，实现对风险的有效控制。

风险规避是企业对超出风险承受度的风险，通过放弃或者停止与该风险相关的业务活动以避免和减轻损失的策略。

风险降低是企业在权衡成本效益之后，准备采取适当的控制措施降低风险或者减轻损失，将风险控制在风险承受度之内的策略。

风险分担是企业准备借助他人力量，采取业务分包、购买保险等方式和适当的控制措施，将风险控制在风险承受度之内的策略。

风险承受是企业对风险承受度之内的风险，在权衡成本效益之后，不准备采取控制措施降低风险或者减轻损失的策略。

第二十七条　企业应当结合不同发展阶段和业务拓展情况，持续收集与风险变化相关的信息，进行风险识别和风险分析，及时调整风险应对策略。

第四章　控制活动

第二十八条　企业应当结合风险评估结果，通过手工控制与自动控制、预防性控制与发现性控制相结合的方法，运用相应的控制措施，将风险控制在可承受度之内。

控制措施一般包括：不相容职务分离控制、授权审批控制、会计系统控制、财产保护控制、预算控制、运营分析控制和绩效考评控制等。

第二十九条　不相容职务分离控制要求企业全面系统地分析、梳理业务流程中所涉及的不相容职务，实施相应的分离措施，形成各司其职、各负其责、相互制约的工作机制。

第三十条　授权审批控制要求企业根据常规授权和特别授权的规定，明确各岗位办理业务和事项的权限范围、审批程序和相应责任。

企业应当编制常规授权的权限指引，规范特别授权的范围、权限、程序和责任，严格控制特别授权。常规授权是指企业在日常经营管理活动中按照既定的职责和程序进行的授权。特别授权是指企业在特殊情况、特定条件下进行的授权。

企业各级管理人员应当在授权范围内行使职权和承担责任。

企业对于重大的业务和事项，应当实行集体决策审批或者联签制度，任何个人不得单独进行决策或者擅自改变集体决策。

第三十一条 会计系统控制要求企业严格执行国家统一的会计准则制度，加强会计基础工作，明确会计凭证、会计账簿和财务会计报告的处理程序，保证会计资料真实完整。

企业应当依法设置会计机构，配备会计从业人员。从事会计工作的人员，必须取得会计从业资格证书。会计机构负责人应当具备会计师以上专业技术职务资格。

大中型企业应当设置总会计师。设置总会计师的企业，不得设置与其职权重叠的副职。

第三十二条 财产保护控制要求企业建立财产日常管理制度和定期清查制度，采取财产记录、实物保管、定期盘点、账实核对等措施，确保财产安全。

企业应当严格限制未经授权的人员接触和处置财产。

第三十三条 预算控制要求企业实施全面预算管理制度，明确各责任单位在预算管理中的职责权限，规范预算的编制、审定、下达和执行程序，强化预算约束。

第三十四条 运营分析控制要求企业建立运营情况分析制度，经理层应当综合运用生产、购销、投资、筹资、财务等方面的信息，通过因素分析、对比分析、趋势分析等方法，定期开展运营情况分析，发现存在的问题，及时查明原因并加以改进。

第三十五条 绩效考评控制要求企业建立和实施绩效考评制度，科学设置考核指标体系，对企业内部各责任单位和全体员工的业绩进行定期考核和客观评价，将考评结果作为确定员工薪酬以及职务晋升、评优、降级、调岗、辞退等的依据。

第三十六条 企业应当根据内部控制目标，结合风险应对策略，综合运用控制措施，对各种业务和事项实施有效控制。

第三十七条 企业应当建立重大风险预警机制和突发事件应急处理机制，明确风险预警标准，对可能发生的重大风险或突发事件，制订应急预案、明确责任人员、规范处置程序，确保突发事件得到及时妥善处理。

第五章 信息与沟通

第三十八条 企业应当建立信息与沟通制度，明确内部控制相关信息的收集、处理和传递程序，确保信息及时沟通，促进内部控制有效运行。

第三十九条 企业应当对收集的各种内部信息和外部信息进行合理筛选、核对、整合，提高信息的有用性。

企业可以通过财务会计资料、经营管理资料、调研报告、专项信息、内部刊物、办公网络等渠道，获取内部信息。

企业可以通过行业协会组织、社会中介机构、业务往来单位、市场调查、来信来访、网络媒体以及有关监管部门等渠道，获取外部信息。

第四十条 企业应当将内部控制相关信息在企业内部各管理级次、责任单位、业务环节之间，以及企业与外部投资者、债权人、客户、供应商、中介机构和监管部门等有关方面之间进行沟通和反馈。信息沟通过程中发现的问题，应当及时报告并加以解决。

重要信息应当及时传递给董事会、监事会和经理层。

第四十一条　企业应当利用信息技术促进信息的集成与共享，充分发挥信息技术在信息与沟通中的作用。

企业应当加强对信息系统开发与维护、访问与变更、数据输入与输出、文件储存与保管、网络安全等方面的控制，保证信息系统安全稳定运行。

第四十二条　企业应当建立反舞弊机制，坚持惩防并举、重在预防的原则，明确反舞弊工作的重点领域、关键环节和有关机构在反舞弊工作中的职责权限，规范舞弊案件的举报、调查、处理、报告和补救程序。

企业至少应当将下列情形作为反舞弊工作的重点：

（一）未经授权或者采取其他不法方式侵占、挪用企业资产，牟取不当利益。

（二）在财务会计报告和信息披露等方面存在的虚假记载、误导性陈述或者重大遗漏等。

（三）董事、监事、经理及其他高级管理人员滥用职权。

（四）相关机构或人员串通舞弊。

第四十三条　企业应当建立举报投诉制度和举报人保护制度，设置举报专线，明确举报投诉处理程序、办理时限和办结要求，确保举报、投诉成为企业有效掌握信息的重要途径。

举报投诉制度和举报人保护制度应当及时传达至全体员工。

第六章　内部监督

第四十四条　企业应当根据本规范及其配套办法，制定内部控制监督制度，明确内部审计机构（或经授权的其他监督机构）和其他内部机构在内部监督中的职责权限，规范内部监督的程序、方法和要求。

内部监督分为日常监督和专项监督。日常监督是指企业对建立与实施内部控制的情况进行常规、持续的监督检查；专项监督是指在企业发展战略、组织结构、经营活动、业务流程、关键岗位员工等发生较大调整或变化的情况下，对内部控制的某一或者某些方面进行有针对性的监督检查。

专项监督的范围和频率应当根据风险评估结果以及日常监督的有效性等予以确定。

第四十五条　企业应当制定内部控制缺陷认定标准，对监督过程中发现的内部控制缺陷，应当分析缺陷的性质和产生的原因，提出整改方案，采取适当的形式及时向董事会、监事会或者经理层报告。

内部控制缺陷包括设计缺陷和运行缺陷。企业应当跟踪内部控制缺陷整改情况，并就内部监督中发现的重大缺陷，追究相关责任单位或者责任人的责任。

第四十六条　企业应当结合内部监督情况，定期对内部控制的有效性进行自我评价，出具内部控制自我评价报告。

内部控制自我评价的方式、范围、程序和频率，由企业根据经营业务调整、经营环境变化、业务发展状况、实际风险水平等自行确定。

国家有关法律法规另有规定的，从其规定。

第四十七条 企业应当以书面或者其他适当的形式，妥善保存内部控制建立与实施过程中的相关记录或者资料，确保内部控制建立与实施过程的可验证性。

第七章 附 则

第四十八条 本规范由财政部会同国务院其他有关部门解释。

第四十九条 本规范的配套办法由财政部会同国务院其他有关部门另行制定。

第五十条 本规范自2009年7月1日起实施。

二〇〇八年五月二十二日

附录二

山西广和山水文化传播股份有限公司相关报告

山西广和山水文化传播股份有限公司
2015年度内部控制评价报告

山西广和山水文化传播股份有限公司全体股东：

根据《企业内部控制基本规范》及其配套指引的规定和其他内部控制监管要求（以下简称企业内部控制规范体系），结合本公司（以下简称公司）内部控制制度和评价办法，在内部控制日常监督和专项监督的基础上，我们对公司2015年12月31日的内部控制有效性进行了评价。

一、重要声明

按照企业内部控制规范体系的规定，建立健全和有效实施内部控制，评价其有效性，并如实披露内部控制评价报告是公司董事会的责任。监事会对董事会建立和实施内部控制进行监督。经理层负责组织领导企业内部控制的日常运行。公司董事会、监事会及董事、监事、高级管理人员保证本报告内容不存在任何虚假记载、误导性陈述或重大遗漏，并对报告内容的真实性、准确性和完整性承担个别及连带法律责任。

公司内部控制的目标是合理保证经营管理合法合规、资产安全、财务报告及相关信息真实完整，提高经营效率和效果，促进实现发展战略。由于内部控制存在的固有局限性，故仅能为实现上述目标提供合理保证。此外，由于情况的变化可能导致内部控制变得不恰当，或对控制政策和程序遵循的程度降低，根据内部控制评价结果推测未来内部控制的有效性具有一定的风险。

二、内部控制评价结论

1. 公司于内部控制评价报告基准日，是否存在财务报告内部控制重大缺陷

□是　否☑

2. 财务报告内部控制评价结论

☑有效　□无效

根据公司财务报告内部控制重大缺陷的认定情况，于内部控制评价报告基准日，不存在财务报告内部控制重大缺陷，公司已按照

企业内部控制规范体系和相关规定的要求在所有重大方面保持了有效的财务报告内部控制。

3. 是否存在非财务报告内部控制重大缺陷

□是　☑否

根据公司非财务报告内部控制重大缺陷认定情况，于内部控制评价报告基准日，公司未发现非财务报告内部控制重大缺陷。

4. 自内部控制评价报告基准日至内部控制评价报告发出日之间影响内部控制有效性评价结论的因素

□适用　☑不适用

5. 内部控制审计意见是否与公司对财务报告内部控制有效性的评价结论一致

☑是　□否

6. 内部控制审计报告对非财务报告内部控制重大缺陷的披露是否与公司内部控制评价报告披露一致

□是　☑否

公司董事会对中喜会计师事务所（特殊普通合伙）出具的《内部控制审计报告》中提出公司的内部控制重大缺陷存在异议。

《内部控制审计报告》中："五、非财务报告内部控制的重大缺陷"，在内部控制审计过程中，我们注意到山水文化公司非财务报告内部控制存在以下重大缺陷：

2015 年 6 月 10 日，公司收到自然人林岳辉先生发来的两份分别由公司第一大股东黄国忠、第二大股东北京六合逢春文化产业投资有限公司作为申请人的公证书（扫描件），均由广东省深圳市深圳公证处出具。黄国忠及北京六合逢春文化产业投资有限公司全权授权徐永峰、林岳辉行使全部股东权利。并授权其代表委托人行使股东权利时签署相关文件，委托人承担由此产生的法律后果。

2015 年 12 月 6 日，公司分别收到黄国忠及北京六合逢春文化产业投资有限公司《关于撤销对徐永峰、林岳辉的全部授权的声明》。

公司聘请的常年法律顾问广东卓尚律师事务所刘银胜、曾朝彦律师 2015 年 12 月 24 出具专业法律意见书如下：鉴于公司收到的黄国忠及北京六合逢春文化产业投资有限公司《关于撤销对徐永峰、林岳辉的全部授权的声明》的文件既没有公司签章和指印，也未经过公证确认，无法判断声明的真实有效性，因此该声明在法律上的有效性要远低于之前经过公证的授权委托书。

根据《公司法》《上市公司收购管理办法》《首次公开发行股票上市管理办法》第十二条“实际控制人没有发生变更”的理解和适用《证券期货法律适用意见第 1 号》的规定，鉴于徐永峰和林岳辉先生已根据有效授权提议选举四名董事候选人，并经股东大会及董事会依合法程序确认了四名董事的合法任职资格，在没有出现其他相反证据的情况下，本所律师认为徐永峰，林岳辉先生目前仍属于公司的实际控制人。

鉴于广东卓尚律师事务所律师认为无法判断声明的真实有效性，而公司在收到法律意见书后，未实施进一步的核实程序，以确定该函件是否真实有效，故存在重大缺陷。

公司董事会认为，《内部控制审计报告》中提出的公司在收到上述法律意见书后，未实施进一步的核实程序，以确定相关函件是否真实有效，存在重大缺陷的事项，不属于公司非财务报告内部控制重大缺陷的范畴，理由如下：

（1）根据公司非财务报告内部控制缺陷认定标准，上述事项不符合公司确定的非财务报告重大缺陷的定量标准和定性标准。

（2）上述《公证书》、《关于撤销对徐永峰、林岳辉的全部授权的声明》和相关的《法律意见书》的文书，涉及公司股东及实际控制人层面事项，公司认为：在出现日常经营管理之外的如股东或实际控制人事项上的认知和识别状况时，公司应遵循的原则是向投资者充分揭示风险，并按照监管要求对事项的进展情况和董事会的意见等及时进行披露，同时公司也希望在有可能的情况下，各相关方可以能协调沟通，妥善解决。

7．内部控制审计报告对非财务报告内部控制重要缺陷的披露是否与公司内部控制评价报告披露一致

□是 ☑否

中喜会计师事务所（特殊普通合伙）在《内部控制审计报告》

中提出“我们注意到山水文化公司非财务报告内部控制存在重要缺陷，主要包括：

2015 年 10 月 12 日，公司收到山西证监局《关于山西广和山水文化传播股份有限公司现场检查情况的监管关注函》，针对监管关注函所提及的问题，公司于 2015 年 11 月 3 日将《山西广和山水文化传播股份有限公司关于山西证监局现场检查情况的监管关注函相关问题的整改报告》进行公告披露。

1. 陈钟民借款事项：

公司在整改报告中说明：2015 年 9 月 30 日，陈钟民书面通知公司，豁免公司对其的全部债务，公司与陈钟民的债权债务关系消除。

截至 2015 年 12 月 31 日，公司账面记录应付陈钟民 180 万元，公司 2016 年 4 月 21 日通过邮件提供陈钟民与公司签署的债务豁免协议，本协议自双方签署时生效，该协议签署时期为 2016 年 3 月 30 日。

此事项与公司整改公告内容不符。由于我们未能对陈钟民实施有效的函证、访谈等审计程序，取得充分适当的审计证据，故无法核实该协议的有效性。”

公司董事会认为，上述事项已经整改完成，不属于非财务报告缺陷，理由如下：

公司在 2015 年 11 月 3 日披露的《山西广和山水文化传播股份有限公司关于山西证监局现场检查情况的监管关注函相关问题的整改报告的公告》中对于陈钟民借款事项的描述是：“2015 年 9 月 30 日，陈钟民书面通知公司，豁免公司对其的全部债务，公司与陈钟民的债权债务关系消除。”

公司认为：

(1) 在 2015 年 9 月取得由陈钟民本人签署的《债务豁免协议》时，公司作为陈钟民的债务人，在取得债权人陈钟民本人签字确认同意豁免公司对其的 180 万元的全部债务的书面文书时，就可以确认公司与陈钟民的债权债务关系实质上已消除。此事项不存在与公司整改公告不符的情况。

（2）公司根据《债务豁免协议》的生效条件，在2016年3月进行了账务处理。公司向年审会计师出示的《债务豁免协议》为陈钟民本人签署、公司加盖公章的原件，不存在任何效力瑕疵。

（3）审计期间，公司也向年审会计师提供了陈钟民的联络电话。对该事项后续审计程序的实施并非我公司的内部控制问题。

综上，陈钟民借款事项，不应认定为非财务报告内部控制缺陷。

中喜会计师事务所（特殊普通合伙）在《内部控制审计报告》中提到：

“2. 代子公司北京俊人影业有限公司支付制作费事项：

公司在整改措施中说明：2015年12月31日之前公司将采用不排除法律手段的进一步措施要求俊人影业归还200万元借款。

截至2015年12月31日，公司账面记录应收北京俊人影业有限公司200万元，且未采取进一步措施要求俊人影业归还上述款项，同时公司未对该款项的可收回性做出合理判断。”

公司董事会认为，上述事项已经整改完成，不属于非财务报告缺陷，理由如下：

（1）北京俊人影业有限公司（以下简称“俊人影业”，公司占其股份45%）欠上市公司200万元的原因是：2014年上市公司代其支付制作费。2014年12月31日、2015年12月31日公司账载俊人影业欠款余额均为200万元，公司已按照公司会计政策，进行了会计估计并计提了相应的坏账准备。年审会计师在财务报告审计过程中也未就该坏账准备计提的恰当性、充分性提出过质疑。

（2）公司针对《山西广和山水文化传播股份有限公司关于山西证监局现场检查情况的监管关注函相关问题的整改报告的公告》中提出的公司的内控缺陷，公司已加强资金使用的管理。支付款项时，在严格执行审批流程的同时，监控资金用途。款项支付必须要件齐备，审批完整，用途合法合规。从公司及股东利益出发，保证公司资金使用的安全、有效。

（3）2015年，公司曾与俊人影业负责人进行过联系，希望其能与公司管理层就200万元事宜以及俊人影业其他事项进行面谈；公司也曾委派专人前往北京试图与俊人影业协商沟通此事，但由于种种原因均未能面谈。后续公司仍会继续跟踪此事，仍希望妥善解决该事项，最大限度保护公司和投资者利益，因此仍不排除使用法律手段进一步要求俊人影业归还200万元借款。

综上，公司认为已就上述款项的可收回性做出估计，并计提坏账准备。2015年度公司也采取了相应措施试图妥善解决该事项，且后续仍会跟进此事。不存在“未采取进一步措施要求俊人影业归还上述款项，同时公司未对该款项的可收回性做出合理判断该事项”。

三、内部控制评价工作情况

（一）内部控制评价范围

公司按照风险导向原则确定纳入评价范围的主要单位、业务和事项以及高风险领域。纳入评价范围的主要单位包括：公司及子公司。纳入评价范围单位资产总额占公司合并财务报表资产总额的100%，营业收入合计占公司合并财务报表营业收入总额的100%。

纳入评价范围的主要业务和事项包括但不限于：组织架构、战略规划管理、人力资源管理、社会责任管理、风险评估及重大风险与突发事件应急管理、资金管理、采购管理、固定资产管理、销售管理、担保管理、成本费用与税务管理、财务报告、全面预算、合同及法律事务管理、信息系统管理、内部信息传递、内部监督。

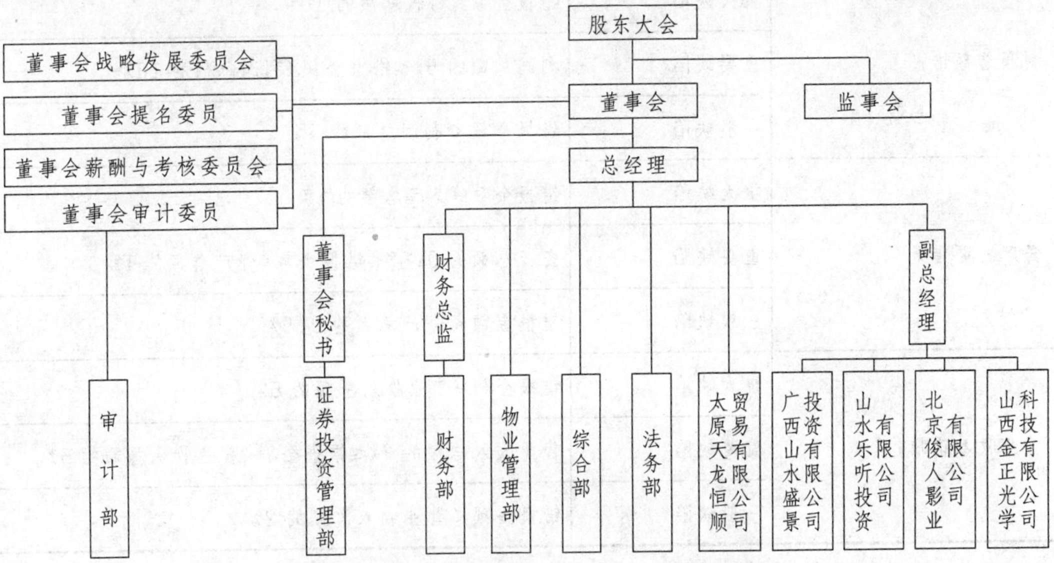

山西广和山水文化传播股份有限公司管理架构图

重点关注的高风险领域主要包括：印鉴管理、资金管理、信息披露、财务报告。

1. 上述纳入评价范围的单位、业务和事项以及高风险领域涵盖了公司经营管理的主要方面，不存在重大遗漏。

2. 是否存在法定豁免。

□是　☑否

（二）内部控制评价工作依据及内部控制缺陷认定标准

公司依据企业内部控制规范体系及公司内部控制制度及评价方法，组织开展内部控制评价工作。

1. 内部控制缺陷具体认定标准是否与以前年度存在调整

□是　☑否

公司董事会根据企业内部控制规范体系对重大缺陷、重要缺陷和一般缺陷的认定要求，结合公司规模、行业特征、风险偏好和风险承受度等因素，区分财务报告内部控制和非财务报告内部控制，研究确定了适用于本公司的内部控制缺陷具体认定标准，并与以前年度保持一致。

2. 财务报告内部控制缺陷认定标准

公司确定的财务报告内部控制缺陷评价的定量标准如下：

指标名称	缺陷性质	定量标准
利润总额错报	重大缺陷	错报金额≥利润总额的10%
	重要缺陷	利润总额的5%≤错报金额<利润总额的10%
	一般缺陷	错报金额<利润总额的5%
资产总额错报	重大缺陷	错报金额≥资产总额的1%
	重要缺陷	资产总额的0.5%≤错报金额<资产总额的1%
	一般缺陷	错报金额<资产总额的0.5%
营业收入错报	重大缺陷	错报金额≥营业收入总额的5%
	重要缺陷	营业收入总额的2%≤错报金额<营业收入总额的5%。
	一般缺陷	错报金额<营业收入总额的2%

公司确定的财务报告内部控制缺陷评价的定性标准如下：

缺陷性质	定性标准
重大缺陷	1. 董事、监事和高级管理人员舞弊 2. 对已经公告的财务报告出现的重大差错进行更正（由于政策变化或其他客观因素变化导致的对以前年度的追溯调整除外） 3. 外部审计发现当期财务报表存在重大错报，而内部控制在运行过程中未能发现该错报 4. 审计委员会及内部审计部门对财务报告内部控制监督无效
重要缺陷	1. 未建立反舞弊程序和控制措施，导致关键岗位人员舞弊 2. 合规性监管职能失效，违反法规的行为可能对财务报告的可靠性产生较大影响 3. 未依照现行会计准则选择和应用会计政策
一般缺陷	除上述重大缺陷、重要缺陷之外的其他缺陷，被认定为"一般缺陷"

3. 非财务报告内部控制缺陷认定标准

公司确定的非财务报告内部控制缺陷评价的定量标准如下：

指标名称	缺陷性质	定量标准
直接财产损失金额占资产总额比例	重大缺陷	直接财产损失金额≥资产总额的1%
	重要缺陷	资产总额的0.5%≤直接财产损失金额<资产总额的1%
	一般缺陷	直接财产损失金额<资产总额的0.5%

公司确定的非财务报告内部控制缺陷评价的定性标准如下：

缺陷性质	定性标准
重大缺陷	1. 缺乏民主决策程序 2. 重要业务缺乏制度控制或制度体系失效 3. 公司面临涉诉，资产、资金冻结，影响公司运营 4. 媒体负面新闻，对企业声誉造成重大损害
重要缺陷	1. 决策程序导致出现一般失误 2. 违反企业内部规章，形成损失 3. 关键岗位业务人员流失严重 4. 内部控制重要或一般缺陷未得到整改
一般缺陷	除上述重大缺陷、重要缺陷之外的其他缺陷，被认定为"一般缺陷"

（三）内部控制缺陷认定及整改情况

1. 财务报告内部控制缺陷认定及整改情况

(1) 重大缺陷。

报告期内公司不存在财务报告内部控制重大缺陷。根据上述财务报告内部控制缺陷的认定标准，报告期内未发现新增的公司财务报告内部控制重大缺陷。

(2) 重要缺陷。

报告期内公司不存在财务报告内部控制重要缺陷。

(3) 一般缺陷。

在日常运行中，内部控制可能存在一般缺陷，如：公司2015年应收三晋大厦利息595万元，直接抵减财务费用利息支出，此账务处理，公司已按相关规定和要求账务调整完毕。由于公司内部控制设有自我评价和内部审计的双重监督机制，内控缺陷一经发现确认即采取更正行动，使风险可控，对公司内部控制体系运行不构成实质性影响。

(4) 经过上述整改，于内部控制评价报告基准日，公司不存在未完成整改的财务报告内部控制重大缺陷。

(5) 经过上述整改，于内部控制评价报告基准日，公司不存在未完成整改的财务报告内部控制重要缺陷。

2.非财务报告内部控制缺陷认定及整改情况

(1) 重大缺陷。

报告期内公司未发现非财务报告内部控制重大缺陷。根据上述非财务报告内部控制缺陷的认定标准，报告期内未发现新增的公司非财务报告内部控制重大缺陷。

(2) 重要缺陷。

报告期内公司未发现非财务报告内部控制重要缺陷。

(3) 一般缺陷。

报告期内公司发现非财务报告内部控制一般缺陷，针对存在的一般缺陷，公司同样高度关注，制定相应措施，落实具体整改责任人及整改时间表。存在的一般缺陷，年内已大部分得到整改，余下部分一般缺陷正在整改当中或即将进行整改。

(4) 经过上述整改，于内部控制评价报告基准日，公司未发现未完成整改的非财务报告内部控制重大缺陷。

(5) 经过上述整改，于内部控制评价报告基准日，公司未发现未完成整改的非财务报告内部控制重要缺陷。

四、其他内部控制相关重大事项说明

(一) 上一年度内部控制缺陷整改情况

☑适用 □不适用

公司针对上年度内控审计报告、内部控制评价报告中披露的内部控制缺陷，积极采取措施落实整改，不断完善相应内控制度，并就整改情况开展了持续的监督和自查工作。

（二）本报告期知晓的以前年度内部控制缺陷

1.2015年11月公司知晓了与深圳市达瑞进出口贸易有限公司签署的《和解协议之补充协议》的事项，经核查，时任董事长黄国忠在该协议签署过程中未履行决策程序，公司没有使用公章的记录、存档记录等内部控制缺陷，公司已认真自查，上述事项一旦给公司造成损害，公司将按照内部责任追究机制追究直接责任人的法律责任。

2.2015年4月14日，公司收到太原市三晋大厦有限公司送达的2014年2月《关于履行股权转让协议的回函》和2011年《还款协议》及《太原市三晋大厦有限公司股权转让协议》（晋转字〔2011〕第0715号）等相关文书的复印件。经公司查阅，档案部门未留存上述相关文书的原件，未履行董事会（股东大会）相关决策程序，未履行信息披露义务。

本报告期内，公司针对存在问题进行严厉自查，后续将加强内部控制管理，杜绝类似事项发生。

（三）本年度内部控制运行情况及下一年度改进方向

☑适用　□不适用

2015年，公司以防范风险和提高效率为重点，不断提升公司应对和抵御风险的能力，为公司持续健康发展奠定良好基础。内部控制是一项动态运行且不断完善的过程管理活动，2016年，公司将根据业务发展需要进一步修订和完善公司内部控制制度，规范内部控制制度执行，规范内部控制制度执行，强化内部控制监督检查，进一步促进公司健康、可持续发展。

（四）其他重大事项说明

□适用　☑不适用

董事长：李阳

山西广和山水文化传播股份有限公司

2016年4月27日

中喜会计师事务所(特殊普通合伙)
ZHONGXI CPAs (SPECIAL GENERAL PARTNERSHIP)

内部控制审计报告

中喜专审字〔2016〕第0635号

山西广和山水文化传播股份有限公司全体股东：

按照《企业内部控制审计指引》及中国注册会计师执业准则的相关要求，我们审计了山西广和山水文化传播股份有限公司（以下简称“山水文化公司”）2015年12月31日的财务报告内部控制的有效性。

一、山水文化公司对内部控制的责任

按照《企业内部控制基本规范》《企业内部控制应用指引》《企业内部控制评价指引》的规定，建立健全和有效实施内部控制，并评价其有效性是山水文化公司董事会的责任。

二、注册会计师的责任

我们的责任是在实施审计工作的基础上，对财务报告内部控制的有效性发表审计意见，并对注意到的非财务报告内部控制的重大缺陷进行披露。

三、内部控制的固有局限性

内部控制具有固有局限性，存在不能防止和发现错报的可能性。此外，由于情况的变化可能导致内部控制变得不恰当，或对控制政策和程序遵循的程度降低，根据内部控制审计结果推测未来内部控制的有效性具有一定风险。

四、财务报告内部控制审计意见

我们认为，山水文化公司于2015年12月31日按照《企业内部控制基本规范》和相关规定在所有重大方面保持有效的财务报告内部控制。

地址：北京市崇文门外大街11号新成文化大厦A座11层
电话：010-67085873　　传真：010-67084147　　邮政编码：100062

五、非财务报告内部控制的重大缺陷

在内部控制审计过程中，我们注意到山水文化公司非财务报告内部控制存在以下重大缺陷：

2015年6月10日，公司收到自然人林岳辉先生发来的两份分别由公司第一大股东黄国忠、第二大股东北京六合逢春文化产业投资有限公司作为申请人的公证书（扫描件），均由广东省深圳市深圳公证处出具。黄国忠及北京六合逢春文化产业投资有限公司全权授权徐永峰、林岳辉行使全部股东权利。并授权其代表委托人行使股东权利时签署相关文件，委托人承担由此产生的法律后果。

2015年12月6日，公司分别收到黄国忠及北京六合逢春文化产业投资有限公司《关于撤销对徐永峰、林岳辉的全部授权的声明》。

公司聘请的常年法律顾问广东卓尚律师事务所刘银胜、曾朝彦律师2015年12月24日出具专业法律意见书如下：鉴于公司收到的黄国忠及北京六合逢春文化产业投资有限公司《关于撤销对徐永峰、林岳辉的全部授权的声明》的文件既没有公司签章和指印，也未经过公证确认，无法判断声明的真实有效性，因此该声明在法律上的有效性要远低于之前经过公证的授权委托书。

根据《公司法》及《上市公司收购管理办法》及《首次公开发行股票上市管理办法》第十二条“实际控制人没有发生变更”的理解和适用《证券期货法律适用意见第1号》的规定，鉴于徐永峰和林岳辉先生已根据有效授权提议选举四名董事候选人，并经股东大会及董事会依合法程序确认了四名董事的合法任职资格，在没有出现其他相反证据的情况下，本所律师认为徐永峰，林岳辉先生目前仍属于公司的实际控制人。

鉴于广东卓尚律师事务所律师认为无法判断声明的真实有效性，而公司在收到法律意见书后未实施进一步的核实程序，以确定该函件是否真实有效，故存在重大缺陷。

中喜会计师事务所(特殊普通合伙)
ZHONGXI CPAs (SPECIAL GENERAL PARTNERSHIP)

我们注意到山水文化公司非财务报告内部控制存在重要缺陷，主要包括：

2015 年 10 月 12 日，公司收到山西证监局《关于山西广和山水文化传播股份有限公司现场检查情况的监管关注函》，针对监管关注函所提及的问题，公司于2015年11月3日将《山西广和山水文化传播股份有限公司关于山西证监局现场检查情况的监管关注函相关问题的整改报告》进行公告披露。

1. 陈钟民借款事项：

公司在整改报告中说明：2015 年9 月30 日，陈钟民书面通知公司，豁免公司对其的全部债务，公司与陈钟民的债权债务关系消除。

截至2015年12月31日，公司账面记录应付陈钟民180万元，公司2016年4月21日通过邮件提供陈钟民与公司签署的债务豁免协议，本协议自双方签署时生效，该协议签署时期为2016年3月30日。

此事项与公司整改公告内容不符。由于我们未能对陈钟民实施有效的函证、访谈等审计程序，取得充分适当的审计证据，故无法核实该协议的有效性。

2. 代子公司北京俊人影业有限公司支付制作费事项：

公司在整改措施中说明：2015年12月31日之前公司将采用不排除法律手段的进一步措施要求俊人影业归还200万元借款。

截至2015年12月31日，公司账面记录应收北京俊人影业有限公司200万元，且未采取进一步措施要求俊人影业归还上述款项，同时公司未对该款项的可收回性做出合理判断。

由于存在上述重大缺陷及重要缺陷，我们提醒本报告使用者注意相关风险。需要指出的是：我们并不对贵公司非财务报告内部控制发表意见或提供保证，本段内容不影响对财务报告内部控制有效性发表的审计意见。

地址：北京市崇文门外大街11号新成文化大厦A座11层
电话：010-67085873 传真：010-67084147 邮政编码：100062

中喜会计师事务所(特殊普通合伙)
ZHONGXI CPAs（SPECIAL GENERAL PARTNERSHIP）

此页为山西广和山水文化传播股份有限公司2015年度内部控制审计报告（中喜专审字〔2016〕第0635号）的签字盖章页。

中喜会计师事务所（特殊普通合伙）

中国注册会计师：马燕

中国注册会计师：梁亚婧

中国 · 北京

二〇一六年四月二十七日

地址：北京市崇文门外大街11号新成文化大厦A座11层
电话：010-67085873 传真：010-67084147 邮政编码：100062

中喜会计师事务所(特殊普通合伙)
ZHONGXI CPAs（SPECIAL GENERAL PARTNERSHIP）

关于对山西广和山水文化传播股份有限公司
2015年度财务报告出具保留意见审计报告的专项说明

中喜专审字〔2016〕第0637号

上海证券交易所：

我们接受委托，对山西广和山水文化传播股份有限公司（以下简称“山水文化公司”）2015年度财务报表进行了审计并出具了中喜审字〔2016〕第1365号保留意见审计报告。

根据中国证券监督管理委员会（以下简称证监会）《公开发行证券的公司信息披露编报规则第14号——非标准无保留审计意见及其涉及事项的处理》及上海证券交易所《上海证券交易所股票上市规则》的规定，现将有关情况说明如下：

一、审计报告中导致保留意见的事项段的内容

1．如山水文化公司2015年度财务报表附注十二、2（2）A所述，公司与深圳市达瑞进出口贸易有限公司签署《和解协议书》及《和解协议书》之补充协议，公司未能按照协议书约定期限按时履行付款义务，截至2015年12月31日，公司与深圳市达瑞进出口贸易有限公司尚未就该笔负债的金额达成一致，故无法合理判断该笔负债对财务报表的影响程度。

2．如山水文化公司2015年度财务报表附注二（2）所述，公司目前收入来源仅为经营性物业出租收入，企业经营困难缺乏发展后劲。2015年公司拟将主营业务转型的可持续发展战略未能实现。山水文化公司当年归属于母公司净利润为-1 610.89万元，累计亏损-46 168.90万元；逾期借款及利息为19 045.35万元；投资性房地产45 684.79万元及固定资产81.43万元、无形资产616.59万元处于被法院查封状态。

地址：北京市崇文门外大街11号新成文化大厦A座11层
电话：010-67085873 传真：010-67084147 邮政编码：100062

中喜会计师事务所(特殊普通合伙)
ZHONGXI CPAs（SPECIAL GENERAL PARTNERSHIP）

这些情况表明，山水文化公司的持续经营能力存在重大不确定性，可能无法在正常的经营过程中变现资产、清偿债务。山水文化公司虽然在附注二（2）提出了改善措施，但可能导致对该公司持续经营能力产生重大疑虑的重大不确定性影响依然存在。

二、出具保留意见审计报告的依据和理由

根据《中国注册会计师审计准则第1502号——在审计报告中发表非无保留意见》，公司账面记录负债金额与深圳市达瑞进出口贸易有限公司回函金额不符，金额差异较大，无法合理判断该事项对财务报告的影响程度。

根据《中国注册会计师审计准则第1502号——在审计报告中发表非无保留意见》与《中国注册会计师审计准则第1324号——持续经营》，由于山水文化公司可能无法在正常的经营过程中变现资产、清偿债务。山水文化公司虽然在附注二(2)提出了改善措施，但可能导致对该公司持续经营能力产生重大疑虑的重大不确定性影响依然存在。故我们对山水文化公司2015年度财务报表出具了保留意见的审计报告。

三、保留事项对报告期公司财务状况和经营成果的影响

由于公司账面记录负债金额与深圳市达瑞进出口贸易有限公司回函金额不符。我们尚无法确认该等事项可能对山水文化公司2015年度财务报表相关项目的影响；同时，我们认为上述事项对山水文化公司2015年度财务状况和经营成果的影响并不具有广泛性。

虽然公司目前持续经营具有重大不确定定性，但持续经营状况对公司报告期内的财务状况和经营成果没有影响。

四、保留意见涉及的事项是否明显违反企业会计准则及相关信息披露规范的规定

未发现保留意见涉及事项属于明显违反企业会计准则、制度及相关信息披露规范规定的情形。

地址：北京市崇文门外大街11号新成文化大厦A座11层
电话：010-67085873　　传真：010-67084147　　邮政编码：100062

中喜会计师事务所(特殊普通合伙)
ZHONGXI CPAs（SPECIAL GENERAL PARTNERSHIP）

五、使用目的

本专项说明仅供山水文化公司为2015年度报告披露之目的使用，未经本事务所书面同意，不得用于其他任何目的。

中喜会计师事务所（特殊普通合伙）　　　中国注册会计师：马燕

中国注册会计师：梁亚靖

中国 · 北京　　　　二〇一六年四月二十七日

地址：北京市崇文门外大街11号新成文化大厦A座11层
电话：010-67085873　　传真：010-67084147　　邮政编码：100062

附录三

我国上市公司 2014 年实施企业内部控制规范体系情况分析报告①

根据财政部、证监会、审计署、银监会和保监会联合颁布的《企业内部控制基本规范》及其配套指引，以及财政部、证监会发布的《关于 2012 年主板上市公司分类分批实施企业内部控制规范体系的通知》（财办会〔2012〕30 号）要求，在分类分批实施的基础上，我国所有主板上市公司应当在 2014 年实施企业内部控制规范体系。为了全面、深入了解近年来我国上市公司实施企业内部控制规范体系情况，财政部、证监会联合山东财经大学，跟踪分析了 2014 年上海证券交易所和深圳证券交易所公开披露的上市公司年度内部控制评价报告、内部控制审计报告、年度报告等资料，结合我国上市公司 2011 年至 2013 年实施企业内部控制规范体系情况，以及财政部和证监会在推动内部控制规范体系实施和日常监管工作中掌握的有关情况，形成了《我国上市公司 2014 年实施企业内部控制规范体系情况分析报告》（以下简称“本报告”）。

一、2014 年我国上市公司实施企业内部控制规范体系基本情况

（一）总体情况

1. 内部控制评价报告披露情况

截至 2014 年 12 月 31 日，沪、深交易所共有上市公司 2 613 家，其中，沪市上市公司 995 家，深市上市公司 1 618 家。从所属板块划分来看，包括主板公司 480 家，中小板公司 732 家，创业板公司 406 家。

2014 年度，2 571 家上市公司披露了内部控制评价报告，占全部上市公司的 98.39%。与 2013 年度相比，披露数量提高了 259 家，披露比例提高 5.5%。

2. 内部控制评价报告的结论

2014 年度，在 2 571 家披露了内部控制评价报告的上市公司中，2 538 家内部控制评价结论为整体有效，占披露了内部控制评价报告上市公司的 98.72%，33 家内部控制评价

① 资料来源：中华人民共和国财政部网站。

结论为非整体有效，占披露了内部控制评价报告上市公司的1.28%。如表1所示，在内部控制评价结论为非整体有效的上市公司中，9家上市公司内部控制评价报告的结论为财务报告内部控制有效、非财务报告内部控制无效；16家上市公司内部控制评价报告的结论为财务报告内部控制无效、非财务报告内部控制有效；6家上市公司内部控制评价报告的结论为财务报告内部控制和非财务报告内部控制均无效；2家上市公司披露内部控制存在重大缺陷，但是未区分财务报告内部控制和非财务报告内部控制。

表1 内部控制有效性结论披露情况

内部控制有效性	整体有效	财务报告内部控制有效，非财务报告内部控制无效	财务报告内部控制无效，非财务报告内部控制有效	财务报告内部控制和非财务报告内部控制均无效	内部控制存在重大缺陷但未区分财务报告和非财务报告	总计
公司数量	2 538	9	16	6	2	2 571
占比	98.72%	0.35%	0.62%	0.23%	0.08%	100%

3. 内部控制缺陷的认定标准

2014年度，在披露内部控制评价报告的2 571家上市公司中，2 149家上市公司披露了内部控制缺陷认定标准，其中2 113家上市公司分别披露了财务报告和非财务报告内部控制缺陷认定标准，占比82.19%，比2013年上升了近7个百分点；36家上市公司未区分财务报告和非财务报告披露内部控制缺陷认定标准，占比1.40%，比2013年下降了0.33个百分点。422家上市公司未披露内部控制缺陷认定标准，占比16.41%，比2013年下降了6.51个百分点（如表2所示）。这说明在披露内部控制评价报告的上市公司数量不断上升的情况下，2014年内部控制缺陷认定标准的信息披露质量比2013年有一定程度的提高。

表2 2013—2014年内部控制缺陷认定标准披露情况

分类	2014年		2013年	
	家数	占比	家数	占比
区分财务报告和非财务报告披露缺陷认定标准	2 113	82.19%	1 739	75.35%
未区分财务报告和非财务报告披露缺陷认定标准	36	1.40%	40	1.73%
未披露内部控制缺陷认定标准	422	16.41%	529	22.92%
合计	2 571	100.00%	2 308	100.00%

4. 内部控制缺陷的数量及内容

在2 571家披露内部控制评价报告的上市公司中，524家披露内部控制存在缺陷，占比20.38%，其中39家披露内部控制存在重大缺陷，53家披露内部控制存在重要缺陷，455家披露内部控制存在一般缺陷；2 047家披露内部控制未存在缺陷，占比79.62%。

（1）关于财务报告内部控制的重大缺陷和重要缺陷。25家上市公司披露了64个财务报告内部控制重大缺陷；13家上市公司披露了17个财务报告内部控制重要缺陷；1家上市公司披露存在财务报告内部控制重大和重要缺陷共3个，但未分别披露重大缺陷和重要缺陷的数量。从披露的财务报告内部控制重大缺陷和重要缺陷的内容看，突出表现在以下几个方面：

第一，担保业务管理方面。包括未经批准对外提供担保，或对被担保人的资信状况和履约能力调查不够深入，致使企业承担相应的法律责任；对企业债权未能采取有效的担保措施，造成应收账款不能按期回收，导致企业承担坏账风险。这方面的重大和重要缺陷有13个，占全部财务报告内部控制重大和重要缺陷的15.48%。

第二，资金管理方面。包括银行账户的管理混乱，部分银行账户余额甚至未纳入报表，未定期进行银行对账；资金支付未经有效审核；资金管理的独立性不足，资金被关联方占用等。这方面的重大和重要缺陷有11个，占全部财务报告内部控制重大和重要缺陷的13.1%。

第三，销售及收款方面。包括对客户资信等级的评估及授信额度管理存在缺陷，赊销的控制力度不足；收入确认不规范；未同客户定期对账，逾期应收账款催收缺乏有效措施等。这方面的重大和重要缺陷有8个，占全部财务报告内部控制重大和重要缺陷的9.52%。

第四，资产管理方面。包括对固定资产、存货等资产的管理力度不够，对资产减值的处理存在缺陷。这方面的重大和重要缺陷有7个，占全部财务报告内部控制重大和重要缺陷的8.33%。

第五，投资管理方面。包括投资前的分析不足，存在盲目性；投资后未能有效控制和核算对外投资。这方面的重大和重要缺陷有5个，占全部财务报告内部控制重大和重要缺陷的5.95%。

第六，财会制度建设方面。包括未建立规范完善的财务会计制度；或者虽然存在相关制度但未得到有效执行。这方面的重大和重要缺陷有5个，占全部财务报告内部控制重大和重要缺陷的5.95%。

第七，工程管理方面。包括未能及时分析在建工程是否达到可使用状态，导致在建工程未及时转固定资产。这方面的重大和重要缺陷有3个，占全部财务报告内部控制重大和重要缺陷的3.57%。

（2）关于非财务报告内部控制的重大缺陷和重要缺陷。18家上市公司披露了26个非财务报告内部控制重大缺陷；42家上市公司披露了67个非财务报告内部控制重要缺陷；另有2家上市公司分别披露存在1个和3个非财务报告内部控制重要缺陷，但未披露相关内容。从披露的非财务报告内部控制重大缺陷和重要缺陷的内容看，突出表现在以下几个方面：

第一，组织机构方面。包括股东大会或董事会未能正常履行职能；未设置内部审计机构，或者虽然已设立内部审计机构，但未对子公司实施内部审计；部门设置不完整，部分业务无部门负责；未有效控制子公司。这方面的重大和重要的缺陷有18个，占全部非财务报告内部控制重大和重要缺陷的18.56%。

第二，信息与沟通方面。包括企业内部各机构之间、企业与外部监管机构之间缺乏有效的沟通，信息传递不通畅、不及时；企业信息系统缺少数据备份和数据恢复等安全管理机制；未按规定披露股权转让、对外投资、对外担保、重大资产重组、合同履行等重大事项，甚至受到监管部门的处罚。这方面的重大和重要缺陷有14个，占全部非财务报告内部控制重大和重要缺陷的 14.43%。

第三，非财务制度建设方面。包括部分业务缺乏制度规范；或者虽然存在相关制度但未得到切实执行。这方面的重大和重要缺陷有 8 个，占全部非财务报告内部控制重大和重要缺陷的 8.25%。

第四，社会责任方面。包括发生了生产安全事故、环境污染事故，未按时发放职工薪酬，未给职工缴纳社会保险。这方面的重大和重要缺陷有 7 个，占全部非财务报告内部控制重大和重要缺陷的 7.22%。

此外，部分上市公司披露内部控制重大缺陷和重要缺陷时，未区分财务报告内部控制和非财务报告内部控制，其中 2 家上市公司披露了 4 个内部控制重大缺陷；1 家上市公司披露了 1 个内部控制重要缺陷；2 家上市公司披露存在内部控制重要缺陷，但既未披露数量也未披露内容。

5. 内部控制审计报告

2014 年度，共有 2 089 家上市公司聘请会计师事务所对内部控制的有效性进行审计或者鉴证，占上市公司总数的 79.95%。其中，2 079 家上市公司披露了内部控制审计或鉴证报告，占上市公司总数的 79.56%，较 2013 年度 72.40%的比例有所增加；10 家上市公司披露内部控制审计意见，但未披露内部控制审计或鉴证报告。

在实施内部控制审计或者鉴证的 2 089 家公司中，标准无保留意见 2 004 家，占比 95.93%；非标准意见 85 家，占比 4.07%，其中，带强调事项段和非财务报告重大缺陷的无保留意见 57 家，否定意见 22 家，无法表示意见 4 家，保留意见 2 家。非标准无保留意见的数量和比例均比去年有所增加（2013 年非标准意见 59 家，占比 3.26%）。具体内控审计或鉴证意见类型比例如图 1 所示。

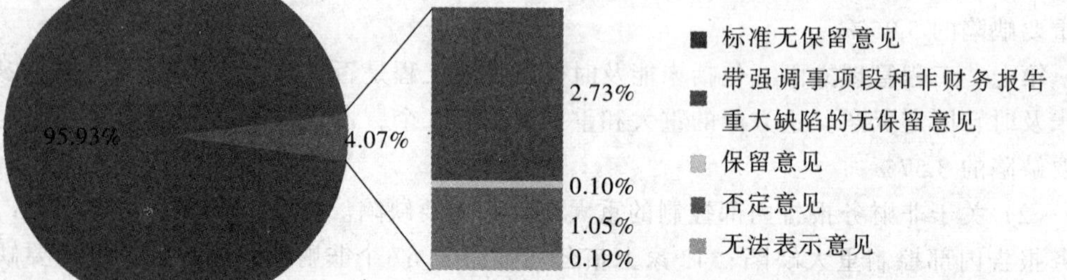

图 1 内部控制审计意见分布图

（二）纳入实施范围上市公司内控规范体系实施情况

根据财政部、证监会《关于 2012 年主板上市公司分类分批实施企业内部控制规范体系的通知》（财办会〔2012〕30 号）要求，所有主板上市公司应在披露 2014 年年报的同时，披露董事会对公司内部控制的自我评价报告以及注册会计师出具的财务报告内部控制审计报告。

截至 2014 年 12 月 31 日，我国主板上市公司共有 1 475 家，全部应纳入实施范围，其中沪市主板上市公司 995 家，深市主板上市公司 480 家。

1. 内部控制评价报告披露情况

2014 年度，纳入实施范围的上市公司中有 1 443 家披露了内部控制评价报告，占纳入实施范围上市公司的97.83%。其中，沪市主板和深市主板分别有968家和475家上市公司披露了内部控制评价报告，分别占各板块样本上市公司的97.29%和98.96%。未披露内部控制评价报告的27家沪市主板上市公司中，因IPO豁免的有9家，因重组豁免的有15家，剩余的3家上市公司均在年度报告中提到已实施内部控制评价，但并未公开披露内部控制评价报告。未披露内部控制评价报告的5家深市主板上市公司中，因重组豁免的有4家，剩余的1家上市公司在监事会公告中提到已实施内部控制评价，但并未公开披露内部控制评价报告。

2. 内部控制评价报告的结论

2014年度，纳入实施范围的上市公司中内部控制评价结论为整体有效的上市公司共1 416家，占纳入实施范围且披露了内部控制评价报告上市公司的98.13%。内部控制评价结论为非整体有效的上市公司共27家，占纳入实施范围且披露了内部控制评价报告上市公司的1.87%。如表3所示，在内部控制评价结论为非整体有效的上市公司中，8家上市公司内部控制评价报告的结论为财务报告内部控制有效、非财务报告内部控制无效；13家上市公司内部控制评价报告的结论为财务报告内部控制无效、非财务报告内部控制有效；5家上市公司内部控制评价报告的结论为财务报告内部控制和非财务报告内部控制均无效；1家上市公司披露内部控制存在重大缺陷，但是未区分财务报告内部控制和非财务报告内部控制。

表3　　内部控制有效性结论披露情况

内部控制有效性	整体有效	财务报告内部控制有效、非财务报告内部控制无效	财务报告内部控制无效、非财务报告内部控制有效	财务报告内部控制和非财务报告内部控制均无效	内部控制存在重大缺陷但未区分财务报告和非财务报告	总计
公司数量	1 416	8	13	5	1	1 443
占比	98.13%	0.55%	0.90%	0.35%	0.07%	100%

3. 内部控制缺陷的认定标准

2014年度，在披露内部控制评价报告的1 443家上市公司中，1 398家上市公司披露了内部控制缺陷认定标准，其中1 374家披露了财务报告和非财务报告内部控制缺陷认定标准，24家未区分财务报告和非财务报告披露内部控制缺陷认定标准；45家未披露内部控制缺陷认定标准。从表4可以看出，在2014年纳入实施范围上市公司数量增加的情况下，内部控制缺陷认定标准披露情况要好于2013年。

表4　　2013—2014年纳入实施范围上市公司内部控制缺陷认定标准披露情况

分类	2014年		2013年	
	家数	占比	家数	占比
区分财务报告和非财务报告披露缺陷认定标准	1 374	95.22%	987	93.82%
未区分财务报告和非财务报告披露缺陷认定标准	24	1.66%	25	2.38%
未披露内部控制缺陷认定标准	45	3.12%	40	3.80%
合计	1 443	100.00%	1052	100.00%

4. 内部控制缺陷的数量及内容

在纳入实施范围且披露了内部控制评价报告的 1 443 家上市公司中，408 家披露内部控制存在缺陷，占比 28.27%，其中 32 家披露内部控制存在重大缺陷，40 家披露内部控制存在重要缺陷，356 家披露内部控制存在一般缺陷；1 035 家披露内部控制未存在缺陷，占比 71.73%。

（1）关于财务报告内部控制的重大缺陷和重要缺陷，纳入实施范围的 21 家上市公司披露了 56 个财务报告内部控制重大缺陷，8 家上市公司披露了 11 个财务报告内部控制重要缺陷，1 家上市公司披露存在财务报告内部控制重大和重要缺陷共 3 个，但未分别披露重大缺陷和重要缺陷的数量。

（2）关于非财务报告内部控制的重大缺陷和重要缺陷，13 家上市公司披露了 19 个非财务报告内部控制重大缺陷，33 家上市公司披露了 53 个非财务报告内部控制重要缺陷，另有 1 家上市公司披露了 1 个非财务报告内部控制重要缺陷，但未披露相关内容。

此外，部分上市公司披露内部控制重大缺陷和重要缺陷时并未区分财务报告内部控制和非财务报告内部控制，其中，1 家上市公司披露了 3 个内部控制重大缺陷，1 家上市公司披露了 1 个内部控制重要缺陷，1 家上市公司披露存在内部控制重要缺陷，但既未披露数量也未披露相关内容。

5. 内部控制审计报告

在 2014 年纳入实施范围的 1 475 家上市公司中，有 1 424 家上市公司聘请注册会计师开展了内部控制审计或鉴证业务，占纳入实施范围公司的 96.54%；51 家上市公司未展开内部控制审计业务，其中因 IPO 豁免的有 26 家，因重组豁免的有 25 家。在进行了内控审计或鉴证的 1 424 家上市公司中，被出具标准无保留意见的有 1 347 家（含 10 家鉴证报告标准无保留意见），占比 94.59%；被出具非标准意见的有 77 家，占比 5.41%。在非标准意见中，否定意见 20 家，带强调事项段的无保留意见 53 家，无法表示意见 4 家。具体内控审计或鉴证意见类型比例如图 2 所示。

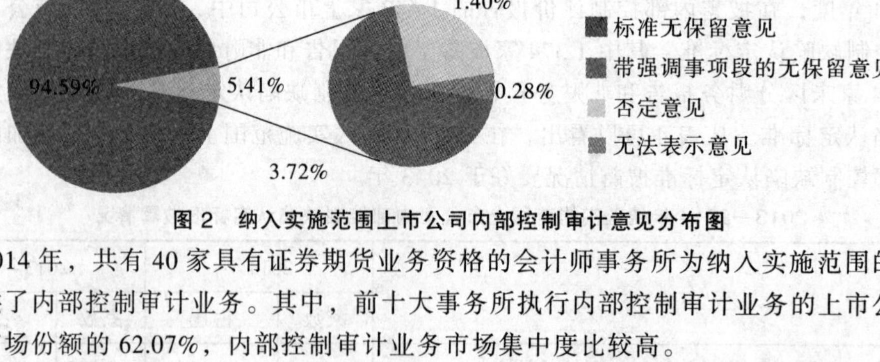

图 2 纳入实施范围上市公司内部控制审计意见分布图

2014 年，共有 40 家具有证券期货业务资格的会计师事务所为纳入实施范围的上市公司提供了内部控制审计业务。其中，前十大事务所执行内部控制审计业务的上市公司家数占总市场份额的 62.07%，内部控制审计业务市场集中度比较高。

在纳入实施范围的 1 424 家上市公司中，1 389 家采用整合审计的方式开展内部控制审计和财务报告审计，占比 97.54%，35 家单独实施内部控制审计，占比 2.46%。

在纳入实施范围的 1 424 家上市公司中，88 家公司的内部控制审计机构发生了变更，占比 6.18%，其中有 72 家上市公司基于整合审计的考虑，同步变更了内部控制审计机构和财务报告审计机构。

在纳入实施范围的上市公司中，内部控制审计意见类型基本与财务报告审计意见类型保持一致，具体情况如表5所示。财务报告被出具非标准无保留意见，同时内部控制被出具非标准无保留意见的公司有45家。

表5　**纳入实施范围上市公司内部控制审计意见与财务报告审计意见分布情况**

财报审计 内控审计	标准无保留	带强调事项段无保留	保留	无法表示	合计
标准无保留	1 318	24	4	1	1 347
带强调事项段无保留	25	25	2	1	53
否定	7	5	6	2	20
无法表示	0	0	1	3	4
合计	1 350	54	13	7	1 424

在纳入实施范围的1 424家上市公司中，单独披露内部控制审计费用的上市公司为1 201家，占84.34%，较去年有所提高。披露内部控制审计费用的1 201家公司中，内部控制审计费用的均值为46.28万元。根据年报信息显示，内部控制审计费用占审计费用总额的比例平均为27.79%，低于国际平均水平。

（三）未纳入实施范围上市公司内控规范体系实施情况

1. 内部控制评价报告披露情况

2014年度，未纳入实施范围的上市公司共1 138家，其中深市中小板上市公司732家，深市创业板上市公司406家。

2014年度，在未纳入实施范围的上市公司中，1 128家上市公司披露了内部控制评价报告，占未纳入实施范围上市公司的99.12%。其中，深市中小板和创业板分别有727家和401家上市公司披露了内部控制评价报告，分别占各板块未纳入实施范围上市公司的99.32%和98.77%。

2. 内部控制评价报告的结论

2014年度，在未纳入实施范围的上市公司中，内部控制评价结论为整体有效的上市公司共1 122家，占未纳入实施范围且披露了内部控制评价报告上市公司的99.47%。内部控制评价结论为非整体有效的上市公司共6家，占纳入实施范围且披露了内部控制评价报告上市公司的0.53%。如表6所示，在内部控制评价结论为非整体有效的上市公司中，1家上市公司内部控制评价报告的结论为财务报告内部控制有效、非财务报告内部控制无效；3家上市公司内部控制评价报告的结论为财务报告内部控制无效、非财务报告内部控制有效；1家上市公司内部控制评价报告的结论为财务报告内部控制和非财务报告内部控制均无效；1家上市公司披露内部控制存在重大缺陷，但是未区分财务报告内部控制和非财务报告内部控制。

表6　　中小板和创业板上市公司内部控制有效性结论披露情况

内部控制有效性	整体有效	财务报告内部控制有效，非财务报告内部控制无效	财务报告内部控制无效，非财务报告内部控制有效	财务报告内部控制和非财务报告内部控制均无效	内部控制存在重大缺陷但未区分财务报告和非财务报告	总计
公司数量	1 122	1	3	1	1	1 128
占比	99.47%	0.09%	0.26%	0.09%	0.09%	100%

3. 内部控制缺陷的认定标准

2014年，未纳入实施范围（中小板和创业板）且披露内部控制评价报告的1 128家上市公司中，377家上市公司未披露内部控制缺陷认定标准，占比33.42%。从表7可以看出，2014年中小板和创业板中未披露内控缺陷认定标准的公司占比为33.42%，相比2013年的39.04%，下降了近6个百分点，说明未纳入实施范围且披露内部控制缺陷认定标准的上市公司在逐年增加；此外，未纳入实施范围且未披露内部控制缺陷认定标准的创业板上市公司比例连续两年明显高于中小板上市公司的比例，说明中小板内部控制缺陷认定标准信息披露的质量高于创业板。

表7　　2013—2014年中小板和创业板内部控制缺陷认定标准披露比较

分类	中小板		创业板		合计	
	2014年占比	2013年占比	2014年占比	2013年占比	2014年占比	2013年占比
区分财告和非财告披露	74.28%	67.63%	49.63%	39.44%	65.51%	59.44%
未区分财告和非财告披露	1.51%	1.01%	0.25%	1.13%	1.06%	1.27%
未披露内控缺陷认定标准	24.21%	31.37%	50.12%	59.44%	33.42%	39.29%

从图3可以看出，中小板和创业板中未披露内部控制缺陷认定标准的公司比例（33.42%）比纳入实施范围（主板）的公司比例（3.12%）高30.30%，说明纳入实施范围上市公司内部控制缺陷认定标准信息披露质量高于未纳入实施范围上市公司。

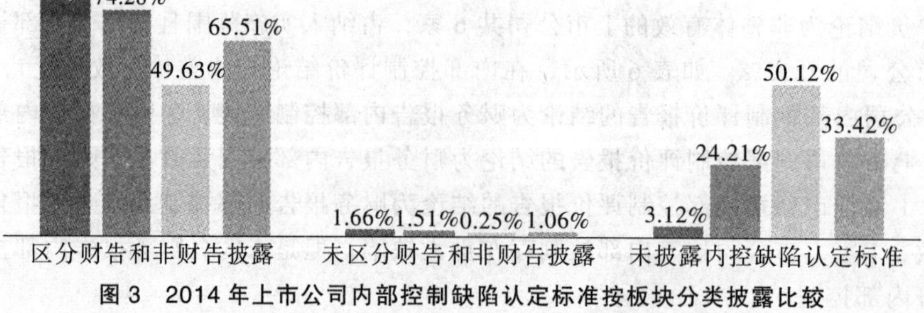

图3　2014年上市公司内部控制缺陷认定标准按板块分类披露比较

4. 内部控制缺陷的数量及内容

在未纳入实施范围且披露了内部控制评价报告的1 128家上市公司中，116家披露内部控制存在缺陷，占比10.28%，其中7家披露内部控制存在重大缺陷，13家披露内部控制存在重要缺陷，99家披露内部控制存在一般缺陷；1 012家披露内部控制未存在缺陷，占比89.72%。

（1）关于财务报告内部控制的重大缺陷和重要缺陷。未纳入实施范围的5家上市公司披露了12个财务报告内部控制重大缺陷，6家上市公司披露了7个财务报告内部控制重要缺陷。

（2）关于非财务报告内部控制的重大缺陷和重要缺陷。2家上市公司披露了3个非财务报告内部控制重大缺陷，6家上市公司披露了9个非财务报告内部控制重要缺陷，另有1家上市公司披露了3个非财务报告内部控制重要缺陷，但未披露相关内容。

此外，部分上市公司在披露内部控制重大缺陷和重要缺陷时，并未区分财务报告内部控制和非财务报告内部控制，其中，1家上市公司披露了1个内部控制重大缺陷，1家上市公司披露存在内部控制重要缺陷，但既未披露数量也未披露相关内容。

5. 内部控制审计报告

2014年，未纳入实施范围的1 138家上市公司中，有665家披露了内部控制审计或鉴证报告，占比58.44%，较2013年的51.88%有所增加。其中，中小板406家，占比35.67%；创业板259家，占比22.76%。

在未纳入实施范围的1 138家上市公司中，有665家披露了内控审计或鉴证意见，其中标准无保留意见为657家，带强调事项段的无保留意见为3家，非财务报告内部控制重大缺陷的无保留意见为1家，保留意见为2家，否定意见为2家。

在665家披露内部控制审计或鉴证意见的上市公司中，645家未披露内部控制审计费用，仅20家单独披露了内部控制审计费用，内部控制审计费用最低为5万元，最高为80万元，均值为32.35万元。

二、企业内部控制规范体系实施以来取得的成效

（一）内部控制评价工作方面

1. 披露内部控制评价报告的上市公司数量显著增加

如图4所示，披露内部控制评价报告的上市公司的数量从2008年的1 076家增加到2014年的2 571家，占比从2008年的67.17%增加到2014年的98.39%，可见无论是披露内部控制评价报告的数量还是比例，均呈现逐年增加的趋势。

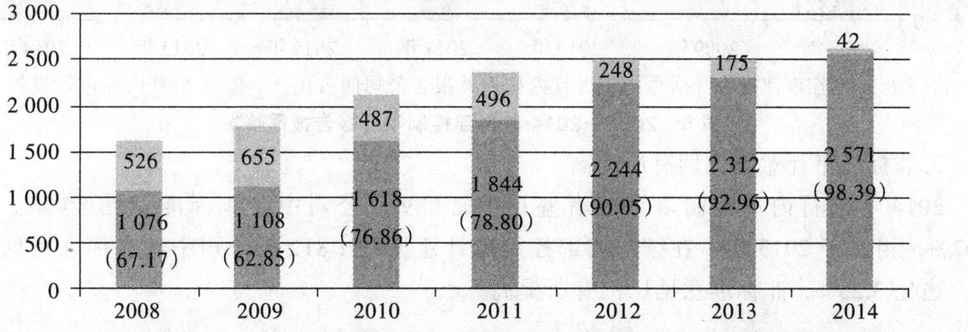

图4 2008—2014年内部控制评价报告披露情况

2. 内部控制评价报告格式的规范性显著提高

2014 年度，2 063 家上市公司按照规范的格式披露了内部控制评价报告，占披露了内部控制评价报告上市公司的 80.24%，比 2013 年有显著提高。尤其是沪市主板和深市主板上市公司，按照规范格式披露了内部控制评价报告的上市公司数量分别占各板块中披露了内部控制评价报告上市公司的 95.56%和 84.84%。

3. 内部控制评价报告披露的内容更加全面、准确，披露质量逐年提高

在内部控制缺陷认定标准方面，大部分上市公司不仅区分财务报告和非财务报告披露内部控制缺陷认定标准，还区分定量标准和定性标准、重大缺陷标准和重要缺陷标准。同时，绝大多数上市公司能够分别从财务报告和非财务报告两个方面披露内部控制存在的缺陷，并进行具体解释。

4. 缺陷整改的积极性高

在披露内部控制存在缺陷的上市公司中，绝大部分披露了整改措施，其中相当一部分进行了详细披露，反映出绝大部分上市公司能够积极地改进缺陷。

（二）内部控制审计方面

1. 披露内部控制审计报告的上市公司数量逐年上升

2008 年至 2014 年，聘请会计师事务所对内部控制有效性进行审计并出具审计报告的上市公司数量从 2008 年的 316 家增加至 2013 年的 1 802 家，并增加到 2014 年的 2 079 家，出具报告比例也相应地从 2008 年的 19.72%增加至 2013 年的 72.48%，并持续增长到 2014 年的 79.56%（具体数据如图 5 所示），披露绝对数以及比例均呈较快上升的趋势。

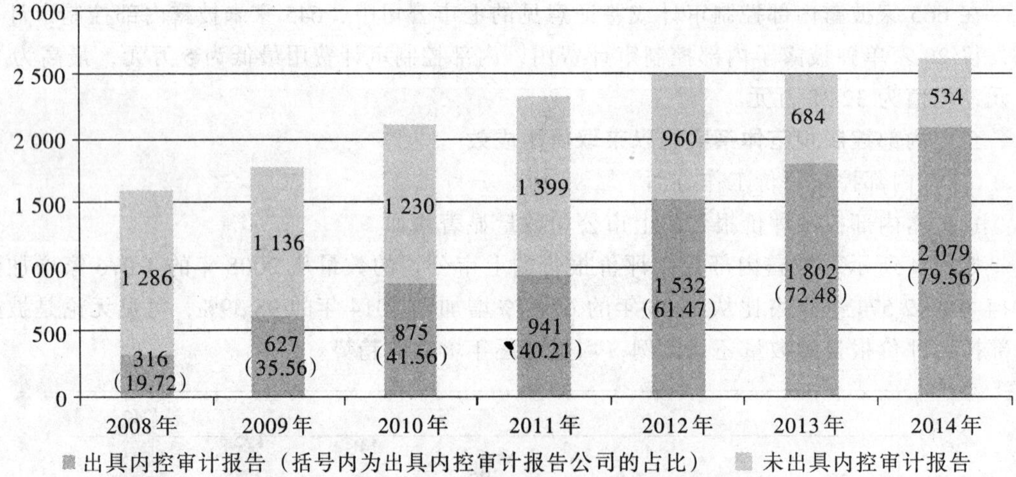

图 5 2008—2014 年内部控制审计报告披露情况

2. 非标准审计意见比例有所提高

2014 年进行内部控制审计或者鉴证的 2 089 家公司中，非标准意见 85 家，占比 4.07%，相比于 2013 年，在披露内部控制审计意见的 1 812 家公司中，非标准意见为 59 家，占比 3.25%，非标准意见比例有所提高。

三、企业内部控制规范体系实施中存在的主要问题

（一）内部控制评价报告披露存在的问题

1. 部分上市公司对披露内部控制评价报告重视程度不够

部分上市公司在年度报告中提及已经实施内部控制评价，但未通过指定的公开渠道披露内部控制评价报告。有的上市公司在发布了内部控制评价报告后又发布了补充公告，而且进行了重要修订；个别上市公司还发布了不同版本的内部控制评价报告。部分上市公司披露的内部控制评价报告前后矛盾。例如，某上市公司在内部控制评价报告的第二部分“内部控制评价结论”中披露“根据公司财务报告内部控制重大缺陷的认定情况，于内部控制评价报告基准日，存在财务报告内部控制重大缺陷，董事会认为，公司已按照企业内部控制规范体系和相关规定的要求在所有重大方面保持了有效的财务报告内部控制”，而在第三部分的“内部控制缺陷认定及整改情况”中披露“根据上述财务报告内部控制缺陷的认定标准，报告期内未发现公司财务报告内部控制重大缺陷、重要缺陷”。又如，某上市公司在内部控制评价报告的第二部分“内部控制评价结论”中披露“报告期内，公司对纳入评价范围的业务与事项均建立了部分内部控制，并没有有效执行，未达到公司内部控制目标，发现财务报告和非财务报告相关内部控制存在重大缺陷和重要缺陷”，但在第三部分中却披露“根据上述非财务报告内部控制缺陷的认定标准，报告期内未发现公司非财务报告内部控制存在重大缺陷、重要缺陷”。

2. 内部控制缺陷认定标准仍不够恰当

一些上市公司内部控制缺陷认定标准披露不完整，未区分财务报告和非财务报告内部控制缺陷认定标准，或者未区分定量和定性、重大和重要内部控制缺陷认定标准，或者定性认定标准不够详细，只是简单引用有关内部控制缺陷定性标准的定义。有些上市公司之间披露的内部控制缺陷认定标准可比性不强，同行业、类似规模上市公司界定的内部控制缺陷认定标准存在较大差异，类似的缺陷在某些公司归属于重大缺陷，而在另外一些公司却被归属于重要缺陷，甚至一般缺陷。有些上市公司界定的内部控制缺陷认定标准不够规范，如有些标准既是重大缺陷的定性标准，也是重要缺陷的定性标准，甚至财务报告与非财务报告内部控制缺陷采用相同的认定标准。

3. 内部控制缺陷内容的披露不够规范

绝大多数内部控制存在重大和重要缺陷的上市公司能够详细披露其数量及内容，但部分上市公司在披露上存在披露要素遗漏的情况，如仅披露内部控制重大和（或）重要缺陷的数量，但未披露具体内容；或仅披露存在内部控制重大和（或）重要缺陷，但未区分财务报告内部控制和非财务报告内部控制，也未披露缺陷数量和具体内容等。

4. 少数上市公司的重大缺陷没有得到有效整改

在对2013年度和2014年度连续被出具了非标准意见类型的内部控制审计报告的分析中，我们发现，个别上市公司2013年度和2014年度连续因同一重大缺陷或重要缺陷被出具了非标准意见的内部控制审计报告。

（二）内部控制审计报告披露存在的问题

1. 审计费用披露不规范，审计收费偏低

在纳入实施范围的1424家上市公司中，15.66%的上市公司未单独披露内部控制审计费用；在未纳入实施范围的1138家上市公司中，98.25%的上市公司未单独披露内部控制

审计费用。另外，某些上市公司的审计师执行内部控制审计费用过低，只有几万元，说明仍然存在内控审计低价竞争的现象。部分内控审计机构和咨询机构低价招揽客户，严重影响了内控审计和咨询服务质量。

2. 会计师事务所未能充分依据企业内部控制规范执行中小板和创业板上市公司内控审计

在对主板上市公司执行内控审计业务时，约98%的会计师事务所依据《企业内部控制审计指引》执行内部控制审计业务，约2%的会计师事务所依据《中国注册会计师其他鉴证业务准则第3101号——历史财务信息审计或审阅以外的鉴证业务》执行内部控制审计业务。但具体到中小板和创业板上市公司，约86%的会计师事务所依据《中国注册会计师其他鉴证业务准则第3101号——历史财务信息审计或审阅以外的鉴证业务》，约10%的会计师事务所依据《企业内部控制审计指引》，约2%的会计师事务所依据《中国注册会计师审计准则》，约1%的会计师事务所依据《企业内部控制基本规范》和（或）《深圳证券交易所上市公司内部控制指引》，约0.3%的会计师事务所依据《内部控制审核指导意见》。总体来看，主板上市公司内部控制审计业务标准较为统一，而中小板和创业板的内部控制审计业务标准种类繁多，内部控制审计依据的准则不同会导致报告的结论的可比性较差，这可能与中小板、创业板上市公司未纳入实施范围有关。

3. 内部控制审计报告披露存在的问题

（1）在披露内部控制审计报告时，采用的格式和名称不一。内控审计报告使用的名称包括“内部控制审计报告”“内部控制鉴证报告”“内部控制专项报告”“内部控制自我评价报告的审核评价意见”。各类不同的格式以及名称影响了内部控制审计报告的规范性。

（2）尽管内部控制审计非标准意见较往年有所提高，但整体比例仍然偏低。进行内部控制审计或者鉴证的2 089家公司中，非标准意见仅85家，占比为4.07%。其中，纳入实施范围的上市公司中，被出具非标准审计意见的占5.41%，未纳入实施范围的上市公司中，被出具非标准审计意见的仅占1.2%。

（3）内部控制评价结论与内部控制审计结论不一致。在纳入实施范围的上市公司中，公司内部控制自评有效而被审计师出具否定意见的内控审计报告的上市公司有2家，公司内部控制自评有效而被审计师出具无法表示意见的内控审计报告的上市公司有3家，公司内部控制自评有效而被审计师出具带强调事项段无保留意见的内控审计报告的上市公司有53家。在未纳入实施范围的上市公司中，公司内部控制自评有效而被审计师出具否定意见的内控审计报告的上市公司有1家，公司内部控制自评有效而被审计师出具保留意见的内控审计报告的上市公司有2家，公司内部控制自评有效而被审计师出具带强调事项段或非财务报告重大缺陷无保留意见的内控审计报告的上市公司有4家。

（4）出具意见类型模糊的审计报告。自评报告中披露有财报重大缺陷，但审计师在审计报告中含糊其辞，综合财务报表保留意见和无保留意见特征，出具意见类型不明确的内控审计报告。如某上市公司的内控审计报告意见段披露该上市公司“除《2014年度内部控制自我评价报告》所述的资产安全管控缺陷外”，“按照财政部等五部委颁发的《企业内部控制基本规范》及相关规定于2014年12月31日在所有重大方面保持了与财务报表相关的有效的内部控制”，但审计报告中无说明段。从审计报告意见段表述及自我评价报告中披露的财务报告重大缺陷情况看，该报告疑似应为否定意见，审计结论是否恰当有待商榷。

(5) 内控审计发现的缺陷不全面、不充分。内控审计发现的重大缺陷大多数是已发生损失或事故所反映的内部控制问题，如有些上市公司内控审计报告披露的重大内控缺陷在报告发布之前，已被媒体披露并引起社会的广泛关注，内控审计并未注重执行充分的审计程序去测试内部控制防范事故或损失发生的有效性，或审计师发现了内部控制中存在缺陷，但并未深入地开展评估以判断这些缺陷是否构成重大缺陷。

(6) 内控审计报告披露不及时或未披露。有的公司在年报中披露了内部控制审计报告意见段，并注明了内部控制审计报告全文披露日期和披露索引，但无法在既定日期找到内部控制报告。个别上市公司直到 2015 年 6 月份才在其指定载体上披露报告。有的公司在年报中提及内控审计报告结论，但无法找到内部控制审计或鉴证报告。

4. 内控审计意见未能得到及时有效整改

有些公司对注册会计师出具的内控审计意见重视程度不够，内控审计报告中披露的重大、重要缺陷未能得到及时有效整改，甚至少数企业出现因同一原因连续被出具非标准内控审计意见。如某上市公司 2013 年、2014 年因“与控股股东在人员、机构等方面未能实现相互独立，且存在业务同质性”连续被出具带强调事项段无保留意见；某上市公司 2013 年、2014 年因“高管薪酬未经公司董事会确定”连续被出具带强调事项段无保留意见。

四、有关建议

在对 2014 年我国上市公司内部控制规范体系实施情况进行深入分析的基础上，本报告从政府、企业、审计及咨询机构等层面提出相关建议，以更好地推动我国企业内部控制规范体系建设与实施工作。

(一) 政府层面

1. 调研中小板、创业板内部控制建立和实施情况，完善内部控制信息披露规范

随着中小板、创业板上市公司数量的增加，推动其建立健全内部控制，对于提升我国上市公司质量和风险防范能力具有积极意义。2014 年，分别有 727 家中小板上市公司和 401 家创业板上市公司披露了内部控制评价报告，但内控评价信息披露不规范、标准不统一的问题较为突出，应结合中小板、创业板特点，适时建立健全相关的内部控制规范及信息披露编报规则。

2. 研究制定内部控制缺陷认定标准的原则，完善内部控制缺陷内容的披露

可以从财务报告和非财务报告、定量标准和定性标准、重大缺陷、重要缺陷和一般缺陷三个维度统一内部控制缺陷认定标准的原则，同时考虑分行业、分规模设定内部控制缺陷认定标准的原则。另外，从财务报告和非财务报告，重大、重要和一般等维度制定相应的内部控制缺陷内容披露办法，完善内部控制缺陷内容的披露。

3. 加强对内部控制评价报告、审计报告披露不规范的上市公司和会计师事务所的处罚力度

除了持续监督和指导外，对于不按照要求披露甚至不披露内部控制情况的上市公司及相关责任人，应加大处罚力度，增强法律的震慑力。同时，加强内控审计执业情况检查，从内部控制审计报告披露的格式、审计底稿的规范性及其对审计意见类型的支持程度及对应说明段、事项段的内容等方面加强规范。

4. 规范内部控制审计费用披露

监管机构应该强化信息披露规则的约束力，督促上市公司按规定要求单独披露内部控制审计费用，同时可以考虑要求上市公司披露内控咨询机构信息及其与审计机构是否为关联方的独立性声明。这便于监管层等利益相关者深入了解上市公司内部控制运行的全面信息，有助于监管层监督内部控制审计收费的合理性，并增强审计师对于上市公司的独立性。

（二）企业层面

1. 增强企业管理层对内部控制评价工作的重视

在企业内部深入开展内部控制评价工作，有效发挥内部控制的职能。同时，要加强对企业会计人员内部控制缺陷评价内容和方法的培训，提高会计人员内部控制相关理论知识。

2. 强化审计委员会日常职能履行

推行有效的内部控制是审计委员会帮助企业应对各类可预见的或非可预见的机会和挑战的最佳途径。审计委员会在日常工作中应对以下问题重点予以关注：在公司的控制体系中哪些关键环节会导致重大错报，如何针对这些关键环节去制订审计计划以应对重大错报风险，审计师如何判断这些控制是否可以很好地被执行以防范、发现和纠正潜在重大错报，审计师采用什么方法评估对于非经常性的交易或事项的财务报告内部控制。

3. 加强对内部控制重大、重要缺陷的整改落实

对于企业在内部控制自我评价和注册会计师在内部控制审计过程中发现的内部控制重大、重要缺陷，企业应当及时加以整改，并对整改后的控制措施实施严格的测试，确保整改后控制措施的有效性。此外，企业应当就内部控制重大、重要缺陷及内控审计意见加强与外部审计师的沟通协调，避免内控自我评价报告与内控审计报告结论不一致。

（三）中介机构

1. 增强专业胜任能力，进一步提升服务质量

中介机构要培养合格的内部控制专业人才，努力提高服务质量。会计师事务所应当强化内部控制审计的专业技术培训，并在执业过程中严格按照《中国注册会计师执业准则》、《企业内部控制审计指引》展开内部控制审计。

2. 强化独立性要求，公平合理收费

会计师事务所应当杜绝通过低价恶性竞争招揽、保留客户，克服执业短期行为，公允合理定价。同时，严格遵守“不能同时为同一家企业提供内控咨询和审计服务”的独立性要求，维护市场秩序。

附录四

2013 版 COSO 框架确立的 17 项原则

在 2013 版 COSO 框架中，确立了 17 项原则代表与每个控制要素相关的基本概念，这些原则直接从控制要素中提炼，每个控制要素的原则如下：

控制环境

（1）组织对正直和道德价值观做出承诺。

（2）董事会独立于管理层，并对内部控制的推进和成效进行监督。

（3）管理层在委员会的监督下，围绕其目标建立健全组织架构、汇报关系以及合理的授权和责任机制。

（4）组织对吸引、发展和保留认同组织目标的人才做出承诺。

（5）组织本着实现其目标的宗旨，让员工各自担负起内部控制的相关责任。

风险评估

（6）就识别与评估与其目标相关的风险，组织做出清晰的目标设定。

（7）组织对影响其目标实现的风险进行全范围的识别和分析，并以此为基础来决定应如何管理风险。

（8）组织在对影响其目标实现的风险进行评估时，考虑潜在的舞弊行为。

（9）组织识别和评估可能对内部控制体系造成较大影响的改变。

控制活动

（10）组织选择并开展控制活动，将风险对其目标实现的影响降到可接受水平。

（11）针对（信息）技术，组织选择并开展一般控制活动以支持其目标的实现。

（12）组织通过合理的政策和确保其得以贯彻执行的程序来开展控制活动。

信息和沟通

（13）组织获取或生成信息，并使用相关的、优质的信息来支持内部控制发挥作用。

（14）组织在其内部沟通传递包括内部控制的目标和责任在内的必要信息以支持内部控制发挥作用。

（15）组织与外部相关方就影响内部控制发挥作用的事宜进行沟通。

监控

（16）组织选择、推动并实施持续和／或独立的评估以确认内部控制的要素是存在且正常运转的。

（17）组织及时地评价内部控制的缺陷，并视情况与那些负责采取纠正措施的相关方（包括：高级管理层、董事会）进行沟通。

主要参考文献

[1] 谢盛纹，廖义刚，曹菁.内部控制［M］. 大连：东北财经大学出版社，2012.

[2] 许国才. 企业内部控制流程手册［M］. 2版. 北京：人民邮电出版社，2012.

[3] 王生根，东奥会计在线. 企业内部控制基本规范及配套指引解读［M］. 北京：北京大学出版社，2011.

[4] 池国华，樊子君. 内部控制学［M］. 2版. 北京：北京大学出版社，2013.

[5] 中华人民共和国财政部. 企业内部控制规范（2010）［M］. 北京：中国财政经济出版社，2010.

[6] 中国会计学会. 企业内部控制自我评价与审计：操作指引与典型案例研究［M］. 大连：大连出版社，2010.

[7] 郑洪涛，张颖. 企业内部控制学［M］. 大连：东北财经大学出版社，2009.

[8] 程新生. 企业内部控制学［M］. 北京：高等教育出版社，2008.

[9] COSO. 内部控制——整合框架［M］. 方红星，译. 大连：东北财经大学出版社，2008.

[10] COSO. 企业风险管理——整合框架［M］. 方红星，王宏，译. 大连：东北财经大学出版社，2005.

[11] 美国管理会计师协会（IMA）. 财务报告内部控制与风险管理［M］. 张先治，等，译. 大连：东北财经大学出版社，2005.

[12] 付胜，池国华. 企业内部控制规范指引操作案例点评［M］. 北京：北京大学出版社，2011.

[13] 刘胜强. 企业内部控制［M］. 北京：清华大学出版社，2014.

[14] 穆勒. 2013版COSO内部控制实施指南［M］. 秦荣生，张庆龙，韩菲，译. 北京：电子工业出版社，2015.

[15] 企业内部控制编审委员会. 企业内部控制基本规范 企业内部控制配套指引［M］. 上海：立信会计出版社，2016.